한국전쟁은 타이완을 구했는가?

: 미국의 대 타이완 정책을 풀어내다

장수야 지음
정형아 옮김

한국전쟁은
타이완을 구했는가?

: 미국의 대 타이완 정책을 풀어내다

경인문화사

제1장 전언(前言)

제2장 타이완 분리(1949)

제3장 수수방관(1950년 1월 ~ 6월 24일)

'자유중국'이라고 하면 요즘 젊은 세대들이 이해할 수 있을까? 1970년대를 살았던 한국인들에게 '자유중국'은 결코 낯선 이름이 아닐 것이다. 자유중국은 형제의 나라였다. 비록 터키나 에디오피아처럼 한국전쟁에 군대를 파병하지는 않았지만, 이승만 대통령이 구상했던 동아시아 반공 연맹의 중심에는 자유중국이 있었고, 소련의 반대로 유엔에 가입하지 못하고 있었던 한국의 든든한 우군이었다.

1972년 미국이 중국에 접근하면서 타이완과의 외교관계를 끊었지만, 한국은 그렇지 않았다. 타이완 역시 마찬가지였다. 중국이 개혁개방을 하면서 대부분의 국가들이 타이완과 국교를 끊었지만, 한국은 타이완과의 외교관계를 계속 유지하였다. 유엔에서 쫓겨난 타이완이나 유엔에 가입하지 못하는 한국, 동병상련이었던가?

그런 타이완에게 한국은 배신자였다. 1992년 대륙의 중국과 외교관계를 맺으면서 한국인의 기억 속에서 '자유중국'은 잊혀지기 시작했다. 타이완과의 외교관계는 끊어졌고, 서울 주재 '자유중국' 대사관에는 대륙 중국의 오성기가 올라갔다. 19세기 말 이래로 한국에 뿌리를 내리고 있었던 중국음식의 장인들은 하나 둘 해외로 이주했다. 세계에서 제일 맛있는 짜장면은 한국이 아니라 뉴욕의 플러싱이나 시카고 인근에서 만날 수 있게 되었다.

'자유중국'은 이제 잊혀진 국가가 되었지만, 근대 이후 세계사에서 한국과 타이완은 얽히고 얽힌 관계였다. 한반도를 전쟁터로 만든 청일전쟁이 끝나갈 무렵 일본은 타이완에 전격 상륙했다. 그리고 청일전쟁 승리의 대가로 1897년 타이완을 식민지로 만들었다. 그로부터 10년 후 일본은 고종을 폐위하고 대한제국의 군대를 해산시켰다.

제2차 세계대전 중이었던 1944년 미국의 해군은 마리아나 제도를 점령한 이후 타이완으로 직진할 것을 주장했다. 그러나 대통령선거를 앞두고 있었던 상황에서 루즈벨트 대통령은 타이완 대신 필리핀 탈환을 주장하는 맥아더의 손을 들어주었다. 맥아더의 정치적 영향력을 고려한 결정이었다. 그 결과 중국 대륙에서 한국의 광복군을 국내진공 작전에 쓰려고 했던 미국의 계획은 더 이상 진행될 수 없었다. 일본군이 필리핀으로 가는 바람에 피해를 입은 수십만의 필리핀 사람들과 포로들에게는 미안하지만, 미군이 타이완 대신 필리핀을 선택한 것이 어쩌면 한국과 타이완에게는 다행이었을지도 모른다. 그 덕에 한반도와 타이완은 태평양 전쟁의 소용돌이로부터 자유로울 수 있었다.

북한이 남침하자 미국 정부가 제일 처음 취한 조치는 한반도에 군대를 파병하는 것이 아니었다. 오히려 타이완에 7함대를 파견했다. 전쟁으로 위기에 몰린 대한민국 정부를 구하는 것보다 타이완 해협을 지키는 것이 더 중요했던 것인가? 한국전쟁이 정전협정으로 멈추자마자 타이완 해협 안보위기가 시작되었다. 청일전쟁부터 1945년 일반명령 1호에 이르기까지 등장하는 펑후 제도가 냉전의 결전장이 되었다.

겉으로 보기에 한국과 타이완 사이에는 그다지 큰 연관이 없어 보인다. 그러나 세계사 전체를 본다면, 그리고 동아시아 전체를 시야에 넣고 보면, 한국과 타이완의 현대사는 서로 복잡하게 얽혀있다. 상호 간에 영향을 주고받았을 뿐만 아니라 강대국의 정책에서 한국과 타이완은 모두 뜨

거운 감자였다. 삼키기에는 너무 뜨겁지만, 버리기에는 아까운.

21세기 중국의 부상은 세계 패권을 둘러싼 미중 간의 갈등을 야기하였다. 이 시점에서 한국과 타이완은 미국과 중국에게 모두 더 중요한 대상이 되었다. 두 나라의 무게추가 어느 쪽으로 기우는가가 동아시아에서 미국과 중국 영향력의 힘을 결정하는 중요한 변수가 되기 때문이다.

이런 시점에서 타이완의 현대사와 관련된 책이 나온다고 하니 너무나 반갑다. 특히 냉전이 시작되는 결정적 시기에 미국의 타이완 정책을 실증적으로 분석했으니 더욱 소중한 것 같다. 내용은 미국의 타이완 정책과 그로 인한 결과에 집중되어 있지만, 실은 한국전쟁을 전후한 시기 한국을 포함한 동아시아 전체의 큰 틀을 바라보는 위해서는 너무나 중요한 연구서라 할 수 있다.

개인적으로는 이 책 덕분에 17년 전에 출간된 '한국전쟁'의 증보판을 쓸 수 있을 것 같다. 그리고 동아시아에서 전개되었던 퍼즐을 맞출 수 있을 것 같다. 그 단초를 만들어준 저자와 역자에게 감사의 말씀을 전하고 싶다.

2022년 1월
서울대학교 국제대학원장
박태균

　　중국과 타이완이 분리되어 통치된 지 이미 60년이 넘었다. 늦어도
1950년 말이면 생을 마감할 것이라고 예측되던 타이완[1]의 중화민국 정
부[2]는 회생하였을 뿐 아니라, 지금은 '건국백년(建國百年)'을 경축하게 되
었다.[3] 어떻게 이런 일이 가능하게 되었을까? 지금까지 국내외 학계에서
는 한국전쟁의 발발과 중공의 개입이 미국으로 하여금 타이완을 향해 구
원의 손길을 내밀게 하였고, 그 결과 타이완은 사지(死地)를 벗어나 정치,
군사, 경제적으로 발전할 수 있게 되었다고 주장한다. 최근 들어 타이완과
정식으로 수교를 맺은 국가가 감소하고 있음에도 불구하고 타이완은 국
제경제를 위시한 여러 측면에서 각국과 교류를 이어가고 있다. 심지어 국
민정부가 타이완으로 옮겨온 초기보다도, 혹은 그 후 냉전이 최고조에 달
했던 시기보다도 영향력을 더욱 크게 발휘하고 있다. 국민정부와 단교한
지 이미 30년이 넘은 미국과 타이완의 관계는 오히려 갈수록 공식적인
성격을 띠고 있다. 만약 타이완의 존재가 근대 이후 전 세계가 잘 아는

1　본서에서는 펑후(澎湖), 진먼(金門), 마주(馬祖) 등 외도를 포함하여 타이완이라
　고 칭하겠다.
2　혹자는 장제스(蔣介石)가 이끄는 국민당이 집권한 정부, 즉 국민정부라고 지칭
　하기도 한다. 본서에서는 중화민국 정부를 국민정부라는 용어로 표현하겠다.
3　'건국백년'이란 신해혁명(辛亥革命)으로 중화민국이 건국된 지 100년이 되었음
　을 의미한다. 이 책이 타이완에서 출간된 2011년은 중화민국 100주년이 되는
　해였다. - 역자.

국가의 정의와 국제적인 상호작용의 공통인식을 깨뜨리게 된다면 독립적이든 독립적이 아니든 '민주정치 실체'의 특별한 사례를 창조하게 되는 것이며, 더 나아가 근대로부터 인정해 온 '국가'의 개념을 바꾸게 된다고 보아도 과언이 아닐 것이다. 이러한 특별한 사례는 국민정부가 오랫동안 존속해 오지 못했다면 그리고 타이완이 중국에 접수[혹은 해방]되었다면 출현하지 못했을 것이다.

국민정부의 생존 원인에 대해서는 이미 공통된 인식이 존재하기 때문에 각국 연구자들은 현재 미국의 양안(兩岸)정책과 양안 사이의 교류와 미래 등의 문제에 관계없이 상당히 많은 규명과 평론을 내놓고 있다. 그러나 당시 국민정부가 회생한 원인 혹은 타이완이 어째서 적화[해방]되지 않았는지에 대한 깊이 있는 관심과 전면적인 토론은 부족하다.

본서는 필자의 박사논문을 번역하고 수정한 것으로, 이 작업에 대해 생각해 온 지는 이미 20여 년이 되었다. 필자가 생각하기에 미국이 한국전쟁으로 인해 타이완을 구하기로 결정했다는 논지는 그리 간단한 것이 아니다. 건국 100년을 맞이하여 이 구작(舊作)을 정리해 냄으로써 중화민국이 지금까지 생존할 수 있게 된 하나의 주요한 요인을 타이완 사람들이 이해할 수 있게 되기를 바란다. 또한 필자는 이 시기 타이완과 국민정부에 대한 워싱턴의 견해, 평가, 정책의 변화를 이해하는 것이 미국의 정책 결정 방식을 좀 더 깊이 이해하는데, 그리고 미국이 양안관계에 개입하고 작용한 것과 그 후 전개에 대해 평가를 내리는데 도움이 된다고 생각한다. 당초 필자가 미국의 대 타이완 정책에 대해 연구하게 된 것은 왜 타이완 사람들은 줄곧 미국을 '충실한 맹우(盟友)'라고 생각하였음에도 하루아침에 타이완과 미국의 관계가 친구에서 적으로 돌아서게 되었는지 이해할 수 없었기 때문이다. 논문을 완성한 이후 스스로 품은 의문점을 확실하게 해소하게 되었으나 그 성과는 출판물로 완성해 내지 못하고 있었다.

최근 양안 문제가 타이완 정계와 언론계에서 자주 다루어지고 있다. 그러나 논자들이 문제를 제기하는 배경은 제각각이고 모두 자신들의 정치이념에 매달린 나머지 문제의 기원과 발전에 대해서는 깊이 이해하지 못하고 있다. 심지어는 사실을 왜곡하면서까지 정치이념을 선전하는 경향을 보이고 있다. 역사 연구자로서 필자는 타이완 사람들이 문제의 근원을 이해할 수 있도록 도와야 할 사회적 책임이 있다고 생각한다. 당연히 이 작은 책 한 권으로는 타이완과 국민정부가 생존할 수 있었던 이유, 혹은 양안 문제의 기원이나 해결 방식을 제공할 수 있는 정보를 모두 설명할 수는 없다. 그러나 그해에 타이완을 구했다고 일컬어지는 미국은 오늘날까지도 양안관계에 가장 큰 영향을 미치는 국가이다.

　본서는 미국의 정책결정을 이해하는데 어느 정도 도움이 될 것이며, 또한 타이완의 존속이라는 큰 퍼즐을 맞추는데 필요한 작은 한 조각이 될 것이다. 이 작은 한 조각이 만약 양안의 분치(分治)라는 다른 길의 발달과정에 대해 비교적 깊이 있는 설명을 제공할 수 있다면, 타이완의 미래를 생각하는데 있어서 우리가 이해하고 비난하지 않는 태도로 문제를 생각하는 데에도 도움이 될 것이다. 모든 것을 돌아보지 않고 무력으로 양안 문제를 해결해야 한다고 생각하는 사람은 소수일 것이며, 대다수의 사람은 이해와 협상으로 화해하고 평화적으로 공존할 수 있기를 희망할 것이다.

　본서는 필자의 박사학위논문을 수정한 것이다. 논문이 완성될 당시 미국의 정책결정에 관련된 사료는 대부분 이미 공개되었고, 정책의 집행과정에 관련된 사료는 계속해서 공개되고 있다. 그러므로 새로운 사료가 공개되어 미국의 정책결정에 관한 이해를 수정할 상황은 비교적 발생하지 않을 것으로 본다. 본서는 박사논문을 기반으로 하고 여기에 제1장을 첨가하였다. 원래는 먼저 트루먼 시기의 타이완에 대한 정책을 논의하면서 전체 한국전쟁 시기의 정책분석으로 확대하고 다시 전언과 결론을 쓰려고 하였다. 그러나 각 장의 내용 수정이 그다지 크지 않았다. 사실 논문을 완성한 후 양안 관련 자료가 대폭 공개되었다면 세 방면(미국·타이완·중공)에서 한국전쟁 기간의 상호작용을 비교적 완전하게 분석하여 그 역사적 진상을 명확히 처리해 내야 했을 것이다. 역사적 진상을 완전히 규명해 낼 수 있을지는 또 다른 의제이다. 필자는 우선 미국이 결정한 정책을 연구하는 것도 참고할 만한 가치가 있다고 생각한다. 왜냐하면 연구과정에서 각 분야의 정책결정자는 모두 자기의 관점에서 상황 변화와 상대방의 의도, 그리고 행동을 해석하여 정책결정의 근거를 삼는다고 느꼈기 때문이다. 또한, 미국이 생각하고 반응한 중국 공산정권과 국민정부의 의도는 사실 그 관점에 따라 해석한 것으로 양안이 진정으로[혹은 적어도 문서상에서 나타나는] 의도한 것과는 다소 차이가 있어 보인다. 미국이 정세 변화와 중국, 타이완 등에 대해 의도하는 바를 판독한 것, 그리고 그에 따라 대책을 결정한 것에 관한 자료는 대부분 미국의 아카이브에 있다. 이것을 양안의 관련 사료들과 비교해 보면 미국의 자료보존과 개방이 가장 우수하다고 볼 수 있다. 현재까지도 미국은 국제사회에서 여전히 양안과 밀접한 관계에 있는 국가이다. 따라서 이러한 사료를 보면 과거 미국의 정책을 계획하고 결정하는 사람들의 사유를 이해할 수 있고 또한, 미래의 정책결정을 연구하는 데에도 상당히 도움이 된다. 당연히 양안과 미국이라는 삼자 사이의 상호활동은 매우 중요한 의제로, 본서에서도 중점을 두고 깊이 있는 설명을 진행하고 있다. 필자는 이들 3자의 상호활동에 대한 연구도 조속히 출현하여 타이완 사람들이 자신들의 과거를 더 깊이 이해하고 더욱 지혜롭게 자신의 미래를 펼쳐 나갈 수 있기를 기대한다.

끝으로 몇 가지 사항에 대해 설명할 필요가 있을 것 같다. 첫째, 본서의 미국 측 인사와 기구의 번역명은 중앙사(中央社)의 번역을 위주로 참고하였다. 왜냐하면 중앙사 번역이 당시 타이완에서 비교적 통용되는 명칭이었기 때문이다. 책 후반부에는 부록으로 영어 원명과 대조표를 수록하여 참고할 수 있도록 하였다.

둘째, 본서에서는 미국 자료를 사용하였기 때문에 책에 기록된 시간은 중대한 사건을 타이완의 습관에 따라 수정한 것을 제외하고는 대체로 자료에 기재된 시간을 따랐다. 비교적 분명한 사례로 북한이 진공을 시작한 것은 현지 시간으로 1950년 6월 25일 새벽이고 오전 11시에 방송을 통하여 선전포고를 했는데, 이때는 워싱턴이 써머타임을 실시하고 있었을 시기로 워싱턴 시간으로는 24일 저녁 9시였으며, 아시아 시간과는 1일의 차이가 있다. 본서에서 사용하는 6월 25일은 통상적으로 한국전쟁이 발발한 타이완의 날짜에 따른 것이다.

셋째, 주로 사용한 자료가 미국 자료이며 토론한 것은 미국 정책계획과 정책결정의 견해이기 때문에, 본서에서 언급하는 정부기관 예를 들면, 국방부·국무부·합동참모본부·정책기획 사무국 등은 모두 미국의 기관을 지칭하는 것이다. 만약 타이완이나 다른 국가의 정부기관을 언급할 시에는 국민정부 국방부처럼 별도 명기하였다. 마지막으로 본서에는 주석이 비교적 많은데 자료 출처 외에도 필자가 본문에서는 다루지 않으나 설명이 필요한 부분과 개념 설명이 필요한 부분은 주석으로 처리하여 독자들이 참고할 수 있도록 하였다. 그밖에 설명이 필요한 것으로, 한국전쟁 기간에 국민정부와 타이완[지리적 명칭]은 미국 정책기획자[주로 각 부서에서 상황을 분석하여 정책을 건의하는 사람]와 정책결정자[고위층 관원·특히 대통령·국무부 장관·국방부 장관·합동참모본부 의장 등 국가안정회의 중 외교정책결정에 관여하는 주요 관원]의 생각에는 구별되는 것이다. 그들은 한국전쟁 기간 중 타이완이 중공에 함락되는 것을 저지해야 한다고 생각하면서도 장제스 정부를 지원할 생각은 없었다. 트루먼이 퇴임하기 전까지 국민정부와 타이완에 대한 개념은 점차로 일치되어 갔다. 미국은 타이완에 장제스가 영도하지 않는 정부를 더는 건립할 생각이 없어졌다. 그에 따라 타이완에 대한 원조는 곧 국민정부에 대한 원조와 동일시되어 갔다.

본서가 완성된 것에 대해 많은 분들에게 감사를 표하고자 한다. 박사 논문을 준비하고 쓰는 기간에 도움을 준 미국의 스승과 동학들, 각 도서 관과 아카이브의 관련자들 외에도 논문 번역에 도움을 준 린톈구이(林添貴) 선생에 감사드린다. 그리고 원고를 윤독해 준 친구 쩡리쥐안(曾麗娟)과 끊임없이 필자를 격려해 준 중앙연구원 동료들께도 감사드린다. 본서가 세간의 주목을 받는데 가장 큰 공헌을 한 사람은 췌이성(催生)과 본서를 편집한 주앙루이린(莊瑞琳) 씨이다. 만약 루이린 씨의 재촉과 신뢰가 없었 다면 본서는 여전히 미국 박사논문자료 데이터베이스에 논문형식으로 머물러 있었을 것이다.

본서의 초고는 필자가 몇 년 전에 쓴 작품이다. 다시 꺼내어보니 당연 히 부족한 부분이 너무 많아 출판하기에는 초라함을 헤아리기 어려울 정 도이지만 타이완 사람들이 어느 정도 자신들의 과거를 이해하는데 조금 이라도 도움이 되기를 바란다. 그리고 국민정부와 타이완의 생존 이유에 조금 더 깊이 있는 흥미를 불러일으킬 수 있다면 더없는 기쁨과 위안이 될 것이다.

　타이완 섬에 위치하고 있는 국가의 정식 명칭은 '중화민국'이다. 그러나 우리는 일반적으로 국호로서가 아닌 지리적 명칭인 타이완으로 이 섬을 부르고 있다. 중화민국은 1912년 수립된 중국 최초의 공화국으로 1949년 공산정권에 패퇴하여 타이완 섬으로 옮겨오기까지 중국을 대표하는 국가였다. 따라서 우리는 중화민국을 중심으로 20세기 전반의 중국 역사를 이해해 왔다. 그러나 그 이후 전개된 중화민국의 역사는 우리가 접할 수 있는 일반적인 중국사 개설서나 역사관련 교과서에서 찾아보기 어려웠다. 냉전시기 동아시아에서 한국과 타이완은 서로를 형제의 나라로 지칭하며 우의를 유지했음에도, 그 시기 타이완의 역사를 배우기란 거의 불가능했다.

　1971년 10월 25일 중화인민공화국(이하 약칭 중공)이 유엔에 가입할 때까지, 중화민국은 유엔에서 중국을 대표하였다. 그러나 실질적인 통치 범주는 타이완 섬과 그 부속 도서로 국한되었고, 국제사회에서는 '하나의 중국'과 '두 개의 중국' 사이에 대표성의 논란이 끊임없이 일었다. 탈냉전 시기 동서화해의 분위기 속에 중국과 수교하는 나라가 늘어가면서 국제 사회에서 중화민국의 존재는 거의 보이지 않게 되었다. 그러다가 올림픽이나 국제 스포츠대회가 열려 '중화민국'이라는 국가명이나 '타이완'이라는 명칭을 대신하는 '중화 - 타이베이(Chinese - Taipei)'라는 호칭을 듣게 될 때, 혹은 미중 갈등 속에서 타이완이 소환될 때, 우리는 타이완의 중화민국을 떠올리게 된다. 현재의 타이완, 그들의 국제적인 위치는 어떻게 결정된 것인가? 그리고 한국전쟁이 발발하기 전부터 마오쩌둥이 타이완 해방을 부르짖었음에도 불구하고 아직도 타이완이 중화민국으로 존속하고 있는 이유는 무엇일까?

한국전쟁이 발발했을 때 장제스는 한국전쟁에 참전하겠다는 뜻을 보였으나 미국에 의해 제지되었다. 역자는 1949년 한국을 방문하여 한중 반공협력을 제의하였던 장제스의 한국전쟁 참전의사는 어떠한 배경에서 비롯되었는지 관심을 갖고 자료를 수집하는 과정에서 우연히 장수야 선생의 여러 논저를 만나게 되었다. 그 연구들을 대표하는 성과물이 바로 『한국전쟁은 타이완을 구했는가?』였다.

이 책은 한국전쟁이 진행되고 있던 1950-1952년 미국 대통령 트루먼의 대(對) 타이완 정책을 주제로 장수야 선생이 작성한 박사학위논문의 확장판이라 할 수 있다. 미국은 한국전쟁의 진행과 결말에 가장 큰 영향을 미쳤고 지금도 남북한 관계에서 중요한 위치에 있다. 마찬가지로 1950년 풍전등화의 처지에 있던 타이완의 운명을 좌우지했던 미국은 지금도 양안관계에 지대한 영향을 미치고 있으며, 미중관계에 불편한 상황이 연출될 때마다 타이완을 소환하고 있다.

70여 년 전과 비교해 보면 지금도 양안관계는 놀랍게도 당시와 유사한 상황을 연출하고 있고 여기에서도 미국의 정책결정은 주요한 역할을 하고 있다. 저자는 양안 문제의 기원과 근본적인 해답을 찾을 수는 없다고 하더라도 "타이완 존속이라는 퍼즐을 맞추는 데 작은 한 조각"이라도 되고자 하는 마음에서 이 책을 기획하였다고 한다. 현재 타이완은 양안 문제와 미중 갈등 속에서 스스로의 정체성을 찾기 위해 애를 쓰고 있다. 저자가 말하는 퍼즐은 타이완의 존속을 의미하며 이를 위한 타이완인의 노력에 작은 한 조각이 되고자 했던 것이 저자의 출간 의도가 아닐까 생각한다.

한국전쟁에 중공이 개입하고 정전회담의 주체로 중공이 참가하면서 우리는 한국전쟁과 타이완의 관계를 연결시키려고 한 적이 없다. 반면, 타이완의 입장에서는 중국 공산정권의 타이완 해방이라는 위기가 한국전쟁의 발발과 유엔군의 개입, 또한 중국 인민지원군의 참전으로 이어지면서 저지되었을 것이라는 일반적인 인식을 받아들이기 쉽지 않았던 것일까? 처음 책을 발견했을 때 책 제목이 마치 저자의 항변처럼 들렸다. 한국이 중국과 수교하면서 한국은 타이완의 존재를 점차 잊어갔던 것과 달리 타이완은 한국전쟁으로 인해 존속하게 되었다는 인식이 반세기가 훌쩍 지난 지금까지도 부담이었을까? 사실 그보다도 타이완의 존속에는 미국이나 한국의 영향보다 역사를 스스로 일구어 가고자 했던 타이완인의 의지가 중요했음을 강조하고 싶었던 것이리라.

저자의 지적처럼 한국전쟁 시기에 미국이라는 강대국이 내리는 정책 결정의 변화에 따라 타이완 문제의 논의는 수시로 변화하였다. 한국전쟁은 미국이 동아시아에 대한 정책을 결정하는 주요한 배경이자 요인이었고 미국의 대 타이완 정책에도 자연히 영향을 미쳤다. 또한, 뒤집어 놓고 보면 대 타이완 정책을 이해하는 것은 당시 한국전쟁과 동아시아에 대한 미국의 입장과 정책을 측면에서 이해하는 데 필요한 부분이다. 그리고 이 부분은 우리가 관심을 두어야 했음에도 불구하고 비교적 소홀히 했던 부분이기도 하다. 이 책은 이러한 우리의 부족한 이해를 채워줄 것으로 본다.

다시 돌아와 "한국전쟁이 타이완을 구했는가?"라는 질문을 생각해 보면, 저자는 질문에 완전한 긍정도, 완전한 부정을 하고 있지 않다는 생각이 든다. 다만 국제관계의 매커니즘 속에 타이완 스스로 자신의 미래를 고민하고 직시해야 한다는 과제를 던지고 있다. 이러한 주변관계와 역사를 통해 미래를 고민하는 자세는 우리도 견지해야 할 태도라고 생각한다.

동아시아 국제관계사를 연구하고 있고, 언젠가는 살펴봐야 할 것이라고 생각한 한국전쟁시기이지만, 그간 이 시기까지 올라와 들여다볼 기회는 좀처럼 없었다. 특히 주변국에서는 한국전쟁을 어떻게 바라보는지에 대해서도 그다지 관심을 갖지 않았다. 우연히 만나게 된 책이지만 이 책을 통해서 그 첫걸음을 뗄 수 있게 된 것은 매우 감사한 일이다.

이 책을 한국에서 출간할 수 있게 흔쾌히 동의해 준 저자 장수야 선생님께 감사드린다. 또한, 이 책의 번역을 지지해 주고 번역 전분을 검토해 준 정창원 교수와 책의 출간과 편집을 맡아 준 경인문화사 한주연 양에게도 감사를 전한다.

2022년 1월
역자

韓戰救台灣？

제1장

전언(前言)

타이완 미래의 발전과 밀접하게 관련되어 있는 양안(兩岸) 문제는 현재까지도 타이완 섬에서 지속적으로 제기되는 정치의제이다. 또한, 미국의 세계전략과 역할에 관련되어 있을 뿐만 아니라, 동아시아 전체 상황의 안정에도 영향을 주기 때문에 국제사회도 양안 문제에 주목해 왔다. 미국 학자들은 타이완에서 독립의식이 나날이 고조되어 타이완 국수주의자들의 정치활동과 결합하고, 이로 인해 중공이 타이완의 독립운동을 용인할 수 없게 되는 상황이 야기되지 않을까 우려한다. 타이완 해협이 세계에서 가장 위험한 지역의 하나라고 생각하는 미국은 여러 방면의 행동이나 의도를 잘못 해석하고 평가하여 음모, 혹은 단순한 사고로 치부해 버리는 경우, 이 모든 상황은 중공과 미국이라는 양대 핵무기를 보유한 강대국 사이의 전쟁을 유발할 수 있다고 본다. 따라서 학자들은 타이완 해협을 '위험한 해협'이라고 칭하기도 한다.[1]

양안 문제는 원래 1949년 중화민국 정부가 내전에서 패하고 타이완으로 퇴각하였음에도 자신이 여전히 중국 정부라고 주장하며 조속히 국가를 회복하고 잃어버린 영토를 수복하겠다고 희망하면서 시작되었다. 중국

----

1 이들 학자의 관심은 Nancy Benkopf Tucker, ed., Dangerous Strait: the U. S-Taiwan-China Crisis (New York: Columbia University Press, 2005)에서 볼 수 있는데 이 책의 편저자인 터커는 이 문제를 제1장에서 다루고 있다. 터커는 그의 이후 연구에서 다시 이 문제를 언급하였다. 그는 마잉쥬(馬英九)총통이 추임한 후 양안이 단기간 내에 충돌할 수 있다는 가능성은 감소하였으나, 근본적인 논쟁이나 잠재적인 충돌의 위험은 제거되지 않았다는 점을 지적하였다. Tucker, Strait Talk: United State -Taiwan Relations and the Crisis with China (Cambridge, Mass: Harvard University Press, 2009), p.1.

공산당은 1949년 10월 1일 중화인민공화국을 수립하고 중국본토를 통치하면서 스스로 중국을 대표하는 정부라고 칭하였다. 본래 빠르게 해결해야 했던 중국 내전 문제는 미소 양국 사이의 냉전과, 이어서 발발한 한국전쟁으로 인해 미국으로 하여금 개입을 꺼리게 하였다. 그로 인해 '타이완 문제'는 60년이 지난 지금까지 해결을 보지 못하고 있을 뿐 아니라, 오히려 위험성이 매우 큰 미국, 중국, 타이완 3자 사이의 '양안 문제'로 간주되었다. 그리고 한국전쟁 기간 미국의 대 타이완 정책은 '타이완 문제'의 기원으로 간주되었다.

Ⅰ. 냉전, 내전, 그리고 한국전쟁

미국은 '타이완 문제'가 아직 대두되지도 않았고, 다른 나라들이 특별히 타이완의 존재를 주목하지 않았을 때부터 타이완의 미래에 대해 관심을 갖기 시작하였다. 제2차 세계대전 말기 미국과 소련이라는 '맹우'가 전후 세계질서 재건을 위해, 전 세계의 세력 범위 분할을 놓고 충돌하면서 양국이 동맹 이전에 갖고 있던 이데올로기적 대립이 전후 양국 간 경쟁과 대결, 동서 진영의 장벽이라는 뚜렷한 냉전 구도로 발전한 것이 주된 원인이었다.[2] 제2차 세계대전 이후 전쟁으로 국력에 손상을 입지 않은 유일한 국가였던 미국은 비공산권 유럽 국가들이 경제적으로 재건할 수 있도록 적극적으로 협조하면서 '자유진영'을 공고히 하였다. 유럽이 아닌 다

---

2 제2차 세계대전 시기 영국 수상이었던 처칠(Winston Churchill)은 먼저 '철의 장막'을 언급하여 유럽이 민주와 독재 두 부분으로 나뉠 것이라고 말했다. 1946년 봄 미국에서 행한 연설에서 먼저 공개적으로 '철의 장막'을 언급하였는데, 이것은 냉전의 시작을 선언한 것으로 간주되었다.

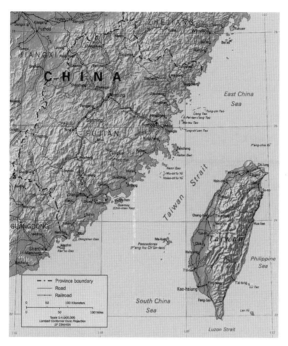

양안의 대치로 타이완 해협은 위험한 해협으로 인식되었다. 이것은 미국 중앙정보국이 그린 지도이다.

른 지역에는 유럽의 재건을 위해 투입했던 것만큼의 자원을 투입할 수 없었지만, 어느 정도의 개입을 통해 각국의 좌파 정치역량을 견제하면서 공산세력의 확장을 봉쇄할 수 있기를 희망했다. 따라서 냉전이 진행되는 과정 중에서 미국은 점차 서방진영의 지도자가 되었다.[3] 그리고 아직 비공

---

3 일반적으로 냉전은 제2차 세계대전이 끝난 후부터 소련이 해체될 때까지(1945-1991)의 시기로, 국제사회는 양대 강국인 미국과 소련이 중심이 되는 두 체제가 대립하고 있었다. 전 세계적으로 냉전 관련 연구는 그 성과가 매우 많이 축적되어 있고, 냉전 통사, 백과전서 등의 공구서도 많이 출판되어 있으나, 타이완 학자의 냉전에 관한 연구 성과는 그다지 많지 않다. 냉전 관련 통사는 John W. Mason, *The Cold War, 1945-1991*, (London, New York: Routledge, 1996);

산 정부가 영도하고 있던 중국은 바로 미국이 바라는, 소련의 영향력 확장을 피할 수 있는 나라 중 하나였다.

중국에서 국민당과 공산당이 대립해 온 시간은 이미 오래되었다.[4] 양측은 비록 일본에 대항하기 위해 표면적으로 잠시 통일전선을 조직하였으나, 실제로는 충돌이 끊인 적이 없었다. 그리고 제2차 세계대전이 끝난 후에는 전면적인 내전으로 이어졌다.[5] 국민정부는 제2차 세계대전 기간에 미국, 영국, 소련이 중심이 된 연합국에 가입하여 독일, 이탈리아, 일본 등이 중심이 된 추축국에 함께 대항하였고, 그로 인해 연합국을 리드하는 미국이 건립한 비교적 긴밀한 협력관계에 들어갈 수 있었다. 다른 연합국들은 전시뿐만 아니라 전후에도 스스로의 전투와 재건에 분주하여 중국과 밀접한 협조관계를 맺을 만한 여력이 없었다.[6] 미국만이 제2차 세계대전이 끝난 후 중국 내전에 적극 개입할 수 있는 유일한 국가였다.

원래 단순했던 중국의 내전은 미소가 대립하는 냉전에 연루되면서 복잡해졌다.[7] 미국이 국공 충돌에 개입한 목적은 전후 중국이 양당제의 민

John Lewis Gaddis, *The Cold War: a New History,* (New York: Penguin Press, 2005)를 참고할 만하다.

4 국공 충돌에 관한 간략한 역사는 國立政治大學國際關係研究中心編, 『國共關係簡史』 (臺北: 國立政治大學國際關係研究中心, 1983)과 黃修榮, 『國共關係史』(廣州市: 廣東教育出版社, 2002)를 통해 쌍방의 각기 다른 견해를 비교해 볼 수 있다.

5 중국 내전에 관련된 연구도 상당히 많다. 반면 타이완의 연구에는 단독전투 혹은 사건에 대해 연구한 것은 있지만 통시적인 연구는 거의 전무하다. 최근의 연구로 참고할 만한 것은 Odd Arne Westad, *Decisive Encounters: the Chinese Civil War, 1946-1950,* (Stanford, CA: Stanford University Press, 2003)이 있다.

6 사실 전시 중미 협력관계에는 우여곡절이 많아서 많은 연구의 초점이 되었다. 최근의 연구서로는 齊錫生, 『劍拔弩張的盟友: 太平洋戰爭期間的中美軍事合作關係 (1941-1945)』(臺北: 中央研究院, 聯經出版社, 2011)가 있다.

7 냉전 초기 이데올로기의 충돌은 그다지 강렬하지 않았고, 내전 중의 국공 쌍방은 각각 미소 양국의 협력 쟁취에 힘쓰고 있었다. 이에 관해서는 Odd Arne

주정부를 건립하여 동아시아에서 소련과 세력 균형을 이루는 데 있었다. 당시 미국은 국민당에 대한 인상이 좋지 않았다. 반면 공산당이기는 하지만 중공은 그 성격이 비교적 '농업 개혁자'에 가까웠고, 소련의 공산당 이념과는 완전히 일치하지 않다고 보았다. 따라서 미국은 국공 양당이 연합정부를 구성하면 소련이나 공산당 세력이 확산되지 않을 수 있다고 생각하였다. 그래서 미국 대통령 트루먼(Harry S. Truman)은 1945년 말, 제2차 세계대전 시기 미국 육군 참모총장을 역임한 마셜장군(George C. Marshall)을 중국에 특사로 파견하여 국공 충돌을 조정하였다. 그러나 마셜은 1여 년 후에 자신의 임무가 실패했음을 고하고 귀국하였다.[8]

마셜이 미국으로 돌아간 후 국공 내전이 더욱 격화되면서 국민정부는 점차 열세에 처하게 되었다. 당시 미국이 가장 주목하고 있던 지역은 유럽이었고 그 다음은 중동이었다. 게다가 유한한 자원으로 인해 워싱턴의 정책결정자들은 각 지역에 자원을 투입함으로써 얻을 수 있는 대가를 평가한 후 결국 중국의 상황에서 발을 빼기로 결정하였다. 다만 중국을 접수한 중공이 소련에게 절대복종하여 아시아에 대한 소련의 통제력이 강

....

Westad, *Cold War and Revolution: Soviet-American Rivalry and the Origins of the Chinese Civil War, 1944-1946,* (New York: Columbia University Press, 1993) 참조.

8 국공 양당에 대한 미국의 인식과 정책은 Tang Tsou, *America's Failure in China, 1941-1950* (Chicago, IL: University of Chicago Press, 1963)을 참고. 마셜의 조정에 관한 연구는 국민정부가 타이완으로 퇴각한 초기를 비교적 중시하였다. 마셜의 보고서에 대한 자세한 연구 외에도 張力行, 『馬歇爾使華與中國之悲劇』(臺北: 反攻出版社, 1960)과 같은 선전적인 저작도 있다. 전문적인 연구서로는 Larry I. Bland, ed., *George C. Marshall's Mediation Mission to China, December 1945-January 1947* (Lexington, Va.: George C. Marshall Foundation, 1998)을 참고할 만하다. 국민정부의 입장에서 제2차 세계대전부터 한국전쟁까지 미국의 중국에 대한 정책을 연구한 것으로는 梁敬錞, 『中美關係論文集』(臺北: 聯經出版社, 1982)에 수록된 여러 논문이 도움이 된다.

화되지 않기를 바랐다. 중국 본토의 정세 변화에 간여하지 않기로 결정하면서 평후를 포함한 타이완의 미래는 워싱턴 정책결정자들에게 관심의 대상이 되었다. 워싱턴이 타이완에 관심을 가진 주요한 원인은 타이완의 면적이 크지 않아서 개입하여도 그 대가가 중국 본토에 비해서 훨씬 적었고, 지리적인 측면에서 볼 때, 냉전 중 어느 정도 전략적 가치가 있기 때문이었다. 그 밖에도 타이완은 과거 50년간 일본의 통치를 받아서 국제법적인 관점에서도 미국이 개입할 수 있는 여지가 있었다.

냉전과 국공 내전에 더하여 1950년부터 1953년까지 발발한 한반도의 한국전쟁은 냉전 중 벌어진 첫 번째의 열전으로 냉전을 전 세계로 확대시켰을 뿐만 아니라,[9] 타이완의 운명에도 직접적인 영향을 미쳤다. 유럽이 제2차 세계대전 후 동서로 양분된 것처럼, 제2차 세계대전 후 한국은 북위 38도선을 기준으로 남북으로 양분되어 미국과 소련이 분할 점령하였다. 1948년 미소 양국은 각각 남·북한 정부의 설립을 지지하였다. 남·북한 정부는 각각 자신들이 한반도를 통일하기 희망하였기 때문에 양측의 경계지역에서는 충돌이 심화되고 있었다.[10] 1950년 6월 25일, 북한이 소련과 중공의 지지를 받아 38도선을 넘어 남한을 공격하였다. 유엔 안전보장이사회는 즉시 북한의 침략을 비난하는 결의안을 통과시켰고, 남한을

----

9 냉전의 세계적인 확대는 미국의 입장에서 본 것이다. 그 전 미국의 관심과 노력은 기본적으로 서유럽에 공산당이 확대되지 않도록 하는데 있었다. 그러나 한국전쟁은 소련에 대항해야 한다는 의식을 고취시켰고, 워싱턴의 냉전을 전 세계로 확대시켰다. 한국전쟁이 미국의 냉전정책에 미친 영향에 관해서는 Robert Jevis, "The Impact of the Korean War on the Cold War", *The Journal of Conflict Resolution* 24:4(December 1980), pp.563~592와 Bruce Comings, *The Korean War: A History* (New York: Modern Library, 2010) 참조.

10 한국전쟁 발발 전 남북 충돌원인을 깊이 고찰한 연구로는 Bruce Comings, *The Origins of the Korean War*, 2 vols.(Prinston, NJ.: Prinston University Press, 1981, 1990)이 있다.

지원하기 위한 유엔군을 조직하여 도쿄에 있던 맥아더 장군(Douglas Macarthur)을 유엔군 총사령관으로 임명하였다. 미국 정부는 또한 동아시아 지역에 주둔하는 해군과 공군에게 전력으로 남한을 지원하라는 명령을 내렸다.

북한의 파죽지세에 맞서 유엔군은 9월 중순 인천상륙작전을 성공하여 상황을 전환시켰고, 유엔은 한국 통일을 위해 맥아더 장군에게 군대를 이끌고 38선을 넘어갈 수 있는 권한을 부여하였다. 중공은 유엔군이 북한을 점령하면, 미국이 중국 동북지역으로 침입할 수 있다고 보았고, 심지어 장제스를 지원하여 중국 본토를 공격할 수 있다고 우려하여 한국전쟁 파병을 결정하였다. 10월 19일부터 1951년 4월 하순까지 중공은 모두 다섯 차례 공세를 발동하였다. 3차 공세에서 중공은 유엔군을 거의 38도선 이남까지 밀어 붙였고, 유엔군은 한반도 포기를 고려하기도 하였다. 유엔은 여러 차례 정전을 제의하였으나 중공은 모두 거절하였다. 1951년 2월 1일에 통과된 결의안에서 유엔은 중공을 침략자로 규정하였고, 5월에는 중공에 대한 전면적인 금수조치를 결의하였다. 1951년 봄 유엔군은 반격하여 3월 말 다시 38도선에 이를 수 있었다. 이때부터 일진일퇴의 충돌이 전개되었고, 양측은 모두 정전을 바라기 시작하였다. 그해 7월 10일부터 정전협상은 시작되었으나 시소게임과 같은 전투가 끊이지 않았다. 협상도 포로 송환 문제로 해결을 보지 못하고 표류하였다. 협상은 2년을 끌었고, 1953년 7월 27일에 가서야 비로소 정전협정을 체결하였다. 그 결과 한반도는 북위 38도선에서 분단되었고, 남한과 북한은 대립을 이어가고 있다.[11]

한국전쟁이 발발하기 이전 미국은 원래 중국의 내전에서 완전히 발을 빼기로 결정하고 타이완 방어 문제에 개입하지 않을 것이라고 선언하였

11 한국전쟁에 관한 간략한 이해는 Bruce Comings, *The Korean War: A History* 의 제1장 참조.

다. 그러나 한국전쟁이 발발한 후 미국은 중공이 그 기회를 빌려 타이완을 공격하여 점령하고 공산당의 세력을 확대하게 될 것을 우려하였다. 또한 국민정부가 그 기회를 이용하여 본토를 공격함으로써 충돌이 확대되는 것도 바라지 않았다. 그래서 미국은 제7함대를 통하여 타이완 해협의 중립화를 선언하였다. 그러나 중공이 한국전쟁에 개입한 후 미국은 타이완에서 발을 빼기 더욱 어려워졌다. 따라서 냉전, 중국 내전, 한국전쟁은 미국이 타이완 문제를 어떻게 결정하고 처리할 것인지 이해하는데 반드시 고려해야 하는 환경적 요인이며 이 책에서 논의하고자 하는 토론 내용의 배경이 된다.[12]

II. 한국전쟁이 타이완을 구했다는 인식

미국은 비록 국공 내전 말기에 타이완이 적화되는 것을 피할 방책을 마련하고 싶었으나, 상황은 오히려 낙관적이지 못했다. 중공이 체제를 갖

....

[12] 이 세 가지 전쟁은 모두 참고할 만한 연구 성과가 상당히 많다. 따라서 본서에서는 이들에 대한 분석과 기술에 많은 시간을 들이지 않을 것이다. 냉전과 관련된 연구주제와 초점의 변화에 대해서는 Odd Arne Westad, "The Cold War anf the International History of the Twentieth Century", in Melvyn P. Leffler and Odd Arne Westad, eds., *The Cambridge History of the Cold War* (Cambridge, England; New York; Cambridge University Press, 2010), pp.1~19; 한국전쟁에 관해서는 張淑雅, 「近二十年來的韓戰研究槪況」, 『近代中國』137 (2000年 6月), pp.101~116; 尹良武、陳時偉著, 張力譯, 「四十年來中國大陸的韓戰研究」, 『近代中國』137(2000年 6月), pp.133~143; 劉鵬, 「近10年來國內學術界朝鮮戰爭研究新進展」, 『高校社科動態』(2010年 04期), pp.17~30; Allan R. Millet, "The Korean War: A 50 year Critical Historiography", *Journal of Strategic Studies* 24:1(Mar 2001), pp.188~224; Bruce Comings, *The Korean War: A History*의 제9장에서 기술하고 있다.

춘 후 미국 중앙정보국(Central Intelligence Agency, 이하 CIA)은 즉시 중국 영토 내의 모든 반공세력에 대한 전망을 내놓았다. 그들은 국민정부가 영도하는 타이완은 기껏해야 3년을 연명할 수 있을 것이나, 만약 중공이 각지를 동시에 정벌하기로 결정한다면 1950년 말까지는 잔존하는 반공세력들이 완전히 소탕될 것이라고 평가하였다. 결론적으로 중공이 묵인하지 않는다면 중국의 어떠한 비공산 세력도 1950년 말을 넘겨서 생존하기는 어려울 것이라고 예측하였다.[13]

2개월 후 국무부는 타이완을 적극 옹호하는 의회와 여론의 호소에 반격하고, 동시에 타이완이 중공에 함락될 경우 미국의 명성과 전 세계의 반공을 지지하는 여론이 입게 될 손상을 최소화할 방법을 모색하였다. 그들은 각국에 주재하는 미국 외교관들에게 주재국에서의 선전활동을 통해 타이완은 정치, 지리, 그리고 전략적으로 모두 중국의 책임 아래에 속해 있고 특별히 중요하지 않으며, 타이완의 함락은 미국이나 반공진영의 이익에 손상을 주지 않을 것임을 강조하라고 지시하였다.[14]

CIA는 이듬해 2월과 4월에 다시 타이완의 생존기간을 평가하였다. 이 두 차례의 평가는 모두 국민정부가 어떠한 노력을 하든지 그들은 안팎에서 동시에 들어오는 공격을 막아낼 능력이 없으며, 중공은 1950년 말까지 타이완을 점령할 수 있고, 또한 반드시 행동을 취할 것이기 때문에 타이완은 1950년 말 이전에 함락될 "가능성이 매우 크다"고 주장하였다.[15] 바

---

13 ORE 76-49, "Survival Potential of Residual Non-Communist Regimes in China", October 19, 1949, in *Tracking the Dragon: National Intelligence Estimates on China during the Era of Mao, 1948-1976,* (Washington, D.C.: Government Printing Office, 2004).
14 陳志奇, 『美國對華政策三十年』(臺北: 中華日報社, 1981), pp.36~38.
15 그렇다고 해도 이들 평가는 국민정부가 '비교적 오래' 지속될 가능성도 완전히 배제하지는 않았다. Memorandum, Rusk to Acheson, April 17, 1950, *FRUS, 1950,* 6:330.

꾸어 말하면, 한국전쟁이 발발하기 전에 미국 측은 국민정부는 그해 말을 넘기기 어려울 것이라는 결론을 내렸다. 그러나 뜻밖에도 국민정부는 '백세'의 장수를 누리게 되었다. 워싱턴 모든 비평가들의 확신에 찬 예측은 어째서 빗나가게 된 것인가?

서방과 양안의 학자들은 대체로 한국전쟁이 발발한 이후 제7함대를 중립지역인 타이완 해협에 즉시 파견한 트루먼 대통령의 행동이 타이완이 중공의 수중에 함락되는 것을 막았고, 그 후 미국은 타이완의 보호자를 자청하였으며, 이것이 타이완과 국민정부가 오늘날까지 생존하게 된 원인이라고 생각한다. 이점은 오늘날까지 중공과 국민정부를 포함하는 미국의 대 중국 정책을 연구하는 모든 사람들이 공통적으로 갖는 인식이다. 냉전기간에 양안은 일찍부터 정치선전을 통하여 "한국전쟁이 미국에게 타이완을 구하도록 결정하게 하였다"고 민중이 인식하게 하였다. 민중의 사기와 신뢰를 높여 타이완의 상황을 안정시키기 위해 냉전기간에 국민정부는 "미국은 전통적인 우방"이라고 끊임없이 강조하였고, "미국이라는 맹우(盟友)가 중국인민이 공산주의에 대항하게 도울 것"이라고 재차 설명하였다. 이와 반대로 중공은 미국이 중립지역인 타이완 해협과 타이완의 보호를 약속함으로써 '타이완 해방'을 방해하여 제국주의의 침략적 행위를 드러냈다고 공격하였다. 중공은 매우 기술적으로 민족주의 정서를 이용하여 '미제국주의'라는 공공의 적에 대한 민중의 적개심을 불러일으킴으로써 자신들의 통치를 공고히 하였다.

처음에 미국인들에게는 대 타이완 정책이 '정의로운 행동'으로 미화되었다. 그러나 이 후 많은 학자들은 트루먼 정부의 대 타이완 정책은 '냉전 이데올로기' 하에서 채택한 지혜롭지 못한 정책이었으며, 불필요하게 아시아에 냉전 상황을 고착시켰고 중화인민공화국과의 관계 정상화를 지연시켰다고 비난하였다. 칭찬이든 비평이든 간에 타이완에 대한 트루먼의 정책은 미국, 중국, 타이완 이 세 곳에서의 정치 분위기 아래에서 간단한 역사 정론으로 해석되었고, 그때부터 이 의제는 거의 논의될 필요가 없게 되었다. 그러나 이 문제가 진실로 그처럼 간단한 문제였을까?

1940년대 말부터 1950년대까지 중국 본토의 적화 문제는 미국에서 격렬한 정치논쟁을 일으켰다. 심지어 매카시즘(McCarthyism)이라는 반공 열풍을 일으켜 미국 역사상 제2차 '적색테러'를 초래하였다.[16] 그 후, 제2차 세계대전 이후 미국의 대 중국 정책은 줄곧 국제관계와

1950년대 미국의 반공 선전

외교사 연구에서 중요의제가 되었다. 냉전의 흑백 진영논리로 인해 관련 의제의 연구는 모두 정치색이 뚜렷한 비판과 질책성의 연구로 채워졌다. 냉전에 대한 연구는 처음에는 누가 냉전의 원흉인지 추적하는데 초점이

---

16 미국의 반공 열풍은 소련 혁명 이후 처음 시작되었다. 공산당이 '적색'을 표방하였고, 공산주의에 대한 두려움 때문에 인권을 고려하지 않고 공산당으로 의심되는 사람을 박해하는 현상을 초래하였다. 미국인들은 이를 '적색테러'라고 부른다. 제1차 적색테러는 1919-1920년 사이, 제2차 적색테러는 냉전이 시작된 후부터 1950년대 말까지 있었다. 그중 가장 유명한 적색테러가 바로 매카시즘이며, 여기에 관련된 연구는 비교적 많다. 적색테러에 관련된 연구는 Robert K. Murray, *Red Scare: a Study in National Hysteria, 1919-1920* (Westport, Conn.: Greenwood Press, 1980, c1950); Caroline S. Emmons, ed., *Cold War and McCarthy Era: People and Perspectives* (Santa Barbara, Calif.: ABC-CLIO, 2010) 참조.

맞추어졌다.[17] 미국의 대 중국 정책도 유사하다. 1950년대 냉전이 최고조에 달했던 시기에 역사가들의 논점은 미국의 반공 풍조와 어우러져서 누가 '중국 상실'의 책임을 져야 하는가에 맞추어졌다. 냉전 최고조의 시기를 지난 후, 1960년대 베트남전과 반전(反戰)이라는 내부의 충돌을 겪으면서 역사가들의 관심은 왜 워싱턴은 그들이 혐오하던 국민정부와 관계를 단절할 수 없었는가, 왜 미국은 일찌감치 중공과 정상적인 외교관계를 수립할 수 없었는가, 즉 누가 중공과 더 일찍 외교관계를 수립할 수 있는 기회를 상실한 책임을 져야 하는가를 검토하는 것으로 전환되었다.[18]

많은 미국 역사가들은 국민정부를 포기하지 않은 가장 주요한 원인은 '냉전적 책략'을 고려했기 때문이라고 생각한다. 소련의 확장을 저지하기 위하여 타이완이 '극단'적으로 중요한 것은 아니었으나, 중공에게 손쉽게 넘겨줄 수 있는 대상도 아니었다. 게다가 타이완의 적화는 아시아에서 미국의 명망과 신용에 상처를 줄 수 있으며, 트루먼 정부가 미국의 체면을 생각하여 타이완에 대한 예방적 조치를 취하지 않을 수 없었기 때문에 국민정부와 관계를 단절할 수 없었다고 보았다.[19] 미국의 대 타이완 정책이

....

17 학자들이 지칭하는 냉전의 원흉은 1950년대에는 스탈린 개인이었고, 1960년대까지는 소련 전체였으며, 베트남전 말기까지는 미국의 경제적 확장주의라고 인식되었고, 냉전이후의 연구는 쌍방이 모두 어느 정도 책임이 있다고 인식되고 있다. Westad, "The Cold War and the International History of the Twentieth Century", pp.1~7 참조.

18 미국학자들의 '중국상실'과 '기회상실'이라는 의제에 대한 토론은 莊榮輝, 「美國學者對中美關係發展(1949-1958)的看法」(臺北: 中國文化大學史學研究所博士論文, 2000), 제2장 참조.

19 Feaver, "The China Aid Bill of 1948: Limited Assistance as a Cold War Strategy", *Diplomatic History* 5(1981):107~120; Buhite, "Major Interests': American Policy toward China, Taiwan, and Korea, 1945-1950", *Pacific Historical Review* 47:3(1978):425~451; Stueck, *The Road to Confrontation: American Policy toward China and Korea, 1947-1950* (Chapel Hill, NC: The University

냉전의식과 실제 계산이 뒤섞인 복잡한 고려였다는 점에 주목한 학자들도 있지만, 사실 주된 관심은 공산당 봉쇄에 있었지 타이완의 복지나 미래에 있었던 것은 아니다. 한국전쟁이 발발한 후 트루먼과 국무장관 애치슨(Dean G. Acheson)이 힘써 거부했음에도 타이완을 보호해 달라는 호소의 소리는 점차 우세해졌고, "반공이념이 실용적인 정책을 압도하게 되었다."[20]

냉전적 고려 외에 또한 많은 학자들은 국제관계학자 앨리슨(Graham Allison)이 제시한 '관료체제'의 정책결정 모형에 따라 워싱턴의 중국 정책을 해석하였다. 그들은 워싱턴의 내부 조직, 특히 군부와 국무부, 그리고 행정부와 의회 사이에 있었던 중국정책에 대해 격렬한 논쟁을 기술하였고, 국민정부에 대한 제한적인 원조는 격렬한 변론을 거친 후 각 부처가 억지로 받아들인 결과였다고 주장하였다.[21]

미국 국내정치 중 매카시즘이 조성한 반공 열풍은 대 중국 정책에 영

----

of North Carolina Press, 1981); Burton I. Kaufman, *The Korean War: Challenges in Crisis, Credibility, and Command* (Philadelphia, PA: Temple University Press, 1986); Gaddis, *Strategies of Containment: A Critical Appraisal of Postwar American Security Policy* (New York: Oxford University Press, 1982), Chapter 4, "NSC 68 and the Korean War".

20 Francis Xavier Kozlowski, "Defiant Issue: Cold War Influence on United States Taiwan Policy, 1945 to 1952", (Ph. D. Dissertation, State University of New York at Binghamton, 1990).

21 Allison, "Conceptual Models and the Cuban Missile Crisis", *American Political Science Review* 63(1969); Robert M. Blum, *Drawing the Line; The Origins of the American Containment Policy in East Asia* (New York: W. W. Norton & Company, 1982), p.214; Michael L. Baron, "Tug of War: the Battle over American Policy toward China, 1946-1949"(Ph. D. Dissertation, Columbia University, 1980); Keiji Nakatsuji, "The Straits in Crisis: America and the Longterm Disposition of Taiwan, 1950-1958"(Ph. D. Dissertation, University of Chicago, 1985); Finkelstein, *Washington's Taiwan Dilemma, 1949-1950: From Abandonment to Salvation* (Fairfax, VA: George Mason University Press, 1993).

향을 미친 주요한 원인이었다. 또한, 의회 내의 '중국지지자들'과 '원외의 중국지원 그룹'이 일으킨 대 중국 정책에 관한 논쟁은 워싱턴이 국민정부를 버리고 중공과 관계를 맺기 어렵게 했다고 생각하는 학자들도 있다.[22] 그러나 의회, 여론, 혹은 일부 유세단체는 워싱턴의 대 중국 정책에 영향을 주지 않았다고 생각하는 학자들도 있다.[23]

1950년대 반공 열풍이 지나간 후, 미국학자들은 타이완 해협 중립이 현명하지 못했다고 지적하였고 이것이 중공과의 관계 정상화에 장애가 되었다고 생각하였다. 단지 일부 역사가만이 코헨(Warren I. Cohen)의 견해에 동의하여 국무장관 애치슨으로 대표되는 트루먼 정부는 한국전쟁이 발발한 후에도 여전히 중공과 접촉하려 했다고 보았다.[24] 반면 대다수의

....

22 Lewis McCarroll Purifoy, *Harry Truman's China Policy: McCarthyism and the Diplomacy of Hysteria, 1947-1951* (New York: New Viewpoints, 1976); Ross Y. Koen, *The China Lobby in American Politics* (New York: Haper & Row Publishers, 1974).

23 Joyce and Gabriel Kolko, *The Limit of Power: the World and United States Foreign Policy, 1945-1954* (New York: Harper & Row, 1972); Walter Lafeber, "American Policy Makers, Public Opinion, and the Outbreak of the Cold War, 1945-1960", in Yonosuke Nagai and Akira Iriye eds., *The Origins of the Cold War in Asia* (New York: Columbia University press, 1977); Nancy Bernkopf Tucker, *Pattern in the Dust: Chinese-American Relations and the Recognition Controversy, 1949-1950* (New York: Columbia University press, 1983); Warren I. Cohen, "The United States and China since 1945", in Cohen ed., *New Frontiers in American East Asian Relations: Essays presented to Dorothy Borg* (New York: Columbia University press, 1983); 趙綺娜,「美國親國民政府國會議員對杜魯門政府中國政策影響之評估」,『歐美研究』21:3(1991年9月), pp.83~129.

24 John W. Garver는 오히려 국민정부와 결맹을 맺는 것이 당시 미국의 국가이익에 도움이 되는 것이라고 보았다. John W. Garver, *The Sino-American Alliance: National China and American Cold War Strategy in Asia* (Armink, NY: M. E. Sharpe, 1997), p.2와 서론 참조.

미국학자들은 중공이 한국전쟁에 개입한 후 미국의 대 중국 정책은 유연성을 완전히 상실하여 중공을 적으로 간주하였으며, 전력을 다해 타이완의 국민정부를 지지했다는데 동의하였다.[25]

어째서 더 일찍 중공을 승인하지 않았는지에 관해서 학자들은 대체로 중화인민공화국이 성립된 후 미국은 이미 가능하면 빨리 승인하려 했다고 보았다. 특히 애치슨은 참모진의 충고, 국방부와 의회의 친국민정부 의원들의 압력, 그리고 중국 유세단의 활동을 강경하게 무시하였고, 한국전쟁이 발발한 후에는 줄곧 중공과의 접촉을 희망하고 있었다고 판단하였다.[26] 다수의 역사학자들은 당시 중국 본토에 있던 미국인을 학대하는 등 중공의 행동이 워싱턴이 중공 승인을 미루게 한 주요 원인이었다고 보았다. 그러나 국내 정치적인 고려도 트루먼 정부가 중공 승인을 서두르지 않게 하였다고 보았다.[27] 종합적으로 보면 거의 대부분의 연구자는 한국

....

25 Warren I. Cohen, "Acheson and His Advisers, and China, 1949-1950", in Dorothy Borg and Waldo Heinrichs, eds., *Uncertain Years: Chinese-American Rlations, 1947-1950* (New York: Columbia University press, 1980); Rosemary Foot, *The Wrong War,* chapter 4; Barton I. Kaufman, *The Korea War,* chapter 4; Edwin W. Martin, *Divided Counsel; The Anglo-American Response to Communist Victory in China* (The University Press of Kentucky, 1986), Part III; and William Stueck, *The Road to Confrontation: American Policy toward China and Korea, 1947-1950* (Chapel Hill: University of North Carolina Press, 1981), chapter 6.

26 Harold C. Hinton, *China's Turbulent Quest* (Bloomington, IA; Indiana University Press, 1972); Schurmann, *The Logic of World Power* (New York: Panteon Books, 1974); Warren I. Cohen, "Acheson and His Advisers, and China, 1949-1950", in Dorothy Borg and Waldo Heinrichs, eds., *Uncertain Years: Chinese-American Relations, 1947-1950* (New York: Columbia University press, 1980); Blum, *Drawing the Line;* David McLean, "American Nationalism, the China Myth, and the Truman Doctrine; the Question of Accomodation with Peking, 1949-1950", *Diplomatic History* 10:1(winter 1986):25~42.

27 Grasso, *Truman's Two-China Policy, 1948-1950* (Armonk, NY: M. E. Sharpe,

전쟁이 발발한 후 중공에 대한 승인이 무기한 보류되었다는데 동의하였다.

중공에 대해서는, 냉전의 최절정을 지난 후 자유주의 성향의 미국 학자들은 중공이 맹목적인 공산주의 신봉자가 아니고 그들의 정책도 중국 국가이익의 증진을 도모하도록 계산되었다고 보았다. 따라서 미국과 소련에 대해 중공은 모두 실질적으로 반응하게 될 것이며, 미국의 태도에 따라 소련으로 쏠리는 정도가 결정될 수 있었는데, 미국이 나타내는 적의는 미국에 대한 이해가 깊지 않았던 마오쩌둥의 중공을 더욱 소련 쪽으로 기울어지게 하였다고 보았다.[28]

일부 학자는 중공과 소련의 이념적 연결이 미국과 관계해서 얻을 수 있는 정치경제적 이익보다 강하다고 생각했다. 공산주의 이념은 원래 어떠한 제국주의 국가와의 접촉도 반대하였다. 따라서 학자들은 상대방과 타협할 수 없다는 제약은 베이징의 정책결정자들도 감수해야 하는 부분으로 보았다.[29]

그 밖에 어떤 학자들은 소련의 압박이 중공과 미국의 관계 수립에 중대한 장애가 되었으며 마오쩌둥과 저우언라이도 소련의 통제를 벗어나려고 했었다고 주장하였다.[30] 이들 학자들은 당시 미국과 중공이 위험을 무

....
Inc., 1987), pp.168~169.
28 John Gittings, *The World and China, 1922-1972* (New York: Harper & Raw, 1974); Michael H. Hunt, "Mao Tsetung and the Issue of Accommodation with the United States", in Dorothy Borg and Waldo Heinrichs, eds., *Uncertain Years: Chinese-American Relations, 1947-1950,* pp.185~233; Steven I. Levine, "Notes on Soviet Policy in China and Chinese Communist Perceptions, 1945-1950:, in *Ibid,* pp.293~303.
29 Okabe Tatsumi(岡部達味), "The Cold War in China", in Nagai and Iriye, eds., *The Origins of The Cold War in Asia,* pp.224~251; Steven M. Goldstein, "Chinese Communist Policy toward the United States: Opportunities and Constraints, 1944-1950", in Dorothy Borg and Waldo Heinrichs, eds., *Uncertain Years: Chinese-American Relations,* 1947-1950, pp.235~278.

룹쓰고 관계를 맺으려고 하지 않았기 때문에 미국이 더 일찍 중공과 관계를 정상화할 수 있는 기회를 상실했다고는 보지 않았다. 간단히 말해서 좋게 평가하든 나쁘게 평가하든 간에, 중공 건국 초기 미국의 대 중국 정책에 대해 학자들은 한국전쟁으로 인해 미국은 국민정부를 포기할 수 없었고, 중공과 관계를 정상화할 조건을 갖고 있지 않았다는 것에 어느 정도 공감대를 형성하고 있었다.

비록 1950년대 미국의 대 중국 정책에 관한 연구는 직지 않지만, 미국의 대 타이완 정책에 대한 전문적인 연구 성과물은 매우 적다.[31] 주요 원인은 당시 타이완의 상황이 매우 불안정하였기 때문이다. 설령 억지로 타이완의 국민정부가 '중국' 정부로서의 지위를 유지하더라도 이미 경제적 능력은 상실되었고, 군사력도 없었다. 반공의 입장에서 서방 자유진영에 속하게 된다고 하더라도 국제정치적으로 완전히 영향력을 상실하여 유엔에서의 지위뿐만 아니라 생존마저도 모두 완전히 미국을 의지할 수밖에 없었다. 이러한 견해는 기정사실화되었고 타이완과 직접적으로 관련된 의제는 대략 두 차례의 타이완 해협 위기와 관련된 것뿐이었다.

학자들의 관심은 대체로 미국과 중공의 관계에 모아졌다. 1990년대 이

---

30 Russell D. Buhite, "Missed Opportunities? American Policy and the Chinese Communists, 1949", *Mid-America* 61(1979):179~188; Donald Zagoria, "Choice in Postwar World(2): Cintainment and China", in Charles Gati, ed., *Caging the Bear: Containment and the Cold War* (New York: Bobbs, Merrill, 1974), pp.109~127; See also Cohen, "The United States and China Since 1945", pp.142~143.

31 설령 현재의 타이완이 이미 수십 년 전보다 더 미국(서방) 학자들의 주목을 받고 있다고 하더라도, 터커(Nancy Tucker)는 미국과 타이완의 관계연구는 불쌍할 정도로 적으며, 평균적으로 미국과 타이완의 연구 수량을 1로 본다면 미국과 중공 관계에 대한 연구는 수십 건에 달한다고 지적하였다. Tucker, *Strait Talk*, p.6 참조

1972년 닉슨과 마오쩌둥의 역사적인 회우는 소위 중미관계정상화 과정의 서막을 열었다.

전, 타이완은 주로 중공에 대한 정책을 연구하는 과정에서 언급되는 부수적인 주제일 뿐이었다. 연구자들은 대부분 미국이 국민정부를 지지하는 실수를 범했다고 비판하였다. 닉슨(Richard Nixon) 정부에 이르러 중공과의 관계 개선에 진전을 보인 이후, 미국의 대 중국 정책에 관한 거의 모든 연구자들은 왜 미국과 중공의 관계 정상화 과정이 20년의 시간을 끌게 되었는지 연구하기 시작하였다. 아주 소수의 연구자들이 '총애를 잃은' 타이완, 혹은 '실패한' 국민정부를 워싱턴이 어떻게 생각했는지 주목하였다. 한국전쟁 전에 워싱턴 정책입안자들이 이미 타이완에 대한 계획을 세웠다는 것을 언급한 연구는 극히 드물다.[32]

....

32 Cohen, "Acheson, His Advisor and China"; Gaddis, "The Strategic Perspective: the Rise and Fall of the 'Defense Perimeter' Concept, 1947-1951", in Dorothy Borg and Waldo Heinrichs, eds., *Uncertain Years: Chinese-American Relations, 1947-1950*; Blum, *Drawing the Line*을 참조. 이들 연구는 정책입안자들이 두 방향의 의도를 가지고 있음을 지적하였다. 첫째, 군부는 적대적 역량이 타이완

1990년대 비로소 미국 역사가들은 미국의 대 타이완 정책에 관심을 두기 시작하였다. 그 주요 원인은 1989년 6·4천안문사태에서 중공의 유혈진압이 미국이 진작 국민정부를 포기하고 중공을 승인했어야 했다고 호소했던 학자들을 크게 실망시켰고, 그들에게 '또 하나의 중국'이 존재함을 인식하게 하였기 때문이다. 따라서 돌이켜 이 '도서(島嶼) 중국'이 계속 존재하게 된 원인을 조금은 자세히 살펴보기 시작하였다.[33] 그러나 미국 자료를 이용한 이들 연구는 국민정부기 생존하게 된 원인에 대해 그 이전 중공에 대한 정책을 연구한 성과에 부수적으로 덧붙였던 것과 크게 다르지 않았다. 그들은 한국전쟁의 발발 이후 중공이 참전할 때까지의 시간이 타이완 생사존망의 핵심적인 시기였고, 트루먼이 중립화 정책을 선언한 것이 타이완을 구하고 국민정부가 "안전하게 미국의 군사력의 비호 아래 숨어들게" 된 것이나 다름없으며, 중공의 참전도 미국이 타이완을

섬을 통제하는 것에 반대할 수 있기 바랐으나, 미군의 군사력을 투입하여 그 목표를 달성하기는 원하지 않았다는 것이다. 둘째, 단지 공산당이 제국주의 침략이라고 비난하는 것을 면할 수만 있다면, 국무부와 트루먼 대통령은 조금도 지체하지 않고 장제스와 그의 세력을 벗어나는 동시에 타이완의 운명을 장악하려고 했다는 것이다.

33 타이완을 주제로 한 전문 연구서는 David M. Finkelstein, *Washington's Taiwan Dilemma, 1949-1950;* Nancy Bernkopf Tucker, *Taiwan, Hongkong, and the United States, 1945-1992: Uncertain Friendships* (NY: Twayne Publishers, 1994); Robert Accinelli, *Crisis and Commitment: United States Policy toward Taiwan, 1950-1955* (Chapel Hill, NC: University of North Carolina Press, 1996); John W. Garver, *The Sino-American Alliance: National China and American Cold War Strategy in Asia* (Armink, NY: M. E. Sharpe, 1997)의 네 권이 있다. 그 밖에도 Steven Goldstein, "The United States and the Republic of China, 1949-1978: Suspicious Allies", Working Paper(A/PARC, Stanford University, February 2000, http://aparc.stanfordedu/publications/10125, 2005년 5월 30일 다운로드). Finkelstein과 Tucker는 모두 책의 서언에서 천안문사건과 그들 연구의 관련성에 대해서 언급하였다.

보호하겠다는 결심에서 군사, 경제적 원조를 하게 하였다고 보았다.[34] 코헨은 중국과 미국이 이미 적대적인 관계가 되었으므로 미국은 중공을 승인하는 것도 타이완 문제에서 발을 빼는 것도 불가능해졌고, 그로 인해 "장제스의 운수가 대통하게 되었다"고 지적하였다.[35] 터커(Nancy Bernkopf Tucker)도 "한국전쟁 발발이 장제스 정부가 멸망을 피하고 기적적으로 살아나게 하였으며", 중공이 한국전쟁에 개입한 것은 국민정부가 유엔에서의 지위를 연장하게 하였고 정전담판에서 포로 송환 문제는 "타이완과 미국의 관계 증진에 도움이 되었다"고 보았다.[36] 핀켈스타인(David M. Finkelstein)은 한국전쟁이 국민정부를 중공의 공격으로부터 '구출'하여, 국민정부가 적어도 한동안 "목숨을 부지할 수 있게 하였다"라고 말하였다.[37]

마찬가지로, 이들 연구도 대부분 미국의 대 타이완 정책이 지혜롭지 못했다고 다음과 같이 비판하였다: 첫째, 타이완이 한국전쟁 정전과정에서 장애가 되었다. 우선 미국은 타이완 귀속 문제나 중공의 유엔가입 문제를 정전협상에 포함시키기 꺼려하여 중공은 협상을 거절하였다. 이어서 미국은 국민정부가 중국 본토를 교란하도록 허용함으로써 미국과 중공의

34 Accinelli, *Crisis and Commitment,* p.63; Goldstein, "The United States and the Republic of China, 1949-1978", p.6.

35 Warren I. Cohen, *America's Response to China: An Interpretative History of Sino-American Relations* (New York: Columbia University Press, 2010), pp.189~190.

36 唐耐心, 『不確定的友情: 臺灣, 香港與美國, 1945至1992』(臺北: 新新聞文化, 1995), pp.75~79(이 책은 Nancy Bernkopf Tucker, *Taiwan, Hongkong, and the United States, 1945-1992: Uncertain Friendships*의 중국어 번역본이다). Robert Accinelli 는 국민정부를 '구하는 것'이 미국이 한국전쟁에서 얻고자 하는 목표는 결코 아니었고, 단지 '부산물'일 뿐이라고 생각했으나 한국전쟁이 국민정부를 '구했다'는 견해에 대해서 반대하지는 않았다. Accinelli, Crisis and Commitment, p.29 참조

37 David M. Finkelstein, *Washington's Taiwan Dilemma, 1949-1950,* p.5, 331. 이 책의 부제 '포기에서 구출'를 통해서도 저자의 관점을 명확히 알 수 있다.

적대감만 가중시켰고, 미국과 영국의 관계도 악화되었다. 국민정부가 전쟁포로를 받아들이려 한 것도 한국전쟁의 해결을 지연시켰다. 1953년 6월 장제스는 이승만의 전쟁포로 석방을 지지하여 임박한 정전협정 체결이 무산되기를 바랐다. 한국전쟁이 국민정부에게 유리했기 때문에 장제스는 정전을 원하지 않았다.[38]

둘째, 한국전쟁은 장제스가 얼마나 독재자이든 관계없이 그를 '자유의 상징'으로 변화시켰고, 미국은 국민정부가 '반공'을 부적으로 삼아 다이완 사람들을 압박하게 도왔다. 따라서 아시아 국가들은 한국전쟁을 통해 단지 자신들이 공산당의 위협을 받고 있다고 선전하기만 하면 자신의 어려움을 해결할 수 있다고 배웠다. 국민을 농락하는 장제스 정권의 수법은 다른 어떤 정권보다 뛰어났다.

한국전쟁은 이후 30년간 미중 충돌을 야기하였을 뿐만 아니라,[39] 더 나아가 미국 이익에도 심각한 손해를 초래하였다. 그러나 일부에서는 미국과 타이완의 결맹이 아시아에서 공산세력을 확장하려는 중공과 소련의 전략을 막아내었기 때문에 오히려 미국은 잃은 것보다 얻은 것이 많다고 주장하였다.[40]

대 중국 정책에 대한 미국 학자들의 결론을 보면, 트루먼 정부가 국민 정부 포기를 합리화하기 위해 출간한 『중미관계백서』에서 기술한 국민정부에 대한 비난이 미국의 중미관계 연구자 대부분에게 중대한 영향을 미쳤음을 알 수 있다. 그들은 애치슨이 "중국 내전이 초래한 모든 결과는 미국정부가 제어할 수 있는 능력 밖에 있었으며, 불행하게도 그것은 피할

38 Accinelli, *Crisis and Commitment,* p.63, 97, 100, 119.

39 唐耐心, 『不確定的友情: 臺灣、香港與美國, 1945至1992』, pp.78~79; Tucker, *Strait Talk,* pp.3, 4, 10, 13.

40 Garver, *The Sino-American Alliance,* Introduction.

수 없는 사실이다. 그 결과는 미국 정부가 합리적인 능력 범위 내에서 취하거나 그 조치를 바꿀 수 있는 것이 아니며, 또한 미국 정부가 아무런 조치를 취하지 않아서 야기된 것도 아니다"라고[41] 선언한 후, 국민정부는 이미 회생을 기대할 수 없게 되었다고 보았다. 따라서 그들은 거의 한 목소리로 워싱턴이 수수방관의 정책을 바꾸어서는 안 되었다고 비판하였고 그 정책 변환도 냉전이데올로기에서 비롯되었다고 지적하였다. 또한 제7함대의 타이완 해협 중립화 명령도 타이완을 중공의 즉각적인 침략에서 '구출'한 것이며 이때부터 미국도 이 섬의 '보호자'가 되었다고 믿었다. 바꾸어 말하면 미국의 입장에서 보면 한국전쟁 기간 미국의 대 타이완 정책은 더는 토론할 필요가 없는 것으로 보였다.

1990년대 중반 이후 소련과 중공, 심지어 북한의 자료가 점차 개방되면서 중국 학자들의 '항미원조'에 대한 각종 연구가 대폭 증가하였다.[42] 상호비교의 관점에서도 한국전쟁의 타이완에 대한 영향을 연구한 성과물이 많이 등장하였다. 기본적으로 중국 본토의 학자들은 한국전쟁이 장제스가 회생할 수 있는 기회를 주었다고 생각한다.[43] 전쟁 기간에 미국은

....

41 Acheson, "Letter of Transmittal", July 30, 1949, *The China Wite Paper* (Stanford, CA: Stanford University, Press, 1967), I. p.xvii.

42 연구 초점에는 한국전쟁에 개입하는 정책결정과 그 이해득실, 소련의 역할과 중소관계, 개별전투, 전쟁포로 송환과 정전협상 그리고 국내 선전 동원과 경제 발전 등의 문제도 포함하고 있다. 특히 1990년대 소련이 해체되고 중공의 사료가 선택적으로 개방되기 시작한 후, 이러한 연구가 더욱 고조되어갔으며 또한 관방의 입장과 다른 평가와 해석도 출현하기 시작하였다. 鄧峰, 「近十餘年朝鮮戰爭研究綜述」, 『中共黨史研究』(2010年 第9期), pp.112~120; 李慶剛, 「'抗美援朝決策及其影響'研討會綜述」, 『中共黨史研究』(2010年 第12期), pp.107~112; 周一平、呂振宇, 「2007以來抗美援朝研究述評」, 『當代中國史研究』(2010年 第6期), pp.107~113 참조. 이들 연구와 토론으로부터 중국학계의 한국전쟁에 대한 해석 차이가 존재했음을 알 수 있다.

43 宋繼和、羅寶成, 「論抗美援朝戰爭的正義性—兼評朝鮮戰爭對臺灣問題的影響」,

공식적으로 타이완을 군사기지로 삼지는 않았으나, 타이완에 대한 군사 경제원조는 증가하였다. 워싱턴은 소련과 세력범위를 다투기 위해 중공을 고립시켰으며, 국민정부의 중국 본토 공격을 허락하지 않았다. 또한 중공의 타이완 '해방'도 저지하여 아시아 태평양 지역에서 미국의 안전과 패권을 보호하였다. 이러한 적대적인 정책은 중공과 미국의 대립을 야기하였고, 양안관계도 장기적인 대치 국면에 처하게 하였다.[44]

트루먼 정부는 국민정부와의 결별을 강하게 바랐다. 그러나 소련의 세력 확장 저지를 정세 평가와 정책결정의 핵심으로 삼았고 또한 강한 냉전 구조의 압박 상황에서, 정책결정자들은 결국 국민정부에게서 벗어나기를 포기할 수밖에 없었다.[45]

중공에 대해 비교적 비판적인 학자들 중에는 다음의 몇 가지 견해를 제시하는 이들이 있다. 첫째, 1950년 2월 베이징과 모스크바의 우호동맹 조약이 미국의 타이완에 대한 수수방관 정책을 바꾸어 놓았으며, 한국전쟁은 미국이 다시 타이완 문제에 개입할 수 있는 구실을 마련해 주었다.[46] 둘째, 중공 지도자들은 피아(彼我)의 역량을 오판하여 협상을 통해 타이완

．．．．．．．．．．．．．．．．．．．．．．
『電子科技大學學報(社科版)』(2010.06), pp.70~74.

44 時段弘,「杜魯門政府的對華政策和臺灣問題」; 王建偉,「新中國成立前後美國對華政策剖析」; 이상의 두 편 논문은 『中美關係論文集』第二集(重慶: 重慶出版社, 1988)에 수록; 資中筠, 『美國對華政策的緣起和發展, 一九四五──一九五○』(重慶: 重慶出版社, 1987), 第九章; 蘇格, 『美國對華政策與臺灣問題』(北京: 世界知識出版社, 1998), 第一部分; 資中筠,「臺灣是誰的'不沉的航空母艦'?」,『文史參考』(2011年 第6期), p.57.

45 忻華, 『羈絆與扶持困境: 論甘迺迪與詹森時期的美國對臺政策(1961-1968)』(上海: 上海世紀出版社, 2008), 第一章 第一節.

46 沈志華,「中共進攻臺灣戰役的決策變化及其制約因素(1949-1950)」,『社會科學研究』(2009年 第3期), pp.34~53; 孫艷紅、付平,「朝鮮戰爭旅美國對臺政策關係之新辨」,『軍事歷史研究』(2009年 第3期), pp.108~114.

문제를 해결할 수 있는 시기를 놓쳤다.[47] 그러나 기본적으로 미국의 정책 결정이 냉전이데올로기의 영향을 받지 않았다고 인정한다고 하더라도, 중공이 한국전쟁에 개입한 이후 트루먼 정부는 한국전쟁의 병력 투입에 대한 미국 내부의 지지를 얻기 위해 '붉은 중국'에 대한 비난을 신속하게 확대하고 더 나아가 중국을 고립시키려고 노력하였다.[48] 이러한 논단은 비록 미국 학자들의 입장이나 평가와는 다소 차이가 있지만, 양측 모두 "한국전쟁이 타이완을 구했다"는 개념에서는 큰 차이를 보이지 않는다.

미국이나 중국 본토 학계와 비교해 보면 타이완 학계의 냉전, 한국전쟁, 그리고 미국의 대 타이완 정책 혹은 대 중국 정책에 관한 연구는 상대적으로 냉담한 편인데,[49] 아마도 그 원인을 다음의 몇 가지로 추측해 볼 수 있다. 첫째, 근대 이전 중국은 전통적으로 단지 이전 왕조(王朝)의 역사만을 서술하였다. 당대의 역사, 특히 정치외교영역을 서술하는 것은 역사가 개인의 호불호나 정치적 입장이 반영되어 사실을 편파적으로 해석할

---

47 朱昭華, 「也談朝鮮戰爭與臺灣問題」, 『蘇州科技學院學報(社會科學版)』(2008年 第 4期), pp.88~92.

48 郝雨凡, 『白宮決策──從杜魯門到克林頓的對華決策內幕』(北京: 東方出版社, 2002), 5, p.59.

49 국공 내전 시기부터 한국전쟁 기간까지 미국의 국민정부에 대한 타이완 학계의 연구성과는 대부분 출간되지 않은 석사논문 혹은 소수의 박사논문이며 주로 단장(淡江)대학 미국 연구실과 원화(文化)대학 중미관계연구소 학생들의 저술이다. 그 밖에 왕징훙(王景弘), 린보원(林博文), 푸젠중(傅建中) 등 미국에 주재하는 일부 언론매체 기자들이 미국 국무부와 타이완 관련 외교문서를 수집하고, 그 자료를 이용하여 타이완과 미국 관계에 대한 논문이나 전문서적을 출간하였다. 이들 저술은 비록 주로 미국 측의 자료를 이용한 것으로 가독성은 매우 뛰어나지만 엄격하게 말하면 전문적인 역사 연구의 결과라고 보기는 어렵다. 그리고 한국전쟁 40주년에 『歷史月刊』이 기념 논문집을 출간하였다. 「韓戰四十周年--韓戰對臺海兩岸的影響」, 『歷史月刊』28(1990.05), pp.10~103 참조. 한국전쟁 50주년에 『近代中國』도 특집 연구를 간행하였다. 「韓戰五十年學術座談會專輯」, 『近代中國』137(2000.06), pp.67~143.

수 있기에 믿을만한 역사가 되기 어렵다고 보기 때문이다. 둘째, 국민정부가 타이완으로 퇴각한 후 역사학계는 역사 서술에서 구습을 답습하거나 본토에서 실패한 원인을 논하기 꺼려했다. 따라서 정부, 지도자, 본토 반격 등 국가 정책의 영향을 피할 수 있었고 당대사 연구도 장려하지 않았다. 이러한 상황 아래 양성된 역사연구자들은 자연히 냉전, 한국전쟁, 혹은 이 시기 미국의 대 중국 정책에 대해 그다지 관심을 두지 않았다.

1987년 7월 15일 중화민국이 '계엄을 해제한' 이후 서방국가의 관련 자료들이 계속해서 공개되었고, 타이완 스스로도 2002년 1월 1일 『국가당안법(國家檔案法)』을 정식으로 실행하여 군사, 정치, 외교 관련 자료를 차츰 개방하기 시작하였다. 그러나 이 연구영역은 여전히 홀시되고 있다.

전술한 과정이 야기한 결과 외에도, 학자들은 아마도 '충실한 맹우'에게 '배반'당한 상처를 들추어 내고 싶지 않았을 것이다. 타이완 내에서 '국가정체성' 문제에 대한 열띤 논쟁이 진행되고 있는 현재, 탈중국화를 주장하는 사람들은 외래 정권으로서 국민당의 행위와 처지에 관해 그다지 관심이 없다. 그리고 중국에 동질감을 갖는 학자들도 '타이완'과 '중국'이 분열되는 경험과 과정에 마찬가지로 흥미를 주지 않는다. 비록 뚜렷한 정치색채를 갖지 않는 학자라고 할지라도 타이완으로 옮겨온 후 계속 좌절을 겪었던 중화민국의 외교 관계에 대해 그 진상을 연구하려고 하지 않는 것은 마찬가지이다. 그러한 이유로 타이완 학자들도 '한국전쟁이 타이완을 구했다'는 견해에 동의하고 있으나, 이러한 견해가 내포하는 의미를 탐구하는 경우는 매우 드물었다.[50]

....

50 타이완 중앙연구원 근대사연구소를 창설한 궈팅이(郭廷以)는 한국전쟁 발발 후 트루먼이 타이완 해협으로 제7함대를 파견하였기 때문에 "타이완은 안전문제에 걱정을 덜었고 국민정부 또한 타이완에서 그들의 정권을 유지할 수 있게 되었다"고 주장하였다. 郭廷以, 『近代中國史綱』下 (香港: 中文大學, 2005, 제3쇄), pp.769~770 참조. 천즈치(陳志奇)도 중공이 한국전쟁에 개입한 후 미국은 짧은

소수의 타이완 연구자 중, 량징춘(梁敬錞)은 최초로 미국 사료를 사용하여 한국전쟁 시기 미국의 국민정부에 대한 정책을 연구하였다. 그는 미국이 중공을 승인한지 얼마 후의 정책에 대해 비판성이 높은 논문을 발표하였다. 그는 트루먼 대통령이 '반공에 대해 결연한 의지'를 보였지만 그의 국무장관 애치슨은 오히려 "유럽을 우선시하고 아시아는 홀대하였고", 한국전쟁 전에는 마오쩌둥 정권이 티토화하기를 바랐기 때문에 타이완과 장제스에 대한 원조를 반대하였으며, 트루먼은 국력 부족을 이유로 애치슨에게 손을 떼게 하였다고 비판하였다. 한국전쟁 발발 후의 제7함대 파견명령은 "확실히 타이완의 민심을 안정시켰고 실제로 국민정부군[이하 국부군]에도 무기를 보급하였지만, 중화민국의 국제지위를 심각하게 손상시켰다"고 비판하였다. 그는 미국이 한국전쟁이 발발하기 전후 장제스를 다른 인물로 대치하려 하였으며, 심지어 1951년 3월 미국 국방부장관 마셜이 타이완을 중공과의 협상조건으로 삼으려고 했기 때문에 근본적으로 타이완을 보호하려고 마음먹은 적이 없다고 엄중히 지적하였다.[51]

그 후의 연구 성과물들은 미국의 정책에 대한 비판이 그리 강하지 않았으나, 미국 혹은 중국 학자들처럼 일반적으로 냉전적인 고려 혹은 미국

기간 내에 티토이즘이 희망이 없다고 생각하였고, 한국전쟁의 전략적인 필요에 따라 타이완을 보호하는 지속적인 정책의 확립을 선언하였는데 이것이 이후 수십 년 동안 미국의 대 중국 정책의 주류를 이루었다고 생각하였다. 陳志奇, 『美國對華政策三十年』, p.59. 그 밖에, 중견 기자인 린보원(林博文)은 한국전쟁 60주년 기념학술회의에서 타이완, 일본과 한국은 한국전쟁의 최대 수혜자이며, 일본과 한국은 모두 미국의 보호 아래 경제강국으로 발전하였고 국민정부는 한국전쟁으로 인해 내부적 안정을 공고히 할 수 있었다고 주장하였다. 林博文, 「韓戰禍延60年」, 『中國時報』, 2010年 6月23日.

51 량징춘(梁敬錞)은 1949-1950년대 미국의 국민정부에 대한 정책에 대해 논한 적 있으나 그 이상 깊이 있는 연구를 진행하지는 않았다. 梁敬錞, 『中美關係論文集』. 이 책에는 한국전쟁과 미국의 타이완에 대한 정책에 관련된 논문에 3편 수록되어 있다.

의 타이완 보호와 장제스 구출의 의도를 강조하지 않았다. 첸위쥔(陳毓鈞)은 한국전쟁이 미국의 대 중국 정책 방향을 바꾸어 놓았고 베이징을 고립시키기로 결정하였으며, 타이완 해협 중립은 단지 임시변통적인 계책으로 결코 도의적인 행위로 국민정부를 동정해서 한 결정이 아니었다고 주장하였다. 그러나 이러한 결정은 국제체제와 중미관계에 깊은 영향을 주었다. 또한 아시아에 냉전을 끌어들여 미국이 중공과 전면적으로 대립하게 하였다.[52] 다이완친(戴萬欽)은 한국전쟁 발발이 미국의 국공 내전에 대한 입장에 중대한 전환점이 되어 트루먼 정부가 군사지원을 하지 않기로 했던 타이완에 대한 정책을 대폭 바꾸어 놓았다고 지적하였다. 그러나 그가 더욱 강조한 것은 한국전쟁이 발발한 후 맥아더의 역할과 전쟁 발발이 파생한 '타이완 지위 미정론'의 문제였고, 전쟁 기간 미국의 대 타이완 정책에 대해서는 전면적인 토론을 진행하지 않았다.[53]

상술한 내용들에서 두 가지 논점에 주목해 볼 수 있다. 첫째, 비판이든 칭찬이든 간에 기본적으로는 "한국전쟁이 타이완을 구했다"는 논지에는 의심의 여지가 없다. 둘째, 냉전 이데올로기는 미국에게 타이완에 대한 수수방관을 포기하고 중공을 적대시하는 쪽을 선택하게 했다. 그러나 이 두 가지 논점을 역사 정론으로 삼을 수 있겠는가? 미국의 타이완에 대한 생각은 냉전전략을 포기하지 않으려는 것에서부터 두 개의 공산대국이 결맹을 맺지 못하게 하려는 것까지로 그 과정은 모두 1년여의 시간이 걸렸다. 김일성이 남한을 공격하자 미국은 어째서 하루 저녁에 입장을 바꾸어 타이완을 '구하게' 되었는가? 미국의 타이완 해협 중립이라는 것은 어떤

---

52 陳毓鈞, 『戰爭與和平: 解釋美國對和政策』(臺北: 實宇出版社, 1997), 第2章 第2節. 陳毓鈞은 책 전체에서 워싱턴이 주요하게 고려한 것은 "미국의 현실적인 이익 보호"라는 점을 강조하고 있다.

53 戴萬欽, 『中國由一統到分割: 美國杜魯門政府之政策』(臺北: 時英出版社, 2000), 第4章에서 第7章.

의미인가? 워싱턴은 단지 냉전을 고려하여 이전에 포기했던 국민정부를 다시 지원하게 되었는가? 만일 그렇다면, 그 전에는 왜 타이완을 포기하였는가? 타이완의 '전략적 지위'는 미국 정책결정자들의 생각 속에 도대체 어느 정도 비중을 갖는가? 이러한 의문과 지금까지의 연구 중 비교적 '주목을 끌만한' 의제 외에도, 상황이 상대적으로 안정된 정전협상 기간의 대 타이완 정책 전환에 대해서는 거의 아무런 연구가 없기 때문에 이 부분을 연구해야 할 필요가 있다.

III. 연구 자료와 각 장에 대한 개요

본서는 국민정부/타이완은 어떻게 왜 생존하게 되었는지를 논하는 첫걸음이다. 토론 범위는 트루먼 정부가 1949년 타이완의 미래에 대해 관심을 갖기 시작한 때부터 1953년 한국전쟁이 끝난 직후의 시기까지 미국의 대 타이완 정책 변화이다. 토론의 개요는 미국 대통령의 타이완에 대한 세 차례의 성명이다. 첫 번째, 트루먼은 1950년 1월 5일 미국은 타이완의 방위에 협조하지 않겠다고 선언하였다. 이를 두고 일반적으로 '수수방관' 정책이라고 한다. 두 번째, 그 해 6월 27일 트루먼은 미 제7함대를 타이완 해협에 파견하여 양안의 상호 공격을 저지하겠다고 선포하였다. 일반적으로 이를 '타이완 해협 중립화' 정책이라고 한다. 세 번째, 아이젠하워가 1953년 2월 2일 의회에서 대통령 교서를 발표하는 중 '중립화 해제' 성명을 발표하였다. 그는 앞으로는 제7함대가 중공을 보호하지 않는다고 선언하였다. 즉, 타이완의 방어는 지원하지만 더는 중립을 유지하면서 중국 본토로 진공하려는 장제스를 저지하지 않고 본토 진격을 허용하겠다는 의미였다. 따라서 매체는 이를 '방장출롱[放蔣出籠: 장제스를 새장에서 꺼내어 날게 한다 - 역자]' 정책이라고 하였다.

본서는 미국이 대 중국 정책에 혼선을 빚다가 북한이 남침을 발동한 후 이미 결말을 정했다는 견해 즉, 국무부는 즉시 중국의 티토화를 포기하고 다시 국민정부와의 관계 개선을 결정하였고, 트루먼 정부는 그로 인해 타이완의 보호자가 되기로 결정하였다는 견해에 동의하지 않는다. 또한 중공이 한국전쟁에 개입한 후 워싱턴은 적대적인 정책을 취하여 정의를 위해 뒤를 돌아보지 않고 장제스를 지지했다고 생각하지도 않는다. 어떤 학자들은 트루먼 정부의 신냉전정책(NSC 68 문서)이 정의한 냉전의식이 한국전쟁과 중공, 국민정부에 대한 정책을 완전히 제한하였고, 워싱턴에게 완전히 정치적 수단을 버리고 무력으로 중공과의 문제를 해결하려고 결의하였다고 주장하고 있다. 필자도 이러한 주장은 검토할 만 하다고 생각한다.[54]

필자는 한국전쟁 기간 워싱턴의 끊임없는 순응을 완전히 홀시하고 행동과 결과로 그 의도를 판단하고 비판함으로써 어느 정도 잘못된 논단을 하게 되었다고 생각한다. 비록 '정책반전'을 간단하게 기술하는 것이 독자에게 비교적 쉽게 깊은 인상을 줄 수 있고, 비판자들에게도 많은 판단

----

[54] Nakatsuji, "Strait in Crisis", Preface, and "The Short Life of the Office 'Two-China' Policy", p.34.; Robert Blum, *Drawing the Line,* Chapter 13, Conclusion; Gaddis, *Strategies of Containment,* chapter 4; Rosemary Foot, *The Wrong War* (Ithaca, NY: Cornell University Press, 1985). 영국 학자 포터는 연구서에서 트루먼 정부 내부에 존재했던 전쟁을 중국으로까지 확대하자는 논쟁을 강조하면서, 워싱턴의 한국전쟁에 대한 책략과 의도는 사실 일반적으로 알려진 것보다 훨씬 격렬하며 미국은 당시에 확실히 거의 중공과의 전면전을 발동하는 것에 접근하고 있었다고 주장하였다. 중국 학자 장수광(張曙光)은 NSC 68이 미국의 한국전쟁 책략을 주도했다는 견해에 찬성하였다. 張曙光, 「麥克阿瑟曾宣稱: 武力是使中國人屈服的唯一辦法─從美國解密文件看朝鮮戰爭」, 『國際展望』(2000年 12月), pp.19~22.

토대를 제공하지만, 경험이나 정책결정 자료는 다음의 두 가지 논리를 드러내고 있다. 첫째, 실제 정책결정 과정 중 '변화'의 요인은 수시로 존재하며, 정책도 언제든 임의로 소폭 조정하는 현상이 있는데, 단지 그 소폭 조정은 외부에서 쉽게 감지할 수 없다는 것이다. 둘째, 트루먼 정부는 '급변'현상이 종종 중대한 관심과 비판을 불러일으키고서야 타이완이 알아서 자생자멸하도록 수수방관을 결정하였으나, 한국전쟁으로 인해 상황이 역전되면서 타이완의 미래와 중국 내전에 개입하기로 했다는 간단한 개념이다. 정책결정에 관한 자료들이 개방되었기 때문에 우리들은 정책을 입안할 때의 각종 상황과 정보자료, 분석보고, 의회의 토론, 그리고 행동의 건의 등을 관찰하여 정책입안자들과 결정자들의 사유와 태도의 변화 과정을 추적하고 미세한 부분부터 거대한 변화까지의 중간 전환상황을 묘사해 낼 수 있다. 자료에 나타나는 워싱턴 정책결정자들의 면면은 분명히 일반적인 개념 중의 '확고[혹은 완고한 냉전 투사'의 형상과는 상당히 거리가 있다. 본서는 그들이 중공과 국민정부에 대해 취하는 정책을 사고할 때, 탄력적이고 실리적인 태도를 보이고 있으며 그들은 전체 전쟁 과정 중에서의 학습과 적응을 강조하고 있음을 주목하였다.

본서의 주요한 목적은 미국이 이 기간 취했던 '타이완'에 대한 정책을 행동의 구상과 변론에서부터 결정에 이르는 과정과 최종 정책결정까지의 원인을 이해하기 바라고, "미국은 한국전쟁으로 인해 타이완과 국민정부를 구하고 보호하기로 했다"는 관점의 의미를 조금이나마 분명히 하여 미국의 결정 모델과 특성을 이해할 수 있기 바란다. 본서는 '정책결정'에 집중하기 때문에 정책의 집행, 특히 군사, 경제 원조계획과 성과는 다루지 않았다.[55] 이 기간 미국의 대 중국 정책이 관여하고 충돌하는 부분은 매우

---

55 미국이 타이완에 제공한 경제원조에 대해서는 상당 수준의 전문적인 연구가 진행되었다. 예를 들면 趙旣昌, 『美援的運用』, (臺北: 聯經出版社, 1985); Neil H.

많이 있다. 그에 대한 연구성과도 상당히 풍부하므로 본서에서는 국민정부에 관한 것이든 중공에 관한 것이든 이미 폭넓게 연구된, 중국 본토가 중심이 된 정책에 대해서는 구체적으로 다루지 않으려고 한다. 예를 들면, 『중미관계백서』를 포함하여 중국 내전에서 발을 빼려하거나 혹은 중공정권을 승인하려는 워싱턴의 고려, 중국 유세단이나 의회 내의 친 중국세력, 미국 국내의 반공여론과 매카시즘의 영향, 맥아더와 트루먼의 타이완에 대한 전략적 가치, 한국전쟁에 대한 전략, 국부군의 활용, 전쟁 확대에 관한 논쟁, 대일강화조약에서 타이완 귀속 문제에 관한 협상 등은 여기에서 간략하게 언급하는 정도로 하고 다시 구체적으로 서술하거나 깊이 있게 분석하지는 않을 것이다. 오히려 다른 저작이 많이 다루지 않은 정책 수립계획에 비중을 둘 예정이다.

까오싱젠(高行健)은 "이야기를 서술하는 데에는 세부적인 묘사가 필요하다"고 말했다.[56] 세부적인 묘사가 없는 역사서술이 반영하는 것은 단지 서술자의 비평과 판단일 뿐이어서 설득력이 비교적 부족하며, 역사이야기의 세부적인 묘사는 수정 전에 평가를 받아들여질 가능성이 있다고 필자는 생각한다. 한국전쟁 기간 미국의 대 타이완 정책에 관한 자료들은 이

....

Jacoby, *U. S. Aid to Taiwan: A Study of Foreign Aid, Self-Help and Development* (New York: Praeger, 1966)가 있다. 군사원조정책의 집행에 관해서는 張淑雅, 「韓戰期間美國對臺軍援政策初探」, 『中華民國建國八十年學術討論集』(第二冊): 國際關係史』, (臺北: 近代中國出版社, 1991), pp.468~510 참조. 한국전쟁 기간 미국의 타이완 귀속문제에 관한 처리방법에 관해서는 張淑雅, 「杜勒斯與對日媾和中的臺灣問題, 一九五〇~一九五二」, 『第三屆中華民國史專題討論會論文集: 抗戰建國暨臺灣光復』, (臺灣: 國史館, 1996), pp.1071~1092 참조. 정책의 실제 집행에 관해서는 張淑雅, 「藍欽大使與一九五〇年代的美國對臺政策」, 『歐美研究』, 28:1 (1998年 3月), pp.193~262 참조. 그 외에도 미국의 군사경제원조, 문화정책에 관한 연구성과가 하나하나 열거하기 어려울 정도로 많이 있다.

56 高行健, 『對話與反詰』, (臺北: 聯經出版社, 2001), p.30.

미 대거 공개되었고, 그로 인해 본서는 전통적인 역사연구방법을 사용하여 광대한 자료와 분석한 문서로부터 정책결정 과정의 주요 사유 과정을 재정리하였으며, 각각의 관점 전환과 정책결정에 영향을 미친 각종 요인을 분석하려고 하였다. 동시에 워싱턴의 정책결정 행위의 궤적을 추적하려고 하였다.

기존의 많은 연구들은 주로 워싱턴 내부의 의견 불일치, 특히 국방부와 국무부의 대 타이완 정책에 관한 쟁론에 주목하였다. 그러나 본서는 워싱턴 정책결정권자들의 사유에 있어서 유사한 점을 강조함으로써 워싱턴 전체의 대 타이완 정책에 대한 점진적인 변화를 해석하려고 하였다. 그 밖에 많은 외교사 연구는 각종 국제관계, 정책결정 혹은 위기 처리, 정치심리와 인지심리 등 사회과학자들이 사용하는 이론모델을 이용하여 미국의 대 중국 정책을 해석하였고, 정책 비판의 이해득실과 나라간 상호작용을 해석하는데 있어서 이들 이론의 타당성을 검토하였다. 본서는 어떠한 이론도 완전히 그대로 사용하거나 검토하려고 하지 않았다. 단순하게 이야기를 전개하면서 개인의 기준과 입장을 이용하여 역사 행위자의 생각이나 방법을 비판하려고 하지도 않았다. 단지 결론에서 미국의 정책결정모델과 그들의 이해관계로 간략하게 귀납하면서 미국의 양안정책을 관찰하는데 참고로 삼았다.

본서가 주로 사용한 자료는 트루먼과 아이젠하워 대통령의 백악관 관련 자료와 국무부, 국방부, 육군부, 국가안전회의, ECA(Economic Coorperation Administration), MSA(Mutual Security Agency)와 주타이베이 미국대사관 등 여러 기관의 관방 자료들이다. 그 외에 일부 주요 정책결정자들의 개인자료, 특히 미국 프린스턴대학과 스탠포드대학의 후버 아카이브와 두 대통령 도서관에 소장되어 있는 아이젠하워, 덜레스(John Foster Dulles), 란킨(Karl L. Rankin), 스미스(H. Alexander Smith) 상원의원, 주드(Walter

H. Judd) 하원의원, 쿡(Charles Cooke) 해군제독 등의 개인자료, 그리고 컬럼비아대학과 프린스턴대학이 소장하고 있는 관련 구술자료 등을 이용하였다. 그리고 본서는 컬럼비아대학이 소장하고 있는 국민정부의 주미대사 구웨이쥔(顧維鈞)의 개인 자료도 이용하였다. 현재 양안이 한국전쟁시기에 관해 자료를 이미 많이 개방하였다고는 하지만 본서의 주제는 미국의 정책결정이므로 필자는 본래의 관점을 수정하지 않았다. 필자는 타이완의 관점에서 미국 자료를 이용하였고 이것은 국외에서 같은 자료를 이용했던 연구자들이 관찰했던 것과는 다소 다를 수 있다. 상호작용과 일방적인 관점의 기술은 다른 문제이며, 각각 그 나름대로 연구하고 참고할 만한 가치가 있다고 생각한다.

정책결정 과정은 연구자나 관찰자가 바라는 것처럼 그렇게 체계적이거나 완전하거나 이성적이지 않다. 이들 정책결정에 관한 문서를 읽을 때면 참여자가 과정 중에서 겪었을 혼란과 망설임, 그리고 최단 시간 내에 실마리를 풀려는 노력을 분명히 느낄 수 있다. 비록 대중에게 정책이나 입장을 선포할 때에 정책결정자들은 늘 모든 준비가 되어 있고, 입장이 분명한 것처럼 행동하지만, 실제로 정책이 분명하거나 결단력이 있는 경우는 많지 않다.

미국의 정책결정에 관한 문서는 상대적으로 매우 완전하게 보존되어 있고, 연구자들은 혼란과 망설임 중에서 분명한 사유와 정책발전의 궤적을 발견할 수 있다. 그러나 이런 것들은 정책을 계획하고 결정하는 사람들이 자신들의 사유를 분명히 하고 있었음을 의미하지 않는다. 독자들이 정책결정의 전 과정이 나타내는 패턴을 이해하게 하려면 계획 결정권자의 사유를 실제보다 더 분명하고 체계적으로 묘사할 수밖에 없다. 이는 연구성과가 나올 때 어쩔 수 없이 취하게 되는 조치라는 점을 이해해 주기 바란다. 사실 대다수의 사람은 어려운 결정을 하기 전에 유사한 혼란과 망설임을 느낄 수도 있다고 우려한다. 이러한 이치에 따라 생각해 보면 이렇게 정책을 계획하고 결정하는 사람들이 어려운 결정에 직면하였을 때의 마음을 이해하거나 상상할 수 있다.

이 책의 각 장은 시간에 따라 배치하여 한국전쟁의 각 단계에 미국이 대 타이완 정책에 어떻게 사유하고 정책을 변화시켰는지 이해하기 쉽도록 하였다. 제2장은 1949년 한 해 동안 미국이 정치와 경제의 수단을 이용하여 타이완이 적화되지 않게 하려 했던 노력을 서술하였다. 그 다음에는 1950년 1월부터 6월까지 타이완에 대한 수수방관 정책의 성명과 전환을 시도하려는 각종 요소를 검토하였다. 이어서는 한국전쟁이 발발한 후 트루먼 정부의 노력이 양안에게 유지하려고 한 중립적인 입장이 국민정부와의 교류를 거부하지 못하고 오히려 강화시키는 과정이 되었음을 살펴보았다. 중공이 한국전쟁에 개입한 후에는 책략을 고려하여 결정한 대 타이완 정책은 점차 대 중공 정책에 부속되었다. 따라서 한국전쟁의 위기가 최고조에 달한 기간 미국의 대 중공 정책으로 인해 타이완은 중공에 대항하는 군사적 자산으로 전환하게 되었다. 길고 긴 정전협상은 워싱턴에게 점차 타이완의 이용가치를 높이 평가하게 하였고 타이완을 정치적 자산으로 판단하게 하였다. 이어서 본서는 아이젠하워 정부가 타이완 해협의 중립화를 해제하는 실질적인 역할과 워싱턴이 타이완에 대한 정책을 점차 안정적이고 장기화하였다는 점을 토론하였다. 제10장의 결론 중에 필자는 냉전적인 의식 외에 미국의 타이완에 대한 정책에 영향을 준 중요한 요소로, 유연성을 정책결정의 최고 지도원칙으로 삼은 이점과 폐단, 그리고 국민정부 고위층이 미국의 조치에 느꼈을 감정을 정리하려고 하였다. 이로써 당시 워싱턴과 국민정부의 원만하지 않은 협력관계를 잘 정리하고 "한국전쟁은 타이완을 구했다"의 논지에 대한 이해를 높일 수 있기 바란다.

韓 戰 救 台 灣 ？

제2장

타이완 분리
(1949)

1949년은 타이완에게 있어서 매우 중요한 한 해였다. 중화민국 정부가 내전에서 패배함으로 중국 본토의 적화는 돌이킬 수 없게 되었다. 국민정부는 타이완으로 퇴각하여 끝까지 항거하기로 결의하였다. 날로 고조되는 냉전의 분위기 속에서 서태평양 주변의 도서지역은 아시아에서 공산주의 확장을 봉쇄하는데 중요한 지역이었다.

타이완은 이들 도서 사이에서도 중요한 위치를 점하고 있었다. 타이완과 중국 본토는 약 150㎞ 폭의 해협을 사이에 두고 떨어져 있어서 미국의 정책결정자들은 이 섬이 중국의 다른 어떤 지역보다 공산당에 저항할 수 있는 더없이 좋은 위치에 있다고 보았다. 처음에 트루먼 정부는 국공 내전을 조정하고 양당을 화해시키려 했다.

그러나 이후 그 대가가 너무 클 것으로 추산하여 중국의 적화를 적극적으로 방지하려고 하지 않았다. 다만 워싱턴의 정책결정자들은 국공 내전이 끝나는 때를 기다려[1] 타이완이 중공의 수중으로 떨어질 가능성을 논의해야 한다고 느꼈다. 그러나 1949년 한 해 동안의 사유와 논쟁을 통해 미국정부는 타이완에 대해 '수수방관'하기로 결론지었다.

---

[1] 미국 국무장관 애치슨은 1949년 2월 24일 의회의원들을 접견하는 자리에서 중국에 장차 어떠한 정책을 취할 것이가라는 질문을 받았을 때, "숲 속에서 한 그루의 나무가 넘어졌을 때 그 결과가 확정되지 않았다면, 누구도 어떤 피해가 발생했는지 명확히 알기 어렵다"고 답하였다. 그 후 "결말을 기다리며" 아무것도 하지 않는 행위가 곧 트루먼 정부의 대 중국 정책으로 간주되었다. 이 정책에 대해서는 Nancy Bernkopf Tucker, *Patterns in the Dust: Chinese-American Relations and the Recognotion Controvercy*, Columbia University Press, 1983 참조

Ⅰ. 정치와 경제의 수단으로 타이완 지키기

당시 국민정부가 파견한 성(省) 주석 천청(陳誠)이 타이완을 통치하고 있었다. 미국이 보기에 국민정부는 실낱같은 기회를 가지고 중국의 일부를 여전히 통제할 수 있었으나 그들의 운명은 대체로 1948년 이미 결판이 났다. 또한, 내전에서 사실상 승리한 중국 공산당은 아직 정식으로 정부를 건립하지 않고 중국 통제능력을 유지하고 공고히 할 수 있는지 스스로 시험하고 있었다. 따라서 1949년 미국의 대 타이완 정책 계획과 설계에 있어서 기본 전제는 "당시 타이완은 권력의 진공상태에 가깝다"는 것이었다.

타이완의 독특한 법률과 정치 조건 또한 미국에게 운신할 공간을 제공하였다. 청(淸) 정부는 1895년 「시모노세키조약」에 따라 타이완을 일본에 할양하였다. 제2차 세계대전이 끝난 후 타이완은 중국에 반환되었다. 1943년 12월 카이로 회의에서 미국의 루즈벨트 대통령, 영국의 처칠 수상, 그리고 중국의 장제스 위원장은 "만주, 포모사(이하 타이완)[2]와 평후를 포함한 일본이 중국에게서 빼앗은 영토는 모두 중국에 반환한다"고 선언하였다. 따라서 국민정부는 카이로선언에 근거하여 1945년 타이완을 접수하였다.

국제법의 관례에 따르면, 일본과 정식으로 강화조약을 체결하기 전 타이완은 법률적으로 적국(敵國) 영토의 일부로 간주되며 국민정부는 단지 연합국의 위탁을 받아 대신 관리하는 것에 지나지 않기 때문에 국민정부는 타이완에 대해서 아무런 '주권'이 없었다. 따라서 이 과정에는 결함이 있었다고 볼 수 있다.

....

2 당시 미국 측 문서에서는 타이완을 언급할 때 대부분 'Formosa'라는 용어를 사용하였다. 본서에서는 서술의 편의를 위하여 미국 측 문서에 나타나는 'Formosa'라는 단어를 모두 타이완으로 번역하여 사용하도록 하겠다.

카이로선언은 타이완의 법률적 지위를 해석하는 근거의 하나가 되었다.

국민정부가 타이완을 통치하는 과정도 순조롭지 못하였다. 타이완 사람들의 누적된 불만은 결국 1947년 2·28사건으로 폭발하였다. 국민정부 군대의 잔혹한 진압으로 인해 조국에 대한 타이완인의 환상은 깨어졌다. 많은 타이완 사람들은 타이완을 중국에서 분리 독립해야 한다고 주장하였다. 국민정부에 대한 이러한 불만도 미국이 개입할 수 있는 여지를 조성하였다. 제2차 세계대전 후 전 세계 식민지들이 독립을 선언하는 분위기 속에서 미국은 타이완과 중국을 분리하는 대 타이완 정책을 자연스러운 것으로 받아들이기 시작하였다.[3]

----

3 Lung-Chu Chen(陳隆志) and Harold D. Lasswell, *Formosa, China and the United Nations,* New York: St. Martin's Press, 1967, pp.82~87. 주중 미국대사 스튜어트(John Leighton Stewart)는 1947년 4월 18일 아주 긴 내용의 비망록을 장제스에게 제출했는데 이 비망록은 제2차 세계대전이후부터 타이완의 상황이 악화되어 왔음을 지적하며 그 중 한 단락에서 2·28사건에 대해 언급하고 있다. 이 비망록은 『중미관계백서』(*United States Relations with China: With Special Reference to the Period 1944-1949,* Stanford: Stanford University Press, 1967), pp.923~938에 실렸다.

1948년 한 해 동안 국민정부의 내전상황은 급속히 악화되었고, 워싱턴 고위 관료들은 대 타이완 정책을 본격적으로 검토하기 시작하였다. 1948년 11월 초, 미 국무부는 타이완이 소련에게 장악된 중공의 수중으로 떨어지면, 미국의 안보전략에 어떠한 영향을 미칠 것인가를 검토할 것을 미 군부에 요구하였다. 합동참모본부(Joint Chief of Staff)의 첫 번째 평가보고서는 NSC 37 문서로 제출되었다. 이 문서는 "적절한 외교와 경제적 조치를 통하여 타이완 행정당국이 미국에 우호적인 입장을 유지하고 타이완이 공산당의 수중에 떨어지지 않게 하는 것"이 미국의 안전에 가장 유리하다는 내용을 담았다.4 미국 군부는 타이완의 전략적 가치가 무력 동원과 같은 많은 대가를 지불하여 보호할 만큼 높다고는 생각하지 않았다. 각 부처는 합동참모본부가 언급한 '외교와 경제적 조치'가 타이완 보호라는 목표에는 도달하지 못할 수 있다는 점을 인식하였다. 그러나 1949년 한 해 동안 국무부는 여전히 단지 '외교와 경제적 조치'를 통하여 타이완 보호에 협조한다는 원칙을 고수하고 있었다.

군부도 외교와 경제적 조치로는 공산당의 타이완에 대한 통제를 제어할 수 없다고 인식하였다. 따라서 그들은 합동참모본부의 평가가 있은 지 1개월 후, 다시 '제한적 군사행동'을 통하여 미국이 타이완을 통제할 수 있다는 의견을 제출하였다. 해군은 미국이 중공 정권을 승인하고 국민정부가 더 이상 존재하지 않게 된 후에는, 일본주재 연합군 최고사령관(Supreme Commander of the Allied Power in Japan) 맥아더가 과거 일본 속지의 행정장관 신분으로 타이완의 정치 공백을 채우게 해야 한다고 건의하였다. 합동참모본부는 타이완 항구에 군함을 주둔시켜 '실력을 과시'하면서 이미 비준된 외교와 경제적 조치를 강화해야 한다고 건의하였다.

....

4 Annex to NSC 37, Memorandum, the JCS to the Secretary of Defense(November 24, 1948), *FRUS, 1949, vol.9*, p.262.

그러나 국무장관 애치슨은 이러한 공공연한 간섭에 반대하여 타이완을 분리하려는 뜻을 드러내지 않아야 한다고 주장하였다. 그는 공산진영이 미국은 민족통일의 원칙에 반대한다고 선전하게 하여 미국과 중국 신생정권의 관계를 훼손해서는 안 된다고 생각했다.[5]

결국 애치슨의 주장은 우위를 점하게 되었다. 1949년 3월 1일, 트루먼 대통령은 NSC 37/5 문서를 비준하여 미국은 군사적인 수단을 배제하고 '경제와 외교적인 조치'로서만 타이완이 공산당의 수중

국무장관 애치슨은 군사적인 수단으로 타이완을 원조하는 것에 반대하였다.

에 들어가는 것을 막을 것이라고 천명하였다. 이는 제한적인 경제원조를 통해서 당시 타이완을 통치하고 있던 천청과 중국 본토의 관계를 끊으려는 의도였다. 이러한 정책이 마련된 시기는 마침 국공 양당이 최후의 협상을 진행하고 있을 때였다. 따라서 워싱턴에서는 국공회담이 끝이 나면 공산당 정권이 수립되거나 혹은 공산당 인사가 주도하는 연합정부가 구성될 것이라고 생각하였다. 이러한 상황에서 타이완이 여전히 중국에 속해 있다면 소련은 타이완을 군사적으로 이용할 수 있는 기회를 갖게 되는

....

5 Report Containing Proposals for U. S. Assumption of Control over Taiwan by the Navy Department, January 3, 1949, CD6-4-6, RG 330, OSD(Office of the Secretary of Defense), NA: Annex to NSC 37/3, Memorandum, the JCS to the Secretary of Defense, February 10, 1949, *FRUS, 1949,* 9:286; Statement by the Secretary of State at the 35th Meeting of the NSC on the Formosan Problem, March 3, 1949, *Ibid,* 9:295 이들 문서에서 이렇게 말한 이유는 당시 워싱턴은 중국 동북과 신장지역을 분리하려는 소련의 시도를 이용하여 중공과 소련의 관계를 멀어지게 하려고 했기 때문이다.

것이므로, 워싱턴의 정책결정자들은 이것을 피할 수 있는 방책을 마련해야 했다. 이미 공개적인 군사 개입은 어려운 상황이었기 때문에 타이완이 독립적인 정치체제를 갖추게 하는 것이 가장 적절한 방법이었다.[6]

II. 중국으로부터 독립한 타이완

타이완 분리정책이 통과되기 전, 국무부는 이미 주중 참사 머천트(Livingston Merchant)를 난징에서 타이베이로 파견하여 타이완과 중국의 분리가능성을 타진하라고 지시하였다. 지시를 받은 머천트는 당시 타이완성 주석 천청과 접촉하여 타이완에 대한 미국의 경제원조에 있어서 선결조건을 제시하고, 타이완 인민의 안정된 생활과 생업 보장, 그들의 적극적인 참정 보장을 약속하였다. 다만 중국 본토 난민들의 타이완 유입을 저지하라고 요구하였다. 또한, 머천트는 리더가 될 만한 타이완 출신 지식인과 접촉하였는데 장차 "타이완의 자치운동을 이용하여 미국의 이익을 도모할 수 있을 것"이라고 보았기 때문이다.[7]

다방면의 검토를 마친 후에 머천트는 천청에게는 미국의 정책목표 달

6 이러한 정책은 국가안전보장회의 제35차 회의에서 정식으로 통과되어 NSC 35/5호 문서가 되었다. NSC 35/1, NSC 35/2, NSC 35/3, NSC 35/4, NSC 35/5호 문서에 대해서는 *FRUS, 1949*, 9:270, 281, 288, 290을 참조.

7 Memorandum, Secretary of State to Executive Secretary of the NSC, April 8, 1949, *FRUS, 1949*, 9:310. 정책의 내용에 관해서는 NSC 37/2와 NSC 37/5, Ibid, 9:281, 290 참조. 1949년 봄 머천트의 타이완행은 학계에서 많이 토론되는 주제이다. 타이완행의 배경에 대해서는 June M. Grasso, *Truman's Two-China Policy, 1948-1950*, Armonk, New York: M. E. Sharpe Inc., 1987, 제5장과 David M. Finkelstein, *Washington's Taiwan Dilemma, 1949-1950*, Naval Institute Press, 2014 제5장을 참조.

성에 도움을 줄 수 있는 효과적인 정부를 운영할 능력이 없다는 낮은 평가를 주었다. 그에 따라 국무부는 미국에 체류 중인 쑨리런(孫立人) 장군이 천청의 직위를 잇도록 할 방법을 강구하자고 제안하였다. 타이완성 주석은 중국의 내부 정치에 관련된 지위일 뿐만 아니라 장제스는 타이완을 최후의 보루로 고수하려 하였으므로 천청을 쑨리런으로 교체하려는 미국의 시도는 결국 성공하지 못했다.[8]

1949년 타이완에 와서 타이완 독립의 가능성을 검토한 머천트

머천트와 타이완 독립운동 지도자의 접촉 또한 매우 실망스러운 것이었다. 그가 타이완 방문기간 동안 "타이완재해방연맹(臺灣再解放聯盟, Formosa League for Re-emancipation)", 그리고 기타 타이완 독립단체와 접촉한 후 제출한 보고서는 타이완 독립운동을 이용하려는 국무부의 열정을 사그라지게 하였다. 머천트는 "타이완 독립단체는 현재 단결하지 못하고 있고 정치적으로 상당히 무지하며 조직도 견고하지 못하므로 신뢰하기 어렵다"고 보고하였다. 머천트는 많은 본성인이 국민정부의 통치에 불만을 가지고 있고 그러한 불만이 끊임없이 상승하고 있으나 이를 운영할 만한 타이완 출신의 독립운동 지도자와 조직은 존재하지 않는 것으로 판단하였다.[9]

타이완에 대한 머천트의 임무가 실패하자, 타이완을 중국과 분리하고 장제스의 통제를 받지 않는 국민당 정권이나 독립된 타이완 출신의 단체가 타이완을 통치하게 하려는 미국의 구상은 잠시 중지되었다. 매우 이상

8 머천트가 1949년 3월 국무부에 보낸 건의서는 *FRUS, 1949*, 9:297~306 참조.
9 Tel.640, Merchant to Acheson, March 23, 1949, *FRUS, 1949*, 9:303.

적으로 보였던 NSC 37/5의 대 타이완 정책은 과도한 희망사항이었고 실제 진행 가능성도 없었으므로 결국 포기할 수밖에 없었다. 같은 시각 국공회담에서 공산당은 거의 무조건 투항과 다름없는 조건을 요구하였다. 따라서 국민당은 교섭을 중단하였고, 국공회담은 무산되었다. 이러한 상황전개는 중공이 곧 새로운 중국의 정부가 될 것임을 의미하였다. 또한 머지않아 그들이 타이완을 점령할 것이라는 데도 의심의 여지가 없었다.

사실 국공회담이 결렬되기 전 머천트는 이미 타이완에서 자신의 임무가 갖는 의미에 의문을 갖기 시작하였다. 원래 미국이 결정할 정책의 전제는 타이완의 통치자가 중공 정권의 통치영향 아래 놓이게 될 수도 있다는 것이었다. 이러한 가능성을 방지하기 위해서 미국은 타이완성 주석 천청이 타이완 자주를 선포할 수 있게 경제적 원조를 제공하여 타이완의 주권과 통치권을 장악하려는 중공을 저지해야 했다. 머천트의 보고서는 천청을 비롯한 당시 타이완의 주요 인물들이 대부분 장제스의 충성스러운 심복들로 자신들의 이익을 위해 중공의 타이완 점령을 전력으로 막아낼 것이라고 말했다. 따라서 머천트는 미국의 원조 약속이 사실상 중공을 막아낼 기회를 증가시키지는 않으면서 오히려 미제국주의 침략에 맞선다는 중공의 선전에 힘을 더하는 격이 될 것이라고 생각했다.[10]

중공이 양쯔강을 넘은 후, 머천트는 그의 상관에게 NSC 37/5의 타이완 정책에 대해서 재검토, 재평가하고 동시에 다른 가능한 선택을 모색해 보자고 건의하였다. 그는 5월 중순 워싱턴으로 돌아간 후 다시 타이완 정책을 재평가할 때 다음 요소들을 고려하자고 제의하였다. 첫째, 타이완의 정부는 스스로를 보호하기 위해 노력할 것이다. 둘째, 당시 상황에서는 성공적인 본토 독립운동이 출현하지 않을 것이다. 비교적 긍정적인 측면은

....

10 Tel.113, Merchant to Acheson, April 12, 1949, *FRUS, 1949,* 9:314.

타이완이 충분한 군사, 경제, 그리고 재정자원을 가지고 있어서 적어도 몇 개월은 버틸 수 있으며, 중공도 즉시 군사공격을 감행하지 못할 것이라는 점이다. 그러나 1948년 말부터 생산력이 없는 본토의 난민들이 지속적으로 유입되고 있어서 사실상 타이완의 경제상황이 심각히 악화되었고, 이로 인해 타이완의 자위능력은 감퇴되었다.

머천트가 이어서 건의한 것은 스스로 "잘 계산되었으나 때에 따라 변할 수 있는 무대책(Calculated inaction colored with opportunism)"이라고 묘사한 정책이다. 그의 구상은 다음과 같다: *미국은 계속 제한된 경제 원조를 제공하여 타이완 인민에게 직접적으로 도움을 주되 모든 산업의 재건계획은 잠시 중지하자. 타이완성 정부가 단지 자신의 이익에만 근거하여 중공에게 대항하려 한다면 미국은 어떠한 행동도 취할 필요가 없다. 협력해야 하는 조치는 기타 관련 우방과 비공식적으로 논의하고, 타이완 문제는 유엔에서 처리하자.* 머천트와 다른 많은 워싱턴의 고관들이 생각한 타이완의 안전을 보장하는 '유일'한 방법은 미군이 방어선을 접수하는 것이었으나, 합동참모본부는 이미 이 선택을 배제하였다. 그러한 상황에서 머천트는 자신의 구상이 타이완을 지킬 수 있는 한 가닥 기회라고 생각했다. 그 외에, 그는 "미국이 타이완과 중국에서 뿐 아니라 동남아시아 전체에서도 자신의 도덕적 입장을 지켜야 한다"고 생각했다. 즉, "이미 무능하여 환영받지 못하는 국민정부와 거리를 두어야 잘 계산된 무대책이 그 목적을 달성할 수 있다"고 보았다.[11]

11 Tel.113, Merchant to Acheson, April 12, 1949, *FRUS, 1949*, 9:314; Tel.141 and 142, Merchant to Acheson, May 4, 1949, *Ibid*, 9:324, 326; Memorandum, Merchant to the Director of the Office of Far Eastern Affair, May 24, 1949, *Ibid*, 9:337~341.

III. 유엔이 신탁통치할 가능성

국무부의 극동 사무국은 머천트가 제안한 '잘 계획된 무대책'이 "적극적인 위협에 직면했을 때, 사람을 언짢게 할 소극적인 측면이 있으므로", 6월 초 국가안전보장회의에 보낸 정책에 대한 비망록에는 포함시키지 않았다. 그러나 그의 제안 중, 유엔이 타이완 문제를 처리하는데 있어서의 기본개념은 국무부 내에서 환영받았다. 사실상 머천트는 타이완에 체류할 때 이미 유엔이 타이완 문제를 처리해야 한다고 제안하였고, 국무부는 이 의견을 즉각 받아들였다. 그들은 만약 정치와 경제적인 조치가 성공하지 못하게 되면, 이 제안이 중공의 타이완 점령 가능성을 방지할 수 있는 유일한 방법이라고 생각했다. 그러나 당시 국무부는 여전히 외부의 간섭에 의해서가 아닌 중국인들의 '자발적인' 행동으로 타이완과 중국을 분리하기 원했으므로 유엔을 통한 처리방안은 더 이상 깊이 논의되지 않았다.

6월이 되어서는 유엔의 감독 하에 공민 투표로 타이완의 미래를 결정하는 것이 가장 이상적인 방법으로 간주되기 시작하였다. 누가 '민족자결'이라는 가장 고상한 원칙에 이의를 제기할 수 있겠는가? 이 방법으로 미국의 도덕적 입장은 외부의 공격을 받지 않을 수도 있고, 중공이 무력으로 타이완을 침범하는 것도 저지할 수 있을 것 같았다. 그러나 국무부의 유엔 담당관 러스크(Dean Rusk)는 이 구상에 대해 매우 냉담했다. 그와 국무부 극동 사무국 직원들은 머천트의 제안을 논의하고 정책 초안을 마련하면서 국가안전보장회의에 제출하기 전에 유엔 방안도 깊이 검토해야 한다고 주장하였다.[12]

---

12 Tel.640, Merchant to Acheson, March 23, 1949, *FRUS, 1949*, 9:302; tel.51, Acheson to Merchant, March 30, 1949, *Ibid,* 9:305; Memorandum, the Director of the Office of Far Eastern Affairs(Butterworth) to the Deputy Under Secretary of State(Rusk), and the Annex to it, Sraft Memorandum for

사실 국무부 내의 극동 사무국과 유엔 사무처는 유엔이 조속히 행동에 나서도록 권고해야 한다는 데 이미 동의하였고, 타이완 문제를 유엔 신탁통치 이사회(United Nations Trusteeship Council)에 의제로 상정할 수 있도록 우방국을 설득하는 방안도 검토했다. 그들이 생각하는 가장 현실적인 방법은 미국이 기타 이해관계가 있는 국가들과 함께 유엔총회에 타이완 문제를 논의할 수 있는 특별위원회 구성을 요청하고, 때를 기다려

러스크는 1949년 타이완 문제의 유엔 상정을 지지하지 않았다.

유엔의 감독 하에 공민 투표를 실시하여 타이완의 미래를 결정하자는 것이었다. 그러나 러스크는 이 두 부처가 몇 가지 중요한 요소를 소홀히 했다고 지적했다.

첫째, 유엔은 이러한 결정을 집행할 자원과 능력이 없으므로 '유엔 행동'이라는 것을 집행하려면, 대부분의 책임은 미국이 부담해야 한다. 둘째, 많은 회원국들은 제2차 세계대전 전후처리 문제에 유엔이 개입하는 것을 줄곧 원치 않았는데, 그들이 보기에 타이완 문제는 제2차 세계대전이 남긴 문제였다. 게다가 타이완 자신은 중국과 관계를 단절하겠다는 강렬한 희망을 보인 적이 없고 동맹국들은 타이완 분리에 분명히 반대할 것이다. 그러나 러스크에게도 예외적인 사항은 있었다. 즉, 중공이 타이완을 공격하거나 혹은 타이완 민중이 본토에서 온 통치자에 반대하는 시위를 한다면, 타이완 문제를 유엔에 상정하여 처리할 수 있다는 것이다. 이러한

the Executive Secretary of the NSC, JUNE 9, 1949, *Ibid,* 9:347.

상황에서 미국이 타이완 문제를 상정하는 것은 평화유지 혹은 자결 원칙을 지지하는 것이 된다.[13] 최종적으로는 러스크의 의견이 지지를 받았다. 다만 타이완에서 실제로 군사적 충돌이 일어날 경우에만 유엔의 개입을 요청해야 한다는 생각에서 그의 의견은 국무부의 전반적인 정책 재평가에 포함됐을 뿐이며, 국가안전보장회의에 상정되어 집행되지는 않았다.

같은 시기 중공은 오히려 미국이 좋아할만한 두 가지 행동을 보였다. 하나는 저우언라이(周恩來)가 호혜 원칙에서 미국과의 무역과 투자를 진행하겠다고 공개 발표한 것이고, 다른 하나는 주중 미국 대사 스튜어트(John Leighton Stewart)를 베이핑(北平)으로 초청한 것이다. 이 초청은 스튜어트의 학생이었던 중공 외사처(外事處)처장 황화(黃華)가 주도한 것이었다. 그러나 미국이 이같은 친선적인 기회에 응하기도 전에 마오쩌둥(毛澤東)은 오히려 그의 '일변도(一邊倒)' 정책을 발표해 버렸다. 마오쩌둥은 과거 몇십 년의 경험은 "중국 인민이 제국주의 쪽이 아닌, 오직 사회주의 쪽에 근접해 왔음"을 나타낸다고 선포하였다. 이 중공 지도자는 당시 중국은 반드시 "소련과 연합하고 각각의 신민주주의 국가와 연합하며, 기타 각국의 무산계급과 광대한 인민과 연합하여 국제적인 통일전선을 결성해야 한다"고 망설임 없이 주장하였다. 미국에서 대 중국 정책이 그 기반을 확립하지 않았을 때, 중공으로부터 전해지는 혼잡하고 상호모순적인 이들 정보는 워싱턴의 대다수 정책결정자들이 이 신흥 공산당 정권을 어떻게 대해야 하는지 고민하게 한 반면 타이완 문제에 더는 마음을 쓸 여력이 없게 하였다.[14] 미국 국무부와 국방부 사이에는 대 중국 정책으로 인해

....

13 Memorandum Krentz to Butterworth, June 9, 1949, #2P Taiwan, RG 59, Records of the Office of Chinese Affairs[hereafter cited as CA Records], box 16, NA; Memorandum, Merchant to Butterworth, June 15, 1949, *Ibid;* Memorandum, Butterworth to Merchant, June 30, 1949, *Ibid.*
14 소위 『저우언라이신방침(周恩來新方針)』과 스튜어트의 베이징 방문 초청은 많

약간의 충돌이 있었다. 예를 들면 7월 워싱턴의 여름 기온이 가장 높았던 시기에, 그들의 관심은 『중미관계백서(이하 백서)』의 발표 여부에 모아졌다.[15]

『중미관계백서』를 발표하기 직전, 국가안정보장회의에서 국무부는 드디어 유엔이 타이완 문제를 처리할 가능성에 대해서 언급하였다. 그러나 미국은 단지 "비공식적으로 특정 정부, 특히 영국"과 이 문제를 토론하여, "그들의 관점이 무엇인지 파악함으로써 장래에 유엔 안팎에서 가능하면 공동으로 또는 협조를 통해 일치된 행동을 할 수 있는 토대를 만들기 바란다"라고 주장하였다. 합동참모본부에 타이완의 전략적 중요성을 검토하도록 재차 요청하는 것 외에, 국무부가 건의한 임시적인 대 타이완 정책은 실질적으로 '잘 계산된 무대책'이었다.[16]

....

은 서방학자들이 생각하기에 중공과 미국이 교류할 수 있는 최초의 기회로서, 닉슨 정부가 중화인민공화국과의 관계 정상화를 진행한 후, 학계에서는 이것을 「잃어버린 기회」라고 말하며 많은 연구를 진행하였다. Dorothy Borg and Waldo Heinrich, *Uncertain Years: Chinese-American Relations, 1947-1950* (New York: Columbia University Press, 1980)에 수록된 모든 글; Russell Buhite, "Missed Opportunities? American Policy and Chinese Communists, 1949" *Mid-America,* 61 (1979), pp.179~188; Russell Buhite, *Soviet American Relations in Asia, 1945-1954* (Norman: University of Oklahoma Press, 1981) pp.74~78 참조. 마오쩌둥은 1949년 7월 1일에 「인민 민주전정을 논하다(論人民民主專政)」라는 글을 발표하여 중국은 소련으로의 일변도를 채택해야 한다고 주장하였다. 『人民日報』 1949年 7月 1日, 第一版 참조.

15 1949년 7월 중화민국 주미대사 구웨이쥔은 몇 부의 보고서를 외교부에 제출했다. 이들 보고서 중에서 미국의 국무부와 국방부 사이에 대중국 정책에 관한 충돌이 있음을 지적하였다. 이들 보고서는 구웨이쥔의 자료 중 folder B.75.7, Box148, the Wellington Koo Paper, Butler Library, Columbia University)에 수록. 『중미관계백서』가 국방부의 반대에도 불구하고 출간되는 과정은 Finkelstein, *Washington's Taiwan Dilemma, 1949-1950,* pp.166~167 참조.

16 Memorandum, the Department of State to the Executive Security of the NSC, August 4, 1949, *FRUS, 1949,* 9:369.

9월에 가서야 미국은 국제사회에서 타이완 문제에 대해서 취할 수 있는 행동이 무엇이 있을지 영국과 적극적으로 논의하기 시작하였다. 국민정부는 타이완으로 퇴각한 후 미국의 묵인과 영국의 반대 아래 중국 동남 연해안 항구의 봉쇄를 선포하면서 소위 '봉쇄정책'이라고 하는 해상봉쇄 조치를 진행하였다. 8월 말, 봉쇄정책이 효과를 발휘하자 중국 연해 주요 도시들의 경제상황은 악화되었다. 국무부는 그로 인해 중공이 공격 시간표를 앞당길 것으로 추정하였고, 극동 사무국과 중국과(中國科)에 가능한 한 빨리 영국과 타이완 문제를 협상하라고 지시하였다. 이 2부서는 영미 양국 모두가 타이완 방어나 점령에 병력 투입을 원하지 않는다고 생각하여 가능하면 양국 이익에 부합하도록 계획을 준비하였고, 또한 세계여론의 지지를 얻을 수 있게 노력했다.[17]

당시 타이완 문제를 유엔에 상정하는 것에 영국이 냉담한 반응을 보이자, 국무부는 상당히 실망하였다. 영국 외교부는 타이완 문제를 유엔에 상정하는 것이 이득보다는 손해가 더 클 것으로 생각하였다. 왜냐하면 타이완은 결국 함락을 피하기 어려울 것이기 때문에, "최대한 중공이 이 섬을 점령한 이후의 결과가 심각하지 않기"를 바랐던 것이었다. 미국 동아시아 정책특별고문위원회[18]를 주재한 순회대사 제섭(Philip C. Jessup)은 장제

....

17 Draft Memorandum on U. S. Policy toward Formosa and Pescadores, August 29, 1949, 306.11 U. S. Policy toward Nationalist China, RG59, CA Record, box15, NA; Memorandum for Discussion between the FE and the CA of the Problem of Denial of Formosa to the Communist Control, August 30, 1949, #2P Taiwan, Ibid, box16. 봉쇄정책에 관련된 토론은 林宏一, 「關閉政策: 國民黨當局封鎖大陸沿海的行動」(呂紹理, 唐啓華, 沈志華主編, 『冷戰與臺海危機』, 臺北: 政大歷史系, 2010)참조.
18 국무부는 『중미관계백서』를 발표할 때, 동아시아 정책특별고문위원회를 설립하여 일부 국무부 외의 전문가를 초빙하여 순회대사 제섭의 주도 하에 취해야 하는 동아시아 정책을 연구, 검토, 그리고 제안하였다. Finkelstein, *Washington's*

스가 주도적으로 유엔의 타이완 관리를 요청하도록 워싱턴이 설득하라고 건의하였다. 머천트는 장제스가 그런 중대한 양보를 하겠느냐고 즉각 반문하였다. 애치슨도 유엔 개입이 성공할 가능성은 크지 않다고 생각하였고, 오히려 유엔의 실력이 부족하거나 모두를 통합할 능력이 부족하다는 약점이 노출될 것이라고 우려하였다. 국무부 중국과 과장 스파우스(Philip Spouse)도 "유엔이라는 기제가 진정으로 공산당의 타이완 점령계획을 저지할 수는 없을 것"이라고 생각했다. 10월, 병력을 투입하여 지원하는 등의 행동에 국제적 협력이 이루어지지 않을 것이라는 논쟁이 일어나자, 타이완 문제를 유엔에 이관하려는 미국의 적극적인 행동은 중지되었다. 그러나 국제적인 행동으로 타이완과 중국을 분리시키는 방법에 대한 논의는 국무부 내에서 이후로도 상당히 오랜 시간 동안 유지되었다.[19]

....

Taiwan Dilemma, Naval Institute Press, 2014, pp.166, 235~237 참조.
19 Memorandum of Conversation with the British by the Assistant Chief of Division of Chinese Affairs(Freeman), September 9, 1949, *FRUS 1949,* 9:388; Discussion of Far Eastern Affairs in Preparation for Conversation with Mr. Bevin held in the Secretary's Office, September 13, 1949, 310 International Conference and Organizations, RG 59, CA Records, box 15, NA; Draft Memorandum on Problem on U. S. Policy toward Formosa and the Pescadores by Spouse, September 14, 1949, 306.11 U. S. Policy toward Nationalist China, *Ibid.;* Memorandum, C. W. Yost (USUN) to Jessup, October 1, 1949, *Ibid.* 이상 네 부의 문서는 각각 9월과 10월에 NSC 48/1문서로 초안되었는데 미국은 대일화약을 통해 타이완에 대한 중국의 소유권 문제를 해결하고, 태평양안전조직(Pacific Security Association)이 이 섬을 신탁통치하게 하여 미국이 타이완을 군사기지로 자유롭게 사용할 수 있게 해야 한다고 주장하고 있다. NSC 48 Back ground Papers in the NSC Files, Judicial Brand, NA 참조.

Ⅳ. 모순적 사유, 대립된 정책

적극적이지 않은 대책과 유엔의 개입을 제안한 것 외에는 성과를 내지 못한 머천트의 타이완 방문은 1949년 여름 이후 국무부의 정책적인 사고를 주도하는 두 가지 상호 모순된 사유를 남겼다. 첫째, 워싱턴의 정책기획관원 대부분은 미군의 직접적인 타이완 방어가 이 섬이 중공의 수중에 떨어지지 않게 할 유일한 방법이다. 둘째, 그들은 타이완이 당시에 가지고 있던 충분한 군사와 재정적 자원으로 자위할 수 있으므로, 국민정부가 전투의지를 가지고 효율적으로 현재의 자원을 운영할 수 있으면 스스로 보호할 수 있고, 미국은 실제로 개입할 필요가 없다.[20] 정책기획은 이 두 가지의 상호 모순을 전제로 하였고 국무부는 우선 명확히 풀리지 않는 난국을 조성하고 나서 해결하려고 하였기 때문에 정책은 혼란과 망설임을 야기하였다.[21]

비록 국무부 내에서 많은 기획자들이 '잘 계산된 무대책'으로 편향되

....

20 이러한 생각은 분명 미국이 중국문제에서 벗어날 기회를 찾으려는 것이었다. 논리적으로 추론해 보면 미국은 장제스와 국민정부가 전투의지가 없고 자원을 효과적으로 운영할 수 없기 때문에 타이완으로 패주하였으며, 또한 그들의 즉각적인 변화를 기대하기는 어렵다고 본 것이다.

21 정책을 전제하는데 있어서의 모순은 단지 1949년만의 현상이 아니었다. 한국전쟁이 발발한 후 미국의 정책결정자들은 타이완이 자위능력이 있는지에 대해서 거듭 상호 모순된 평가를 하였다. 당시 그들은 타이완을 구할 유일한 방법은 미국군대를 파견하여 보호하는 것이라고 생각하면서도, 다른 한편으로는 미국이 군대를 투입하지 않는다는 것을 전제로 하여 타이완에 대한 행동방침을 정하였다. 그 밖에 미국정부는 제7함대가 타이완의 안정을 보증하기에는 부족하고, 함대는 단지 타이완해협을 돌며 중공을 제어하는 심리적인 가치만 가지고 있다는 점을 잘 알고 있었다. 그러면서도 만약 제7함대가 타이완해협을 순회하지 않으면 타이완은 반드시 공산당의 수중으로 떨어질 것이라고 생각했다. 이러한 전제의 모순은 본서의 이후 장절에서 다시 토론하도록 하겠다.

고 다시 유엔의 개입을 결합시키려고 하였으나, 여전히 누군가는 미국이 타이완을 점령할 가능성에 대해서 고려하고 있었다. 정책기획사무국 국장 케난(George F. Kennan)은 이 노선을 강력하게 주장하는 대표적인 인물이었다. 그는 만약 이 노선으로 "빠르게 결단하고 자신 있게 밀고 나간다면" 성공할 수 있을 뿐만 아니라 미국과 동남아시아 전체가 놀랄만한 효과를 거둘 수 있다고 믿었다. 머천트가 작성한 초안에 따르면, 미 국무부 인사들은 보편적으로 "미국이 이 섬의 민정과 경제의 정치적 책임, 그리고 방위의 군사적 책임을 지지 않는 한 우리가 목적하고 필요로 하는 내부 안정을 얻을 수 있다고 보장할 수 없다"고 생각하였다. 국무부는 미국이 이처럼 많은 책임을 져야 한다는 사실을 받아들일 수 없었다. 따라서 국가안전보장회의의 8월 4일 회의에서 미군이 타이완을 점령하는데 대한 타당성 평가를 합동참모본부에 요구하였다.22

국무부가 예측한 것처럼, 국민정부와 교섭을 통해서든지 아니면 미군이 단독 행동을 취하여 이 섬을 점령하든지 간에 타이완의 전략적 중요성은, 여전히 미국이 파병할 수준에는 미치지 못한다고 합동참모본부는 회답하였다. 설사 군부 최고위층이 이렇게 평가했다고 하더라도 많은 사람들은 여전히 타이완 점령의 가능성을 포기하지 않았다. 따라서 국가안전보장회의의 참모들은 이러한 구상을 미국의 동아시아에 대한 전체 정책보고서에 삽입하였다. 국민정부를 오랫동안 지지해 온 하원의원 스미스도 애치슨에게 우선 파병하여 타이완을 점령하고 그 후 유엔의 신탁관리를 요청하든지 어떠한 조치를 취해야 한다고 요구하였다. 그러나 국무부는

....

22 Memorandum, Merchant to Butterworth, June 15, 1949, #2P, Taiwan RG 59, CA Records, box 16 NA; Memorandum by the Director of the Policy Playing Staff (Kennan), PPS 53, June 23, 1949, *FRUS, 1949*, 9:356; NSC 37/6, Memorandum by the Department of State to the Executive Secretary of the NSC, August 4, 1949, ibid, 9:369.

이러한 생각에 강력히 반대하였다. 연말이 되자 타이완을 군사기지로 삼자는 구상은 결국 국가안전보장회의의 참모들이 토론한 동아시아 정책보고서 초안(NSC48/1)에서 삭제되었다.[23]

상술한 두 가지의 모순된 전제와 합동참모본부의 평가에 따라, 1949년 가을 미국의 대 타이완 정책을 검토할 때에 정책결정자들이 선택할 수 있는 사항은 매우 제한적이었다. 그들은 결국 경제원조로 타이완 국민정부의 행동을 규제한다는 이전의 방법을 선택하였고 이러한 생각은 NSC 37/5에 수록되어 있었으나 아직 실행하지 못했을 뿐이었다. 정책기획자들은 국민정부에 미국이 만족할 수준의 타이완 내정과 군사행정조직의 개조를 단도직입적으로 요구하고, 미국의 경제원조 대표단이 원조계획의 집행을 장악한다는 내용을 포함한 미국 원조의 선결조건을 제시하라고 건의하였다. 국무부의 정책기획자들은 1개월 이상 고민한 후 국가안전보장회의에 보고서를 제출하였다. 이 비망록은 타이완 방위를 위해 미국은 출병하지 않을 것이고 계속적인 원조는 국민정부의 타이완 시정 상태를 보고 결정할 것임을 솔직하게 이야기하라고 건의하고 있다. 이 문서는 워싱턴이 공개적인 성명을 통하여 중미 양국 인민에게 미국의 입장을 설명하라고 제안하였다.[24]

....

23 NSC 37/7, Memorandum by JCS to th Secretary of Defense, August 17, 1949, *FRUS, 1949,* 9:376; Letter, H. A. Smith to Dean Acheson, November 4, 1949, MacArthur Folder, Smith Papers, box15, ML; Conversation between Acheson and Smith, November 30, 1949, Memoranda of Conversation, Acheson Papers, box 64, HSTL. 국가안전보장회의 참모들은 소련의 위협에 맞서고 미국이 아시아태평양 지역에서의 영향력을 유지하기 위해서 아시아에서의 항구적인 기지가 필요하며 전략성과 타당성의 각도에서 보면 타이완은 가장 이상적인 지점이라고 생각했다. 국무부는 오히려 이러한 생각이 합동참모본부의 평가와 부합하지 않고 미국이 제국주의라고 공격받을 수 있다고 판단하였다. NSC 48 background papers, NSC Files, NA 참조.

NSC 37/8 문서는 국가안전보장회의의 간략한 수정을 거친 후에 10월 20일의 회의에서 통과되었다. 11월 3일 장제스에게 전달하라고 타이베이 주재 미국 총영사 맥도널드(John J. MacDonald)에게 지시하였다. 비록 문서상의 내용은 그다지 정중하지 않았지만 장제스는 워싱턴이 다시 그와 교유하려는 것에 매우 기뻐하였다. 그는 즉시 미국에 감사를 표했고, 또한 타이완 인민의 정치, 경제, 복지를 위한 여러 가지 노력을 열거하였으며 미국의 군사·경제원조를 재차 요청하였다. 천청도 미국의 건의를 받아들이겠다고 하였다. 그러나 국민정부의 조치를 본 후에 원조를 결정하겠다는 부분에 대하여 어떤 특정한 기준을 가지고 타이완의 진보와 그 정부의 성의를 판단할 것인지 미국 측에 질의하였다.[25]

국무부는 국민정부의 이러한 열띤 회신을 받자 오히려 즉각 보류하는 태도를 보였다. 국무부는 맥도널드에게 다음 내용의 각서를 국민정부에 보내라고 지시하였다. 우선 장제스에게 전에 전한 말은 "본격적인 논의의

----

24 Draft Policy Paper on United States Policy toward Formosa and the Pescadores, August 29, 1949, 306.11 U. S. Policy toward Nationalist China, RG 59, CA Records, box 15, NA; Draft Report by the NSC on the Position of the United States with Respect to Formosa, enclosure to NSC 37/8, October 6, 1949, *FRUS, 1949,* 9:392. 국가안전보장회는 1949년 10월 20일 성명을 공개적으로 발표하지 않기로 했다.

25 장제스는 1949년 1월 21일 하야를 선포하였고 이로써 국공 양당의 회담을 재개하였는데 당시 국민정부에서 장제스는 정식 관직을 받지 않고 있었다. 맥도널드는 장제스를 포기하고 천청을 접촉대상으로 삼으라고 건의하였다. 왜냐하면 장제스가 하야한 후 천청이 거의 실무를 담당하고 있었기 때문이다. 그러나 국무부는 장제스가 실권을 장악하고 있다고 생각했기 때문에 처음의 명령을 고수하였다. Tel.640 MacDonald to Butterwoth, October 31, 1949, ibid, 9:403; Tel.419, the Department to MacDonald, November 1, 1949, ibid, 9:404; Tel.654, MacDonald to Acheson, November 3, 1949, ibid, 9:406; Tel.678, MacDonald to Acheson, November 9, 1949, ibid, 9:415; Tel.662, MacDonald to Acheson, November 5, 1949, ibid, 9:408.

서두가 아니어서 특정 요구나 '조건'을 따르지 않을 수 있다. 미국은 군대를 동원하여 이 섬을 보호할 뜻이 없음을 (장)위원장에게 분명하게 통지하는데 그 의미가 있다. 타이완 내외의 안전에 대한 효과적인 조치는 그 (장위원장)와 이 통지서를 평가하는 중국 당국의 책임이다." 그 밖에 국무부도 미국은 개조 후의 타이완성 정부에 대한 지지를 보증하지 않을 것이고 군사고문도 타이완에 파견하지 않을 것이나 국민정부가 타이완 방어임무를 강화하기 위해 미국 퇴역군인을 청빙하는 것에는 반대하지 않는다는 점을 표명하였다.[26]

국무부는 이처럼 빠르게 타이완 보호에 개입하거나 국민정부를 원조할 뜻이 없음을 명확히 하였다. 그러나 맥도널드가 장제스에게 메시지를 보냈다는 사실에, 타이완 방위업무에 대한 미국의 지지를 다시 얻기 위해 노력하는 국민정부와 미국의 일부 지지자들은 고무되었다. 맥도널드와 일부 주타이베이 무관들은 미국이 제한적으로 원조하고, 극동 연합군 총사령부와 미국 극동 공군본부가 엄선한 고문 몇 명을 타이베이로 파견하는 방법도 괜찮다고 제안했다. 국민정부도 일부 미국 군관이 마침 미국과 중국이 타이완과 하이난(海南)섬을 공동으로 관리하는 구상을 추진하고 있으며, 합동참모본부는 이 구상을 지지한다는 정보를 습득하였다. 그리고 미국 의회가 10월에 7,500만 달러의 대 중국지역 원조액을 통과시키면 국방부는 계획 초안을 마련하여 그 중 6,000만 달러를 타이완에 사용하고, 나머지 1,500만 달러를 중국 본토의 지하공작에 사용하려고 한다는 정보를 습득하였다. 이전 주중 미국 해군사령관을 지낸 국무부 극동 군사고문

---

26 Tel.470, the Department to MacDonald, November 18, 1949, *FRUS, 1949* 9:428. 이것은 미국의 퇴역 해군제독 쿡(Charles Cooke)이 개인적인 신분으로 국민정부의 군대정비를 도운 것에 유래한다. 쿡의 활동은 林孝庭,「一九五〇~一九五一年間美國海軍柯克上將在臺活動秘辛」,『傳記文學』94:4(2009.04) pp.17~34 참조.

해군 상장 베저(Oscar C. Badger)는 주미 중국대사관 인사들에게 미국의 원조를 얻는 방법은 타이완성 주석을 천청에서 우궈쩐(吳國楨)으로 바꾸는 것이라고 하였다. 그 이유로 워싱턴은 당시까지 천청의 집정에 대해 전혀 긍정하지 않았으며 미국 유학 출신인 상하이 시장 우궈쩐은 개명된 자유파 인사로 인식되어 미국 정책결정자들의 존중을 받을 수 있다고 생각한다고 말했다. 베저는 또한 자신은 이미 경제 및 군사고문단을 파견하고 타이완에 약간의 군수물품을 보내라고 선의했으며 워싱턴 당국은 이미 이 건의를 적극적으로 고려하고 있다고도 말했다. 그래서 그는 국민정부도 유사하고 명확한 요구를 하여 힘을 보태라고 제안하였다. 이러한 대화는 국민정부의 미국 원조에 대한 희망을 더욱 고조시켰다.[27]

12월초, 국민정부는 우궈쩐을 타이완성 주석으로 임명하였고, 우궈쩐은 성정부를 개조하면서 미국의 기대에 따라 타이완성 출신을 여러 요직에 앉혔다. 12월 중순 미국의 신임을 받는 육군 총사령관 쑨리런(孫立人)은 장제스를 설득하여 군대를 개조하였고, 미국에도 개조 계획에 협조해 달라고 요청하였다. 주미대사 구웨이쥔은 베저의 제안대로 타이완 방위에 필요한 기술과 군사원조 항목을 열거한 편지를 애치슨 국무장관에게 보냈다. 국민정부는 미국 국방부가 지지하는 이상 원조 쟁취를 위한 이번 노력은 매우 낙관적이라고 전망했다. 국가안전보장회의가 타이완에 대한 수수방관 정책을 정식으로 결정하기 직전까지, 주미대사 구웨이쥔은 국가안전보장회의의 회의 분위기가 여전히 국민정부에 '상당히 유리'하다고 타이베이에 보고하였다.[28]

27 Tel.690, MacDonald to Acheson, November 10, 1949, *FRUS, 1949*, 9:419; Memorandum, Joseph Ku to Ambassador Wellington Koo, November 9, 1949, folder B.13.1h, Koo Papers, box 145, BL; Notes on Conversation, November 17, 1949, ibid., box 180.
28 Tel.788, MacDonald to Acheson, December 14, 1949, *FRUS, 1949*, 9:445;

1949년 주미대사로 재임 중이던 구웨이쥔

사실 9월 말부터 국방부는 국민정부에 대한 군사원조 가부를 다시 고려하고 있었는데 타이완 방위에 제한적으로 원조하는 쪽으로 점차 돌아서고 있었다. 12월 초, 육군 참모총장 콜린스(Joseph Lawton Collins)는 "합동참모본부는 대규모의 부대를 파견하는 것 외에 현재 이미 시행하고 있는 정치, 심리, 경제적 협조를 보조할 수 있는 다른 군사적인 방법을 고려해 보는 것도 좋을 것"이라고 건의했다. 육군 참모장이 요구하는 것은 "신속하고 적극적인 미국의 행동방향으로 …… 중공의 타이완 통제를 방지하는 것이었다." 12월 중순에 이르러 국방부 장관 존슨(Louis A. Johnson)은 합동참모본부가 타이완이 중공에 함락되지 않게 적극적인 행동을 취하는데 동의한다고 트루먼에게 보고하였다. 맥아더 장군도 중공이 필리핀과 오키나와에 있는 미 공군기지를 위협하는데 타이완을 이용하지 못하게 타이완 방어에 힘써야 한다고 보고하였다. 약 1주일 후 합동참모본부는 평가를 마치고 타이완의 반공정부에 "온화하고 명확한 방향과 세밀한 감독을 받는 군사원조계획을 제공"할 것이며, 장차 미국의 안전 이익에 가장 부합하도록 기존의 정치, 경제, 심리적 원조계획을 강화한다고 밝혔다. 합동참모본부는 또한 미국의 동아시아지역 총사령관에게 타이완 방위에 필요한 군사원조의 성격과 그 수준을 조사

Tel.839, Edgar to Acheson, December 16, 1949, ibid. *1949*, 9:446; Letter, Koo to Acheson, December 23, 1949, ibid., 9:457; Tel.38, Koo to Foreign Minister Yeh, December 29, 1949, ibid..

하고 구체적인 군사원조계획을 수립하도록 지시해야 한다고 건의하였다.[29]

합동참모본부의 새로운 방안은 실제로 입장이 바뀐 것은 아니었다. 합동참모본부는 시종 타이완에 대한 군사원조의 가능성을 배제한 적이 없으며, 그전의 반대는 단지 타이완 보위를 위해 미군 파병을 '승낙'할 수 없었기 때문이다. 따라서 12월 중순의 새로운 방안은 여전히 "단지 현재 우리 군사력과 우리들의 많은 세계적인 의무 사이에 괴리가 존재"하고 있으므로, 타이완에 군대를 투입할 수 없다고 명시하였다. 그러나 그들도 전쟁발발을 포함하여 향후 미래의 상황 변화에 따라 미군이 공개적으로 타이완 보호에 개입하는 유연성도 유지해야 한다는 입장을 가지고 있었다. 합동참모본부의 의장 브래들리(Omar N. Bradley) 장군에 따르면, 10월에 참모수장들은 이미 타이완에 대한 군사원조를 희망하였으나 경비부족으로 실행할 수 없었다. 그러나 12월에 의회가 7,500만 달러를 '대중국지구(大中國地區)'에 지원하기로 한 이상, 이미 있는 자원으로 타이완 방어를 위한 군사행동을 취할 수 있게 되었다. 그는 타이완 보위를 통해 중공의 정권 공고화뿐만 아니라 동남아시아로의 세력확장도 비교적 어렵게 할 수 있다고 강조하였다.[30]

....

29 군부 내의 경향은 적극적으로 타이완에 대한 적극적인 원조를 제공하는 쪽으로 기울고 있었다. 군부의 견해에 대해서는 William W. Stuck, *Road to Confrontation* (Chapel Hill; University of North Carolina Press, 1981), pp.137~139과 Finkelstein, *Washington's Taiwan Dilemma, 1949-1950* 의 제7장에서 논하고 있다. 그 밖에 JCS 1966/22, Strategic Importance of Taiwan, December 7, 1949, in JCS Records; the Far East, Part 2, China, reel II, 0429 [microfilmed documents published by University Publican of America, hereafter cited as *JCS Records,* China(II)]; Memorandum, the Secretary of Defense to the President, December 15, 1949, Formosa folder, Subject File, President's Secretary's Files[hereafter cited as PSF], box 177, Truman Papers, HSTL; Annex to NSC 37/9, Memorandum, the JCS to the Secretary of Defense, December 23, 1949, *FRUS, 1949,* 9:460도 참조.

군부는 군사원조 증액을 희망하였고, 국무부는 타이완의 함락이 머지 않았다고 보았기 때문에 점차 손을 떼기 바랐다. 8월부터 제섭이 이끄는 국무부 고문 3인은 미국은 가능한 한 조속히 중국의 내전에서 발을 빼야 하고, 타이완의 국민정부에 더는 어떠한 원조도 제공해서는 안된다고 건의하였다. CIA는 10월의 평가에서 미국이 타이완을 군사적으로 점령하고 통제하지 않으면 1950년 말에는 이 섬이 함락될 것이라고 주장했다. 당시 광저우(廣州)와 충칭(重慶)의 국부군은 투항하고 있었고 총통대리 리쭝런 (李宗仁)과 장제스 위원장은 잇달아 중국 본토를 탈출하고 있었으므로 CIA의 평가에 그 무게가 실렸다. CIA는 영국이 중화인민공화국을 승인하기로 결정하였고 비공산국가들도 조만간 중공 정권을 받아들이게 될 것이라고 예측하였다.

타이완 주재 미국 대표는 국민정부에 대한 타이완 민중의 평가는 높지 않고 국민당도 내부적으로 단결하지 못하고 있어서 정권의 존속여부도 그다지 밝지 않다고 보고하였다. 또한 장제스에게서 벗어나고자 하는 애치슨의 결심이 한층 강화되고 있었기 때문에 애치슨은 참모장들의 타이완 원조 건의를 받아들일 수 없었다. 12월 29일 국무부와 합동참모본부는 타이완 문제에 관한 회의를 개최하였는데 애치슨은 타이완 정책에 대해 명확히 결단해야지 계속 끌고 간다면 정치적 대가가 너무 크다고 하였다. 애치슨은 "중국은 이미 공산주의에 저항할 기반이 없기 때문에", 중공과 소련 사이에 숨겨진 충돌요인을 이용하고 동시에 중국 주변국에 대한 방

....

30 국무부는 명확하게 '당시 혹은 장래에 어떠한 상황 하에서도' 군사행동을 배제하는 쪽으로 기울어져 있었다. 7,500만 달러는 1949년 군사원조법 303조에 의거한 것으로 일반적으로 303 특별비용이라고 부른다. 타이완의 전략지위의 중요성에 관해 합동참모본부의 관점을 정리한 것은 JCS Records, China(II), 0429; Memorandum of Conversation by Acheson, December 29, 1949, *FRUS, 1949*, 9:463 참조.

위를 강화하는 것이 공산당 세력의
아시아 확장을 방지하는 최선의 방
법이라고 하면서 미국이 현실을 직
시해야 한다고 주장하였다.31

사실 국가안전보장회의에서 최
후의 결정을 내리기 1주일 전, 트루
먼은 정치적으로 고려하여 군부의
타이완 원조방안을 부결하였다. 12
월 29일, 국가안전보장회의에서는
애치슨이 이끄는 국무부의 입장이
정식으로 통과되었다. 즉 미국은 국
민정부에 더는 군사원조를 제공하

1년간 버틴 끝에 트루먼은 결국 타이완에 수수방
관 정책을 채택하기로 했다는 성명을 발표하였다.

지 않고, 현재 수준의 경제원조는 지속하되 증액하지는 않을 것이며, 동시
에 타이완을 포함하지 않는 동아시아의 방어범위를 강화하기로 하였다.
국무부의 관점에서 보면 이어서 일어나게 되는 타이완정책에 대한 논쟁
은 오히려 여론에 이 결정을 설명할 수 있는 기회가 되었다. 따라서 국방
부 장관 존슨의 강력한 반대에도 애치슨은 트루먼을 설득하였고, 트루먼
은 1950년 1월 5일 정식으로 타이완에 대한 '수수방관 정책'을 발표하
였다.32

....

31 국무부 중국과의 자료(CA Records)에는 몇 부의 제섭 비망록이 있는데 이들
   비망록은 고문 그룹의 관점을 명확하게 드러내고 있다. CIA의 보고(ORE 76-
   49)는 *Tracking the Dragon; National Intelligence Estimates on China during
   the Era of Mao, 1948-1976* (Washington, D.C.: Government Printing Office,
   2004)에 수록; 그 밖에 Tel.865, Edgar to Acheson, December 29, 1949, *FRUS
   1949,* 9:451; Memorandum of Conversation by Acheson, December 29, 1949,
   FRUS, 1949, 9:463 참조.

V. 결어

1949년 한 해 동안 국무부와 국방부는 온갖 노력을 다하여 미군을 투입하지 않는다는 전제하에 중공의 타이완 점령을 방지하려고 하였다. 타이완의 법률적인 지위와 정치조건은 그들에게 국민정부가 자주적인 행동으로 본토 독립운동을 하든지 아니면 유엔의 신탁통치를 하든지 간에 타이완을 중국과 분리하도록 해야 한다고 생각하게 하였고, 어쩌면 가장 실행 가능한 것이었다. 그러나 그 대가는 워싱턴이 지불하고자 하는 수준을 뛰어넘는 것이었다.

정책결정자들은 대체로 타이완은 미국의 '중대한 안전 이익'에 가치가 없었고, 만약 이 섬이 대전 중에 공산당에게 이용되면 확실히 미국의 안전 이익에 위해가 될 수 있으나 당시의 상황에서 보면 미국이 이 섬을

....

32 존슨의 증언은 *Military Situation in the Far East,* part 4(Washington, D.C.: Government Printing Office, 1951), p.2578; Memorandum by George Elsey, January 6, 1950, Foreign Relations-China, Esley Papers, box 59, HSTL에 수록. 성명을 발표하기 전 1주일에서 10일 사이에 타이완에 대한 정책은 미국 전체의 열면 토론의 주제가 되었다. 언론계는 미국이 곧 군사행동을 취해서 타이완을 보호하고 제7함대 또한 이를 위해 병력을 증강할 것이라고 억측하였다. 국무부는 이로 인해 특별한 정책 지침서를 발간하여 타이완은 곧 함락될 것이라고 하며 해외주재 사절들에게 현지에서 타이완의 전략적 가치를 힘써 희석시켜 이 섬의 함락이 미국의 명성에 해를 입힐 가능성을 줄이라고 요구하였다. 이 지침서가 의회에 노출되어 상당 큰 소동을 일으켰다. 전임 대통령 후버(Herbert Hoover)와 상원의원 테프트(Robert A. Taft)는 1950년 1월 2일, 미국은 해군을 파견하여 타이완을 보위해야 한다고 호소하였다. 이와 동시에 국외에서도 구웨이쥔이 1949년 12월 23일 미국에 군사원조를 요청한 것, 의회가 타이완원조문제로 일대 소란이 일어났고, 공화당도 워싱턴의 대 중국 정책을 비판했다는 일을 알게 되었다. 혼란과 비판을 잠재우기 위해 애치슨은 트루먼을 설득하여 성명을 발표하도록 하였다. "The Princeton Seminar" July 23, 1953, Wire 1, pp.2~7, Acheson Papers, box 75, HSTL 참조.

군사기지로 점령한다고 해도 실질적으로 전략적인 이익에 큰 도움이 된다고도 보지 않았다. 그러한 까닭에 트루먼 정부는 타이완 보위를 위해 중대한 정치, 군사, 경제적인 대가의 지불을 꺼렸고, 그들이 싫어하는 국민정부 구원에 대한 염원은 당연히 더욱 낮았다. 상황은 군부로 하여금 타이완을 보호하기 위해 기꺼이 지지하려는 대가를 높이는 쪽으로 변해 갔으나 직접 파병하자는 정도는 아니었다.

국무부의 생각은 군부 측과는 달랐다. 그들은 기본적으로 미군이 직접적으로 개입해야만 타이완을 구할 수 있다고 생각했고 이는 워싱턴이 절대로 실행하기 꺼리는 것이었다. 다른 한편 국무부, 특히 국무장관 애치슨은 중국이 짧은 기간 내에 티토주의로[33] 전향하기 바랐다. 따라서 그는 미국이 국민정부와의 관계를 끊고 중공 정권과의 교류할 수 있도록 준비하자고 했다. 역사학자 저우탕(Tang Tsou)와 코헨이 말한 미국의 대 중국 정책의 특징인 "집행력이 없는 정책(policy without force, 혹은 그에 상응하는 대가를 지불하기 원치 않는 정책)"의 전통을 트루먼 정부는 진심으로 추구하는 것 같았다.[34]

....

33 유고슬라비아의 티토(Josip Broz Tito)는 코민포름의 결의를 거부하고 자신의 사회주의 노선을 발전시켜 나갔다. 당시 국무부는 중공도 중국식 티토주의를 발전시키기 바랐다. 즉, 마오쩌둥이나 다른 중공 지도자가 티토를 거울삼아 소련과 협력하지 않고 냉전 중 공산 역량이 강화되지 않기를 바랐다. 이는 국무부가 중국의 적화를 바라보며 가장 희망한 것이었다. 애치슨의 중공에 대한 정책에 있어서는 티토주의가 대 중국 정책 사고의 중심을 이루고 있다. Finkelstein, *Washington's Taiwan Dilemma, 1949-1950* 참조. 타이완의 관찰자도 이 티토주의적인 정책의 사고 논리를 명확히 알고 있었다. 宋文明, 『美國對華政策, 一九四九~一九六〇』(臺北: 著者發行, 1960), p.17 참조.

34 Tang Tsou, *America's Failure in China:1941-1950* (Chicago: University of Chicago Press, 1963), and Cohen, *Americals Response to China: an Interpretative History of Sino-American Relations,* second edition(New York: John Wiley & Sons, 1980) 참조.

전 세계적인 공산당 봉쇄정책의 고려, 군사예산 제한, 미국 우방들의 베이징정권에 대한 우호적인 태도 등은 모두 국무부의 주장을 강화시켰다. 1949년 말 트루먼 정부는 공개적으로 타이완에 대한 '수수방관'의 뜻을 선포하여, 지난 1년 간 전국과 정부를 혼란하게 했던 대 중국 정책의 논쟁을 종식시키기로 결정했다. 이는 아무것도 하지 않고 먼지가 가라앉기를 앉아서 기다리려는 것이었다. 그러나 그들은 대 중국 정책에서 타이완 문제라고 하는 '먼지'는 수십 년이 지나도 가라앉게 할 수 없다는 것을 전혀 예상하지 못하였다.

韓 戰 救 台 灣 ?

제3장

수수방관

(1950년 1월~6월 24일)

국무부가 보기에 타이완 미래에 대해 '수수방관'하겠다는 1950년 1월 5일 트루먼 대통령의 성명은 진작 발표되었어야 했다. 1949년 중반부터 국무부는 이에 대한 발표를 줄곧 준비하였다. 그들은 트루먼 정부가 대책이 없다고 강하게 비난하는 국내 정적들과 미국을 제국주의라고 비난하는 중공을 막아내고, 동시에 미국 원조의 손길을 갈구하는 국민정부의 환상을 깨뜨릴 수 있기 바랐다. 성명에서 트루먼은 분명히 다음과 같이 설명하였다.

> 미국은 타이완에 대해서, 그리고 중국의 다른 어떠한 영토에 대해서도 약탈할 야심이 없다. 미국은 지금도(저자 강조) 특별한 권리나 특권을 취하거나, 혹은 타이완에 군사기지를 건립할 생각이 없으며, 또한 군대를 이용하여 현재 상황에 간섭할 생각이 없다. 미국 정부는 미국이 중국 내전에 개입할 여지를 가지지 않을 것이다. 같은 이유에서 미국 정부는 군사 원조나 의견을 타이완의 중국군에 제공하지 않을 것이다 …… 1

....

1 「미국의 타이완에 대한 정책: 트루먼 대통령의 성명」은 1950년 1월 5일 백악관에서 발표되었다. *Department of State Bulletin(이하 the Bulletin)*, January 16, 1950, p.79 참조. 위의 인용문 가운데 '지금도'라고 하는 세 글자는 합동참모본부 의장 브래들리 장군의 요구에 응한 것으로 최후의 1분을 남겨두고 첨가한 것이었다; 브래들리는 만일 전쟁이 발발하면 미국의 반응이 어느 정도 유연성이 있기를 기대하였다. 이 세 글자는 성명 원고를 기자들에게 이미 배포한 후 첨가한 것으로 당시 언론계에 많은 추측을 낳았다. 그러나 애치슨이 해석하면서 이 몇 글자는 수정을 하거나 범주를 정해야 하는 것은 아니며 기본적인 '수수방관'의 정책을 약화시키는 것은 더욱 아니라고 강조하였다. George Elsey의 비망록 중에는 애치슨은 이 세 글자가 의심을 불러오고, 대통령이 선언한 정책

Ⅰ. 수수방관

트루먼이 성명을 발표한 날 오후, 국무장관 애치슨은 기자회견에서 이 성명이 가지는 의미를 설명하면서 국민정부와 선을 긋겠다는 워싱턴의 결심을 다시 한 번 분명히 하였다. 그는 이를 통해 미국의 원조를 얻기만 하면 중국 본토와 즉시 분리하고 중공에 함락되지 않을 수 있다는 타이완의 주장을 반박하고 제거할 수 있기 바랐다. 타이완을 중국에서 벗어나게 해야 한다고 주장하는 사람들은 타이완의 법률 지위는 반드시 일본과 강화조약을 체결한 이후 결정할 수 있고, 그 전에 이 섬과 중국을 분리하는 것은 완전히 합법적이라고 강조하였다.

애치슨은 이러한 논점을 다음과 같이 비판하였다. "우리가 원칙을 지킬 것이라는 것을 전 세계가 믿게 해야 한다. …… 다른 나라들과 달리, 말하는 것이 단지 자신의 이익을 위한 선전일 뿐이라면, 상황에 변화가 생겨 이 입장을 고수하기가 어려울 시에는 즉시 뒤집게 될 것이다. …… 중국인이 타이완을 통치한지 이미 4년이 되었다. 미국이나 다른 어떠한

....

을 약화시키게 될 것임을 결코 알지 못했다고 기록하였다. Memorandum concerning Statement by the President on January 5, 1950, January 6, 1950, Foreign Relations-China, Esley Papers, box 59, HSTL. John Lewis Gaddis는 비록 애치슨은 성명발표 전에는 알지 못했고 이것이 군부의 입장에 대한 타협으로 보일 수는 있었지만, 국무부도 행동의 유연성이 유지되기를 바랐던 것은 아니라고 주장했다. Gaddis, "The Strategic Perspective: the Rise and Fall of the "Defensive Perimeter"Concept, 1947-1951" in Dorothy Borg and Waldo Heinrichs, eds., *Uncertain Years: Chinese-American Relations, 1947-1950* (New York: Columbia University Press, 1980), p.85 참조. 상황이 아마도 미국이 타이완을 중국과 분리할 필요가 있게 하였기 때문에 브래들리도 원본 초고에서 '타이완을 중국과 분리'라는 문구는 삭제하기를 희망했다. 애치슨은 비록 이 문구를 유지하기를 바랐지만, 오히려 브래들리의 요구에 동의하였다. Memorandum of conversation, January 5, 1950, Acheson Papers, box 64, HSTL 참조.

동맹국도 중국의 점령권에 대해 의구심을 가진 적이 없다. 타이완이 중국의 일개 성으로 포함될 때에 누구도 이것이 국제법에 합당한 것인지 의문을 갖는 사람이 없었다.…… 타이완 지위에 관한 법률문제가 어떠하든지 미국은 법률가의 말에 따라 자신의 엄격한 입장을 혼란하게 할 수 없다."[2] 간단히 말하면, 애치슨은 타이완이 전후 중국에 반환될 때 누구도 법률적 관점으로 반대하지 않았으므로, 이때에도 법률적 관점에서 타이완과 중국의 분리가 합법적이라고 하는 주장은 적절하지 않다고 생각하였다.

워싱턴 정부는 공개적으로 그들의 입장을 변호하면서 "다른 국가의 영토 완전을 존중"하는 것은 미국 외교관계의 주요원칙이라고 강조하였다. 그 외에 트루먼 대통령은 국민정부가 타이완에서 충분한 자원을 보유하고 있으므로 그들은 국방에 필요하다고 생각하는 무기를 언제든지 구매할 수 있다고 힘주어 말하였다. 그러나 비공식적으로 애치슨은 스미스와 놀랜드(Willam F. Knowland) 두 상원의원에게 워싱턴은 한 국가나 그 국가의 안전에 중요한 관련이 없는 지역을 위해 개전할 수 없으므로 심리적으로 타이완 함락을 준비해야 한다고 솔직하게 말하였다. 이 두 상원의원은 타이완 미래에 수수방관하는 것은 심각한 잘못이며 심지어 치명적인 정책이 될 것이라고 말하였다. 그러나 그들은 통지를 받은 것이고 애치슨이 그들에게 자문을 구한 것이 아니어서 그저 반대를 할 뿐, 영향을 미치지는 못하였다.[3]

----

2 *The Bulletin,* January 16, 1950, p.80. 애치슨의 성명과 트루먼의 1950년 6월 27일 타이완 해협 중립화에 관한 지시를 연결해서 살펴보아야 한다. 트루먼의 지시는 *The Bulletin,* July 3, 1950, p.5에서 확인할 수 있다. 이들 두 성명에 나타난 타이완의 법률 지위에 관한 관점을 비교해서 보면, 정책 선언이나 도덕적 법류가 아닌 기회주의와 임시변통이 미국 외교관계 행동의 주요한 지도원칙이었음을 볼 수 있다.

3 Memorandum of Conversation by Acheson, January 5, 1950, *FRUS, 1950,*

새로운 아시아 정책을 널리 알리기 위하여 애치슨은 우선 1월 10일과 11일, 상원 외교관계위원회와 하원 외교사무위원회에서 보고하였다. 그리고 12일에는 전국기자클럽에서 한편의 감동적인 연설을 하였다. 이들 보고는 애치슨의 '방어선(defense perimeter)' 해석에 초점이 맞추어졌다. 미국이 서태평양 지역의 안전과 이익에 대한 대가를 최소화하는 방법은 아시아 대륙 외해의 도서 방어라는 것이 보고의 핵심이었다.

국무부와 군부는 모두 이 개념을 받아들였다. 다만 어떠한 나라를 이 방어선에 포함시킬 것인지에 관해서는 이견이 있었다. 애치슨의 구상은 북쪽은 알류산 열도부터 일본, 오키나와를 지나 남쪽으로는 필리핀 군도까지 이르는 것이었다. 그는 이 방어선은 미국의 이익과 중대하게 연관되어 있어서 워싱턴이 군사력을 동원하여 방어해야 한다고 보았다. 이 방어선 밖의 국가는 대체로 스스로 살길을 도모해야 하며, 미국은 도와주고는 싶으나 여력이 없다고 주장하였다. 이 '방어선'을 통해 애치슨은 대중과 의회의 주의력이 중국문제에서 벗어나기를, 특히 타이완이 중공에 함락될 것이라는 전략적 의미를 가진 의제에서 벗어나기를 희망하였다. 한국은 방어선 내에 포함되지 않았기 때문에 후에 "북한의 침략을 야기했다"고 비난받았다. 사실 이러한 상황은 아마도 무심한 실수에서 비롯된 것이며 고의로 계획된 것은 아니었을 것이다.[4]

....

6:258. 성명을 발표한 후에 상원에서는 즉시 다섯 시간에 걸친 토론이 벌어졌다. 상세한 내용은 Robert M. Blum, *Drawing the Line* (New York: W. W. Norton, 1982), pp.181~182 참조. 의회는 이 의제에 대해 더 많은 토론을 하였다. Tang Tsou(鄒讜), *America's Failure in China* (Chicago: University Chicago Press, 1963), pp.532~534 참조.

4 애치슨이 1950년 1월 10, 11일에 상, 하원 의원들과 가졌던 대화는 Blum이 요약 정리했다. *Drawing the Line,* pp.182~183 참조. 애치슨의 전국기자클럽에서 가진 연설원고는 Bulletin, January 23, 1950, pp.111~118 참조. '방어선'의 개념은 1947년 3월 맥아더와 케난이 먼저 제시하였다. Gaddis, "The Strategic

그러나 트루먼의 성명과 그의 재해석으로 타이완에 대한 정책의 논쟁이 끊이지 않았으므로 애치슨은 크게 실망하였다. 의회는 2월까지 이 문제에 대해서 격론을 벌였고 많은 의원들은 미국이 개입해야 한다고 끊임없이 호소하였다. 하원의원 매카시(Joseph McCathy)는 2월 11일 워싱턴 내부에 숨어있는 공산당과 그 동조자들이 미국의 대 중국 정책에 영향을 미치고 있다고 공세를 가했다. 이 주장은 당시 국무부 내 '중국 전문가'

위스콘신 주 하원의원 매카시는 1950년 2월의 공개연설에서 국무부에 200여 명의 공산당원이 숨어있다고 주장하였다.

들의 앞길에 많은 영향을 미쳤고, 이후 수년간 워싱턴 정책결정자들을 끊임없이 곤란하게 만들었다.5 그로 인해 국민정부는 돌발적인 대전이나 강경한 미국의 여론이 트루먼 정부의 결정을 뒤바꿀 수 있고, 최종적으로는 미국도 손을 내밀 것이라고 생각하여 완전히 실망하지 않고 계속해서 미

Perspective: the Rise and Fall of the 'Defensive Perimeter' Concept, 1947-1951", in Borg and Heinrichs, eds., *Uncertain Years,* pp.61~77 참조. "외해도 방어선(外海島防禦線)"이라는 또 다른 용어는 군측 자료에서 자주 볼 수 있다. 1949년의 자료 중 타이완은 여전히 이들 도서 방어선에 포함되어 있으나 그 해 말 NSC 48/1의 최후 원고는 타이완을 삭제하였고 오키나와와 필리핀 방어를 강조하였다. 애치슨의 보고는 이러한 새로운 입장을 즉시 채택하였다. NSC 48 background papers, in NSC Files, Judical Branch, NA 참조.

5 이와 관련된 의회의 변론자료들은 의회공청회와 위원회의 회의기록에 많이 남아 있다. 매카시의 주장과 그가 트루먼 정부에 미친 영향에 대해서는 이미 많은 연구 성과가 남아 있다. 의회와 매카시즘의 논란, 그리고 소위 '중국 유세단'의 영향 때문에 국무부의 정책에는 분명하게 반영되지 못하였고, 이 의제에 관한 연구도 그들이 워싱턴의 정책에 미친 영향이 제한적이라고 보았기 때문에 본서에서는 자세히 다루지 않았다.

국과의 접촉을 시도하였다.

　군부, 특히 국방부 장관 존슨은 이러한 성명에 불만을 가졌지만, 중요하게 생각하지는 않았다. 관련 자료에 따르면, 국방부는 군사원조 내용을 결정하기 위한 '사실 수집'을 위해 타이완에 조사단의 파견을 계속 고려하고 있었다. 군사원조는 이미 12월 29일의 국가안전회의에서 부결되었고, 게다가 대통령의 '수수방관' 성명에 저촉되는 것이었음에도 말이다.[6]

　반면, 국무부는 여전히 자신들의 입장을 고수하였다. 즉 중국 내전으로부터 1949년 말까지 대세는 이미 정해졌고 중공이 장차 전면적인 승리를 거둘 것이며, 중국 정책에 대한 혼란과 갈등은 시간이 가면 사라질 것이라고 생각하였다. 애치슨은 러시아인의 야심은 장차 중공과 소련의 충돌을 야기하게 될 것이고, 이는 미국의 중요한 정책적인 자산이 될 것이라고 보았다. 국가안전보장회의도 이에 동의하면서 미국은 중공과 소련, 그리고 중공 내의 스탈린파와 기타 세력 사이의 갈등을 잘 이용해야 한다고 생각하였다.[7] 그러므로 1950년 초까지 국무부는 대통령의 지지 아래 적극적으로 중공과의 교류 기회를 찾으면서, 또한 국민정부가 마지막 숨을 거두기를 조용히 기다렸다.

....

6 *The Reminiscence of Wellington Koo* (Columbia University Chinese Oral History Project, Published by Microfilming Corporation of America, Hereafter cited as *Koo Memoirs*), 6:J198-199; Information Circular Airgram on Reaction to President's Statement on Taiwan, January 12, 1950, RG 84 Tokyo Post Files, NA; Telephone Coversation between Acheson and Johnson, January 26, 1950, Memoranda of Coversation, Acheson Papers, box 65, HSTL.S

7 A Report to the President by the Ntional Security Council. NSC 48/2, December 30, 1949, *FRUS, 1949,* 7:1215.

II. 일변도 입장의 전개

국무부는 중공이 정권수립을 선포하기 전에 외교적으로 승인을 할 것인지에 대해 고려한 적이 있다. 원래 계획은 서방의 맹방들과 '연합전선'을 구축하여 외교 승인이라는 카드를 중공과의 협상에 이용하려고 하였다. 그러나 영국이 일부 비공산 국가들과 함께 베이징 정부를 승인해 버렸기 때문에 미국은 이 카드를 사용할 수 없었다. 비록 미국 의회, 학계, 언론계, 선교사 단체, 경제계에서는 대다수가 중공 정권 승인에 찬성하였으나, 국무부는 성급하게 중공과 친선을 도모하지 않기로 결정했다. 승인을 조금 보류함으로써 중공의 국제 행위를 더 많이 규제할 수 있을 것이라고 판단했기 때문이다. 그러나 1950년 1월 3일 "승인, 그 시기, 그리고 의회위원회와 서방 우호국가에 필요한 예비조치"라는 항목이 애치슨의 국무부 내부회의에 의제로 출현하였다.[8]

일 년 전에 있었던 많은 사건들과 마찬가지로, 중공의 적의(敵意)는 국무부의 계획을 다시 무너뜨렸다.[9] 중공의 가장 심각한 실책은 베이징이

---

8 승인 문제에 관한 연구는 Nancy Bernkopf Tucker, *Pattern in the Dust: Chinese-American Relations and the Recognition Controversy, 1949-1950* (New York: Columbia University press, 1983)와 Agenda for Meeting with the Secretary, 4 P.M., January 3, 1950, 794a.00/1-350, RG 59, NA 참조. 어떤 자료는 상황이 순조롭게 전개되었으면 미국은 몇 주 안에 중화인민공화국을 승인했을 것이라고 밝힌다. 포티어(Joseph Fortier) 장군은 태평양관계학회(The Institute of Pacific Relations)관한 공청회에서 1월 초 제섭대사가 제출한 보고에 근거하여 미국이 2~3주 내에 베이징 정권을 승인할 것이라고 말했다. 공청회에 관한 기록은 *Inistitute of Pacific Relations: Hearings before the Sub-committee to Investigate the Administration of the Internal Security Act and Other Internal Security Laws of the Committee on Judiciary,* United States Senate, Eighty-second Congress, first session(Washington, D.C.: Government Printing Office, 1952), p.845 참조.

미국 영사관 재산을 몰수한 일이었다. 1월 6일, 베이징 군사당국은 일주일 이내에 모든 외국 정부가 징발하여 사용하고 있는 토지를 몰수하겠다고 발표하였다. 국무부는 약하게 보이고 싶지 않아서 강경하게 대응하기로 하고 베이징에 각서를 보내 미국은 이 문제에 관하여 협상할 용의가 있음을 전하고, 또한 만약 실제로 토지를 회수하면 모든 중국 주재 외교관들을 철수시킬 것이라고 경고하라고 건의하였다. 트루먼은 이 건의를 비준하였고, 주중 총영사 클럽(O. Edmund Clubb)은 1월 12일에 저우언라이에게 미국 측의 경고를 전달하였다. 그럼에도 중공이 미국 영사관을 접수하자, 미국 국무부는 14일 주중 외교관들을 소환하였다.[10]

그러나 이러한 사건들은 중공과 관계를 맺겠다는 국무부의 기본적인 결심에는 영향을 미치지 못하였다. 클럽은 중공이 단지 위세를 부려 각국이 베이징 정권을 승인하게 하려는 것뿐이라고 생각하였다. 명령에 따라 귀국한 후, 클럽은 중공이 미국의 경고를 위협으로 오판한 것이므로 경제와 정치적인 역량을 고려해서 중공은 미국의 승인을 기대할 것이라고 확신하였다. 또한 그는 사건의 발단이 중공당 내의 친소파와 민족파의 충돌로부터 비롯되었을 것이라고 의심하면서 중국 민중의 친미적 성향이 친소적 성향을 이길 것이라고 주장하였다. 국무부는 당시 모스크바를 방문 중인 마오쩌둥이 만족스러운 원조를 얻어내지 못할 것이라고 믿었다. 한

----

9 그 전에 중공과 미국이 정식으로 충돌한 사례에 관해서는 Jian Chen, "The Ward Case and the Emergence of Sino-American Confrontation, 1948-1950", *The Australian Journal of Chinese Affairs* 30(July 1993):149~170 참조.

10 미국 외교관과 국민들이 학대받은 상황과 미국 여론이 중공의 영향을 어떻게 판단했는지에 관해서는 Frederick B. Williams, "The Origins of the Sino-American Conflict, 1949-1952"(Ph. D Dissertation, University of Illinois, 1967), pp.64~78; Memorandum by the Acting Secretary of State to the President, January 10, 1950, FRUS, 1950, 6:270; Tel.90, Clubb to Acheson, January 12, 1950, Ibid., 6:286을 보라.

걸음 더 나아가 클럽은 마오쩌둥의 소련행이 실제적인 성과를 거두지 못한 후 상황을 미국에게 유리하도록 전개하기 위하여 자신이 직접 중공 외교부 인사들과 접촉할 수 있게 해달라고 건의하였다.[11]

외교관이 학대를 받고 영사관이 점거 당함으로 인해 미국은 중공 정권을 승인하기 어려운 상황이 되었음에도 불구하고 1950년 1월과 2월 사이에 국무부의 중공 승인에 관한 토론과 맹방과의 협상은 중지되지 않았다. 애치슨은 오히려 하원 외교사무위원회에서 미국은 베이징 정권의 유엔 대표권에 관한 결정을 받아들일 것이라고 말했다. 그는 3월 15일 샌프란시스코의 커먼웰스클럽(the Common wealth Club)에서 행한 연설에서도, 중국의 정권이 바뀌었으나 미국은 여전히 중국 인민에게 협조할 준비가 되어 있다고 선포하였다. 그러나 저우언라이는 애치슨의 이러한 호의를 직접적으로 거절해 버렸다.[12]

중화인민공화국이 정권을 수립한 후, 중국 재건에 필요한 소련의 협조를 얻기 위해 마오쩌둥은 직접 모스크바에 갔다. 1950년 2월 14일, 마오쩌둥과 스탈린은 유효기간 30년의 「중소우호동맹호조조약」(이하 중소조약)에 서명하였다. 중공 총리이자 외교부장인 저우언라이는 이 조약체결을 두고 양대 공산국가의 "7억 명 이상의 인구가 굳건히 단결하여 전쟁으로도 이길 수 없는 힘을 이루어냈다"고 선언하였다.[13] 미국과 서방국가가 예상한 공산국가 분열의 기회는 아득히 멀어져 간 것 같았다. 그러나 국

---

11 Tel.65, Clubb to Acheson, January 10, 1950, *FRUS 1950*, 6:273; Tel.157, Clubb to Acheson, January 20, 1950, *Ibid*, 6:286.

12 Hou Tsung Chien, "U. S. Policy toward China, 1912 to Present, Emphasizing Bureaucratic Level Analysis, Particularly Since 1936, of Both Nationalist and Communist Movement"(Ph. D Dissertation, North Arizona University, 1985), pp.208~209.

13 「批准中蘇條約及協定」, 『人民日報』, 1950年 4月 13日, 第一版.

1949년 12월 소련을 방문한 마오쩌둥도 스탈린의 70세 생일 축하연에 참가하였다.

무부는 '중국 티토이즘'의 기대를 포기하지 않았고, 오히려 중소 양국의 사이를 벌여놓을 기회를 엿보면서 양대 공산국가의 갈등을 부추기려고 하였다. 미국은 중소 양국의 협상이 오래 지연되었고, 조약 내용 또한 이상적이기 그지없다는 등의 선전을 쉬지 않으면서 동맹에 대한 중국 인민들의 불만을 부추겼다.

애치슨은 두 차례의 아시아 정책에 관한 공개 강연(1월 전국기자클럽, 3월 캘리포니아 국가협회클럽)을 통해 러시아에 대한 중국인들의 적의(敵意)를 선동하였다. 그는 연설에서 모든 중국 인민의 민족의식에 호소하며 러시아인들은 공산당이 집권하기 전에 이미 제국주의적 야심을 가지고 중국의 영토침탈을 획책하였다고 주장하였다. 중소조약을 체결하기 전 국무부도 파리주재 미국 공관에 출처는 밝히지 말고 매체를 통해 조약의 불평등성을 폭로하여 중국인들의 반소(反蘇) 정서를 자극할 방법을 모색하라고 훈령을 내렸다. 조약이 정식으로 발표된 후, 국무부는 매체를 통한 공격을 시작하여 조약의 가치를 폄훼하려고 하였다. 조약교섭의 시간이 너무 길다는 것은 스탈린이 고의로 마오쩌둥에게 수치심을 주고, 그의 사기를 꺾어놓으려는 것으로 묘사하였으며, 마오쩌둥이 소련에게서 얻는 원조를 미국이 제2차 세계대전 후 중국에 제공한 원조와 비교하여 보면 '새발의 피'에 비유할 정도로 하찮은 것이라고도 하였다. 그 외에도 국무부는 조약의 비밀협정 부분 중 중요한 것은 중국의 영토보전을 크게 침해하는 것이라고 강조하였다.[14]

상황은 두 공산국가 사이의 관계가 국무부가 기대하는 것보다 훨씬 견고하다는 것을 명확히 드러냈다. 이 시기 공산진영 내부의 이념적인 응집력은 민족주의를 월등히 초월하는 것처럼 보였다. 2월 말부터 중국에서 전해오는 보고는 중국에 주둔하고 있는 소련 군대와 원조가 증가하고 있으며 소련이 중공에 대한 통제를 강화하기로 결정한 것이 아니라면 이는 적어도 양자 사이의 협력이 날로 밀접해지고 있음을 드러낸다고 전하였다. 혹자는 당시 중공의 군사배치는 대부분 타이완 공격을 위한 것이었기 때문에 미국은 중공의 타이완 접수를 막음으로 중공이 더욱 소련을 의지하게 해서는 안 된다고 주장하였다. 미국이 국민정부에게 군사원조를 제공하지 않는다고 하더라도, 소련은 중국에서의 병력과 무기를 계속해서 증가시키고 줄이려고 하지 않았다. 따라서 그러한 주장은 오래가지 않았다. 심지어 중공은 5월까지 소련이 제공한 군수품의 일부를 베트남의 호찌민에게 제공하기도 하였다. 모든 상황은 중국과 그 인근 국가에게 미치는 소련의 영향력이 커지고 있음을 보여주었다.[15]

....

14 애치슨의 연설 전문은 *the Bulletin,* January 23 and March 27, 1950, pp.111~118, 467~472; Tel.335, Acheson to the Embassy in Francem January 25, 1950, *FRUS, 1950,* 6:294; Tel.584, Acheson to the Embassy in Francem February 11, 1950, *Ibid.,* 6:308; Tel.158, Koo to Foreign Minister Yeh, February 16, 1950, folder A.11, Koo Papers, box 144, BL 참조.

15 이 보고들의 사례는 Tel.300, Chargé in China(Strong) to Acheson, February 22, 1950, 793.00/2-2250, RG 59, NA; Tel.856, Consul General at Shanghai (McConaughy) to Acheson, February 27, 1950, 793.00/2-2750, RG 59, NA;

1월 초부터는 중국에서 온 보고는 중공당 내의 이견을 잘 이용할 수 있을 것이라고 전하였다. 상하이 주재 미국 총영사 매커너기(Walter P. McConaughy)는 상하이 시장이자 해방군 제3 야전군 사령원 천이(陳毅)가 당내 강경파와의 불화로 인해 지방할거 세력으로 변질될 가능성이 있으며 그의 기반 지역 내에도 친소파에 항거하는 세력이 있으므로, 기회가 만들어지면 천이가 '중국의 티토'가 될 수 있다고 보고하였다. 매커너기의 후속 보고는 더 많은 중공 내 분열의 구체적인 증거를 포함하고 있었다. 그는 중공 당내에 주더(朱德), 류보청(劉伯承), 니에룽전(聶榮臻) 그리고 천이 등 민족파 군부 지도자들이 조직한 '신중국운동'과 같이 소련이나 다른 외국의 통제를 벗어나고자 하는 움직임이 출현하고 있다고 보고하였다. 매커너기의 말을 정리해 보면 다음과 같다: *이 움직임들은 미국 관원들이 중국에서 철수하기 전에 이미 미국과 매우 적극적으로 접촉하려고 하였다. 그들은 중국이 소련의 영향에서 벗어날 수 있는 또 다른 기회를 제공할 수 있을 것이며, 만약 마오쩌둥과 소련의 관계가 군건하여 깨뜨리기 어렵다면 민족파 공산당원이 주도하는 중국도 대체 가능한 선택이다.*

Daily Secret Summary, March 10, 1950, E396.8, RG, NA; Daily Secret Summary, April 5, 1950, ibid.; Tel.un#, Strong to Acheson, April 13, 1950, 793.00/4-1350, RG 59, NA; ORE 19-50, Reports of Current Soviet Military Activity in China, April 21, 1950, in *CIA Research Report; China, 1946-1976*(Microfilmed by University Publication of America, 1986), reel I, 0390; Tel.1002, Consul General in Hongkong(Rankin) to Acheson, May 9, 1950, 793.00/5-590. RG 59, NA; Tel.CAATP 94, Air Message from Taipei, May 12, 1950, 793.00/5-1250, RG 59, NA 참조. 매커너기는 보고서에서 "중공은 타이완을 공격하여 전복시킬 수 없게 압박받을수록, 소련의 원조를 받아들일 가능성이 있으며, 이러한 원조를 통하여 이전에 타이완에는 침투하기 어려웠던 소련의 영향력이 침투하게 될 것"이라고 하였다.(Tel.99 from Shanghai, January 5, 1950, *FRUS, 1950*, 6:264.)

그러나 직접적으로 천이와 접촉한 후에 미국은 그가 매우 조심스럽다는 것을 알았고, 국무부는 우선 어떤 조치도 취하지 않는 것이 최선이라고 판단하였다. 그렇다고 하더라도 국무부는 여전히 소련의 제국주의와 중국 본토의 경제적인 어려움은 중국 공산당 내부의 민족파와 스탈린파 지도자들 사이의 분열을 조장할 것이고, 반소세력이 성공하면 천이와 같은 군부 지도자들과 뜻을 함께 하는 베이징의 지도자들은 연합하지 않을 수 없을 것이

일찍이 미국이 중국의 티토가 되기를 기대했던 천이(陳毅), 1955년 중공의 10대 원수 중 하나라는 칭호를 받았다.

라고 믿었다. 3월 한 달간의 보고는 베이징 정권 내부의 정치 투쟁이 격렬하게 일어나고 있다고 기록하였다. 심지어 어떤 소식은 외부세계에서 중공 내부에 쏠리는 관심을 전환시키기 위해 베이징 정권이 군사적 행동을 취하려고 했다고 전하였다. 이러한 투쟁 중에 뜻밖에도 마오쩌둥이 우위에 있었다는 사실은 국무부를 화나게 하였다. 6월이 되자 비로소 국무부는 중공과 소련이, 혹은 중국 공산당 내부의 파벌들이 가까운 장래에는 분열될 가능성이 없다는 것을 인정하지 않을 수 없었다.[16]

중공을 소련의 진영에서 벗어나게 하려는 국무부의 계획은 성공하지

....

16 Tel.99, McConaughy to Acheson, January 5, 1950, *FRUS, 1950,* 6:264; Tel.6, Acheson to the Consulate General at Peiping, January 5, 1950, *Ibid,* 6:269. '신중국운동'에 관한 자료는 communications between Acheson and McConaughy between January 21 and February 2, 1950, in *Ibid.,* 6:289~304; Memorandum by John P. Davis of the Policy Planning Staff, February 2, 1950, *Ibid.,* 6:305; Memorandum by Charlton Ogburn of the Bureau of Far Eastern Affairs, June 2, 1950, *Ibid.,* 6:352 참조.

못했고, 중공과 기본적인 교류관계를 수립하려는 노력마저도 중공의 비협조로 실패하였다. 중공은 계속해서 중국 내 미국 공관의 자산을 몰수하고, 중국에 남아 있는 미국 관원들을 괴롭혔으며 또한 미국 국민의 중국 철수를 백방으로 방해하였다. 이러한 비우호적인 행위는 중공 승인에 대한 미국의 고려를 점차 사라지게 하였다. 베이징을 떠나기 전까지 클럽은 중공 관원들과 접촉하려고 노력하였는데 중공 측의 방해로 모두 허사가 되었다. 국무부는 마침내 중공 승인 문제를 잠시 보류하자고 결정하였다.[17]

....

17 클럽은 베이징을 떠나기 전에 중공 고위층 지도자를 만나 비공식적으로 중미 사이에 해결해야 할 문제에 관해서 논의하라는 지시를 받았다. 중공은 먼저 승인을 하면 협상을 할 수 있다고 하였기 때문에 클럽은 쌍방이 비록 회담을 하더라도 결과가 있을 수 없음을 알게 되었다. 주 베이징 미국 영사관은 4월 10일 폐쇄되었다. Tel.253, Acheson to Clubb, March 22, 1950, *FRUS 1950*, 6:321; Memorandum, Rusk to Acheson, April 14, 1950, *Ibid*, 6:327; Memorandum, Rusk to Acheson, April 17, 1950, *Ibid*, 6:328 참조. 5월 영국과 프랑스 외무장관과의 회의를 위한 애치슨의 의견서를 준비할 때, 국무부 관원들은 베이징 정부를 승인하는 것은 곧 중공에 머리를 숙이는 것이고, 동남아에서 중공의 기세를 상승시키게 될 것이라고 주장하였다. 따라서 그들은 영국이나 프랑스가 먼저 언급하지 않으면 미국은 이 문제를 논의하지 말자고 제안하였다. FM D C-6, Recognition of Chinese Communist Regime, April 19, 1950, CD 337(Four Powers), RG 330, OSD, box 193, NA 참조. 이 문제는 애치슨과 영국이 토론을 벌일 때 제기되었고, 미국은 한동안 중화인민공화국을 승인하지 않을 것이라고 말했다. Agreed Anglo-American Report Summarizing Discussions on China Held at the Foreign Office on May 2nd and 3rd, May 4, 1950, 793.00/5-450, RG 59, NA. 6월 사이에 국무부 법률고문은 승인 문제는 정책 문제이지 국제법의 문제가 아니기 때문에, 미국은 중국의 공산정부와 국민정부가 존재함을 공개적으로 인정하여 승인 문제를 회피하라고 제안하였다. Memorandum, Jack B. Tate (Deputy Legal Advisor) to Rusk, June 6, 1950, 793.02/6-650, RG 59, NA. 러스크는 이 문제에 관한 건의가 매우 실질적이므로 즉시 받아들였고 애치슨에게도 고려하라고 하였다. Memorandum, Rusk to Acheson, June 9, 1950, 306.001 TS U. S. Policy toward Communist China, RG 59, CA Records, box 17, NA.

트루먼 정부는 한편으로는 베이징과의 관계 개선을 다른 한편으로는 국민정부의 관계 단절을 적극적으로 구상하고 있었다. 2월의 정보 평가 한 가지는 "타이완이 1950년 말을 넘기지 못할 것"이라는 평가가 있은 이후에 확인한 것이었다.[18] 그러나 트루먼의 수수방관 성명 이후 경제 협력 계획의 일부 원조 항목과 아직 남아있는 대 중국 원조차관을 이용하여 구매한 군수물품은 여전히 타이완으로 운송되고 있었다. 동시에 워싱턴은 중공 정권을 약화시키는 일부 행동을 취하였다. 예를 들면, 국민정부가 중국 동남 연해의 몇 개 성(省)을 폭격하고 봉쇄하여 이 지역의 경제적 어려움을 초래한 것과, 홍콩에 체류 중인 일부 국민정부의 비행기에 대한 '민항회사'의 권리 주장을 지지함으로써 중공의 항공전력 상승을 방해하였다.[19] 이러한 조치는 타이완에게서 발을 빼고 베이징과 관계를 개선하려

....

18 국무부 중국과 과장 스프로즈는 타이베이 주재 미국 대표 스트롱에게 미국이 중국본토에 주재하는 외교관들을 소환하더라도 "타이베이와 연락을 유지할 생각은 없다"는 뜻을 명확히 하였다. 그는 스트롱에게 철수를 고려하여 중공이 타이완을 점령할 상황을 엄두에 두자고 건의하였다. Letter, Sprouse to Strong, January 19, 1950, #2P Formosa 1950, RG 59, CA Records, box 22, NA 참조. 타이완 생존능력에 관한 평가는 ORE 7-50, Probable Developments in Taiwan (contains information available to CIA as of February 16), March 20, 1950, Intelligence Files, PSF, box 257, Truman Papers, HSTL 참조. 그러나 3군(軍) 정보부서는 모두 이러한 평가에 동의하지 않았다.

19 1949년 11월, 중국 항공공사(China National Aviation Corporation, CNAC)와 중앙 항공공사(Central Air Transport Corporation, CATC), 이 대표적인 중국의 항공회사 대표는 비행기 12대를 몰고 베이징으로 가서 중공에 투항하였고, 나머지 71대의 비행기가 홍콩에 체류 중이었다. 중공은 이들 71대의 비행기는 중화인민공화국의 재산이라고 선언하였다. 중공이 이들 비행기를 접수하여 타이완 공격 역량을 증강하는 것을 방지하기 위하여, 국민정부는 이들 두 항공회사를 미국인 셰놀트(Claire L. Chennault)와 윌라우어(Whiting Williauer)가 설립한 '민항공사'에 매각할 것을 비준하였다. 비행기의 모든 소유권 귀속 문제는 홍콩법원의 관결을 기다리고 있었다. 국무부는 처음부터 민항공사의 입장을 지지하면서 영국을 압박하기도 하였다. 결국 1952년 민항공사가 승소하였다. 자세

는 기대와는 모순되는 것이다. 머천트는 이 시기에 워싱턴으로 돌아가 국무부 극동 사무부 차관보로 재직 중이었다. 그는 워싱턴 정부가 이렇게 '상호 모순되는 정책'을 취하는 것이 혼란만 야기할 뿐이라고 지적하였다. 따라서 국무부가 가능한 한 빨리 어느 한 방향으로 노선을 확정하여 일관된 행동을 취해야 한다고 촉구하였다.[20]

애치슨도 국민정부로부터 벗어나려면 더 적극적인 방법을 취해야 한다고 생각하고 있었다. 타이완에서 유엔의 감독 하에 공민 투표를 실시하는 방안을 포기할 때, 국무부는 자신의 입장을 명확히 하였다.

국민정부가 미국의 항의를 무시하고 계속 폭격을 진행하고 상하이에 있는 미국인들의 재산에 영향을 미치자, 애치슨은 '타이완 철수와 국민정부에 대한 원조 취소'를 더욱 원했다. 3월 3일 그는 국무부 관원들을 소집하여 중국 문제를 논의하고 다음과 같은 결론을 도출하였다: *만약 국민정부가 중국 연해지역을 폭격하고 봉쇄하게 내버려두면 장기적으로 미국과 베이징 정권의 관계는 악화될 것이다. 그리고 계속 타이완을 원조하는 것도 한계가 있고 또한 부정적인 결과를 불러올 것이다.*

진일보한 토론을 거친 후, 국무부 관원들은 미국이 국민정부에 대한 법리적인 승인을 취소하더라도 그들과 계속 실질적인 관계는 유지해야 하지만, 무기나 탄약을 타이완에 지급해서는 안 된다고 건의하였다. 그 밖에 미국도 타이완에 각서를 보내 무분별한 폭격 행위를 멈추지 않으면 이후 항공연료와 기계유 등을 타이완에 판매하지 않을 것이라고 하였다. 다만 중공에 호의를 표하고 관계를 정상화하려다가 문전박대를 받은 상황에서 국무부도 국민정부로부터 벗어나려는 행동에 그다지 적극적이지 않

한 내용은 William M. Leary, Jr., "Aircraft and Anti-Communists: CAT in Action, 1949-1952", *China Quarterly* 51(October-December 1972):654~669 참조.

20 Memorandum, Merchant to Acheson, March 2, 1950, 793.00/3-250. RG 59, NA.

앉으며 상술한 건의도 실행에 옮기지 않았다.[21]

Ⅲ. 상황의 전환

사실상 당시 시계추는 이미 다른 방향을 향해 움직이기 시작하였다. 4월에 대 중국 정책, 특히 대 타이완 정책은 다시 평가되기 시작하였다. 이렇게 된 데에는 몇 가지 요인이 있었다. 하나는 베이징과 모스크바의 관계가 더욱 친밀해져서 친소파가 중공의 주도권을 쥔 것 같았기 때문이다. 국무부도 현 단계에서 서방국가가 이러한 상황을 바꾸어 놓을 수 없다는 것을 인정하였다. 게다가 영국은 공산 중국과 정상적인 외교관계를 맺으려다가 더 크게 좌절을 하였으며 미국 자신의 경험도 이러한 신념을 더욱 강하게 만들었다. 중공이 승인하고 지지하는 호치민의 북베트남 정권은 동남아에 대한 영향력 확대 의도를 강하게 드러내고 있었다. 같은 시기에 중공도 하이난도(海南島)와 저우산군도(舟山群島)를 점령하였다. 이러한 전개는 타이완의 함락이 임박했음을 예고하는 것과 같았으므로 국무부 내에는 상당한 위기감이 생겨났다.

클럽과 정책기획사무국의 데이비스(John P. Davis) 같은 국무부 내의 온건파도 베이징은 이미 소련의 괴뢰가 되었다고 인정하면서 중공에 비

---

21 Memorandum, Sprouse to Merchant, February 15, 1950, 793.00/2-1550, RG 59, NA; Memorandum of a Telephone Conversation, Acheson and Winsor G. Hacker, February 17, 1950, *FRUS 1950*, 6:313n4; Memorandum on the Suggested Course of Action(Emerged during general discussion of China on March 3), undated, #2P Taiwan, RG 59, CA Records, box16, NA; Analysis and Recommendation of Policy toward Formosa, March 16, 1950, #2P Formosa and Hainan Islands, *Ibid.*, box 18.

교적 급진적인 정책을 취해야 한다고 생각하기 시작하였다. 타이베이와 홍콩에 주재하는 무관들도 동남아에 대한 중공의 군사위협을 분산시키기 위해 국민정부를 원조하여 타이완을 지킬 수 있게 해야 한다고 호소하였다. 이들 관원들은 모두 이것이 타이완을 지켜낼 수 있는 마지막 기회가 될 것이라고 생각하였다.[22]

국무부 내의 전체 분위기와 인사이동은 대 타이완 정책을 재고하는 쪽에 힘을 실어 주었다. 4월 7일, 국무부와 국방부는 역사가 개디스(John Lewis Gaddis)가 한국전쟁 기간의 '전략암호'라고 칭한 NSC 68 문서를 대통령에게 제출하였다. 이 문서는 소련이 보유한 핵무기의 위협에 대응하려는 것으로 주요한 개념은 "크렘린의 책략을 좌절시키고", "미국의 신망 혹은 이미지에 관심을 두며", "모든 (안전) 이익은 매우 중대하다"는 것이었다. 문서는 소련이 어디에서 미국의 이익에 도전하든지 간에 모두 군사적으로 대응해야 하고 주요 지역과 변경지역을 나누지 말아야 한다고 강조하였다. 이것은 외교협상의 유용성을 폄하하는 것이다.

문서에 나타난 정책목표는 비록 소련의 위협을 억제하려 하면서도 국제공산당운동의 내부적 분열 가능성을 중시하지 않았다. 바꾸어 말하면 NSC 68은 미국이 공산주의를 수용할 수 있는 범위가 낮아졌음을 반영하였고, 또한 공산당에게 약하게 보이지 않는 것이 중요하다고 강조하였다.[23] 만약 타이완이 공산당의 수중에 떨어지게 되면 미국이 적의 압박에

....

22 Agreed Anglo-American Report: Summarizing Discussions on China Held at the Foreign Office on May 2nd and 3rd, May 4, 1950, 6:333. Michael Schaller, *The American Occupation of Japan: the Origins of the Cold War in Asia* (New York: Oxford University Press, 1985), p.253.

23 트루먼은 4월 14일 NSC 68을 국가안전보장회의에서 토론하게 하였다. 문서 전문은 *FRUS 1950*, 1:234~292에 수록. 개디스는 각각의 미국 정부마다 모두 그들의 '전략' 혹은 '지정학'적 암호를 가지고 있으며 전 세계에서 미국의 이익, 그 이익에 대한 잠재적 위협, 그리고 이행 가능한 반응에 대한 가정을 가지고

위축된 것으로 보일 수 있었기 때문에, 타이완 문제는 이러한 개념에 부합하는 것이었다.

전체 냉전개념이 바뀌는 추세와 더불어, 1950년 봄 2명의 중요한 인물이 국무부 극동정책의 주요 설계자가 되었다. 3월에 버터워드(Walton Butterworth)를 이어서 극동 업무를 담당하게 된 극동담당 차관보 러스크와 4월에 국무장관 특별고문에 임명된 덜레스가 그들이었다. 이들 두 사람은 국무부가 대 타이완 정책의 방향을 전환하는데 중요한 역할을 하였다. 러스크는 유엔을 통해 적극적으로 타이완 문제를 해결하려고 구상하였다. 그는 미국이 관심 두어야 하는 가장 중요한 목표가 유럽 문제라는 데에는 동의하였지만, 동아시아를 사수하지 못하면 심각한 결과를 초래할 것이라고도 생각하였다. 덜레스는 비록 NSC 68의 초안 작성에 참여하지는 않았지만, NSC 68의 초안이 미국의 이미지에 관심을 두었던 것과 같은 취지에서 공산주의 포위를 강조하였다.

러스크와 덜레스는 즉시 국무부에 타이완에 대한 수수방관 정책을 재검토하게 하였다. 늦은 봄에는 중공이 7월 사이에 타이완을 공격할 것이라는 평가가 있었다. 따라서 위험한 상황을 피하기 위해 주타이베이 영사관은 지시에 따라 6월 15일 전에 미국인들 모두가 타이완을 떠나게 해야

....

있으며 이러한 가정은 모두 외교정책에 영향을 주었다고 생각했다.; NSC 68은 곧 1950년부터 1953년사이의 미국의 전략 암호였다. Gaddis, *Strategy of Containment: A Critical Appraisal of Postwar American National Security Policy* (New York: Oxford University Press, 1982), ix. 그는 책의 제4장 "NSC 68 and the Korean War"에서 NSC 68의 기본 개념을 설명하였다. 제일 처음 NSC 68 문서 내의 소련에 대한 위협을 지적한 것은 Wells였다. Samuel F. Wells, Jr., "Sounding the Tocsin: NSC 68 and the Soviet Threat", *International Securty* 4:2(Autumn, 1979), pp.116~158. 이 논문은 많은 논쟁을 불러왔고 많은 냉전사 연구자들은 NSC 68의 출현이 대표하는 것은 미국 냉전전략의 분수령이라고 생각하게 되었다.

이후 덜레스는 1953~1959년까지 아이젠하워 정부의 국무장관을 지내면서 1950년대 미국의 중요한 정치적인 인물이 되었다.

했다. 그러나 이와 동시에 극동 사무국은 오히려 적극적으로 타이완을 보위할 수 있는 각종 가능성을 모색하기 시작하였다.[24]

많은 워싱턴 고위층은 『중국백서』를 발표한 후 장제스 정권을 긍정적으로 인정할 수 없었고 또한 갈수록 완고해졌다. 따라서 극동 사무국은 장제스와 그의 충실한 추종자가 없는 '독립된 타이완' 구상을 검토하였다. 그들은 워싱턴이 신임하는 육군총사령관 쑨리런이 정변을 일으킬 가능성을 계속해서 검토하면서 정변을 추진하고 협조할 세부계획을 마련하였다. 국무부와 펜타곤은 심지어 의회가 '중국 일반지역'에 지급하려는 7,500만 달러의 지원금을 정변 지원에 사용할 수 있다고 동의하였다. 비록 이러한 비밀작전과

24 러스크의 생각은 Memorandum, Rusk to Acheson, May 30, 1950, #2P Formosa and Hainan Islands, RG 59, CA Records, box 18, NA 참조. 수수방관 정책을 수정하려는 그의 노력은 Blum, *Drawing the Line*, pp.193~196 참조. 덜레스의 견해는 Memorandum, Dulles to Rusk, May 18, 1950, in *FRUS 1950*, 1:314에 뚜렷이 나타나고 있다. 이 비망록의 견해는 러스크가 애치슨에게 보낸 비망록 초안에 반영되었다. Draft memo for Acheson by Rusk, May 30, 1950, in *Ibid.*, 6:349 참조. 타이완 주재 미국인들의 철수 계획에 관해서는 Tel.759, Strong to Acheson, May 17, 1950, in *Ibid.*, 6:340; Tel.404 and 405, the Acting Secretary of State to Taipei, May 19, 1950, TS G-2 Message, 1950 China, RG 319, WNRC, and *FRUS 1950*, 6:342; Tel.421 to Taipei, May 26, 1950, *Ibid.*, 6:344 참조. 국무부는 심지어 국민정부 관원들이 다른 나라로 망명하는 문제도 고려했다. Tel.1603. Embassy in the Philippines to Acheson, June 2, 1950, 793.00/6-250, RG 59, NA 참조.

관련된 완전한 자료는 지금까지 개방되지 않았으나, 코헨과 터커는 만약 한국전쟁이 발발하지 않았으면 쑨리런의 쿠데타가 실현될 수 있었을 것이라고 보았다.[25]

그러나 덜레스와 러스크는 단기간에 타이완에서 정변을 발동하여 성공할 가능성은 매우 낮다는 것을 인식했다. 따라서 유엔에서 문제를 해결할 수 있는 가능성을 비교적 깊이 있게 연구하였고, 결국 '타이완 중립' 쪽으로 방향을 바꾸었다. 이 방향을 고려한 이유는 그다지 신선하지 않았다. 다만 이 신선하지 않은 구상이 기사회생하여 이번의 논의가 그 전의 것보다는 더욱 치밀한 것이기 바랐을 뿐이다.

덜레스는 당시 공산당의 침략과 확장 의도를 겨냥하여 타이완은 반공

....

25 미국은 1949년부터 우궈전(吳國楨)과 쑨리런이 타이완을 장악하기를 바랐는데 정변 발동에 관한 억측과 검토는 이 시기까지 거슬러 올라갈 수 있다. 정변 계획에 대한 고려와 관련해서는 "Hypothetical Development of the Formosa Situation", May 3, 1950, 793.00/5-350, RG 59, NA; Memorandum, Burns to Rusk, May 29, 1950, *FRUS 1950*, 6:346 참조. 코헨과 터커의 결론은 모두 방문 취재를 통해 얻은 것이다. Cohen, "Acheson, His Advisors, and China, 1949-1950", in Borg and Heinrichs, eds., *Uncertain Years,* p.32; Tucker, *Pattern in the Dust: Chinese-American Relations and the Recognition Controversy, 1949-1950* (New York: Columbia University Press, 1983), pp.181, 310n39 참조. 1950년 Top Secret G-3 Army Operations Records 중 표제가 "타이완의 가능한 정변 (Possible Coup D' etat on Formosa)"인 항목에서 관련 문서는 모두 이용되었다. General Decimal File 1950, 091 Formosa(hereafter cited as 091 Formosa 1950), RG 319, TS G-3 Records, NA. 당시 군부도 타이완이 영원히 중공의 수중에 떨어지지 않게 하려면 장제스를 제거하고 그를 계승할 사람을 지지해야 한다고 생각했다. Memorandum, Captain Murdaugh to General Burns, June 19, 1950, CD 6-4-6, 1947-June 1950 Files, RG 330, OSD, box 37, NA. 1949-1950년 쑨리런이 장제스를 대체하게 하려는 미국의 계획과 평가에 대해서는 Bruce Cumings, *The Origin of the Korean War(II): The Roaring of the Cataract, 1947-1950* Princeton, NJ: Princeton University Press, 1990), pp.531~537 참조.

쑨리런은 미국이 장제스를 대체하게 하려고 구상했던 인물 중 하나였다.

과 반침략적 입장을 발현하고 견지할 수 있는 가장 이상적인 지역이라고 생각하였다. 그는 "만약 우리가 행동을 취하지 않으면 세계 각처는 우리가 전쟁의 위험을 무릅쓸 리 없기 때문에 다시 물러설 것으로 해석할 것"이라고 말했다. 그의 판단에 따르면, 북대서양지역 이외의 국가는 그러한 이유로 더는 미국을 신뢰하지 않을 것이고 더 많은 지역이 소련의 수중에 떨어질 지도 모른다. 이상적인 방법은 미국이 '타이완 중립'을 선포하여 공산당이 접수하는 것을 허락하지 않고, 또한 타이완을 중국 공격의 군사행동 기지로 전락하지 않게 하는 것이다. 덜레스의 이러한 생각은 타이완의 법률적 지위가 아직 어떠한 국제조약에 의해서 확정되지 않았고, 미국도 타이완 섬의 주민에 대해 약간의 도덕적 책임이 있다는 것에서 출발하였다.[26]

러스크는 '타이완 중립화'의 구상을 받아들이고 시행할 방법을 모색하였다. 그는 이미 타이완 문제, 중국 승인 문제, 유엔에서의 중국 대표권 문제를 일거에 해결할 수 있는 정책을 연구하고 있었다. 당시에 어느 정부가 중국을 대표하게 할지 결정하는 시도가 현실적이지 않았기 때문에 러스크는 타이완을 중국 본토와는 구별된 '특수 국제문제'로 처리해야 한

---

26 "Memorandum, Dulles to Rusk", (May 18, 1950), *FRUS 1950*, 1:314. 미국은 타이완 방위의 이론적 근거를 찾기 위해 고심하였다. 그러나 트루먼은 1월 5일의 성명에서 수수방관 태도를 보였고 대통령의 성명에 대한 애치슨의 해석은 이러한 구상을 모두 배제하는 것이 되어버렸다.

다고 생각하였다. 이상적인 해결방안은 국민당과 공산당 이 두 정부가 실제 존재한다는 것을 인정하지만 법리적인 승인은 회피하는 것인데, 이렇게 함으로써 상술한 세 가지 문제를 일거에 해결할 수 있다고 보았다. 만약 타이완이 독립적인 정치 실체가 되면 중공은 타이완에 대한 주권을 행사할 수 없다. 두 개의 정부는 유엔에서 각각 1개씩 의석을 차지할 수 있고 대표권 문제도 자동으로 해결할 수 있게 된다.[27] 요컨대, 러스크는 '실질'적인 두 개의 중국 책략으로 타이완 문제를 해결하자고 제의한 것이다.

이러한 생각은 국무부 극동 사무국에서 타이완 중립에 관한 몇 가지 계획으로 작성되었다. 1)장제스를 위협하고 압박하여 유엔이 타이완을 신탁통치하게 하는 방법, 혹은 미국이 소련과 영국, 그리고 동맹국 극동위원회(Far Eastern Commission)의 기타 회원국에 통보하여 태평양 지역의 평화와 안전을 유지하기 위해 대일강화조약을 체결하고 유엔의 간섭이나 혹은 관련 강대국이 협상하는 방식으로 타이완의 평화를 위지하게 하는 방법을 제시하였다. 아니면, 2)미국이 타이완 문제를 안보리에 단독 상정하여 유엔이 하나의 위원회를 타이완에 파견하여 조사한 후 보고서를 안

---

27 "Memorandum, the Deputy Special Assistant for Intelligence(Howe) to W. Park Amstrong, Special Assistant to the Secretary of State for Intelligence Research"(May 31, 1950), *FRUS 1950*, 6:347; "Memorandum, Rusk to Acheson" (May 30, 1950), #2P Formosa and Hainan Islands, RG 59, CA Records, box 18, NA; Memorandum, Rusk to Acheson"(June 9, 1950), 306.001 TS U. S. Policy toward Communist China, *Ibid.*, box.17. 이 세 가지 문제로 인해 트루먼 정부는 정적들의 공격을 받았다. 러스크는 이 세 가지 문제를 한데 묶을 수 있는 정책이 동아시아의 위기를 해결하는 전면적인 방법이라고 생각했고 양당이 외교정책상의 합작을 회복할 수 있는 계기가 되기를 희망했다. 타이완이 중국과 분리될 수 있는 가능성에 대해서는 1949년에 이미 연구된 적이 있다. 그러나 미국은 이 목표를 달성할 큰 대가를 치를 준비가 되어 있지 않았기 때문에 이 구상을 포기해 버렸다. 본서의 제1장에서 다룬 NSC 37/5 집행에 관한 부분을 참조하기 바란다.

보리에 보내도록 하는 것이다. 미국은 제7함대를 타이완 해협에 파견하는 것 외에도 약간의 정치적인 방법으로 아직 문제가 해결되지 않은 타이완을 중공이 공격하지 못하게 막아야 한다고 보았다. 동시에 대통령은 정책 성명을 발표하여 소련이 중국을 통제할 의도가 있으므로 미국은 반드시 대 타이완 정책을 수정하여 태평양 지역의 평화와 안전을 유지해야 한다고 제안하였다.[28]

비록 집행하는데 있어서 세부적으로는 차이가 있으나, 이들 구상의 본질은 새로운 것이 아니어서 1949년 개념을 처음 제시할 때와 같은 도전에 직면하게 되었다. 상황은 달라졌지만, 서방 동맹국이 타이완 문제에 대한 기본적인 입장을 바꾸게 할 만큼 강렬하지 못했기 때문에 워싱턴은 여전히 군사력이 아닌 유엔의 조치를 통해 타이완을 지지하려고 하였다. 러스크가 타이완 정책의 평가를 제고하자고 적극적으로 주장하였음에도 불구하고 애치슨은 여전히 모든 행동 하나하나가 치르게 될 정치적 대가를 심사숙고하였다.

북한이 현지시간 6월 25일 새벽 남한을 공격하였을 때,[29] 국무부는 여전히 구체적인 결정을 내리지 못하고 있었다. 한국전쟁이 발발하기 하루 전, 애치슨은 기자들에게 미국은 여전히 타이완 방위에는 개입하지 않는다는 입장을 피력했다. 그러나 러스크는 5월 말 국무장관에게 제출한 비망록에서 중국 문제 전체를 해결할 수 있는 이 제안을 상세히 설명하였고, 애치슨은 한국전쟁이 발발하기 전 이미 실제로 두 중국에 대한 정책을 고려할 기회가 있었다. 국무부에서 진행된 이 주제에 대한 열띤 논쟁

....

28 이러한 구상은 전술한 각주의 모든 인용 문서에서 참고할 수 있다.

29 북한이 공격을 감행한 시간은 현지 시간 25일 새벽이었고 오전 11시경(워싱턴 시간은 24일 밤 9시) 라디오 방송을 통해 선전포고하였다. *The New York Times*, June 25, 1950 참조.

을 보면, 애치슨이 러스크의 주장을 상당수준 이해하고 있었다고 추정할 수 있다. 그러한 배경에서 한국전쟁이 발발하자 그는 이 정책의 핵심을 완전히 파악하고 즉시 타이완의 '중립화'를 건의한 것이다.[30]

군사원조로는 타이완 보위에 한계가 있다는 미 군부의 주장은 1949년 말 이미 좌절을 겪은 바 있지만, 타이완의 전략적 가치에 대한 그들의 관점은 변하지 않았다. 그들은 국내 정책 토론에서 타이완 보호에 관한 논점을 높은 수준으로 수용하면서 트루먼의 수수방관에 대한 성명을 타이완 운명의 최종 판결로 간주하지 않고 타이완 보위를 지속하여 미국의 국가 안전 이익을 쟁취하고자 하였다. 전술한 바와 같이 브래들리 장군은

....

30 스프로스와 스튜어트(W. W. Stuart)는 5월 21일 러스트에게 보낸 비망록에서 타이완에 대한 4개 방안의 이해득실을 분석하였다. 이 비망록은 folder #2P of the CA Records, box 18, NA에 수록되어 있다. 러스크의 구상에 반대하는 의견은 Memorandum on Various Questions regarding Formosa, a policy paper circulated by Sprouse and Stuart on June 15, 1950, *Ibid;* and a letter from Clubb to Rusk dated June 16, 1950, in 306.001 U. S. Policy toward Communist China, *Ibid,* box 17 참조. 애치슨은 참모들에게 중국 공산 정권 승인 문제와 유엔의 중국 대표권 문제를 보고하라고 요구하였는데, 그가 실질적으로 두 개의 중국에 대한 기본개념을 가지고 있었다는 점에 대해서는 Memorandum by Charles Yost, June 1, 1950, and Memorandum by Deputy Legal Adviser, Jack B. Tate, June 6, 1950, summarized in footnote 2 of Memorandum, Howe to Amstrong, May 31, 1950, in *FRUS* 1950, 6:348n 참조. 애치슨과 언론계와의 대화에 관해서는 Tucker, *Patterns in the Dust,* p.187 참조. Russell Buhite는 애치슨이 한국전쟁이 발발하기 전에 타이완에 대한 승낙을 건의하지 않은 이유가 관료층의 타성 때문이지 정책평가를 하지 않았기 때문은 아니라고 생각하였다. Buhite, *Soviet-American Relations in Asia, 1945-1954,* p.100. 명확한 시기를 표기하지 않은 문서 한 부는 대통령에게 한국전쟁 발발에 대한 즉각적인 지시를 요청하였는데, 타이완을 포함하는 것이 미국의 확고한 입장과 중립 정책, 그리고 유엔을 통한 타이완의 미래 지위를 처리하는 등의 구상임을 드러내고자 하였다. 델레스와 러스크가 구상한 타이완에 대한 새로운 정책 방안은 이후 미국이 한국전쟁의 위기를 대처하는 기초가 되었다. 이 문서는 Korea folder, Elsey Papers, box 71, HSTL에 수록되어 있다.

전쟁 돌발 시 미국의 대응에 탄력성을 유지하기 위하여 최후 1분을 남겨 두고 트루먼의 '수수방관' 성명을 수정하게 하였다. 1월, 합동참모본부의 회의는 타이완이 전쟁 기간에 소련의 수중에 떨어지지 않도록 하자는 정책목표를 긴급한 전쟁계획에 포함시켜야 한다고 결정하였다.[31]

베이징과의 관계 모색 실패와 미국 국내의 반공 정서 고조도 국방부가 수수방관 정책을 수정하려는 노력에 일조하였다. 합동참모본부는 4월 중순 동남아 전략상황을 검토하면서 "중국은 아시아와 관련된 중대한 전략적 지역"이라고 생각하였다. 따라서 그들은 "아시아에서 미국의 목표 실현은 중국을 통해서만 성공할 수 있다"고 믿게 되었다. 그들은 국부군이 이미 활력을 회복하였고, 작전 효율성도 다시 상승하고 있기 때문에 이들 부대를 이용하여 동남아에서 고조되는 공산세력을 억제하는 방안도 검토하자고 건의하였다. 5월 초, 합동참모본부는 타이완에 군사대표단을 파견하여 그 섬이 자위 능력을 갖출 수 있는 군사적 필요를 조사하게 하라고 재차 건의하였다. 국무부는 정치적으로 타이완 문제를 어떻게 해결해야 할지 아직 결정하지 못했지만, 군사원조에 대한 입장은 어느 정도 완화되기 시작하였다. 5월 25일 거행된 국무부와 국방부의 연석회의에서 러스크는 당시 비준된 정책의 범위에서 국민정부를 원조할 모든 조치를 취하자는데 동의하였다.[32]

----

31 Gaddis, "'Defese Perometer' concept", in Borg and Heinrichs, eds., *Uncertain Years*, pp.85~86.

32 국방장관 존슨은 1950년 4월 14일 합동참모본부의 평가보고서를 애치슨에게 송부하였다. *FRUS, 1950,* 6:714 참조. 연석회의의 5월 초 제안에 대해서는 Walter S. Poole, *The History of the Joint Cheifs of Staff,* vol.4, 1950-1952(이하 *History of the JCS*)(Wilmington, DA: Michael Glazier, 1980), pp.384~385 참조. 중국의 중요성에 대한 국무부의 견해는 Memorandum, Green to Butterworth, May 3, 1950, 793.00/5-350, RG 59, NA; and Memorandum, Sprouse to Allison, May 9, 1950, 793.00/5-950, *Ibid.;* Memorandum, Murdaugh to Burns,

맥아더도 타이완 보위 행렬에 합류하였다. 맥아더는 육군부에 보낸 보고서에서 미국과 소련사이에 전쟁이 발발하면 "공산당에게 있어서 타이완의 가치는 침몰하지 않는 항공모함과 잠수함 공급선과 같아서, 소련이 전략을 실행하는데 협조할 수 있다. 또한 타이완은 극동 사령부의 전선이 중부에서 남부로의 공세를 억제할 수도 있는 이상적인 위치에 있다"고 지적하였다. 맥아더는 미국이 타이완 함락을 방지하는 방법을 세우지 않으려면, 극동 사령부에 대한 지원을 더 강화하여 전면전에 대처할 수 있게 해야 한다고 생각하였다. 6월 중순 덜레스와 국방장관 존슨이 도쿄를 방문했을 때, 맥아더는 그들에게 장문의 비망록 한 부를 건넸다. 비망록에는 그의 논점을 재차 기술하여 만약 전쟁 기간 타이완이 적의 수중에 떨어지면, 그 결과는 어떠한 방법으로도 막을 수 없게 되며, 따라서 즉시 타이완의 군사, 경제, 정치적인 필요를 조사하고 방위해야 한다고 건의하였다. 한국전쟁 발발 후, 트루먼은 블레어 하우스에서 열린 첫 번째 긴급회의에서 이 비망록의 내용을 청취하였다.[33]

한국전쟁 발발 전야에 국방부는 타이완의 상황에 대한 개략적인 평가를 이미 완료하였다. 결론은 미국은 '모든 가능한 방법'으로 타이완을 보위해야 한다는 것이었다. 군부는 즉시 타이완에 군사적인 제안을 제공하고 군사원조를 약간 증액하라고 제안하였으며, 또한 현지조사를 위한 조사단을 파견하여 타이완 보위의 실제적 필요를 다시 결정하자고 하였다. 그 밖에 합동참모본부가 허락하는 즉시 미국은 장제스의 퇴임을 압박하고 그의 후임자가 타이완을 중공에 대항하는 기지로 만들게 하려고 하였

June 19, 1950, CD 6-4-6, 1947-June 1950 Files, RG 330, OSD, box 37, NA.
33 MacArthur to the Department of the Army, C56410, May 29, 1950, Decalssified Documents Reference System(이하 DDRS)(retrospect) 52F. 또한 Memorandum on Formosa by MacArthur, June 14, 1950, in *FRUS, 1950,* 7:161~165 참조.

다.[34] 군부의 관점은 러스크의 생각과 유사하였다. 즉, 타이완을 중국과 분리하여 중립화시킴으로 미국의 정책목표를 달성하려는 것이었다. 비록 북한이 남침하기 직전까지 워싱턴은 최종적인 결정을 내리지는 않았지만 타이완 문제에 개입하지 않겠다는 결심은 이미 흔들리고 있었다. 바꾸어 말하면, 한국전쟁이 미국의 정책을 갑자기 역전시킨 것은 아니었다.

IV. 맺음말

1월 5일 트루먼이 성명을 발표한 후, 국무부는 국민정부에게서 벗어나는 정책을 적극 추진하고, 동시에 중공과 교유의 길을 모색하기 시작하였다. 그러나 약간의 요인으로 인해 타이완에 대한 수수방관 정책은 국무부가 기대하는 것처럼 명확하게 시행할 수 없었고, 그로 인해 중공과의 교유도 순조롭게 진행하지 못하였다. 첫 번째로 국방부와 미국 내의 일부

....

34 국방부의 정책은 Memorandum, Murdaugh to Burns, June 19, 1950, CD 6-4-6 1947-June 1950 Files, RG 330, OSD, box 37, NA 참조. 국방부는 아직 정식으로 정책 수정을 건의하기로 결정하지 않았으나 존슨은 맥아더에게 워싱턴이 비교적 적극적인 행동을 취하여 동아시아의 평화를 유지할 수 있게 될 것이라고 보장하였다. 국민정부는 한국전쟁이 발발하기 5일 전에 이러한 소식을 들었다. Tai-Hsun Tsuan, "An Explanation of the Change in the United States Policy toward China in 1950"(Ph. D. Dissertation, University of Pennsylvania, 1969), p.165n2. Tsuan은 트루먼이 존슨 국방장관이 출발하기 전에 존슨에게 정책이 바뀔 수 있다는 인상을 주었을 것이고 그래서 존슨은 맥아더에게 확정적으로 말할 수 있었으며 정책은 실제로 얼마 후 바뀌게 되었다고 하였다. Tsuan, 위의 글, pp.111n2, 136, 165. 그러나 존슨이 출발하기 전, 국방부와 접촉한 구웨이쥔 대사는 이와 유사한 인상을 전혀 받지 못하였다. Notes on Conversation, Koo anf Paul Griffith(Assistant Secretary of Defense), on June 3 and 7, 1950, Koo Papers, box 180, BL 참조. 타이완 정책에 대한 국방부의 평가에는 중립화 구상도 있었다. Poole, *History of the JCS*, 4:385~386 참조.

트루먼은 임기 동안 백악관을 새롭게 수리하였다. 당시 트루먼은 공식적인 영빈관인 블레어 하우스에 이거하였는데, 암살의 위기를 겪기도 하였다.

정치적인 압박은 그 수량이 얼마가 되든지 간에 워싱턴이 타이완에 대한 정책을 중지해서는 안 된다고 반대를 표했다. 두 번째로, 워싱턴은 중공이 미국을 필요로 하는 것이 미국이 중공을 필요로 하는 것보다 훨씬 크다고 믿었기 때문에 외관상으로라도 베이징에 양보한다는 느낌을 주고 싶지 않았다. 또한, 미국은 중국 본토에 대한 중공의 통제력을 비밀리에 저지하려고 하였으므로 베이징의 신정권에게 신뢰 혹은 우호적인 이미지를 드러내기가 쉽지 않았다.

이러한 요인이 결합되어 중공은 미국의 성의가 부족하다고 느꼈고, 미국이 보이는 모든 우호적 시도에 미국에게 불리하거나 심지어 적대적인 태도로 대응하였다. 따라서 타이완 문제에 간여하는데 찬성하는 미국의 여론은 오히려 설득력을 얻게 되었다. 타이완에 대해 수수방관하게 된 일부 목적은 베이징과 워싱턴이 교류하려는 데 있었으나, 사태의 진전은 이미 미국과 중공이 기본적인 관계마저도 건립하기 어렵다는 것을 증명하고 있었으며, 전략적 가치가 상당히 큰 타이완을 포기하는 것은 분명히 합리적이지 않게 보였다. 게다가 미국 내에서 반공 정서가 고조되는 상황에서 타이완은 공산주의에 대항하는데 있어서 완전한 지역으로 보였다. 또한, 타이완은 미국이 반공 진영의 리더로서 위신을 강화하기에 적합한 곳으로 보였기 때문에 그 '상징적인 가치'는 매우 상승하였다. 따라서 1950년 상반기에 워싱턴이 타이완의 미래에 가졌던 태도는 점차 무관심에서 제한적인 관심으로 변해 갔다. 정책결정자들이 타이완에 대해서 1949년 한 해 동안 고려했던 문제 중 중국으로부터 벗어나려는 과거의 입장은 여전히 정책결정자들의 주목을 받는 선택사항이었다. 한국전쟁 발발은 결코 수수방관 정책을 역전시키지 않았고, 다만 미국이 타이완 문제에 다시 개입하는데 필요한 합리화의 구실과 동력을 제공하였을 뿐이다.

많은 역사학자들은 러스크와 덜레스가 애치슨의 비교적 '실질적인' 수수방관 정책을 변화시켜서는 안 되었다고 비판하고 있다. 그러나 이는 타이완 정책에 대한 수정이 바로 '실질적인' 관점에서 타이완의 '가치'를 고려한 결과라는 사실을 간과한데서 비롯된 것이다. 러스크, 덜레스 그리고 군부가 타이완과 중국의 분리, 그리고 장제스 축출을 제의한 것은 확실히 그렇게 하여야 비로소 타이완을 통해 미국의 전략적 이익을 증진할 수 있기 때문이었다. 미국은 절대로 냉전 이데올로기 때문에 장제스 정권을 지지하지 않았다. 그래도 그들은 표면적으로 보기에 무고한 중립화 정책은 설득력이 부족할 뿐 아니라 제대로 집행하기도 어렵다는 것을 발견하였다. '실질적인' 고려에 근거한 대 타이완 정책은 오히려 중국 내전을 연장시켰고, 워싱턴은 그들이 개입할수록 더 깊이 빠지고 있다는 것과 갈수록 더 벗어나기 어렵다는 것을 발견하였다. 이것은 '실질적인' 고려와 거리가 먼 것이었다.

1950년 6월부터 9월까지

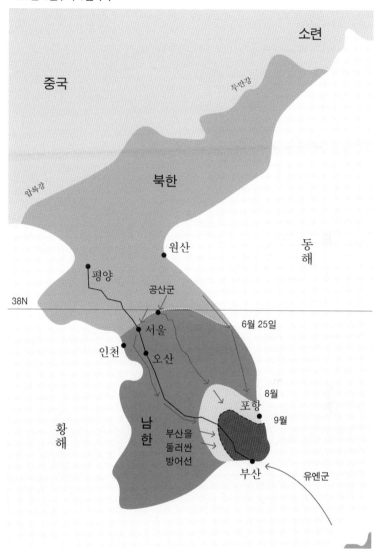

1950년 6월 25일 한국전쟁이 발발하고, 9월가지 유엔군은 가까스로 부산을 둘러싼 방어선
을 지켜내고 있었다.

韓 戰 救 台 灣 ?

제4장

중립 추구
(1950년 6월 25일~11월 15일)

미국의 각 부처가 지속적으로 공산당의 의도와 소련의 냉전 계획에 대한 정보를 추적, 평가, 예측하고 있었음에도 북한의 남침은 정책결정자들을 경악하게 하였다. 많은 정보는 공산세력의 확장이 타이완 혹은 인도차이나에서 일어날 가능성이 비교적 크다고 예측했기 때문에 그들은 기본적으로 한국을 소홀히 하였다. 트루먼 정부는 북한의 공격이 1949년 이후부터 자주 발생하던 38선을 둘러싼 충돌과 다르고 또한, 병력이 대규모라는 점을 발견하면 즉시 적극적으로 대처하려고 하였다. 워싱턴은 북한의 공격이 소련의 탐색일 가능성이 있어서 만약 잘못 판단하게 되면 공산당은 그것을 구실로 더 많은 것을 요구할지도 모른다고 우려하였다.[1]

1950년 6월 27일, 한국전쟁이 발발한 지 2일 후, 트루먼 대통령은 북한의 남침에 대해 "공산당이 무장침략과 전쟁의 방식으로 독립국가를 정복하려 한다"는 성명을 발표하였다. 안보리는 북한에 공격 중지를 요구하였으나, 북한은 공격을 더욱 강화하였다. 결국 트루먼은 미국 해군과 공군에 한국을 지원하라고 지시하였다. 만약 이 같은 상황에서 공산당이 타이완을 점령하면 장차 태평양과 현지 미군의 안전에 직접적인 위협을 초래하게 될 것이라고 판단한 트루먼은 다음과 같이 말했다.

나는 타이완에 대한 어떠한 공격도 방지하라고 제7함대에 이미 명령하였다. 이 행동에 호응하기 위해 나는 타이완의 중국 정부에게도

---

[1] 위기가 발발한 첫 번째 주 미국의 대책에 대한 세부내용과 워싱턴의 정책결정 과정에 대한 분석은 Glenn D. Paige, *The Korean Decision: June 24-30 1950* (New York: Free Press, 1968); Harry S. Truman, *Memoirs, vol.2, Years of Trial and Hope* (New York: Da Capo Press, 1986) Chapter 22 참조.

중국 본토에 대한 해·공군의 공격행동을 중지하라고 요구하였다. 제7 함대는 그 명령을 확실히 집행할 것이다. 타이완 미래 지위에 대한 결정은 반드시 태평양 지역의 안정 회복, 대일강화조약의 체결, 혹은 유엔의 평가를 기다려야 한다.[2]

I. 타이완 해협의 중립

워싱턴의 정책결정자들은 원래 타이완 해협의 중립이 단지 위기에 대응하여 취한 임시조치라고 생각하였기 때문에 처음 예상과는 다른 논쟁을 불러일으키게 될 것이라고 예측하지 못하였다. 타이완의 미래 운명에 개입하는 방법은 트루먼이 연초에 발표한 수수방관 정책과는 완전히 상반된 것이었다. 수수방관 정책은 맹방의 찬사를 받았었기 때문에 새로운 조치는 자연히 심각한 의구심을 불러일으켰다. 서구 맹방과 중공은 모두 중립화를 '갑작스러운 역전'으로 간주하였다. 제3장에 기술한 것처럼 국무부와 국방부는 실제로 봄이 끝날 무렵 이미 타이완에 대한 정책 수정을 고려하고 있었다. 따라서 전쟁 발발로 인해 트루먼 대통령이 첫 번째 긴급회의를 소집하자 애치슨은 러스크 등이 마련한 중립화 구상을 즉시 제출하였다. 애치슨은 줄곧 타이완을 포기하기 바랐기 때문에 그의 이러한

---

2 Statement Issued by the President, June 27, 1950, *FRUS, 1950,* 7:202~203. 인용한 성명의 전문은 『中央日報』(臺北) 1950년 6월 28일 제1판 참조. 그러나 필자가 번역한 중국어 인용문은 『중앙일보』에 게재된 중국어 원문과 다소 차이가 있다. 필자는 트루먼의 '국민정부에게 공격을 중지하라고 요구(Calling upon)하였'는 것을 요청했다고 번역하였고, 타이완 지위 결정의 조건을 3가지에서 2가지로 정리하였다. 즉 '타이완의 미래 지위에 대해서 태평양 지역의 안전이 회복된 후, 그리고 일본과 강화조약을 체결한 후 다시 논의하거나 유엔에서 평가한다'고 기술하였다.

즉각적인 반응에 대해서 그 원인을 깊이 관찰해 볼 가치가 있다.[3]

워싱턴 정책결정자들의 관점에서 보면, 북한의 침략은 크렘린이 대리전쟁을 세력범위 확장에 이용하려 한다는 NSC 68의 전제를 명확히 증명하는 것이었다. 따라서 트루먼 정부는 김일성의 무장행동을 소련이 우두머리가 되는 공산집단이 미국의 안전과 이익, 명망에 직접 도전하는 것으로 간주하였다.[4] 1938년 히틀러가 체코를 침범했을 때, 전쟁을 두려워 한 서방국가들이 적극적으로 대응하지 않았기 때문에 불행한 결과를 초래했다는 생각이 트루먼과 애치슨 등 주요 정책결정자들의 머릿속을 맴돌고 있었다. 경험과 냉전이라는 전제는 그들에게 미국이 북한의 공격에 적극적으로 반응하지 않으면 장래에 공산당은 전 세계 다른 지역에서도 제멋대로 침략행위를 할 것이라고 생각하게 하였다.[5]

....

3 이 긴급회의의 기록은 Memorandum od Conversation bu Jessup, June 25, 1950, FRUS, 1950, 7:157~165참조. 회의가 가진 함의에 대한 해석은 Stueck, Road to Confrontation, pp.196~198; Dean Acheson, Present at the Creation: My Years in the State Department (New York: W. W. Norton, 1969), pp. 405~407; Paige, The Korean Decisions, pp.125~140; and James F. Schnabel and Robert J. Watson, The HIstory of the Joint Chiefs of Staff, vol. III, The Korean War [hereafter cited as History of the JCS], part I., pp.76~80 참조. 『합참의 역사』 제일 마지막 권은 중립화 정책이 국무부와 합동참모본부의 공동의 추천이었다는 것을 보여주고 있으며 다른 연구들은 이것이 국무부의 주장에 의한 것이며 군부는 단지 반대하지 않았을 뿐이라고 말하고 있다.

4 전쟁이 발발하자마자 국무부는 모든 매체에 워싱턴은 소련이 이 침략에 책임이 있다고 생각한다고 발표하였다. The New York Times, June 25, 1950, p.20의 보도 참조.

5 NSC 68의 전제에 대한 토론은 Gaddis, Strategies of Containment, pp.97~98. 북한의 침범 후 트루먼이 급하게 미주리에서 워싱턴으로 돌아왔다. 이 사실은 그가 히틀러에 대한 고식정책이 이차대전을 야기했다는 과거의 일을 연상하였음을 증명한다. Truman, Memoirs, 2:333과 Acheson, Present at the Creation, p.405 참조

정보에 따르면 한국전쟁이 발발하기 전, 타이완 해협의 해안부대와 선박수가 크게 증가하였고 중공은 타이완 침공 준비를 거의 완료한 상황이었다. 이로 인해 미국은 북한의 공격이 초래한 혼란을 틈타 중공이 타이완을 공격할 것이라고 판단하였다.

도쿄에 있던 맥아더는 타이완이 적대국가의 수중에 들어가게 되면 미국은 매우 불리하게 될 것이라고 끊임없이 경고하였다. 그가 한 가장 최근의 경고는 한국 상황의 정책결정에 마침 적절하게 채택되었다. 트루먼 정부는 비록 크렘린이 가지고 있는 냉전체제 전체에 대한 계획을 분명하게 알지 못했지만, 심각하게 대처하지 않으면 안 된다고 인식하였다. 애치슨은 대응책을 건의할 때, 타이완에 대한 조치를 즉시 포함하자고 하였는데, 이것은 타이완 해협과 북위 38도선을 지나도록 아시아 도서 방어선 계획을 다시 세우자는 것과 다름없었다. 타이완 해협 현 상황을 유지하자는 방어선의 수정은 더 많은 비공산 지역이 공산당의 공개적인 도발에 함락되어 소련의 세력범위가 확대되고 소련의 위상이 제고되는 것을 피하자는 데 그 목적이 있었다.[6]

....

6 국무부는 북한이 남침을 감행한 당일 제출한 정보에서 남침은 크렘린이 사주한 것이라고 인정하였다. I.E.7, June 25, 1950, *FRUS, 1950*, 7:148~154를 보라. 타이완에 대한 맥아더의 비망록은 덜레스와 존슨이 6월 중순 일본을 방문했을 때 제출된 것이다. 6월 25일 저녁 블레어하우스에서 거행한 제1차 회의에서 트루먼 대통령은 이 비망록을 보고받았다. 회의에서 애치슨은 "남한에 군사원조를 제공하고 제7함대를 타이완 해협에 파견하여 국공의 쌍방 공격을 방지하며 인도차이나 반도에 원조를 증가해야 한다"고 제안하였다. 트루먼과 브레들리는 어떤 지역에서 공산당이 넘어올 수 없는 경계선을 확정하는데 동의하였다. Memorandum of Conversation by Jessup, June 25, 1950, *Ibid.*, 7:157~165를 보라. 트루먼은 다음날까지 블레어하우스에서 거행한 제2차 회의에서 타이완 해협과 인도차이나에 대한 제안을 결정하였다. 실제로 전쟁이 발발하자 트루먼이 우려한 지역은 중동이었지 타이완과 인도차이나가 아니었다. 그는 다음으로 전쟁이 발발할 수 있는 지역이 이란이라고 생각하였고 또한 한국은 동아시아의

애치슨은 원래 타이완 함락을 중공과의 관계 개선에서 장애물을 제거하는 것으로 간주하였고, 현 상황 유지를 위해서는 '중립화' 전략이 그가 받아들일 수 있는 유일한 방안이었다. 타이완 '법률적 지위'에 관한 모든 허점을 다룰 수 있는 경로는 전부 덜레스와 러스크의 주도면밀한 검토를 거쳤다. 그들은 미국의 새로운 입장이 약간의 '도덕적' 결함을 가지고 있다는 것을 알았다. 그러나 여전히 현 상황의 목표를 달성할 수 있는 충분한 '법리적 근거'가 될 수 있다고 판단하였고, 워싱턴은 공공연하게 버림받은 장제스 정부를 구출하지는 않을 것이라고 생각하였다. 게다가 국민정부에 더 많은 군사원조를 제공하려고 군부가 전력하고 있던 상황에 북한의 남침은 군부의 주장에 힘을 실어주고 있었다. 따라서 중립화는 마침 국민정부와의 재동맹 제안을 막을 수 있는 방법으로 간주되었다.[7]

트루먼은 타이완의 법률적 지위를 묶어두고 또한, 장제스와의 불분명한 관계를 피할 수 있는 애치슨의 이 건의를 받아들였다. 심지어 그는 "타

그리스와 같다고 생각하여 만약 미국이 3년 전 그리스와 터키에서와 같이 완고한 입장을 취한다면 공산당은 경거망동하지 않을 것이라고 판단하였다. President Truman's conversationwith George M. Elsey, June 26, 1950, Korea folder, Elsey Papers, box 71, HSTL을 보라.

7 한국전쟁이 발발한 후, 합동참모본부는 타이완에 조사단을 파견하여 타이완 방위의 필요성을 확인하자는 이전 건의를 다시 제출하려고 하였다. 당시 이러한 제의는 국무부가 덮어버리려는 것이었다. Memorandum, Bradley to the Chief of Staffs of the Services, June 25, 1950, CCS 381 Formosa(11-8-48)S.3, RG 218, box17, NA; and Draft Memorandum for the President as revised in JCS Meeting, June 26, 1950, Ibid를 보라. 첫 번째 파일은 군부가 타이완에 대해 더 적극적인 행동을 취하자고 건의할 가능성이 있었음을 나타낸다. 그러나 문서 한쪽 끝에 기록된 바는 26일 저녁 상황이 분명했고, 대통령이 27일 성명을 발표한 후, 더 진전된 행동은 없었음을 보여준다. 그 밖에 관련된 논의는 William Whitney Stueck, Jr., *Road to Confrontation: American Policy toward China and Korea, 1947-1950* (Chapel Hill, University of North Carolina Press, 1981), p.197 참조.

이완을 중국의 일부분으로 되돌려서 맥아더에게 관리하게 하자"는 방안까지 구상하였다. 중립화 정책을 결정할 때에, 트루먼은 어떠한 굉장한 이유가 있더라도 "이전에 국민정부는 미국이 준 돈으로 미국의 부동산 투자에 써버렸기" 때문에 국민정부에 더는 '한 푼'도 주지 않을 것이라고 분명하게 말했다. 그는 장제스를 하야하게 할 가능성에 대해 검토하라고 참모들에게 지시하였다. 국방부는 전략적인 이유에서 국무장관의 제안을 받아들이려고 하였다. 군부가 주목하는 점은 타이완이 전쟁 기간 적의 수중에 함락되지 않는 것이었고, 이 목표가 초래할 정치적인 결과에는 그다지 관심을 두지 않았다.[8]

중립화 정책은 애치슨의 복잡한 정치적, 전략적 계산을 내포하고 있었다. 중국 본토에 대한 국민정부의 공격행동을 저지하는 것은 충돌이 한반도로 확산하는 것을 방지할 수 있다는 점 외에도 미국과 중공이 타이완을 두고 무장 충돌할 가능성도 피할 수 있는 방법이었다. 뿐만 아니라 미국의 행동을 합리화할 수 있는 근거를 제공하는 것이며 미래의 선택에 대한 '여유를 남겨두는 방법이기도 하였다. 게다가 제7함대 파견이라는 '확고한 행동'은 트루먼 정부의 대 중국 정책에 대한 의회의 엄격한 비판을 제거하고 새로운 극동 정책을 취하는 데에도 양당의 확고한 지지를 얻을 수 있는 것으로 보였다.[9]

....

8 트루먼 대통령의 말은 국민정부와 장제스에 대한 그의 선입견이 얼마나 깊었는지 보여준다. 트루먼과 군부가 애치슨의 타이완 해협 중립화 방안에 대해 내린 평론은 1950년 6월 25일과 26일 블레어 하우스에서 열린 제1, 2차 회의 기록을 보라. *FRUS, 1950*, 7:157~161, 178~183에 수록.

9 국무부 관원 중에는 여전히 타이완의 보호에는 대가가 너무 크고, 중립과 타이완의 미래 지위에 대한 미정이라는 원칙을 고수하는 것이 서로 충돌하고 있다고 생각하였기 때문에 국무부의 타이완 중립에 대한 입장은 그다지 굳건한 것이 아니었다. 워싱턴도 국민정부에게 중립 정책이 미국의 장기적 승인을 의미하지는 않는다고 일깨워주었다. 애치슨은 맹방들에게 한국전쟁 기간 제7함대는

중립화 성명이라는 용어 사용과 국민정부에게 정책을 전달하는 당돌한 방식은 중국[혹은 타이완]인민의 이익, 특히 국민정부의 이익이 완전히 워싱턴 정책결정자들의 관심 중에는 포함되어 있지 않았음을 잘 증명한다. 구웨이쥔 대사는 이 성명이 내포하는 부정적인 측면을 감지하였다. 그는 이 새로운 정책이 실질적으로는 국민정부가 타이완을 통치하는 합법성을 부정하는 것이므로 미국의 정책변화를 찬양하지 말라고 국민정부에 경고하였다. 미국은 충돌이 평화적으로 해결되기 바리면서 소련이 나서서 조정해 주기를 요구하고 있다고 판단한 구웨이쥔은 일단 한반도가 평화를 회복하면 타이완의 처지는 국민정부의 이익에 부합하지 않을 수도 있다는 점을 암시하였다. 요컨대 그는 미국 정책의 변화가 희소식이라고 보기 어렵다고 생각하였다. 그러나 당장 공산당이 타이완을 침략하는 것을 막아야 한다는 현실적인 측면에서 국민정부는 이 정책을 받아들이지 않을 수 없었다. 국민정부는 위기의 기간 동안 타이완의 '법률적 지위' 처리가 지연되어 정권의 합법성이 손상입지 않고 중국 본토의 권력을 회복할 수 있을 것이라는 기대하면서 그 기회를 이용하여 타이완 방어를 강화하려고 하였다.[10]

....

타이완 해협에 남아있어야 한다고 재차 말하였으나, 많은 증거는 만약 맹방들이 압박하거나 워싱턴과 중공이 어떠한 협의에 도달하면 제7함대는 타이완 해협에서 철수할 수도 있었다는 것을 보여주고 있다. Memorandum, Clubb to Rusk and Merchant, July 14, 1950, 794A.00/7-1450, RG 59, NA; Memorandum, Ogburn to Merchant, August 3, 1950, #2P Formosa and Hainan Islands, RG 59, CA Records, box 18, NA; Memorandum by W.W.Stuart, August 18, 1950, *Ibid*를 보라. 클럽은 8월 23일 이 비망록을 러스크에게 전달하였다.

10 장제스는 사전에 중립화에 대한 보고와 의견 요청을 받았으나, 미국은 국민정부가 답하기 전에 중립화 성명을 발표해 버렸다. 미국은 이 문제를 장제스와 논의할 생각이 없었고 단지 국민정부가 미국의 결정을 받아들이라는 입장이었다. 따라서 트루먼은 성명 중에 국민정부에 중국의 해상과 공중에 대한 행동을

II. 집행하기 어려운 중립

중립화 정책은 보기에는 완전한 것 같았으나, 실제로는 완전하지 않았고 신속히 집행해야 한다는 압력 하에 어쩔 수 없이 취해진 타협안이었다. 워싱턴이 중립안을 발표한 것은 순전히 태평양 지역의 '평화'를 유지하기 위해 긴급하게 내려진 조치였다. 따라서 미래에 대한 정치적 해결에 대해서는 예정된 입장이 없었고, 미국과 국민정부 사이의 관계가 변화될 것이라는 기대도 없었다. 미국은 이 정책이 어느 한쪽을 비호하는 것이 아니라는 점을 재차 강조하였을 뿐 아니라 자신은 타이완에 아무런 의도가 없다고 거듭 발표하였다.

거듭된 해명은 '중립화'가 단지 워싱턴의 이상일 뿐 실제로 집행하기 어렵다는 것을 의미한다. 트루먼과 애치슨은 국공 양측을 모두 경시하고 있었기 때문에 "어느 쪽도 지지하지 않는다"는 그들의 입장은 확실히 진심이었다. 그러나 중립화 정책을 실제로 집행하려면 워싱턴은 중공을 외면하고 국민정부를 상대해야 하는데, 중공의 입장에서 보면 미국이 전혀 편향적이지 않다고 말하기 어려울 것이었다.[11] 게다가 미국은 실제로 정

중지하라고 '요구'한다는 표현을 사용하였고, '요청'이라는 표현을 쓰지 않았다. 구웨이쥔은 그 같은 행동은 맹방에 모욕을 주는 행동이라고 생각했으나, 국민정부에게 원조를 해야 한다고 주장하는 대다수의 미국인들은 이 정책이 타이완을 구원할 적극적인 정책이라고 받아들이며 환영하였다. 그래서 워싱턴의 조치가 갖는 부정적인 측면은 소홀히 하였다. Tel.371, Koo to Minister Yeh, June 27, 1950, folder B.13.1b, Koo Papers, box 145, BL.; *Koo Memoirs*, 7: A8; Convertsation among Koo, Acheson and Clubb, August 31, 1950, Memoranda of Conversation, Acheson Papers, box 65 HSTL 참조.

11 당시 저우언라이가 보인 즉각적인 반응은 트루먼의 성명과 미 해군의 행동이 "중국 영토에 대한 무장 침략이며 유엔헌장을 철저히 파괴하는 것"이라고 비난이었다. 『人民日報』1950年 6月 27日을 보라. 그 이후로도 몇 일간의 『인민일보』 보도는 유사한 비난을 게재하였다. 특히 그 성명과 1월 5일 트루먼이 발표한

치 군사적인 대가가 너무 컸기 때문에 타이완을 점령할 계획은 확실히 없었으며, 동시에 다른 나라가 타이완을 함부로 취하게 하고 싶지도 않았다. 미국은 타이완에 대한 정치적 해결에 "의도가 없다"거나 "예정된 입장이 없다"고 말하기도 어려웠다. 따라서 필연적으로 맹방의 의심과 중공의 비방을 야기할 수밖에 없었다.[12] 결국 국무부의 이상적인 중립화는 실행하기 어려운 것임이 분명했다.

중공이 한국전쟁에 개입하기 전까지 국무부는 타이완에 편향적인 것으로 비칠 수 있는 행동을 피하려고 애썼다. 미국은 공산 측 침략에 대항할 수 있는 연합전선이 필요했다. 그래서 국무부는 맹방들에게 타이완 해협 중립화의 의도를 해석하려고 노력함으로써 이 정책으로 인해 맹방들과 반목하거나 한국전쟁에 대한 미국의 지지가 반감되지 않게 하려고 하였다. 국무부는 미국이 침략했다고 비판하는 중공에게 미국이 타이완이나 한국 영토에 야심이 없음을 믿게 하려고 하였다. 그러나 만일 전쟁이 한반도 밖으로 확대되면 중공도 그 책임을 져야 한다고 경고하였다. 국무부는 또한 국민정부에게 미국은 타이완에 어떠한 장기적인 약속도 할 수 없고, 제7함대는 단지 미국의 이익을 위해서 싸울 뿐이며 타이완 문제가 비

수수방관 성명과의 차이점을 상세하게 지적하고 있다.

12 Tel.512, Acheson to Taipei, June 28, 1950, 794A.00/6-2850, RG 59, NA. 국민정부에 대한 미국의 입장과 중립 정책을 합리화하려는 주장에 대해서는 Truman's message to the Congress, July 19, 1950, *the Bulletin*(July 31, 1950):163~169; Letter, Warren R. Austin(U. S. Ambassador to the U. N.) to Trygve Lie(U. N. Secretary General), August 25, 1950, *Ibid.,* (September 11, 1950):411~412; and Letter, Truman to Austin, August 28, 1950, Ibid., pp.412~413을 보라. 애치슨은 결코 생각을 바꾸지 않았다. 그는 1월 12일 전국 기자클럽의 연설에서 밝힌 중국에 대한 입장을 8월 영국대사 프랭크(Sir Oliver Franks)에게 명확히 설명했다. 그는 당시에는 다른 선택이 보이지 않았기 때문에 타이완에 대해 중립 정책을 취했다고 말했다. Conversation with Franks, August 3, 1950, memoranda of Converation, Acheson Papers, box 65, HSTL.

공산 국가의 연합전선을 방해하는 것도 절대 용납하지 않을 것이라고 전하였다. 당시 상황은 국민정부에게만 유리한 형국이었기 때문에, 워싱턴은 국민정부에게 중립화를 받아들이고, 기회를 이용해서 중국 본토를 공격하지 말라고 권고하였다.[13]

어느 쪽으로도 편향적인 태도를 보이지 않기란 쉬운 일이 아니다. 따라서 국무부의 태도는 즉시 도전에 직면하였다. 제7함대는 임무를 수행하기 위해 국민정부의 군부와 연락을 취해야 했다. 또한, 이 정책이 파생하는 많은 문제를 처리하기 위해 타이베이 주재 대사관도 개입해야 했으므로 원래 미국 관원들을 철수하려던 계획도 바뀌었다. 국민정부는 유엔의 조치에 호응하여 3만 3천 명의 군 병력을 한국전쟁에 파병하겠다는 뜻을 밝혔다. 미국 국방부는 국부군의 작전 능력을 신뢰하지 못하였고, 국무부는 장제스의 적극적인 파병 배경과 의도를 의심했다. 트루먼은 실제 작전의 필요를 고려하여 국민정부의 파병을 받아들이는 쪽도 검토하였으나, 국방부와 국무부는 모두 경계하고 거절해야 한다고 말했다. 미국은 최종적으로 맥아더 사령부에서 타이완의 방위계획과 능력을 평가하기 전에 어떠한 결정도 내리지 않기로 하였다. 이 같은 완곡한 거절은 국민정부와

....

13 *FRUS 1950,* 6:367~405에 수록된 국무부와 주영 미국 대사관, 주인도 미국 대사관 사이에 오고간 전보를 보라. 중공을 설득하려는 노력에 대해서는 Memorandum, Jessup to Rusk, July 11, 1950, 793.00/7-1150, RG 59, NA; Memorandum by J. P. Davis and Merchant, July 13, 1950, *Ibid.*; Memorandum, Jessup to Rusk, July 21, 1950, 611.94A/7-2150, RG 59, NA; and Summary of the Secretary's Daily Meetings, July 25, 1950, E393, RG 59, NA. 국민정부에 대한 국무부의 태도는 8월 14일 타이베이 대사관에 전달된 정책관련 문서초고에 명백히 드러난다. 이 초고는 미국은 장기적으로 국민정부가 중국의 대표정부가 되게 한다는 약속을 꺼려한다고 나타내고 있다. Tel.144, Rusk to Rankin, August 14, 1950, *FRUS 1950,* 6:437; Conversation between Koo and Rusk, September 19, 1950, Notes on Conversation, *Koo Papers,* box 180, BL을 보라.

더는 엮이지 않으려는 의도에서 비롯되었으나 효과는 오히려 그 반대로 나타났다.[14]

국무부는 당시 타이완 내부의 정치문제에 다시 관심을 갖기 시작하였다. 어떤 사람은 어떻게 장제스에게 하야를 권유할 것인가 하는 이전의 방법을 다시 고민하고 있었고, 또 어떤 사람은 국민정부의 개혁을 압박하여 『중국백서』에 묘사된 부정적 이미지를 벗게 한 후 국민정부와 합리적으로 관계를 다질 수 있는 방법을 모색하고 있었다. 정책결정자들은 국민정부는 제7함대의 보호와 미국의 원조가 필요하기 때문에 미국의 개혁요구를 받아들일 것이라고 낙관하였다. 게다가 워싱턴은 국민정부에게 일부 타이완 독립 지도자들이 받고 있는 대우를 심각하게 보고 있다는 뜻도 전달하였다. 그 밖에 미국은 국민정부가 중국 동남연안의 섬들에 대한 방어 행동을 자제하도록 압박하였다. 이러한 일련의 조치는 한국전쟁 기간 타이완 함락으로 공산당의 위세가 높아지는 것을 방지하고, 워싱턴과 이 극

....

14 Condensed Check List on China and Formosa, June 29, 1950, 306.001 TS U. S. Policy toward Communist China, RG 59, CA Records, box 17, NA. 홍콩주재 미국 총영사 란킨(Karl L. Rankin)은 7월 말 스트롱(Robert C. Strong)을 대리하도록 타이베이 대사관에 파견되었다. 란킨의 계급이 스트롱보다 높았기 때문에 여러 가지 추측이 난무하였다. 그러나 중립적인 입장을 엄수하고자 했던 국무부는 인사 이동은 순전히 군사적인 고려에 따른 것이고 전혀 정치적인 의미를 반영하지 않는다고 밝혔다. Letter, Rankin to Rusk, July 25, 1950, Department of State 1950, Rankin Papers, box 15, ML을 보라. 국민정부는 6월 29일 파병하여 참전하기 원한다는 뜻을 표명하였고 백악관은 그 다음 날 회의를 열어 이 문제를 논의하였으며, 7월 1일 주미 중국대사 구웨이쥔에게 답하였다. 이 의제에 관련된 자료는 FRUS 1950, 7:239, 262, 276과 6:370; document folder B.44.2b on "ROC Sending Troops to Korea", of the Koo Papers, box 147, BL을 보라. 러스크는 7월 7일 번스(Major General Burns)에게 보낸 편지에서 미국은 단지 국민정부와 제한적인 왕래만을 할 것이라고 썼다. 편지의 내용엔 FRUS 1950, 6:370n2에 일부 수록되었다. 관련 의제의 토론은 Paige, The Korean Decision, pp.249, 259 참조.

단적으로 혐오스러운 '피보호자'의 상호 교류와 '연루'가 증가하지 않도록 상황을 안정시키려는데 그 목적이 있었다.[15]

정치적인 교류보다 군사적인 '연루'는 더욱 피하기 어려웠다. 타이완 해협 중립은 정치적인 결정이었지만 군사행동이 수반되어야 했다. 만일 트루먼이 제7함대를 파견하여 보호한 후 불행하게도 타이완이 함락되면 미국의 위신은 더 큰 손상을 입게 될 수 있었다. 그러나 중립 정책이 선포된다 하더라도 다음과 같은 현실적인 문제에 직면하게 된다.

첫째, 국민정부가 중국 본토에 대한 모든 군사행동을 중지해도 중공이 공격해 온다면 그들 사이에 군사충돌이 일어나지 않을 수 있겠는가? 둘째, 미국 정책결정자들은 위험하지도, 큰 가치도 없다고 생각하면서 중립화 정책 하에서 국부군이 장악하고 있는 외도(外島)를 방어하도록 허용할 것인가? 셋째, 어떠한 행동이 정당한 방위인가? 예방적 공격, 정찰행동, 타이완 주변 해역의 선박에 대한 '승선 수색' 등은 타이완 방어를 위해 필요한 것인가 아니면 도발을 하는 것인가? 그러나 가장 근본적인 문제는 제7함대가 타이완에 대한 중공의 전면적인 침략행동을 저지할 만한 능력이 있는가, 만약 국부군의 능력이 부족하면 미국은 군사적인 지원으로 그들의 능력을 높여야 하는가였다. 이 문제들에 대한 국무부의 답은 워싱턴

....

15 Memorandum, Clubb to Freeman and Stuart, July 7, 1950, 794A.00/7-750, RG 59, NA; MSG MP 6, Poston(Assistant Military Attache, Taipei) to Chief of Staff, Department of the Army(hereafter cited as CS/USA), July 18, 1950, #2P Formosa and Hainan Island, RG 59, CA Records, box 18, NA; Tel.99, Strong to Acheson, July 20, 1950, *FRUS, 1950,* 6:384; Tel.33, Acheson to Strong, July 14, 1950; *Ibid.,* 6:376; Tel.68, Strong to Acheson, *Ibid.,* 6:378. 국민정부는 6월 28일의 비망록에서 근해 섬들의 방어 문제에 대해서 언급하며 중립화 정책에 동의하고 그 정책을 존중하며 중국 본토에 대한 군사행동을 중지하겠다고 표했다. 7월 중순에 이르러서야 미국은 제7함대는 이들 섬을 보위하지 않을 것이나, 국부군이 그 섬들을 보위하는 것을 저지하지도 않을 것이라고 답하였다. *Ibid.,* 7:226, 6:371, 374~375, 380~381을 보라.

이 어느 한쪽으로 편중된 입장을 보이지 않으려는 조심스러운 것이었으며 중공을 도발하지 않는 것이 타이완을 성공적으로 방위하는 것보다 더 중요하다고 명확하게 인식하고 있었음을 보여준다.

국민정부는 중립화를 준수하기 위해 행동을 자제하겠다고 답한 후, 영해와 영공의 순찰, '승선 수색', 외해의 도서 방위 등에 관한 문제를 미국에 제기하였다. 대체적으로 국무부와 국방부는 모두 중국 연해의 정착 업무는 타이완 친략행위를 되도록 빠르게 감시하고 조사하기 위해서라도 필요하다는 적절한 대답을 내놓았다. 그러나 국무부는 국민정부의 정찰이 절대로 무장공격으로 연결되어서는 안 된다며 미국의 정찰은 중국 해역 밖에서 진행하도록 특별히 주의하여 중공을 자극하지 않아야 한다고 분명히 지적했다.[16]

7월 하순, 위싱턴의 정책결정자들은 제7함대의 주요 임무가 한국전장에 있고, 타이완이 전면적인 공격을 받으면 실제로 격퇴할 능력이 없었다는 것을 인식하였다. 따라서 '승선 수색'과 외해의 도서방위 이 두 가지 문제는 쟁점 대상이 되었다. 이와 동시에 중공이 즉시 타이완을 공격할 것이라는 정보가 전해졌다.[17] 승선 수색은 원래 국민정부가 중화민국이나

....

16 이 문제에 관련된 문서는 국무부, 국방부, 국가안전보장회의와 타이베이 주재 미국대사관 사이의 왕래 서신을 참고할 수 있다. *FRUS 1950*, 6:371, 391, 395, 404, 407에 수록되어 있다. '승선 수색'이라는 것은 국민정부 해군이 중국 영해와 국제공동 해역에서 중화민국이나 중공의 깃발을 매단 선박을 조사하여 군수물품을 실은 선박이 중국 본토의 항구로 들어가지 못하게 막는 것을 의미한다. 이는 국민정부가 타이완으로 퇴각한 후 줄곧 시행한 조치이며 또한 그렇게 조치할 권리가 있음을 주장해 왔다.

17 제7함대가 실력이 부족하다는 것에 관한 자료는 Memorandum, Clubb to Rusk and Merchant, July 14, 1950, 794A.00/7-1450, RG 59; Memorandum, the JCS to the Secretary of Defense, July 21, 1950, 793.00/7-2159, *Ibid.*; Memorandum of Conversation, Rusk with General Burns and Captin Orem(Department of Navy), July 24, 1950, 794A.5/7-2450, *Ibid.*; Memorandum, the JCS to the

중공의 깃발을 건 선박만을 대상으로 한 것으로, 군수물자를 실은 선박이 중국으로 입항하는 것을 방지하는데 그 목적이 있었다. 이러한 행동은 중공의 전략을 약화시킬 수 있기 때문에 국무부는 반대하지 않았었다. 그러나 당시 합동참모본부는 선박 수색을 단지 중국선박으로 제한을 하면 타이완 방위 업무의 효과가 크지 않기 때문에, 국민정부가 중국의 항구를 출입하는 모든 선박을 조사하도록 허락해야 한다고 건의하였다. 제7함대의 타이완 보위 임무를 달성하기 위해 국방장관 존슨은 국민정부가 능력 범위 내에서 타이완의 안정을 강화할 수 있는 모든 조치를 취하게 하자고 주장했다. 국무부는 국민정부의 권한을 확대하는 것은 실질적으로 한국전쟁 이전 국민정부의 '항구 봉쇄' 정책을 회복하게 하는 것과 다름없고 이

....

Secretary of Defense, July 27, 1950, *FRUS 1950*, 6:393; and Letter, Johnson to Acheson, July 29, 1950, *Ibid.* 6:401 참조. 워싱턴은 제7함대의 약점을 인지하고 있었기 때문에 제7함대에게 맡긴 임무는 타이완 해협에서 충돌이 일어나지 않게 위험을 저지하는 데 있었고, 실질적으로 중공의 침범을 막아내려는 것은 아니었다. JCS 87160 to CINCFE, July 26, 1950, CCS 381 Far East(7-2-50) S.2, RG218, box 16, NA. 당시 워싱턴은 중공이 언제쯤 타이완을 침공할 것인지에 대한 정보를 입수하였는데 줄곧 여러 가지 예측이 분분하였다. 어떤 정보는 미국정책에 변동이 일어났기 때문에, 중공은 이미 공격발동을 연기하였다고도 전하였다. 그러나 국민정부의 정보와 미국 CIA의 보고에 따르면, 한국 전쟁 이전 중공의 타이완침공 준비는 아직 완료되지 않았으며 오히려 전력을 다해 준비하고 있었다. 제7함대의 타이완해협 진입여부와 관계없이 중공은 군사준비행동을 포기하지 않았다. 중공도 타이완이 곧 해방될 것이라는 선전을 지속하고 있었다. 중국과 인도에서 전해진 정보는 국방부에게 중공이 즉시 침범할 것이라고 믿게 하였고, 반면 국무부는 공격이 임박했다는 아무런 증거가 없다고 완강히 주장하였다. CIA Situation Summary of July and August, 1950, Intelligence Files, PSF, box 250, Truman Papers, HSTL을 보라. 이 방면에 관한 보고에 관해서는 *FRUS 1950*, 6:367~405에 있는 1950년 7월 타이베이와 뉴델리에서 전해진 전보 참조. 워싱턴의 군부는 한국전쟁을 단지 소련의 침략행위의 일부로 간주하였기 때문에 소련이 중공과 연합하여 타이완을 침공할 것이라는 주장을 받아들이려고 하였다.

전처럼 국제사회의 불만을 야기할 것이라고 생각하였다. 이 문제는 9월 말까지 해결을 보지 못하였다. 이후 국무부는 국민정부가 외국선박에 대한 수색을 요구한 적이 없으므로 이 문제에 답을 할 필요가 없다고 결론 내렸다.[18]

국부군의 외해 도서 통제에 대해서 미국의 정책결정자들은 제7함대가 나서서 보호하는 것에 동의하지 않으면서도 국민정부가 외해 도서지역에서 중국 본토를 공격하지 않으면, 미군은 이들 도서의 방어 공작을 방해하지 않기로 하였다. 국민정부는 이러한 제한을 준수하겠다고 하였고 방위하기 어려운 몇몇 작은 섬들을 포기해야 했다. 국방부는 미국이 더 적극적인 행동을 취하여 이들 외해 도서를 보호할 뿐 아니라 타이완 섬 전체도 방어 범위에 포함해야 한다고 생각했다.[19]

국민정부는 중공이 즉시 진면(金門)이나 타이완에 공격을 감행할 것이라고 판단했기 때문에, 7월 중순 정식으로 '예방적인 차원의 공격'문제를 제기하였다. 국민정부는 만약 중공의 공격을 성공적으로 저지하려면, 먼

....

18 Tel.15, Acheson to Strong, July 7, 1950, *FRUS 1950,* 6:371; Memorandum, the JCS to the Secretary of Defense, July 21, 1950, 793.00/7-2150, RG 59, NA; Letter, Acheson to Johnson, July 29, 1950, in *FRUS 1950,* 6:399~400; Letter, Johnson to Acheson, August 2, 1950, *Ibid.,* 6:406; Letter, Acheson to Mashall, September 28, 1950, *Ibid.,* 6:522~524. 국민정부는 1949년 6월 중공이 통제하는 모든 중국 영해와 항구에 대한 '봉쇄'를 선언하면서 '본국의 항구를 봉쇄'하는 것은 주권을 행사하는 것일 뿐이라고 강조했으나 대다수의 국가들은 국민정부의 이러한 권력행사에 동의하지 않았다. 따라서 국부군은 봉쇄 임무를 수행하려고 하면서 각국과 끊임없이 갈등을 빚었다. 이 정책의 설계와 집행에 대해서는 林宏一, 「關閉政策: 國民黨當局封鎖大陸沿海的行動」 참조(呂紹理, 唐啓華, 沈志華主編, 『冷戰與臺海危機』, 臺北: 政大歷史系, 2010에 수록).
19 외해 도서 방위와 관련된 문서는 *FRUS 1950,* 7:226; *Ibid.,* 6:371, 374, 380, 387~388, 390; Tel.117, Strong to Acheson, July 25, 1950, 794A.5/7-2550, RG 59, NA 참조.

저 중국 본토의 공군기지나 부대 집결지를 공격해야 한다고 생각했다. 국무부는 타이완 주재 미국 대표 스트롱을 통해 이러한 행동을 허락할 수 없다고 국민정부에 경고하였다. 며칠 후 트루먼 대통령도 동일한 경고를 다시 한 번 국민정부에 전달하였다. 그러나 군부 측의 생각은 달랐다. 그들은 방어에 있어서 실제적으로 문제가 있는 상황에서는 국부군이든지 제7함대든지 간에 중공을 양쪽에서 공격하는 '예방적 차원의 공격'이 최선의 방법이라고 생각하였다.[20]

7월 말, 합동참모본부는 6월 27일의 성명을 좀 더 명확히 분석하여 타이완에 대한 공격을 준비하는 중공 해병대의 집결지에 국부군이 직접 예방적 폭격과 지뢰 설치를 하게 하자고 건의하였다. 맥아더는 찬성하였다. 그는 그렇게 하지 않으면 적군은 앉아서 군사적으로 우세를 점하고, 공공연히 타이완 침범을 준비할 것이며, 이후 미국도 심각한 군사적 대가를 치르게 될 것이라고 주장하였다. 합동참모본부는 이 건의를 트루먼에게 제출하였고 7월 31일에는 국가안전보장회의에 전달하여 신속한 심의를

....

20 국민정부는 먼저 맥아더에게, 그리고 그 후에는 외교적인 경로를 통하여 이러한 '예방적 차원의 공격' 행동을 취할 가능성을 문의하였다. 연합군 최고사령부는 워싱턴의 지시에 따라 국민정부에게 절대 이러한 생각은 하지 말라고 권고하였다. CCS381(11-8-48)S.4, RG 218, box 17, NA의 관련 문서를 보라; 또한 JCS 86180 to CINCFE, July17, 1950, #2P Formosa and Hainan Islands, RG 59, CA Records, box18, NA; Memorandum, Truman to Acheson, July 18, 1950, 306.001 TS U. S. Policy toward Communist China, *Ibid.*, box 17; Memorandum Clubb to Rusk, July 18, 1950, *Ibid.*; Tel.60 Strong to Acheson, July 14, 1950, *FRUS 1950*, 6:375; Tel.55, Acheson to Strong, July 21, 1950, *Ibid.*, 6:385; Memorandum of Conversation, Rusk with General Burns and Captain Orem 등 문서 참조. 구웨이쥔 대사는 국민정부에 예방적인 폭격을 고집하여 미국과의 관계에 손상을 주어서는 안 된다고 권고하였다. 국민정부는 그의 건의를 받아들였다. Tel.420, Koo to Yeh, July 14, 1950, folder B.13.1b, Koo Papers, box 145, BL; Tel.358, Yeh to Koo, July 17, 1950, *Ibid.*을 보라.

요청하였다.

같은 날 애치슨은 국방장관 존슨에게 서한을 보내 국무부가 이 제안에 반대하는 이유를 설명하였다. 그는 국민정부가 만약 예방적 차원의 공격을 하면 타이완과 중국은 직접 충돌하게 될 것이며 최후에는 미국도 여기에 말려들게 될 것이라고 주장하였다. 그는 또한 이로 인해 중공이 한국전쟁에 개입하여 유엔의 다른 회원국들에게로 충돌이 확대될 가능성이 있다며 우려하였다. 게다가 그는 국부군이 예방성 공격을 통해 어떤 실질적인 군사적 효과를 거둘 수 있는지 의문을 제기하면서 미국은 "과연 미미한 군사적 성과에 중대한 정치적, 군사적 대가를 치러야 하는지" 신중하게 살펴봐야 한다고 주장했다. 군부가 이미 제7함대의 실력이 부족하다고 보았다면, 신속히 역량을 강화하여 그에 맞는 충분한 임무를 실행하게 해야 한다는 것이 그의 입장이었다.

8월 2일 국가안전보장회의에서 국무부는 국민정부의 예방성 공격에 찬성하지 않는다고 애치슨이 표명하자 육군참모총장 콜린스는 군부의 입장을 고수해야 한다고 합동참모본부에 건의하였다. 다음 날 국가안전보장회의는 국무부와 국방부의 토론을 거쳐 이 문제를 다시 결정하자고 중재하였다. 후에 트루먼이 이전과 마찬가지로 애치슨의 조심스러운 태도를 지지함으로써 문제는 결말을 보았다. 그는 예방성 공격은 중공을 자극하고 또 맹방의 관계를 크게 혼란스럽게 할 수 있다고 생각하였다. 국방장관 존슨은 이 명령에 따라 맥아더에게 이러한 예방성 공격 행동은 대통령만이 비준할 수 있다고 경고해야 했다.[21]

....

21 합동참모본부는 타이완이 받는 위협이 증가하고 있다고 생각하였고 심지어 맥아더에게 제7함대를 타이완으로 이동하라고 명령하였는데 맥아더는 즉시 명령에 따랐다. 국방부는 아마도 사태가 긴박하게 전개되고 있다고 생각하였기 때문에 국민정부가 예방성 공격을 취하게 해야 한다고 강력히 주장하였다. JCS 87061 to CINCFE, July 25, 1950, and CX 58732 from CINCFE to JCS, July

타이완 해협 중립을 선언한 이후 미국은 기존의 군사원조정책을 수정해야 했을 뿐만 아니라, 국민정부와의 동맹을 피할 수 없게 되었다. 전술한 것처럼 중립 이전부터 워싱턴은 이미 국민정부에 대한 무기판매 제한을 완화하여 타이완 보위에 협조하고 있었는데, 한국전쟁의 발발로 타이완을 장악하려는 공산당의 목표를 저지해야 한다고 확신하게 되었다. 7월 중순 워싱턴의 정책결정자들은 이미 국부군을 강화하는 것이 성공적으로 타이완을 방어하는 선결조건이라고 명확히 인식하였다. 따라서 존슨은 국민정부가 자체경비로 미국이 통제하는 어떤 물자라도 구매할 수 있게 허가하고 또한 신속한 물자 인도에 협조해야 한다고 건의하였다. 이 점은 애치슨도 반대하지 않았다.22

한국전쟁이 발발한 지 1개월 후, 합동참모본부는 이전의 건의를 정식으로 다시 제출하였다. 그들은 타이완에 우선 긴급 군사원조를 제공하고 그 후에 정식으로 원조계획을 수립할 조사단을 파견하여 자료를 수집하자고 주장하였다. 애치슨은 국민정부에 장기적으로 원조를 제공하는 데는 여전히 반대하였지만, 제7함대의 전력으로는 타이완의 안전을 보장하기 어려웠으므로 장제스 군대의 전투능력 증강에 동의하지 않을 수 없었다. 트루먼은 7월 27일의 국가안전보장회의에서 합동참모본부의 제안을 비준

....

26, 1950, CCS 381 Far East(7-2-50)S.2, RG 218, box 16, NA. JCS 1966/35, July 27, 1950, *JCS Records,* China(II), 0460; Letter, Johnson to Acheson, July 29, 1950, *FRUS 1950,* 6:401; Letter, Acheson to Johnson, July 31, 1950, *Ibid.,* 6:402~404; Memorandum, G-3 to CS/USA, August 2, 1950, 091 Formosa 1950(Sect.I-B, Book I), RG 319, TS G-3 Records, NA; War 88014, Johnson to CINCFE, August 4, 1950, *FRUS 1950,* 6:423; Extracts of Memoranda of Conversation, Harriman and MacArthur, August 6 and 8, 1950, *Ibid.,* 6:429~430을 보라. 또한 Poole, *History of the JCS,* 4:392를 보라.
22 Letter, General Burns to Rusk, July 18, 1950, *FRUS 1950,* 6:382; Letter, Johnson to Acheson, *Ibid.,* 6:383.

하였고 이는 NSC37/10 문서에 채택되었다. 그리고 그는 공동방위 원조금 중에서 1,434만 4,500달러를 타이완의 군사지원계획 경비로 사용하는 데 서명하였다.[23]

III. 맥아더와 트루먼의 대립

중립 정책 집행이 직면했던 어려움에 관한 앞의 분석에 따르면, 애치 슨과 트루먼은 모두 전력으로 새로운 대 타이완 정책의 '중립'정신을 유 지하려 했던 반면, 군부는 성공적으로 타이완을 보위하는 부분을 더 중시 했다.[24] 본래 타이완의 전략적 가치를 중시한 맥아더는 명령에 따라 이 정책을 집행하였다. 그런데 워싱턴은 집행과정 중에서 맥아더가 애치슨과 트루먼이 구상한 '편향되지 않은 중립'을 파괴하고 있다는 것을 발견하였다.

....

23 Memorandum, the JCS to Johnson, July 27, 1950, *FRUS 1950*, 6:391~394; Tel.522, Acheson to Embassy in London, July 28, 1950, *Ibid.*, 6:396~398; NSC 37/10, August 3, 1950, *Ibid.*, 6:413~414.

24 워싱턴은 제7함대의 중립 임무는 임시적인 것으로, 한반도가 안정을 회복하면 타이완 해협에서 철수할 것이라고 생각하였다. 8월 31일 트루먼은 기자회견에 서 "만약 한국의 상황이 해결되면 제7함대는 타이완 해협에 남아있을 필요가 없다"고 말하였다. 그러나 군부는 장기적인 관점에서 중립 문제를 고려하고 있 었고, 한국전쟁 기간 뿐 아니라 한국전쟁이 끝난 후에도 중공의 타이완 공격을 허락해서는 안 된다고 보았다. 국무부의 관점은 Incomplete Letter by Acheson, July 12, 1950, Memoranda of Conversation, Acheson Papers, box 65, HSTL; Coversation between Acheson and Canadian Ambassador, July 29, 1950, *Ibid.*; Tel.522, Acheson to Embassy in London, July 27, 1950, *FRUS 1950*, 6:392; Minutes of Meeting among Foreign Ministers of Britain, France, and the United States, August 3, 1950, *Ibid.*, 6:408; Editional Note, August 31, 1950, *Ibid.*, 6:476 참조. 국방부의 관점은 Memorandum, the JCS to Johnson, July 27, 1950, *Ibid.*, 6:397 참조.

가장 골칫거리 파트너인 맥아더는 7월 31일 타이완을 방문하여 이틀간 시찰하였다. 맥아더는 한국전쟁이 발발하기 전에 이미 타이완의 정치, 경제 그리고 군사방면의 상황을 전면적으로 살펴보기 위하여 타이완 방문을 계획하였다. 전쟁의 발발로 그는 타이완 시찰이 더욱 필요하다고 보았다. 국민정부가 한국전쟁에 참전할 뜻을 보였기 때문에 국무부도 처음으로 타이완의 군사상황을 이해할 필요를 느꼈다. 다만 그들은 맥아더가 직접 방문하는 것이 아니라 그의 총사령부가 고위급 참모를 파견하며, 정치적 의미는 완전히 배제하여 타이완의 방위 잠재력을 평가할 것을 예상했다. 그러나 맥아더는 자신이 최종적인 재량권을 가진 이상, 타이완을 직접 방문하기로 결정하였다.[25]

맥아더와 국민정부는 방문 기간에 타이완 방위 이외의 다른 의제는 토론하지 않았다고 발표하였다. 그러나 맥아더가 자신의 입장을 고려하지 않고 직접 타이완을 방문하였고 또한 그 일정을 주타이베이 대사관에 사전에 통보하지 않았을 뿐만 아니라, 대사관 관원들이 비밀회담에 참가하지 못하게 했기 때문에, 국무부는 매우 분노하였다. 동시에 타이완으로부터 온 관련 성명과 보고는 맥아더가 미국과 장제스를 결속시켰다는 의심을 증폭시켰다. 대사관의 대리대사는 맥아더가 공군의 제트전투기 3개 중대를 타이완 방위에 투입할 계획이라고 보고하여 국무부를 더욱 언짢게 했다. 전 세계에 새로운 대 타이완 정책을 합리화하기 위해 워싱턴이 노력하고 있던 시점에 맥아더의 타이완 방문은 의심의 여지없이 그들의 설득작업을 어렵게 만들었다.[26]

....

25 Letter, Rusk to Burns, and Tel.54, Sebald to Acheson and Rusk, July 7, 1950, *FRUS 1950*, 6:370n, 370; JCS 87492 to CINCFE, July 29, 1950 and C 59032, CINCFE to the JCS, July 30, 1950, CCS 381 Formosa(11-8-48)S.5, RG218, box 17, NA.

26 Tel.315, Sebald to Acheson, August 3, 1950, *FRUS 1950*, 6:415. 맥아더의 타

맥아더는 도쿄로 돌아왔고, 이어서 합동참모본부의 몇 차례 명령을 받았다. 이는 국민정부에게 어떠한 군사적인 승낙도 해서는 안 된다는 확실한 경고였다. 첫째, 제트전투기중대를 타이완에 주둔시켜서는 안 되고, 둘째, 국부군이 공산군의 집결지에 예방성 공격을 하게 해서는 안 된다는 것이었다. 비록 명백한 표현을 사용하지 않았으나 합동참모본부는 중립정책에 손상을 줄 수 있는 어떠한 군사적 행동도 취하지 말라는 은근한 경고를 맥아더에게 보냈다.

맥아더가 타이완에 대한 미국의 공식적인 입장을 충분히 이해했는지 확인하기 위해서 트루먼 대통령은 해리먼(W. Averell Harriman) 대사를 도쿄에 파견했다. 해리먼은 사후 보고서에 맥아더는 "대통령의 입장을 받아들여 명령을 충실히 엄수하려고 하였으나 완전히 믿고 복종하지는 않았다"라고 기록하였다. 따라서 합동참모본부는 대통령의 지시에 따라 다시 전보를 보내어 6월 27일 지시가 갖는 의미를 한층 명확히 설명하였다. 전보에는 타이완에 대한 방위는 타이완에 어떤 부대도 파견할 필요가 없는 행동에 한하며, 합동참모본부의 명확한 심사와 비준없이 어떠한 미군 부대도 타이완에 파견해서는 안 된다고 적시하였다.[27]

이완행에 관한 관방보고서는 C59569, CINCFE to the JCS, August 7, 1950, Korea Messages, Naval Aide Files, box 15, Truman Papers, HSTL; Tel.178, Strong to Acheson, August 3, 1950, *FRUS 1950,* 6:411을 보라. 국민정부 측의 견해는 구웨이쥔의 자료에 수록된 문서들을 참고할 수 있다. folder L.12 "MacAthur's visit to Taiwan" of the Koo Papers, box 168, BL을 보라. 그리고 Robert J. Donovan, *Tumultuous Years: The Presidency of Harry S. Truman, 1949-1953*(New York: W. W. Norton, 1982), p.260을 참고할 수 있다.

27 CS87878 to CINCFE, August 3, 1950, CCS 381 Formosa(11-8-48) S.5, RG 218, box 17, NA; War 88014, Johnson to MacArthur, August 4, 1950, *FRUS, 1950* 6:423; Memorandum of Conversation with MacArthur by Harriman, August 6 and 8, 1950, General MacArthur folder, PSF, box 129, Truman Papers, HSTL; extract of the above memorandum was printed in *FRUS, 1950,*

사실 워싱턴은 지나친 조심으로 인해 맥아더의 의도를 종종 오해하였다. 워싱턴의 입장에 동의하면서도 맥아더가 군이 타이완을 방문했던 것은 한국전쟁에서의 필요 때문이었지 그가 개인적으로 국민정부에 편향적이거나 장제스를 지지하기 때문은 아니었다. 워싱턴의 이런 노력에도 워싱턴과 도쿄는 장제스와 타이완 문제에 대한 진정한 공감대가 부족했다. 이는 또 다른 사건을 야기하여 트루먼의 감정을 상하게 했으며, 맹방과 공산당의 긴장을 고조시켰을 뿐만 아니라, 맥아더를 거의 해임의 위기에 이르게 하였다.

사건은 국제전쟁퇴역군인협회(Veterans of Foreign Wars) 회장의 초청을 받은 맥아더가 8월 27일 그 협회의 제51회 연례회의에서 발표하기로 한 강연 원고에 기인한다. 맥아더의 강연 주제는 "타이완과 미국 태평양 지역 전략적 잠재력의 관계"였다. 원고의 첫 부분은 타이완의 전략적 중요성과 이 섬이 왜 적의 수중에 들어가면 안 되는지를 언급하고 있는데, 한국전쟁이 막 발생했을 당시 대통령이 들었던 비망록의 내용과 거의 일치하고 있다. 이어서 그는 이러한 아시아 대륙으로부터의 이탈을 우려해 타이완 보위에 반대하는 주장들을 적과 내통하도록 방조하는 것이며 패배주의라고 비판했다. 비록 이 강연문은 정성들여 준비한 것이며 목적은 트루먼 대통령의 타이완 해협 중립 정책을 지지하기 위한 것이라고 맥아더가 해명했지만, 그 표현은 여전히 미국이 타이완을 군사기지로 삼으려 한다는 인상을 주었다. 중립화 정책과 맥아더가 얼마 전 타이완을 방문했을 때의 언행에 의심을 거두지 못하고 있는 상황에 이 일이 발생하자 맹방들은 더욱 불안해하였다.

당시 중공은 마침 유엔에 미국이 타이완을 '침략'했다고 제소한 상황

....

6:427~430; JCS 88681 to CINCFE, August 14, 1950, *Ibid.,* 6:439.

이었기 때문에, 워싱턴이 보기에 맥아더의 이 강연문은 참으로 시의적절하지 못한 것이었다. 만약 맥아더가 해명을 하지 않았다면 분명히 외교적 재앙을 초래했을 것이다. 맥아더가 공공연히 워싱턴의 정책에 도발하는 것은 대통령의 외교적인 권한에 도전하는 것으로 보여 트루먼은 대노하였고 심지어 맥아더를 대신하여 한국전쟁의 유엔군 총사령관을 브래들리 장군으로 바꾸기 바랐다. 그러나 측근 고문들과 논의한 후 그는 맥아더의 강연을 철회하는 것으로 겨우 마무리 지었다. 강연 원고는 발표 3일 전에 이미 언론에 노출되어 그 확산을 저지할 수 없었지만 강연 철회는 적어도 워싱턴의 타이완 문제에 대한 입장을 명확하게 표명한 것이었다. 이어서 트루먼은 입장을 더욱 분명히 하는 일련의 행동을 취하였다. 우선 그는 유엔 주재 미국 대표 오스틴(Warren Austin)에게 공개서신을 보냈고 그 복사본을 맥아더에게도 보냈다. 그리고 기자회견을 소집하였으며, 텔레비전과 라디오를 통해서 관련 연설을 하였다.[28] 워싱턴은 이러한 일련의 행동을 통하여 맹방과 중공을 달랠 수 있기 바랐다.

....

28 맥아더의 강연 원고 전문은 *U. S News & World Report*(September 1, 1950): 32~34에 실렸다.; 강연문의 핵심부분은 *FRUS 1950*, 6:451~453에 수록되었다. 맥아더의 강연철회에 대한 항의와 강연문에 대한 설명은 그가 존슨장관에게 보낸 전보문인 C61325, August 27, 1950, Subject File, MacArthur-VEW, PSF, box 129, Truman Papers, HSTL 참조. 강연 철회 결정에 대해서는 Memorandum for the Record of the Events of August 26, 1950, by Lucius D. Battle(Special Assistant to the Secretary of State), in *FRUS, 1950*, 6:453~460; and also a Memorandum entitled "Foreign Policy Aspects of the MacArthur Statement", same date, Memoranda of Conversation, Acheson Papers, box 65, HSTL 참조. 이 사건에 관한 상세한 내용은 Denovan, *Tumultuous Years, pp. 262~265*; Robert Accinelli, *Crisis and Commitment: United States Policy toward Taiwan, 1950-1955*(Chapel Hill: the University of North Carolina Press, 1996), pp.46~48 참조. 맥아더와 트루먼정부의 각종 충돌에 대해서는 Schnabel and Watson, *History of the JCS*, vol.3, part I, Chapter X; and Stueck, *Road to Confrontation*, pp.209~217 참조.

IV. 유엔에서의 활동

사실 미국의 중립 정책에 가장 중요한 도전을 한 것은 중공이었다. 국무부는 이러한 도전을 미국의 대 타이완 정책을 국제적으로 인정받는 기회로 바꾸려고 하였다. 비록 중립화 성명은 분명 장래 타이완의 귀속문제를 언급하고 있었지만, 그 목적은 단지 타이완 해협 중립 결정을 합리화하는 데 있었다. 따라서 워싱턴은 한국전쟁이 발발한 후의 처음 2개월 동안에는 이 문제에 대해 적극적으로 생각하지 않았다. 워싱턴은 적어도 전쟁 기간에는 타이완의 법률적 지위를 묶어두고 최종적으로 결정할 때에는 우선 미국의 안전 이익을 고려해야 한다고 생각했다. 또한, 유엔에 타이완 문제에 관한 결의안 통과를 요청하는 등 국제사회에서 이 문제에 대해 너무 일찍 행동을 취하면 미국의 이익에 손상을 입을 수 있을 것이라고 보았다. 따라서 맹방들의 전폭적인 지지를 얻기 전에는 각국 혹은 유엔이 타이완의 미래 지위 문제에 대해 적극 논의하는 것을 꺼려했다.[29]

미국 정부는 타이완에 대해 영토 야심이 없다고 계속 말하고 있었지만, 맥아더의 타이완 방문이 미국과 장제스가 다시 손을 잡으려 한다는 인상을 주었기 때문에, 실제로 맹방이나 중공의 의혹을 해소할 수 없었다.

....

29 스트롱이 국민정부 외교부장 예궁차오에게 트루먼 정부의 중립화 입장에 대해서 전달할 때, 예부장은 미국이 유엔에 타이완 문제를 제출하지 않을 것이라는 인상을 받았다. Tel.342, Yeh to Koo, July 5, 1950, folder B.13.1b, Koo Papers, box 145, BL을 보라. 스툭(William Stueck)은 국내 정치적 요인과 국제적인 고려를 절충하여 한국전쟁 초기에 워싱턴은 타이완 문제를 유엔에 제출하지 않는 쪽으로 기울었다고 보았다. Stueck, *Road to Confrontation*, pp.214~215를 보라. 나카수지(Nakatsuji)는 한국전쟁 발발 후 미국은 유엔이 나서서 타이완 문제를 해결하게 하려 했다고 생각했다. Nakatsuji, "The Short Life of Official 'Two China' Policy: Improvisation and Postponement in 1950", UCLA Historical Journal 6(1985):33~49를 보라.

이러한 점을 감안하여 순회대사 제섭은 타이완 문제에 대한 최종적 처리 방식을 신속히 결정해야 한다고 주장했다. 그는 그렇다고 해도 유엔을 통해 처리하는 것이 좋다는 의견을 제시하였는데, 의회 다수의 의원들도 기본적으로는 유엔이 타이완 문제를 처리하는 쪽을 지지하였다. 그러나 8월 말 중공은 미국이 타이완을 '침략'했다고 유엔에 제소하였으므로 워싱턴은 이 문제에 대해 결정을 내리지 않을 수 없게 되었다.[30]

8월 25일, 소련의 유엔 대표 말리크(Yukov Malik)는 안보리 회의식상에서 중공 외교부장 저우언라이의 서한을 낭독하면서 정식 회의기록에 포함시킬 것을 요구하였다. 저우언라이는 서한으로 미국이 중공의 타이완 해방을 군사행동으로 저지하였으며 이는 곧 중국의 영토에 대한 '직접적인 무장 침략'이라고 제소하였다. 미국의 유엔 주재 부대표 그로스(Ernest A. Gross)는 미국 대표 오스틴이 유엔 사무총장 리(Trygve Lie)에게 보낸 중공의 제소를 부정하는 서한을 낭독함으로써 반박하였다. 그는 타이완에 대한 미국의 입장을 거듭 천명하였고, 또한, 이 문제에 대한 유엔의 전면적인 조사를 환영한다고 말하였다. 8월 29일 오후 회의에서 안보리는 「타이완 무장 침략에 대한 제소」안을 의제로 상정하기로 하였고, 이때부터 타이완의 미래는 정식으로 국제적인 이슈가 되었다.[31]

미국은 영국 정부와 즉시 긴밀한 협상을 진행하였다. 양국은 타이완의

----

30 Memorandum, Jessup to Matthews, August 2, 1950, 611.94A/8-250, RG 59, NA. 8월 9일, 43명의 상원의원과 전체 하원의원은 타이완 문제의 유엔 상정에 대해 표결을 진행하였다. 결과는 53%의 찬성, 12%의 반대가 있었고, 나머지 35%는 아직 정하지 못했다고 하였다. (Result of Capital Gist Poll, Keiji Nakatsuji, "The Straits in Crisis: America and the Long-term Disposition of Taiwan, 1950-1958"(Ph. D. Dissertation, University of Chicago, August 1985), p.13 재인용).

31 Chou's letter, dated August 24는 U. N. Document S/1715에 수록. 그 외에 Memorandum of Conversation by Pekins, August 25, 1950, *FRUS 1950*, 6:450 과 Editorial Note, *Ibid.*, 6:468 참조.

미래 귀속과 유엔의 토론에서 취해야 할 조치에 대해서 협의에 이를 수 없었다. 따라서 최종 결정을 잠시 미뤄두고 단지 원칙적으로 유엔총회가 우선 조사위원회를 구성하게 하자는 데에만 동의하였다. 위원회는 타이완의 현지 상황을 조사하고 총회에 보고서를 제출하게 될 것이며, 총회의 논의를 거친 후 다시 타이완에 대한 최종 처리를 결정하게 될 것이었다.[32]

중립화 정책이 야기한 각종 혼란을 처리하려는 것은 다음과 같이 굉장히 포괄적인 방법이라는 것을 국무부는 알게 되었다. 첫째, 위원회의 조사는 반드시 시간이 걸리게 될 것인데 그 사이에 더 좋은 해결방법이 나타나 타이완 지위 문제는 자연스럽게 매듭지을 수 있을 것이다. 둘째, 중공이 유엔에 제소한 안건이 적극적으로 처리되는 중이었으므로, 중공은 급하게 무력으로 타이완을 해방하려고 하지 않을 것이며, 또한 '조사'라는 명목으로 중공의 공격행동을 지연시킬 수 있을 것이다. 그밖에, 유엔이 이 사건을 받아들이는 것은 미국의 대 타이완 정책이 갖는 임시적인 성격을 합리화하는데 변명을 제공하는 것과 같다.

국무부 차관보 러스크는 유엔이 타이완의 미래 지위에 대한 최종 결정을 내리기 전에는 미국 정부가 "갈망한다 하더라도 장기적인 약속을 할수 없다"고 말하였다. 국무부는 또한 이상적인 유엔 결의안은 미국이 필요로 하는 국제적인 승인을 제공하고, 타이완 해협 중립화가 야기할 어색함과 부담을 해결할 수 있다고 생각하였다.[33] 바꾸어 말하면 유엔의 타이

----

32 유엔이 '타이완 문제'를 처리하는 과정은 梁敬錞, 「韓戰期中我國國際地位之震撼 --一九五〇年中美關係之二」, 梁敬錞, 『中美關係論文集』, pp.226~236; Keiji Nakatsuji, "The Short Life of the Official 'Two China' Policy"; Accinelli, *Crisis and Commitment*, pp.48~53 참조. 관련 문서는 *FRUS, 1950*, 6:450~576에 수록.

33 러스크는 얼굴에 홍조를 띠며 구웨이쥔에게 유엔에 처리를 요청한 주요한 목적은 시간을 벎으로써 타이완 문제를 어떻게 해결할지 천천히 생각하려는 것이었다고 인정하였다. Notes on Conversation 111/50, September 19, 1950, Koo

완 문제 접수와 처리는 미국이 동맹국과 적들에게 호의를 드러내는 데 도움이 될 것이고, 더 나아가 6월 27일의 결정을 합리화할 수 있다. 또한, 타이완을 보호하되, 장제스와 연결하지 않고도 장래 타이완 지위의 통제권을 처리할 수 있게 되어 중립화 정책이 기대한 이상적인 목표를 달성할 수 있다.

타이완 문제는 안보리가 우선 검토한 후, 총회에 상정하였다. 이에 따라 국무부는 앞으로 3달 안에 관련 당사국들이 만족할 만한 결의문을 작성하기로 하였다. 갖가지 분분한 의견 중에 두 가지 이견이 가장 조율되기 어려웠다. 한 가지는 영국에 관한 것으로, 영국은 카이로선언에 수록된 결의문을 타이완 문제 처리의 기초로 삼으려고 고집하였다. 영국은 중공을 자극하지 않기 위해 타이완을 중국에 귀속시킬 수 있는 여지를 남겨두기 바랐다. 다른 한 가지는 국방부에 관한 것으로, 국방부는 유엔이 승인한 중립화 결의안이 이후 상황 변화에 따른 미국의 유연한 대처를 제한할 수 있다고 우려하였다. 더 나아가 군부는 유엔이 중화인민공화국에 타이완을 합병시키는 문제를 의결하면 소련의 극동지역 군사적 지위가 대폭 증가될 수 있다고 걱정하면서 그러한 방향으로 흘러가지 않게 결의문을 통해 보장할 수 있기 바랐다. 그러한 까닭으로 10월 말 중공이 한국전에 개입했다는 소식이 들려올 때까지, 이상적인 유엔 결의문은 아직 결정되

Papers, box 180, BL; Memorandum of Conversation by Merchant, August 29, 1950, *FRUS, 1950*, 6:467; Memorandum of a Teletype Conference by the Department of the Army, August 30, 1950, *Ibid.,* 7:659~660을 보라. 중공의 타이완 침략 의지에 대한 평가는 CIA Situation Summary, August to October, 1950, PSF, box250, Truman Papers, HSTL을 보라. 국무부가 장기적인 승낙을 회피한 것에 대해서는 tel.337, Rankin to Rusk, September 2, 1950, *FRUS 1950*, 6:487; tel.264, Rusk to Rankin, September 20, 1950, *Ibid.,* 6:515를 보라. 국무부는 위원회에서 조사하는 기간 동안 유엔이 타이완 해협의 평화를 유지해야 한다고 생각했다. Poole, *HIstory of JCS*, 4:395를 보라.

지 못했다. 이처럼 내부에서조차도 합의에 이를 수 없었기 때문에 유엔 주재 미국 대표단은 유엔에서의 타이완 문제 처리를 잠시 연기하자고 국무부에 건의하였다. 국무부는 이 건의에 동의하였고, 11월 15일 열릴 예정이었던 유엔총회 제1위원회에서의 '타이완 문제'에 관한 변론은 연기하기로 하였다. 11월 말 유엔군이 대패함에 따라 유엔은 중공의 한국전쟁 개입 문제를 처리하는데 분주하였고, 타이완 문제에 관한 토론도 무기한 연기되었다.[34]

V. 맺음말

타이완 해협 중립화는 비록 보편적으로 국민정부와 타이완을 구했다고 해석되지만, 원래 트루먼과 애치슨의 구상은 단순하게 군사 충돌이 한

---

34 SFM D-7/2C Formosa, August 28, 1950, Enclosure B to JCS 1966/47, September 1, 1950, and draft Memorandum to Secretary of Defense from the JCS, September 1, 1950, Enclosure A to JCS 1966/47, CCS 381 Formosa(11-8-48) S.6, RG 218, box 17, NA. 미국 대표단의 결의문 초안에 관한 변론은 Mimutes of the 39th and the 40th Meetings of the Delegation, November 14 and 15, 1950, *FRUS, 1950,* 6:556~572 참조. 덜레스가 애치슨에게 보낸 전보는 대표단이 결의문에 줄곧 반대하였으므로, 당시 국내외의 환경 하에서 이 문제를 유엔총회에서 토론하지 말자고 제안하였다고 주장한다. Delga 290, Dulles to Acheson, November 15, 1950, and footnote 1 of the document, in *Ibid.,* 6:572~573. 국무부는 이 의제를 유지하여 중공의 타이완 점령 의도를 저지하기 바랐다. 그러나 다른 한편으로 중공의 한국전쟁 참전 결과가 가시화되거나 소란이 해결되기 전에 결론나기를 원하지 않았다. 유엔총회는 이 의제의 토론을 무기한 연기하기로 결정하였고, 국무부는 이에 만족했다고 할 수 있다. 왜냐하면 그렇게 됨으로써 상황이 가시화되는 시간을 벌 수 있고, 또한 미국의 의도가 노출되지 않을 수 있기 때문이었다. Memorandum, Clubb to Rusk, December 1, 1950, and Gadel 162 to USUN, December 5, 1950, in *FRUS, 1950,* 6:585, 589n을 보라.

1950년 9월 15일 맥아더는 인천 상륙작전을 성공하여 아주 빠르게 서울을 수복하였다. 유엔군은 파죽지세로 38도선을 향하여 진격하였다.

12월 4일 유엔군은 평양에서 철수하여 다시 38도선을 넘었다.

반도에까지 확대되지 못하게 저지하는 데 그 목적이 있었다. 미국이 '내면적 중립'을 고수했던 이유는 국공 양측이 동일하게 서로 미워하기 때문이었고 또한 미국은 이미 국민정부를 구할 뜻이 없던 반면, 중공과는 적이 될 생각이 없었기 때문이다. 미국은 끊임없이 긴장하고 국민정부에 어떠한 약속도 피하면서 타이완의 군사활동을 제한하였다. 반면 중공에게는 국무부 관리들이 타이완을 보위하는 것보다 중공을 위로하는 것을 더 중시한다는 점을 강조하면서 미국이 편파적인 입장을 가지고 있지 않다고 끊임없이 설득하였다.

미 제7함대의 타이완해협 이동으로 워싱턴과 국민정부의 관계가 긴밀하다는 것을 완전히 부인할 수 없었음에도 중공이 한국전쟁에 개입하기 전까지 국무부는 이러한 상황을 힘써 부인하였다. 심지어 중공이 미국이 중국 영토를 침략했다고 유엔에 제소하였음에도 미국은 중립성을 유지하려고 하였다.

그러나 국방부의 우선 고려사항은 국무부와 달랐다. 그들도 중공과 적대적 상황을 원하지 않았고 공산당 전반적인 침략행동의 일부로 간주되는 한국전쟁 기간에도 중공의 감정을 미국의 전략 이익보다 더 우선적으로 고려하였다.[35] 군부는 원래 제한적인 범위에서 국민정부를 지원하고 타이완을 보위하라고 호소하였다. 베이징 정부가 끊임없이 타이완 해방을 주장하고는 있지만, 군부는 타이완과 중국의 분리계획이 중국과 미국의 전쟁을 야기할 것이라고 생각하지 않았다.

국무부, 특히 애치슨 개인은 이 문제에 대해서 그다지 낙관적이지 않았다. 한국전쟁이 발발하기 전에 국무부 내에서는 타이완과 중국의 분리에 대한 억측이 다시 제기되고 있었지만, 애치슨은 이를 지지하지 않았다. 그는 이러한 행동이 중공과 관계를 개선할 수 있는 여지를 아예 차단시켜버리고 심지어 미국과 중공 사이의 대전을 야기할지도 모른다고 걱정하였다. 러스크와 덜레스가 구상한 '두 개의 중국' 정책은[36] 한국전쟁의 발발로 애치슨 혹은 트루먼에게 그다지 호응을 얻지 못하였다. 그들은 공산집단이 이미 무력으로 확장 목표를 달성하려는 상황에서 타이완을 중국과 분리하려는 어떠한 시도든지 모두 중국과의 전쟁을 촉발할 수밖에 없다고 보았다. 따라서 한국전쟁으로 인해 군부가 타이완 보위를 우선목표로 삼았음에도 불구하고 이러한 구상이 워싱턴 정부의 정책에 미치는 영향이 상당히 제한적이었다. 국무부는 정치적인 측면에서든 군사적인 측면에서든 타이완 정책에 대한 대가를 끊임없이 평가하면서 국방부보다 중공의 반응과 행동에 더욱 주목하였다.

비록 미국은 한국전쟁으로 인해 타이완 해협에 개입하였지만, 워싱턴

----

35 그러나 유엔군이 중공군에 참패했을 때, 국방부는 이 문제에 대해서 상당히 탄력적으로 대처하였다. 즉, 1950년에서 1951년 겨울, 군부는 국무부보다 더 타이완을 보위하여 중공을 도발하는 행동을 하려 하지 않았다. Memorandum on a State-Defense Meeting, January 30, 1951, *FRUS 1951,* 7(2):1536~1542와 본서 제5장 참조.

36 이 정책의 구상은 본서 제3장 참조.

은 무기한 타이완의 보호자가 되겠다고 결심하지는 않았다. 다음 장에서는 한국전쟁 발발로 워싱턴의 정책결정자들이 중공의 감정을 더 중시하였고, 관계 개선의 길로 나아가지는 못하였지만, 적어도 도발한다고 보이지 않게 충돌을 피하려고 했으며, 그로 인해 워싱턴은 러스크와 덜레스가 구상한 '타이완 분리' 구상을 보류하게 하였음을 보게 될 것이다. 유엔에서의 타이완 문제 처리는 원래 타이완과 중국을 분리하려고 한 것뿐이었으나, 이후는 타이완의 최종 귀속 결정을 미루는 도구가 되었다.

정책을 구상하는 사람들은 타이완 문제를 묶어두는 책략을 통해 미국의 중립적인 입장을 드러낼 수 있기 바랐다. 그러나 중공이 한국전쟁에 개입하기 전까지 중립화 정책은 어쩔 수 없이 워싱턴과 국민정부의 거리를 좁혀왔고, 국무부가 애써 추구한 '편향되지 않은 중립'의 노력을 산산조각 냈다. 이어서 예상치 못한 중공의 한국전쟁 참전은 유엔군을 한반도 밖으로 거의 밀어내는 상황을 연출하였다. 이러한 위기는 타이완 정책에 대한 워싱턴의 사유 또한 바꾸어 놓았다.

1950년 11월부터 1951년 1월까지

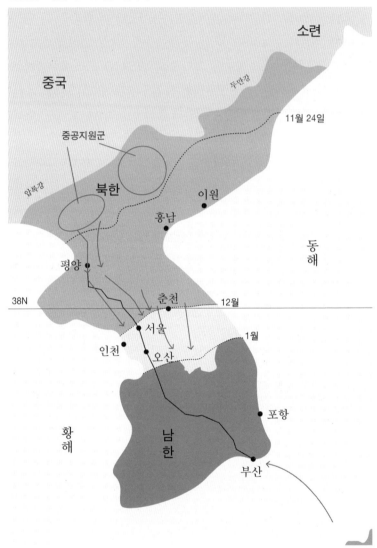

1950년 11월 24일 맥아더는 '전쟁 종결' 공세를 발동하였으나, 오히려 38선 이남으로 패퇴하였고 유엔군은 다시 서울을 상실하였다.

韓 戰 救 台 灣 ？

제5장

제한적인 전쟁

(1950년 여름~1951년 봄)

한국전쟁이 발발한 지 4개월 후, 미국은 뜻밖에 자신이 중공과의 격전에 말려들었음을 발견하였고, 잇따른 패배로 인해 워싱턴의 정책결정자들은 경악하였다. 애치슨은 중공의 한국전쟁 개입을 "트루먼 정부가 맞닥뜨린 최대의 재난"이라고 하였다.[1]

미국과 중공의 충돌 원인에 대해 서방 역사가들은 이미 "맥아더와 트루먼 중 누가 책임질 것인가"의 논쟁을 뛰어넘었고, 대부분은 다음의 내용들을 비판하였다: 워싱턴은 강한 냉전의식과 베이징에 대한 오만한 태도를 보이며 38선을 넘으면 참전하겠다는 경고를 무시했다. 또한 중공이 초기 공세 성공을 이용하지 못한 후, 유엔군과 접촉할 기회를 갑자기 중단하자 충돌을 조기에 해결할 수 있는 최후의 가능성은 사라져버렸다. 이어서 트루먼 정부는 경제제재 같은 중공에 대한 고립정책을 취하였고, 유엔에서 중공을 침략자라고 비난하였으며 또한 가끔 군사적 보복을 취하는 등 중공에 수시로 적의를 드러냈다. 결국 이러한 적대적인 태도는 이후 30년 동안 미국과 중화인민공화국이 정상적인 외교관계를 수립할 수 없게 하는 불행한 결과를 가져왔다.[2] 대 중공 정책에 대한 연구들은 베이

....

1 Princeton Seminars, February 13, 1954, Dean Acheson Papers, box 76, HSTL.
2 다음 소개하는 연구들은 미국이 중공의 의도를 오판하였고 그로 인해 충돌을 확대시켰다는 논지를 펴고 있다. Michael schaller, *The American Occupationof Japan: the Origins of the Cold War in Asia*(New York: Oxford University Press, 1985), Chapter 16; Schnabel and Watson, *History of the JCS*, 3:299~309; Foot, *Wrong War*, pp.95~101; William Stueck, "The March to the Yalu: the Perspective from Washington", in Bruce Cummings. ed., *Child of Conflict: the Korean- American Relationship, 1943-53* (Seatle:University of Washington Press, 1983), pp.195~237; David S. McLellan, "Dean Acheson anf the Korean

징의 한국전쟁 개입 원인이 워싱턴의 적대적인 행동에 있으며 세심한 전략적 고려에서 비롯된 것이 아니라고 주장한다.[3]

그러나 실제로 미국이 그처럼 오만하고 경솔하게 베이징의 경고를 완전히 무시하였을까? 워싱턴은 중국이 한국전쟁에 개입한 후에도 조금도 망설임 없이 중국에 적대적인 태도를 취하였는가? 정책결정자들은 정말로 중공과 협상할 뜻이 없었는가? 그들은 참으로 충돌을 확대하여 중공을 응징하려 하였는가?

War", in *Political Science Quarterly* 83:1(1968):16~39; Barton J. Bernstein, "The Policy of Risk: Crossing the 38th Parallel and Marching to the Yalu", *Foreign Service Journal* 54:3(1977):16~22. 매우 소수의 사람들이 한국을 통일하려는 정확한 결정을 시도하고 있었다고 생각하였으나, James I. Matray는 38 도선을 넘어 한국을 통일하는 것은 민의에 부합하는 방법이며, 그렇게 하지 않으면 아마도 더 맹렬한 비난을 받았을 것이라고 주장하였다. Matray, "Truman's Plan for Victory: National Self-Determination and the Thirty-Eighth Parallel Decision in Korea", *the Journal American HIstory* 66:2(September 1979): 314~333을 보라.

3 姚旭, 「抗美援朝的英明決策--紀念中國人民志願出國作戰三十週年」, 『黨史研究』, 1989 年 5月, pp.5~14; 張百家, 「從危機處理角度看抗美援朝出兵決策」, 『中國近現代史研究』 2001年 03期, pp.86~96; Anthony Farrar-Hockley, "A Reminiscence of the Chinese People's Volunteers in the Korean War", *Chinese Quarterly 98*(June 1984):287~304; Farrar-Hockley, "The China Factor in Korean War", in Cotton and Neary, eds., *The Korean War in History,* pp.4~10; Jonathan D. Pollack, "The Korean War and Sino-American Relations", in Harry Harding and Ming Yuan, eds., *Sino-American Relations, 1945-1955: A Joint Reassessment of a Critical Decade*(Wilmington, DeL: Scholarly Resources, 1989), pp.213~217; Yufan Hao anf Zhihai Zhai, "China's Decision yo Enter the Korean War: History Revisited", *China Quarterly*(March 1990):94~115.

Ⅰ. 유엔군의 북상

다수의 연구는 중공의 한국전 개입 후 미국은 어떠한 타협도 하지 않고 적대적인 태도를 고수하였다고 주장하고 있지만, 이 부분은 좀 더 고민해 볼 필요가 있다. 비록 한국전쟁이 발발하기 전 트루먼 정부가 일찍부터 바라던 중공과 관계를 개선하려는 열망은 이미 냉각되기 시작하였으나, 이전과 마찬가지로 중공과 모스크바가 조만간 분열할 것이라는 실낱같은 희망은 유지하고 있었다. 타이완 방위에 대한 입장을 조금 변경하였지만, 트루먼의 고문들은 마오쩌둥 정권과 적대적 관계로 돌아서야 한다는 어떠한 구상도, 건의도 한 적이 없다. 오히려 한국전쟁이 발발하자 제7함대를 타이완 해협으로 이동시킨 후 국무부와 백악관은 양안에 대해 "마음속으로부터 중립"을 유지하고 있었다.[4]

한국전쟁 초기에 군부와 국무부 정책기획자들은 중공의 개입 가능성을 생각하였고, 이 가능성에 대한 우려는 "한국을 무력으로 통일할 필요가 있는가"라는 논쟁으로까지 이어졌다. 국무부 내에서는 순회대사 제섭, 정책기획 사무국의 볼렌(Charles Bohlen)과 케넌, 그리고 극동과 과장 앨리슨(John M. Allison) 등이 모두 유엔군이 승리하면 중공이 개입할 가능성이 있다고 생각했다. 8월 중순 무렵, CIA는 비망록의 결론부에서 유엔군이 38도선을 넘으면 미국은 중공군과 정면 교전을 해야 할 것이라고 주장하였다. 군부 지도자들이 처음에 북진을 반대했던 것도 그러한 이유에서였다.[5] 미국 외교관의 보고서도 중공이 이미 화남, 화중의 주력부대

....

4 당시 국무부는 서방의 어떠한 노력도 중공과 모스크바의 분열을 가속화할 수 없다고 생각하였고, 미국은 중공에게 머리를 조아려 정상화를 빠르게 실현하기 바란 적이 없었다. Memorandum, Clubb to Rusk, October 26, 1950, 306.001 TS U. S. Policy toward Communist China 1950, RG 59, CA Records, box 17, NA 참조. 중립을 유지하려는 노력에 대해서는 본서 제4장을 참조.

들을 동북지역으로 이동하고 있다고 밝히고 있으며, 한국에서 온 정보도 북한군 중에는 이미 원래 중국 인민해방군으로 동북지역에서 복무했던 한국인 후예 군인들과 중국인 기술자들이 출현하였다고 보고하였다. 이러한 소식들은 중공의 참전 여부에 대한 관심을 고조시켰다. 10월 초 국무부는 중공이 참전할 것인지 여부가 문제가 아니라 어느 정도 개입할 것인지가 문제라고 생각하였다.[6]

그러나 몇 가지 요인이 이러한 우려를 완화시켰다. 서구 맹방의 태도와 정보가 정책결정자들의 사유에 영향을 미쳤을 것이다. 우선 영국의 태도이다. 그들은 중공이 국내 통치를 공고히 해야 하기 때문에 한국전쟁에 개입하지 않을 것이라고 보았다. 만약 한국전쟁에 개입하면 중공은 경제 재건과 공업화 계획을 지연해야 하고 또한, 한국에 그리 큰 흥미를 가지고 있지 않았기 때문에 적극 개입할 가능성이 없다고 판단하였다.

그 다음은 중공이 개입할 만한 군사력을 보유하였는가의 문제이다. 9월 중순까지 베이징 주재 인도 대사 파니카르(K. M. Parnikar)의 정보에 따르면, 모스크바가 간섭을 결정하지 않으면 유엔군이 38선을 넘어 북진한다고 해도 중공은 한국전쟁에 개입할 뜻이 없었다. 그 밖에 베이징과 다른 주요한 공업도시는 어떠한 공습에 대한 방어조치도 갖추고 있지 않았고, 중국의 기타 지역도 군사행동을 준비하고 있는 흔적이 보이지 않았

....

5 Memorandum of Conversation by F. E. Nolting, July 6, 1950; Agreed Memorandum of U. S.-U. K. discussions on the Present World Situation, July 20-24, 1950; Draft Memorandum by Allison, August 19 and 21, 1950; CIA Memorandum, August 18, 1950; above all in *FRUS, 1950*, 7:258, 310, 462, 521, 568, 600, and 622; Matray, "Truman's Plan for Victory", p.324 참조.

6 Memorandum of Teletype Conference, Department of Army with CINCFE, August 30, 1950; Memorandum, Clubb to Rusk, September 27 and 30, 1950; Tel.411 from Taipei, September 23, 1950; Tel.504 to New Delhi, October 4, 1950; above in *FRUS, 1950*, 7:659, 795, 829, 829n, 765n, 874.

다는 점도 주목할 만하다. 네덜란드 외교부는 중공군이 동북과 한국 변경으로 이동하고 있다는 소식은 국민정부가 미국에 흘린 거짓 정보일 것이라고 추측하였다. 또한 홍콩의 한 소식통에 따르면 중공의 최대 관심사는 유엔 가입이었는데, 유엔 가입을 목표로 하는 중공이 참전하여 유엔 회원국들을 적으로 삼을 리 없다는 것이다.[7]

미국은 중공의 의향을 알 수 없었다. 따라서 한국 통일문제에 대해 매우 신중한 태도를 취하면서 다만 전쟁 전의 상황으로 돌리는 것을 목표로 삼았다. 중공이 전쟁에 개입하지 않게 하기 위해 미국은 다시 인도 대사 파니카르를 통해, 그리고 트루먼의 공개적인 성명을 통해 미국은 타이완과 한국에 야심이 없다는 뜻을 중공에 전하였다. 심지어 워싱턴은 인도 정부의 주선으로 뉴델리에 주재하는 중공 대사와 직접 접촉하여 미국의 뜻과 성의를 전하려고 하였으나 중공은 거절하였다.[8]

유엔군의 승전보는 무력을 이용한 한국 통일 쪽으로 워싱턴 정책결정자들의 마음을 차츰 전환시켰다. 그러나 신중해야 한다는 원칙까지 포기한 것은 아니다. 9월 초, 국가안전회의는 소련이나 중공이 한국전쟁에 개

---

7 Agreed Memorandum of U. S.-U. K. Discussion on the Present World Situation, July 20-24, 1950; Memorandum, The British Embassy to the State Department, Semtepmber 28, 1950; Tel.716 from New Delhi, September 20, 1950; Tel.397 from the Hague, September 12, 1950; Tel.642 From Hongkong, September 22, 1950; above in *FRUS, 1950,* 7:462, 813, 742, 723, 765. 그 밖에 Stueck, "March to the Yalu", p.210 참조.

8 워싱턴이 중공과 소통하려는 노력은 Memoranda, Jessup to Rusk, July 21 and August 8, 1950, 611.94A/7-2150 and 793.00/8-850, RG 59, NA; Tel.405 to New Delhi, September 1, 1950, and Editorial Note of the same date; Tel.405 to New Delhi, September 16, 1950; Tel.842 from New Delhi, October 6, 1950, and Memorandum of Conversation by Rusk of the same date; Memorandum, Clubb to Rusk, October 26, 1950; all in *FRUS, 1950,* 6:478, 480, 733, 899, 893, 1000.

1950년 9월 15일 유엔군이 인천으로 상륙할 당시 포격상황을 살펴보고 있는 유엔
군총사령관 맥아더

입하지 않는다는 뜻을 분명히 하면 유엔군은 북한에서 지상전을 전개하
거나 북한을 점령하기로 하였다. 베이징과 모스크바를 자극하지 않기 위
해 워싱턴은 맥아더에게 만일 38선을 넘어 진격하면 중국 동북 변경 부근
에서는 비한국인 부대를 사용해서는 안 된다고 하였다. 또한, 38선 이남
에서 대규모의 중공군과 소련군을 마주치게 될 때에도 상황을 극도로 악
화시켜서는 안 되고, 중공군과 소련군의 개입 규모가 크지 않고 유엔군의
승리가 유력할 경우에만 계속해서 북진해도 된다고 지시하였다.[9]

9월 중순 맥아더의 인천상륙작전이 성공하면서 워싱턴은 극도로 조심

....

9 트루먼은 1950년 9월 11일 NSC 81/1을 비준하고 집행을 명령하였다. *FRUS,
    1950*, 7:712n, 714를 보라. 합동참모본부가 9월 27일 맥아더에 보낸 명령(JCS
    92762)은 Tel.317 to USUN and Tel.615 from USUN, September 26, 1950, in
    Ibid., 7:81, 785, 796n을 보라.

하던 태도를 잠시 완화하였다. 정책결정자들은 점차 중공의 개입 가능성에 대한 걱정을 내려놓고 유엔군이 38선을 넘을 수 있게 하였다. 한 역사학자는 이것이 트루먼 대통령의 임기 중 가장 불행한 결정이었다고 주장하였다.[10] CIA와 국무부는 영국이 주장한 '중공 불개입설'을 받아들였다. CIA의 판단에 따르면, 소련이 지원하지 않으면 중공은 한국전쟁에 개입할 군사력이 없다. 반면, 소련의 지원을 받게 되면 베이징은 더욱 모스크바를 의존하게 될 것이고 소련은 중국 동북지역에 대한 통제를 강화하게 될 것인데, 중국 인민과 공산당 내 민족주의자들은 이를 받아들이기 어려울 것이다.

국무부는 국방부의 평가를 묵인하면서 군사적인 관점에서 중공이나 소련이 개입할 가장 이상적인 시기는 인천상륙작전 이전이었다고 생각하였다. 10월 15일 트루먼과 면담할 때, 맥아더는 대통령에게 중공의 지상군 작전능력과 공군력은 모두 한반도에서 유엔군에 대항할 수 없으며, 그들이 감히 개입하면 반드시 섬멸될 것이라고 장담하였다. 따라서 워싱턴은 중공이나 소련이 개입할 수 있는 가장 적기는 이미 지나갔고, 중공이 개입할 수 있는 유일한 상황은 소련이 전면전을 결정하는 경우일 뿐인데, 당시 모스크바는 전면적인 세계전쟁을 발동할 가능성이 없다고 판단하였다. 게다가 북상하는 유엔군이 받은 저항은 아주 적었기 때문에 중공의 개입에 대한 우려는 점차 줄어들었다.[11]

유엔군의 북상이 파죽지세와 같은 때, 중공 외교부장 저우언라이는 유엔군이 38선을 넘기만 하면 중공은 북한을 보위하기 위해 파병할 것이라

---

10 MacDonald, *Korea,* p.87.
11 CIA Memorandum, October 4, 1950; Substance of Statements Made at Wake Island Conference, by Bradley, October 15, 1950; Letter, Matthews to General Burns, October 19, 1950; all in *FRUS, 1950,* 7:933, 953, 980.

고 공개적으로 경고했다. 또한, 그는 인도와 네덜란드 정부를 통해서 미국에도 이러한 내용을 전달하였다. 국무부 관원들은 저우언라이의 경고에 대해 각기 다른 반응을 내놓았다. 중국과 과장 클럽은 중공이 허세를 부리면서 위협하는 것이라고 생각하지 말고 한국의 무력 통일문제를 다시 고려해 보아야 한다고 주장했다. 주소 미국 대사 커크(Alan G. Kirk)는 큰 소리치며 다른 사람을 위협하는 공산당의 전형적인 모습이라고 보았다. 애치슨은 유엔 주재 영국 대표에게 유엔군은 이미 북상하기 시작하였고, 북한을 공격하려는 계획은 이미 확정된 것이며, 전체적인 계획을 멈추기는 이미 늦었으므로 유엔은 중공의 위협에 위축되어서는 안 된다고 전하였다.

미국의 영향 하에 유엔총회는 10월 7일 한국의 통일을 결정하였다. 이는 유엔군이 38선을 넘어 북상하도록 허락한 것이나 다름없었다.[12] 워싱턴은 유엔군의 작전에 자신감을 가졌고 한국의 통일이 머지않았다고 보았다. 따라서 중공의 공개적이거나 개인적인 경고에 그다지 개의치 않았으며 중공이 2만 5천 명의 부대를 한국전에 투입할 예정이며 심지어 이들 부대가 이미 압록강을 넘었다는 정보에도 신경 쓰지 않았다.[13] 소련이나 중공이 "아직 진입하지 않았거나 진입 예정이라고 선언하지 않은" 상황 하에서만 북한으로 진격하여 전투할 수 있다는 국가안전보장회의의 이전 결정은 자동적으로 수정되었다.

....

12 Tel.1934 from London, Tel.813 from Moscow, Tel.828 from New Delhi, October 3, 1950; Memorandum, Clubb to Merchant, October 4, 1950; Memorandum of Conversation by Allison, October 4, 1950; all in *FRUS, 1950,* 7:839, 850, 864, 893. 유엔의 결의는 *Ibid,* 7:904~906을 보라. 미국이 중공의 경고를 무시하고 38선을 넘기로 결정한 요인에 관한 학자들의 논의는 Stueck, "March to the Yalu", pp.209~213 참조.
13 Tel.411 from Taipei, September 23, 1950, in *FRUS, 1950,* 7:765n; CINCFE to 8th Army and X Corps, October 20, 1950, Radiograms, Outgoing-Misc, 16-31 Oct 1950, RG 9, box 50, MacArthur Library(hereafter cited as DML).

II. 적절한 정전시기의 상실

어떤 역사학자들은 10월 말 중공 참전 후 여전히 정치적인 방식으로 한국의 충돌 문제를 조속히 해결하려 했다고 보았다. 중공 '지원군'은 초기 공세에 승리한 후 신기하게도 11월 7일 유엔군과의 접촉을 돌연 중단하였다.[14] 학자들은 이때부터 11월 24일 맥아더의 '전쟁 종결' 공세까지가 협상을 통해 화해함으로써 미래의 더 큰 재앙을 피할 시도를 해 볼 수 있는 최적의 기회였다고 생각하였다.[15] 합동참모본부의 역사 기록에도 워싱턴이 "망설이며 결정을 내리지 못하고 상황을 오판함으로써 최적의 기회를 상실하고 말았다"고 기록하고 있다.[16] 11월 중에 과연 정치적으로

....

14 맥아더는 11월 28일의 보고서에서 중공군이 접촉을 중단한 것은 봄의 공세를 준비하여 일거에 한반도의 모든 유엔군 부대를 섬멸하려는 것이라고 보고하였다. C-69953, CINCFE to the JCS, *FRUS, 1950,* 7:1237. 그러나 맥아더의 '전쟁 종결' 공세가 실패하기 전, 미국 관원들은 지원군이 접촉을 중단한 것을 두고 중공의 간섭이 한계에 다다른 징후라고 해석하였다. 어떤 사람들은 미국이 진일보된 행동에 경고를 보내고 동시에 중국 동북 변경을 침범하지 않겠다고 보증함으로써 중공이 진일보된 행동을 하지 않도록 설득했다고 생각했다. 유엔의 대부분 회원국들도 이렇게 생각하여 기왕에 중공이 대표단을 유엔에 파견하기로 한 이상, 중국 대표단이 도착하기 전에 더 이상의 충돌은 필요하지 않다고 보았다. Schnabel and Watson, *History of the JCS,* 3(1):311~312를 보라.

15 이러한 견해는 Schnabel and Watson, *History of the JCS,* 3(1):299~309; Stueck, *Road to Confrontation,* pp.241~250; Stueck, "March to the Yalu", pp.223~232; Foot, *Wrong War,* pp.95~101.

16 Schnabel and Watson, *History of the JCS,* 3:299~309; and Acheson, *The Korean War,* Chapter 3, See also Stueck, *Road to Confrontation,* pp.241~250; Stueck, "March to the Yalu", pp.223~232; Foot, *Wrong War,* pp.95~101; Peter Farrar, "Britain's Proposal for a Buffer Zone; Farrar,"A Pause for Peace Negotiations" in Cotton and Neary, eds., *The Korean War in History,* pp. 66~79. 그러나 Callum MacDonald는 이러한 견해에 동의하지 않는다. MacDonald, *Korea,* pp.64~68 참조.

한국전쟁을 해결할 '기회'가 있었을까? 정책결정자들은 어째서 이 '최후의 기회'를 놓치고 말았을까? 워싱턴의 정책결정자들이 냉전사유에 얽매어 중공에게 적의를 품고 또한 그들과의 협상을 혐오했다고 단순하게 말해버리는 것은 이 질문에 충분한 답이 되지 못한다.

지원군과의 짧은 충돌은 워싱턴이 그들의 의도와 능력을 파악하기에 충분하지 않았다. 지원군은 효과적으로 위장하여 야간에 행군하였고, 압록강변의 지형은 유엔군의 정보와 정찰 시스템이 그들의 규모를 판단하기 어렵게 하였

한국전쟁의 위기가 최고조에 달했던 시기에 미국 국방장관이었던 마셜

다.17 그로 인해 유엔군은 북한에 진입한 지원군의 수를 심각하게 저평가하였다.18 정책결정자들도 중공이 왜 전쟁에 뛰어들었는지 알지 못했다.

....

17 지원군의 규모, 조직, 훈련과 야행전략에 관해서는 彭德懷, 『彭德懷自述』(北京: 人民出版社, 1981), 제14장; 攝榮臻, 『攝榮臻回憶錄』(北京: 解放軍出版社, 1984), pp.737~765; Anthony Farrar-Hockley, "A Reminiscence of the Chinese People's Volunteers in the Korean War", *China Quaterly* 98(June 1984): 287~304; MacDonald, *Korea,* p.63; Hao, Yufan and Zhai Zhihai, "China's Decision to Enter the Korean War: History Revisited", *China Quaterly* 98(March 1990):94~115를 보라.

18 유엔군은 지원군이 대략 2만 5천 명에서 3만 명쯤으로 생각했는데, 여기에 7만 7천 명의 유격대를 더하여도, 국민정부의 정보인 40만 명과는 차이가 있다. 니에룽전(攝榮臻)의 회고록에 따르면 처음에는 18개 사단이 압록강을 건넜다. '전쟁 종결'까지 공격이 실패한 후, 맥아더 사령관은 12월 초 적군 부대가 26개 사단, 후방에 또 20만 명의 부대가 있다고 평가하였다. Doris M. Condit, *History of the Office of the Secretary of Defense, vol.2, The Test of War, 1950-1953*

38도선을 넘으면 안 된다고 한 말이 진심인가? 아니면 허세를 떨며 겁을 주려는 것인가? 중국 동북 변경과 발전소를 보호하려는 것인가? 아니면 유엔군을 한반도에서 쫓아내려는 것인가? 소련의 압박으로 인해 제한적으로 간섭행동을 취하려는 것인가? 아니면 모스크바의 전체적인 극동 침략 계획의 일환으로 참전한 것인가?[19]

대부분의 정책기획자들은 중국 공산당의 군사력은 제한적이었고 경제와 정치적으로도 한계가 있으므로 유엔군의 추가 진입을 막아 북한 공산 정권을 지키려는 의도라고 보았다.[20] 이러한 견해들은 초기 좌절을 겪은 후 워싱턴의 정책결정자들이 군사적인 수단으로 한국을 통일하겠다는 결

....

(Washngton, D.C.: History Office/Office of the Secretary of Defence, 1988), pp.81, 87;『中央日報』, 1950年 11月 8日, 第一版;『攝榮臻回憶錄』, p.742.

19 중공은 어느 정도 개입할 것인지 표명하지 않았다. 단지 개입하면서 '항미원조, 보가위국(抗美援朝, 保家衛國)'을 슬로건으로 내세운 베이징은 유엔군을 바다로 밀어 넣을 것이라고 선포하였다. 10월 24일 저우언라이는 정치협상회의 제1회 전국위원회 상임위원회 제18차 회의에서 지원군은 미국을 공격하여 '그들로 하여금 어려움을 알고 물러나게 함으로써 문제를 해결할 수 있으며', 베이징은 세계대전을 일으킬 생각이 없으나, 대전이 무섭지는 않다고 말하였다. 周恩來 ,「抗美援朝保住和平」,『周恩來選集』(下) (北京: 人民出版社, 1984) pp.53~54을 보라. 워싱턴이 중공의 의도에 대해 추측한 것은 다음을 참조. Memorandum, C. A. W. to Commanderin-Chief, FEC, on Brief of "Trends of High Level Washington Estimates on chinese Communist Intervention in Korea", February 23, 1951, with two enclosures, Correspondence, General, January-April 1951, FECOM, General Files, box1, RG 6, DML.

20 중공의 의도에 대한 추측은 다음을 참조. Tel.2344 to London, November 6, 1950; NIE-2, November 8, 1950; Tel.1164 from Hong Kong, November 17, 1950; Memorandum, Jessup to Acheson, November 20, 1950; NIE-2/1, November 24, 1950(이상은 FRUS, 1950, 7:1051, 1101, 1183, 1194, 1220에 수록되어 있다.); Memorandum on Psychological Implications of the Chinese Intervention in Korea, by the Policy Advisor of the Assistant Secretary of Public Affairs, November 10, 1950, 693.951/11-1050, RG, NA; Schnabel and Watson, History of the JCS, 3(1):312.

정을 포기하기 어렵게 하였다.

중공 개입을 평가하기에 한계가 있었으나, 미국은 그로 인해 전쟁의 목표를 확대하지 않고 어떤 대가를 치르고서라도 한국을 무력으로 통일하려고 하였다. 사실 중공군이 유엔군과 접촉을 중단한 이 기간에 국무부와 국방부는 북한을 정복하기 보다는 정치적 수단으로 문제를 해결하는데 더 흥미를 보였다. 참모수장들은 11월 9일 국방장관 마셜에게 보낸 비망록에서 "가능하면 정치적 수단을 동원하여 신속하게 중공의 한국전쟁 개입문제를 해결해야 한다"고 건의하였다. 정치적 수단을 이용하든지 무력을 사용하든지, 당시 워싱턴 관원들은 모두 방어선을 지켜내고 최후에는 유엔군이 한반도에서 안전하게 철수할 수 있기만 바랐다. 비록 원상회복을 받아들이는 것이 공산당에게 약하게 보일 수 있고 또한, 결국 쓸데없는 전쟁을 한 것으로 보일 수 있었지만, 국무부와 국방부는 모두 유엔군이 중공이 개입할 때의 방어선에서 멈추기 바랐다. 그리고 더 나아가서는 방어선에서 더 후퇴하는 조건도 받아들일 수 있다고 생각하였다.[21]

맥아더가 '전쟁 종결' 공세를 발동하기 3주 전에 워싱턴에서는 어떤 형식의 '비무장지역' 건립으로 전쟁을 중지할 수 있는지 적극 검토하고

---

21 이를 절제 정책이라고 하는데 이 제안에 대해서는 다음을 참조. Memorandum, the JCS to the Secretary of Defense, November 11, 1950; Memorandum, Clubb to Rusk, November 7 and 10, 1950; Memorandum, Merchant to Rusk, November 16, 1950; War 97287, CS/USA to CINCUNC, November 24, 1950; 이상은 모두 *FRUS 1950*, 7:1120, 1089, 1125, 1164, 1223에 수록. State Policy Advisory Paper on Psychological Implications of the Chinese Intervention in Korea, November 10, 1950, 693.95/11-1050, RG 59, NA. 1950년 11월 24일 국가안전보장회의 제713차 회의에서 애치슨은 미국은 방어선을 지키고 현 상황을 유지해야 하며, 유엔에서 중공군의 철수를 촉구해야 체면을 구기며 한반도에서 철수하는 상황을 면할 수 있다고 주장하였다. Memorandum for the President, November 24, 1950, NSC Meetings #73, PSF, box 220, Truman Papers, HSTL을 보라.

있었다. 영국은 이 견해에 매우 흥미를 보이며 유엔에 이 방법을 제의하여 유엔군의 진격을 멈추자고 제안하였다. 애치슨과 국무부 관원들은 원래 이 방법도 실행 가능할 것으로 생각하였다. 그러나 다른 한편으로 중공에게는 비무장지역도 전리품이 될 수도 있다고 우려하였다. 최종적으로 트루먼은 애치슨의 판단에 동의하며 맥아더가 공세를 발동하기 전에 이 방법을 언급하지 말라고 하였다. 영국은 당시 맥아더의 공세도 신뢰하고 있었기 때문에 이 방안을 강요하지 않았다.[22]

이 기간 워싱턴은 유엔군의 행동에는 절대로 침략의 의도가 없다는 메시지를 계속해서 중공에 보냈다. 당시 가장 빈번하게 사용하는 소통창구는 베이징에 주재하는 인도 대사관과 스웨덴 대사관이었다. 미국은 또한 중공 대표단이 미국에 와서 타이완 문제의 토론에 참석할 때 쌍방이 직접 소통할 수 있기 바랐다.[23] 외교 통로를 통한 간접적인 소통에 중공이 냉담

....

22 국무부의 비무장지역에 대한 논의는 다음 자료를 참조. Memorandum by J. P. Davis, November 17, 1950; Memorandum, Jessup to Acheson, November 20, 1950; Memorandum on a Meeting at Acheson's Office by L. D. Battle, November 20, 1950, 이상은 모두 *FRUS 1950*, 7:1178, 1195, 1202에 수록. 영국의 역사학자 풋(Rosemary Foot)은 애치슨이 비무장지역 방안에 찬성했으나, 군부가 좋아하지 않았기 때문에 밀어붙이지 않았다고 생각했다. 사실 애치슨은 비무장지역이나 잠시 상황을 안정시키는데 동의하였고, 유엔의 감독 하에 비무장지역을 건립하자고 제의한 적도 있다. 그러나 이후에는 이러한 구상이 결국 중공을 유리하게 할 뿐이라고 생각하였다. 비무장지역에 관한 변론은 다음 자료를 참조. Foot, *Wrong War*, pp.92~93; Schnabel and Watson, *History of JCS*, 3(1):306; Stueck, "March to the Yalu", pp.226~227; MacDonald, *Korea*, pp.64~68; Peter N. Farrar, "A Pauses for Peace Negotiations; The British Buffer Zone Plan of November 1950", In James Cotten anf Ian Neary, eds., *The Korean War in History* (Manchester, England: Manchester University Press, 1989), pp.66~79. Farrar와 MacDonald는 11월 중순에 완충지대를 설립하려면 쌍방이 모두 후퇴하는데 동의해야 했고, 베이징도 협상을 원했지만 이 두 가지는 모두 당시에는 불가능하였기 때문에 한국전쟁을 조기에 해결할 수 있는 기회를 상실했다는 견해에 동의하였다.

하게 반응하자 트루먼, 애치슨 그리고 러스크는 각각 공개 담화를 발표하여 미국은 절대로 중국 동북지역을 침략하지 않을 것이라고 보장하였다. 충돌이 한반도 밖으로 확대되는 것을 막기 위해 머천트는 트루먼이 직접 중국 동북 변경의 안전을 보장한다는 서한을 마오쩌둥과 스탈린에게 보내라고 건의하기도 하였다.[24]

국무부와 국방부 관원들도 중공을 진정으로 안심하게 하려면 유엔의 정식 결의가 필요하다고 생각하였다. 이에 따라 11월 10일 6개국은 안보리에 결의문 초안을 제출하였고 명확한 입장을 표명하였다. 비록 결의문은 중국 동북 변경을 절대로 침범하지 않겠다고 '보장'하는 문구를 담지 않았지만, 트루먼 정부가 호의적인 태도를 가지고 있음을 반영하고 있었다.[25]

따라서 중공의 한국전쟁 개입에 대한 초기 대응에서 트루먼 정부는 가능한 모든 경로를 통하여 정치적인 해결방안을 찾으려고 하였다. 워싱턴도 중공이 외교 경로를 통하여 유엔군을 철수시키려고 한다는 믿을만한 소식을 얻었다고 주장하였다. 그러나 협상에서 불리한 위치로 인해 굴욕

....

23 Memorandum, Clubb to Rusk, November 10, 1950,; Memorandum of Conversation by Rusk, November 13, 1950; Memorandum by C. P. Noyes, November 18, 1950; 이상은 모두 *FRUS 1950*, 7:1123, 1141, 1187에 수록.

24 11월 15일 애치슨, 러스크의 성명과, 11월 16일 러스크의 성명은 Editorial Note, *FRUS 1950*, 7:1158, 1161을 보라. 머천트의 제안은 그가 11월 16일 러스크에게 보낸 비망록에서 볼 수 있다. *Ibid*, 7:1164. 비록 머천트의 제안이 채택되지는 않았으나 이를 통해 국무부 관원들이 충돌의 확대를 방지하기 위해 노력하고 있음을 알 수 있다.

25 Memorandum by Stuart, November 3, 1950; Tel.2344 to London, November 6, 1950 and Memorandum, Clubb to Rusk of the same date; Tel.482 to New York, November 7, 1950; Memorandum, the JCS to the Secretary of Defense, November 9, 1950(이상은 모두 *FRUS, 1950*, 7:1029, 1050, 1068, 1093, 1120에 수록). 11월 10일에 제출된 결의안 초안은 Editorial Notes, *Ibid*, 7:1126~1127와 Foot, *Wrong War*, pp.94~95를 참조.

에 처할 것을 우려하여 조심스럽게 행동할 것을 요구해 온 데이비스나 클럽 등 관원들에게 '적극적으로', 그리고 '즉시' 정전협상을 진행하라고 요구하지 않았다. 국무부와 국방부는 맥아더 사령관이 공세에 승리를 거둔 후 다시 정치적인 해결을 제안하는데 동의하였다.26

또한, 워싱턴 정책결정자들 대부분은 소련이 한반도의 충돌을 전면전으로 확대하기로 아직 결정하지 않았다고 보았다. 이러한 판단은 유엔군이 계속 전진하면 대전이 발발할 수 있다는 우려를 확실히 안화하였다. 전쟁 종결 공세를 시작하기 전 맥아더는 유엔군이 만에 하나 전투에 패할 경우 대비할 응변의 계획을 가지고 있지 않았다. 워싱턴이나 맥아더는 모두 공세가 반드시 성공할 것이라고 믿었다. 패전의 가능성도, 승리의 기회도 의심하지 않았기 때문에 트루먼의 참모 중 누구도 작전 진행 중에 다른 대응 계획을 건의하지 않았다. 부서간의 의견이 이처럼 일치하는 일은 좀처럼 보기 드문 경우였다.27 종합적으로 보면, 중공에 대한 절대적인 적

....

26 중공 개입에 대한 대처에 관해서는 다음을 참조. Memorandum, the JCS to the Secretary of Defense, November 9, 1950; Draft Memorandum by J. P. Davis, November 7 & 17, 1950; Memorandum of Conversation on a State-Defense Meeting by Jessup, November 21, 1950(이상은 모두 *FRUS, 1950* 7:1120, 1078, 1178, 1204에 수록); Memorandum, NSRB to the NSC, November 22, 1950, NSC Meeting #72, PSF, box 210, Truman Papers, HSTL. 베이징 개입의 대응방안에 관한 문서는 많다. 관련 문서는 앞에서 열거한 국가안전보장회의의 자료 중 1950년 11월의 모든 비망록과 정책보고서에 포함되어 있다. Foot, *Wrong War,* pp.96~98도 참고할 만하다.

27 Memorandum, CIA Director to the NSC, November 9, 1950; Memorandum of Conversation on s State-Defense Meeting by Jessup, November 21, 1950; 이상은 *FRUS 1950,* 7:1122, 1207에 수록. 애치슨은 이후에 맥아더가 이 기간에 주도한 정책을 비난하였다. 그는 자신과 정부의 다른 인사는 책임을 다하지 않았으며, 트루먼을 대신하여 맥아더의 공세를 주목하고 제지하지 않았다고 인정하였다. Acheson, *Present at Creation,* p.465. 스툭은 만약 애치슨과 마셜의 협력이 잘 이루어져서 군부의 승리에 대한 열망에 애치슨이 거부감을 갖지 않았으

의가 아닌, 강세의 지위에서 협상을 할 수 있기 바라는 마음과 군사력에서의 과도한 자신감은 워싱턴이 신중한 태도를 잠시 내려놓고, 군사적 승리를 쫓게 만들었다.

그러나 워싱턴은 계속해서 '전쟁 종결'의 공세를 결정한 후에도 신중한 태도를 완전히 포기하지는 않았다. 합동참모본부는 맥아더에게 유엔군은 중한 국경지대에 도착하면 즉시 뒤로 후퇴하여 압록강 유역 최후의 방어선으로 물러나고, 돌격할 때에도 가능하면 북한 경내에 있는 수력발전소를 파괴하지 말라고 지시하였다. 워싱턴의 지도자는 이러한 절제된 행동으로 중공이 후퇴할 수 있는 퇴로를 열어주고, 블라디보스토크의 안전에 대한 소련의 염려를 경감할 수 있게 하였다. 그러나 맥아더는 유엔군의 행동을 이처럼 제한하면 중공이나 소련의 진일보된 행동을 막아내는데 도움이 되지 않으므로 먼저 전면적인 군사 승리를 얻은 후, 모든 미군을 일본으로 물리자고 주장하였다.[28]

....

면, 아마도 그는 끌려가는 쪽보다는 이끄는 쪽을 선택하였을 것이라고 하였다. 또한 협상으로 해결 방안을 찾고 전면적인 승리를 쟁취하려고 하지 않았을 것이나, 결국 상황은 돌이킬 수 없는 결과를 낳았다고 말하였다. Stueck, *Road to Confrontation*, pp.250; "March to the Yalu", pp.231~232를 보라. 알렉산더(Bevin Alexander)는 워싱턴이 맥아더의 '전쟁 종결' 공세 전 중공군의 규모에 대한 평가를 완전히 신뢰하고 있었기 때문에 신중한 정책을 취하지 않았다고 생각했다. Aexander, *Korea: the First War We Lost* (New York: Hippocrene Books, 1986), pp.295, 517n9를 보라. 사실 애치슨도 강경한 입장을 보이기 바랐고 줄곧 평화적인 방안만을 요구하는 일부 국무부 관원들의 건의를 좋아하지 않았다. 아마 그도 국방부 관원들처럼 전쟁 승리를 매우 바랐을 것이다. 대다수 역사가들은 맥아더가 달가워하지 않는 워싱턴을 끌고 억지로 압록강으로 가려고 하지는 않았다는 맥도널드(Callum MacDonald)의 견해에 동의한다. MacDonald, *Korea*, p.57 참조.

28 WAR 97287, CS/USA to CINCUNC, November 24, 1951; C-69808, CINCUNC To the JCS, November 25, 1951; both in *FRUS, 1950*, 7:1223, 1231.

승세를 잡았다고 생각한 워싱턴은 맥아더에게 압록강을 건너지 말라고 지시했지만, 이것은
오히려 패배의 시작이 되었다.

III. 조기 화해의 가능성

예상 밖으로 맥아더는 전면적인 승리를 거둘 수 없었고, 압록강 유역
의 방어선도 지킬 수 없었다. 중공은 유엔군이 공세를 시작한지 이틀 후
에 반격을 시작하였고 아주 빠르게 강한 실력을 드러냈다. 맥아더의 보고
에 따르면, 유엔군은 중공군의 맹렬한 기세를 막아내기 어려웠다. 그는 공
격태세에서 방어태세로 전환할 준비를 하였다. 그러나 방어도 매우 곤란
해져서 제8군은 11월 28일 후퇴하기 시작하였고, 결국 평양마저도 포기하
였다. 공산군은 12월 2일 평양으로 입성하였다.

12월 중순에 이르러 제8군은 이미 38선 이남까지 물러났다. 대부분은 스스로 물러난 것이고 적군의 공격에 밀려 도주한 것은 아니었다. 역사학자 알렉산더는 이러한 상황을 "중공은 유엔군의 기계화 부대를 아주 멀리서 걸어서 쫓아갔을 뿐"이라고 묘사하였다.[29]

중대한 패배에 직면했을 때, 워싱턴은 즉시 이전의 신중한 태도를 회복하였다. 그 목표는 충돌을 국지화하여 유엔군이 한반도 전체에서 신속히 철수할 수 있게 하는 것이었다. 11월 28일의 국가안전보장회의에서 국무부와 국방부는 소련이 공들여 설계한 함정에 빠지지 않기 위해서 미국과 유엔은 중공과의 전면전에 말려들어서는 안 되며, 모든 정치, 경제, 그리고 심리의 수단을 이용하여 충돌의 범위를 제한하자는데 의견의 일치를 보았다. 이틀 후 기자회견에서 트루먼은 미국과 유엔은 중국의 영토를 침범할 의도가 없다고 거듭 천명하였다. 실제로 워싱턴이 가장 관심을 둔 것은 유럽의 안전이었고, 그 다음이 일본의 보위였다. 따라서 워싱턴의 고

---

29 C-69953, CINCFE to JCS, November 28, 1950, *FRUS, 1950,* 7:1247~1238; Alexander, *Korea,* pp.314, 319. 제일 먼저 애치슨은 중공이 공격하지 않으면 미국은 한반도에서 일본으로 물러나 유럽에서 소련과의 전쟁 준비를 고려할 수 있다고 건의하였다. 그러나 러스크와 군부는 동아시아를 완전히 포기하는 것은 유럽의 상황에 도움이 되지 않으므로, 상황을 전쟁 전으로 되돌리고, 미군의 실력을 보존하여 일본을 방어하자고 제의하였다. 유엔군은 스스로 38선 이남으로 후퇴한 것이고, 결코 중공군에게 쫓겨 물러난 것이 아니었다. 이후 군부가 한반도에서 전면적으로 철수해야 할 상황이 되었을 때, 애치슨은 오히려 망설이는 모습을 보였다. 애치슨과 러스크 등은 미국이 전쟁에 패하고 한반도에서 철수하게 되는 상황을 불안하게 받아들였다. 그들은 군부가 더 힘을 내어서 한반도에서 한 조각의 땅이라도 지켜내야 한다고 생각했다. 트루먼도 한반도에서 일방적으로 후퇴하는 것을 원하지 않았다. Memorandum, Emmerson to Johnson, November 28, 1950; Memorandum of Conversation by Jessup on State-Defense Conference, December 3, 1950; Memorandum of Conversation by L. D. Battle, December 2, and 27, 1950; all in *FRUS, 1950,* 7:1239, 1323, 1301, 1600 참조.

위관원들은 내심 미군과 유엔군의 군사력을 일본이나 유럽을 지키는데 사용하고 맹방들이 단결하기 바랐는데, 그 점을 한국의 미래보다 더 중시하였다. 그들은 미국이 대(對) 한반도 정책 목표를 수정하여 미국과 유엔이 한반도 통일에 어떠한 대가든지 치르겠다고 약속한 적이 없음을 분명히 해주기 바랐다. 따라서 11월에 워싱턴의 정책결정자들은 미군이 심각한 살상을 당하지 않았고 전쟁 전의 상황[38선을 중심으로 충돌을 멈추고 한반도가 양분되는 상황]을 회복할 수 있으면 정전을 받아들일 수 있다고 생각했다. 만일 전쟁 전의 상황을 회복할 수 없으면, 정책기획자들은 유엔군 전원의 한반도 철수를 건의하려고 하였다.[30]

전쟁의 목표를 바꾸고 철군을 고려하는 것 외에, 워싱턴은 미국이 받아들일 수 있는 조건 하에서 전쟁을 중지할 정치적인 경로를 적극 모색하였다. 많은 역사학자들은 전쟁이 발발한 후 워싱턴이 줄곧 외교 경로를 통한 문제 해결을 거절했다고 비난하였다. 그러나 사실 트루먼 정부는 전

----

30 애치슨은 동맹국의 지지가 유엔이 한국에서 승리하는 것보다 훨씬 중요하다고 생각했고, 국방부는 한국에서 모든 부대가 철수한 후 다른 전쟁의 필요를 준비해야 한다고 강조하였다. 비록 목표는 달랐지만, 그들은 공통된 인식을 가지고 있었다. 또한 정전을 위한 정치적인 행동이 실패하면 미국은 한국에서 발을 빼고 필요할 경우 유럽에서 소련과 전쟁할 준비를 해야 한다고 생각했다. Memorandum by Jessup on NSC Meeting of November 28, 1950; Editorial Note, November 30, 1950; Memorandum by L. D. Battel, December 2, 1950; Memorandum, Clubb to Rusk, December 7, 1950; Tel.602 to USUN, December 20, 1950; Memorandum by Rusk, December 21, 1950; all in FRUS, 1950, 7:1242, 1261, 1301, 1323, 1444, 1583, 1588 참조. 쉘러(Michael Schaller)는 애치슨의 지적에 동의하며 맥아더는 충돌의 확장이나 완전한 철수를 주장한 유일한 사람이었다고 강조하였다. Acheson, The Korean War, chapter 3 and Schaller, MacArthur, chapter 13 참조. 애치슨의 주장은 사실 맥아더에 대한 사실보다는 편견을 비교적 많이 반영하고 있다. 위기가 최고조에 달했을 때, 마셜은 참모장들에게 유엔군이 한반도에서 모두 철수하는 것이 최선인지 끊임없이 물었다. Condit, The Test of War, pp.84~86, 91 참조.

쟁이 시작하였을 때부터 협상으로 충돌을 해결하려고 하였으며,[31] 그 관건은 정전의 '조건'이었다. 이 부분은 중공이 개입하기 전에는 워싱턴 내부에서도 의견의 일치를 보지 못하고 있었다. 11월 말 유엔군이 대패한 후, 워싱턴은 한국전쟁을 끝내려면 중공을 승인하고 유엔에서 그들의 대표권을 인정하며 그들이 타이완을 통제하게 한다는 최악의 가능성을 직시하지 않을 수 없었다.[32] 비록 공산당에게 머리를 숙이려고 하지 않았으나, 트루먼 정부는 사실 대부분의 역사학자들이 인식하는 것보다 더 유연한 자세를 가지고 있었다.

애치슨은 그 전부터 동맹들이 미국의 대 타이완 정책을 지지하지 않을 것이라고 강조했으며, 유엔군이 패한 후 다시 이 사실을 지적하였다. 유엔 주재 미국 부대표 그로스(Ernest A. Gross)는 애치슨에게 일단 중공과 타협하기만 하면, 타이완과 유엔 의석 문제가 반드시 불거질 것이라고 말했다. 애치슨은 최우선적인 고려는 미군을 힘써 보호하는 것이라고 생각했으며, 어떠한 행동도 "우리가 이(유엔 의석과 타이완) 문제에서 유연성을

---

31 이는 국무부의 정책계획 사무국이 7월말 제출한 것으로 그 핵심은 NSC 81에 수록되어 있다. Draft Memorandum by the PPS, July 22, 1950; Draft Memorandum by State, August 23, 1950; and NSC 81, September 1, 1950; all in *FRUS, 1950*, 7:452, 637, 687 참조. 맥아더도 9월 21일 북한이 정전을 요구하면 우선 견지해야 할 조건을 평가하라는 요청을 받았다. W92083 from DA (CSGPO)(G-3) To CINCFE, September 21, 1950, Korea #2, July-November 1950, FECOM General Files, box 9, RG6, DML을 보라.

32 중공은 원래 상술한 조건을 한국전쟁 정전교섭의 대가로 내놓았으며, 1950년부터 1951년 겨울까지도 줄곧 같은 입장을 고수하였다. Memorandum, Emmerson to Rusk, November 20, 1950; Delga 461 from USUN, December 24, 1950; in *FRUS, 1950* 7:1197~1198을 보라. 국민정부는 미국의 입장이 흔들리고 있다는 것을 이미 인식하고 미국이 공개적으로 중공에게 양보하지 않을 것이라는 확고한 입장을 취하게 하려고 하였다. 그러나 미국은 그렇게 하지 않음으로써 국민정부를 실망하게 하였다. Note on Conversation 117/50, Koo and John Foster Dulles, December 19, 1950, Koo Papers, Box 180, BL 참조.

잃게 해서는 안 된다'라고 강조하였다. 유엔군이 패배한 상황에서 동맹국은 중공의 요구에 따라 미국이 국민정부를 지지하지 않고, 제7함대를 타이완 해협에서 철수하며, 중공의 유엔 가입을 승인하여 한국전쟁을 정치적으로 해결하는 쪽으로 기울고 있었다. 애치슨은 전 세계 반공 투쟁에서 동맹국의 지지를 중시해야 하는 반면, 타이완은 미국이 전면적인 전쟁의 모험을 치를 만큼 가치가 있지 않다고 강조하였다. 사실 맹방의 주장에 애치슨은 기꺼이 양보하려고 했다고 볼 수 있다.[33]

12월 유엔군이 계속해서 남쪽으로 철수하는 동안, 제섭과 러스크는 다시 애치슨의 타협방안을 연구하였다. 그들은 최악의 상황에서는 중공의 조건을 받아들임으로써 한국전쟁 정전을 실현해야 한다고 보았다. 정책결정자들은 미국이 유엔의 시스템 속에서 혹은 비밀 경로를 통해 중공과 협상하는 것에 동의하였다. 워싱턴은 이어서 중공의 유엔 가입문제가 안보리에 상정될 때 부결시키지 않을 것이라고 말하였다. 이는 미국도 유엔에서 중공의 유엔 가입을 배척하지 않겠다는 의미였다.[34]

타이완 문제에서 미국은 한국전쟁 해결을 위해 타이완을 포기하지는 않겠다고 영국에게 줄곧 표명하였으면서도, 유엔 주재 인도 대표 라우(Sir Panegal Rau)에게는 워싱턴이 논의할 여지도 없는 완고한 입장을 취하지

....

33 Memorandum of Conversation by Jessup on State-Defense Conference, December 3, 1950, *FRUS, 1950* 7:1325.
34 Tel.532, Yeh to Koo, November 25, 1950, folder B.44.2a, Koo Papers, box 147, BL; Tel. Hai-Chiang, Koo to Chiang Kaishek, folder L.8.1, *Ibid.,* box 167; Memorandum by W. W. Stuart, December 12, 1950, #13P Korea, RG 59, CA Record, Box 18, NA; Tel.263 to Certain Diplomatic Missions, December 12, 1950; Tel.584 to USUN, December 13, 1950; Memorandum, Jessup to Rusk, December 19, 1950; Memorandum by Rusk, December 21, 1950; above four in FR 1950, 7:1532, 1540, 1576, 1588. 미국은 전에는 중공의 유엔 가입을 부결하지 않을 것이라고 명백히 하였는데, 이 대목에서 공개적으로 이 같은 정책을 재확인한 것은 중국 공산당에 메시지를 던진 것임이 분명하다.

는 않겠다고 전하였다. 러스크는 만약 중공이 한국전쟁에 대한 교섭에서 타이완 문제를 논의하겠다고 하면 미국은 티베트와 인도차이나 문제를 함께 거론하자고 제의하였다. 국무부 중국과 관원 스튜어트(Wallace W. Stuart)도 중공이 인도차이나 반도에 개입하지 않겠다고 보장하면 타이완을 중공에 넘길 수 있다고 제안하였다.[35]

문제의 핵심은 중공의 요구를 받아들여 한반도에서의 충돌을 중지함과 동시에, 어떻게 하면 외부세계에 침략을 방임하거나 장려했다는 인상을 피할 수 있을 것인가에 있었다. 미국은 다음의 몇 가지 사항을 강조하였다. 즉, 공산 측에 전반적으로 양보할 뜻은 조금도 없으며, 중공과 협상을 원하지만 중공을 승인하는 입장에 변화가 생긴 것으로 해석되어서는 안 된다. 중공의 유엔 가입문제를 논의할 수는 있지만 한국전쟁 정전의 선결조건이 되어서는 안 된다. 그리고 타이완 문제 또한 '공공연하게' 한국전쟁 정전 문제와 연결되어서는 안 된다. 워싱턴은 38도선에서 충돌을 멈추고 어떠한 정치적 조건을 부가해서는 안 되며, 가능하면 정전 이후 공식적으로 혹은 비공식적으로 '기타' 동아시아 지역의 문제를 논의할 수 있기 바랐다. 간단히 말하면 미국은 정전협상의 논의에는 무엇이든지 포함할 수 있으나 어떠한 특정 문제를 먼저 토론하겠다거나 특정한 해결방안을 보장하겠다는 약속은 꺼렸다.[36]

주미 캐나다 대사 롱(Hume Wrong)은 미국의 생각이 모호하다고 하면

....

35 Memorandum by L. D. Battle, December 5, 1950; Delga 400 to USUN, December 9, 1950; both in *FRUS, 1950*, 7:1439, 1492; Memorandum by W. W. Stuart, December 6, 1950, #13P Korea, RG 59, CA Records, box 18 NA.

36 Tel.584 to USUN, December 13, 1950; Tel.916 to New Delhi, December 15, 1950; Memorandum, Jessup to Rusk, December 19, 1950; Memorandum by Rusk, December 21, 1950; Tel.602 to USUN, December 22, 1950; in *FRUS, 1950*, 7:1540, 1551, 1576, 1583, 1588.

서 국무부 차관보 러스크에게 미국이 어떤 의제를 정전 후의 토론 의제로 삼으면 중공이 이 방안을 확실히 거절하지 않게 할 수 있는지 물었다. 그러나 미국은 일부러 이 모호함을 명확히 하지 않았고 12월 말에 중공 주재 스웨덴 대사를 통하여 이 제안을 중공 당국에 전달하였다. 과연 중공의 반응은 부정적이었다.[37] 이 방안은 1951년 1월 13일 유엔에 정식으로 제출하여 결의하게 하였으나, 중공은 여전히 받아들일 수가 없었다. 중공 외교부장 저우인라이는 유엔의 이 제안에 회신하면서, 협상 전에 우선 정전하는 것은 "단지 미국에게 숨 돌릴 여유를 주는 것일 뿐"이라고 말하였다. 중공의 대응방안은 모든 관련 국가들이 외국 부대가 모두 한국에서 철수하는 것에 동의하는 것이고, "협상의 주제는 반드시 미국 무장부대가 타이완, 타이완 해협, 그리고 기타 동아시아 관련 문제에서 벗어나는 것"이었다.[38]

....

37 Memorandum of Conversation, Rusk with Swedish Ambassador, December 22, 1950; Memorandum of Conversation, Rusk with Wrong, December 26, 1950; in *FRUS, 1950,* 7:1590, 1599.

38 중공은 12월 14일 유엔의 13개국 정전 결의안을 거절하였다. 그 이유는 결의문이 한국에서 모든 외국 군대의 철수, 제7함대의 타이완 해협 철수, 중공의 유엔 대표권 승인과 같은 중공의 요구사항을 언급하지 않았기 때문이다. Daily Secret Summary, December 14, 1950, E396.8, RG 59, NA; Delga 461 from Ambassador Austin, December 24, 1950, *FRUS, 1950,* 7:1594~1598을 보라. 1951년 1월 13일 수정 후의 결의문은 타이완과 유엔의 중국 대표권을 포함한 기타 동아시아 문제를 토론하기로 답하였다. 결의문은 Editional Note, *FRUS, 1951,* 7(1):64 참조. 미국은 유엔의 단결을 유지하기 위해 이 결의안을 지지하는 쪽으로 투표할 수밖에 없었으며, "중국이 그것을 거절할 것이라는 강렬한 희망과 믿음이 있었다"고 애치슨은 회고하였다. 그러나 사실은 그렇지 않다. 이 구상을 제출한 것은 미국이었으며, 워싱턴도 중공에게 호의를 표하려고 하였다. 역사학자 풋은 워싱턴이 어떠한 정치적 조건도 정전협상에 더하지 않기로 확정하였으며, 이러한 생각은 유엔의 정전 결의안에 대한 미국의 태도에서도 드러났다고 보았다. Acheson, *Present at Creation,* p.513; his statement in response to

워싱턴은 중공의 조건을 받아들였다. 러스크가 12월에 영국 수상 애틀리(Clement Attlee)에게 말한 것처럼 미국은 협상을 원했으나 협상 전에 먼저 양보하라고 요구할 수 없었다.[39] 따라서 한국전쟁 조기 종결에 있어서 장애는 협상 절차에 관한 의견 차이였고, 협상을 원하지 않아서가 아니었다. 미국은 협상을 원했고, 심지어 어느 정도 대가를 치러서라도 한반도의 충돌 문제를 해결하기 원했으나, 정전 전에 중공에게 양보할 수는 없었다. 이는 자신의 체면과 위엄, 명망을 모두 포기하는 것과 같았기 때문이다. 바꾸어 말하면 미국이 신경 쓴 것은 화해 방안의 실제적인 내용이 아니라 외부에서 이 결말을 어떻게 볼 것인가였다.

역사학자 코프먼(Burton I. Kaufman)이 묘사한 것처럼 '체면'을 유지하는 것은 원래 중국의 전통이었으나 당시 워싱턴의 고위층도 마찬가지로 체면을 중시하였다.[40] 중공은 미국이 군사적인 압박을 심각하게 받지 않는 한 어떠한 양보도 하지 않을 것이라고 생각했다. 당시 중공은 확실히 군사적인 압력을 행사할 수 있는 능력이 있었다. 따라서 정전협상을 시작하기 전에 그들이 요구한 조건 충족이 우선되어야 한다고 주장하였다. 미국은 자신의 명예에 관심이 있었고 중공은 미국의 성의를 의심하였기 때문에 협상은 시작되기 어려웠다. 그렇다고 해도 국무부는 서로 양보할 가능성에 높은 관심을 보였다. 중공이 두 차례의 봄 공세에서 패하자, 미국의 양보 여부는 더 이상 협상을 해야 할지의 핵심 요소가 되지 않았다.[41]

....

the Chinese rejection on January 17, 1951, in *FRUS, 1951,* 7(1):91; and Foot, *Wrong War,* pp.110~111을 보라.

39 Truman, *Years of Trial and Hope,* p.408을 보라.

40 Burton I. Kaufman, *The Korean War,* p.138.

41 스튜어트는 전쟁 전 상황의 회복을 기초로 한국전쟁을 해결하자고 중공을 설득할 수 있으면, 그리고 중공이 이웃국가들과 불가침조약 체결에 동의할 수 있으면, 미국은 국민정부에 대한 모든 지지를 철회하고 중화인민공화국을 승인할

IV. 군사보복에 대한 고려

중공과 협상을 꺼려했다는 것 외에, 학자들은 한국전쟁의 위기가 최고조에 달했던 12월에서 1월 사이에 워싱턴이 전쟁을 확대하려고 했다고 비난한다. 어떤 학자들은 트루먼 대통령을 포함한 워싱턴의 지도자들이 1951년 1월 "분명히 동아시아 지역에서 확전을 명령하기 직전에까지 이르렀다"고 생각했다. 맥아더는 국방부의 동료들과는 다른 생각을 가지고 있었지만, 학자 윌츠(John Edward Wiltz)는 맥아더의 확전에 대한 그들의 생각은 "그들이 맥아더의 청문회에서 보여준 증언보다 더 진지했다"고 보았다. 많은 학자들은 미국이 중공에 적의가 있었다는 생각에 동의하였다. 스툭은 만약 영국이 미국의 정책에 비교적 큰 영향을 미칠 수 있었다면, 아마도 중공이 전쟁에 개입하기 전에 직접적인 충돌을 피할 수 있었을 것이라고 지적하였다. 그러나 영국 학자 풋은 영국이나 다른 서방의 동맹국들이 막지 않았다면 맥아더 장군의 '전쟁 종결' 공세가 실패로 돌아간 뒤 미국이 직접 중공과 전쟁을 발동했을지도 모른다고 말하였다.[42]

사실 11월 말 유엔군이 철수를 시작하자, 워싱턴에는 중국 본토에 보복 공세를 취하자는 의견과 정서가 만연해 있었다. 한국전쟁이 막 시작되

....

것이고 그들의 유엔 가입을 지지할 것이며, 중공에 대한 모든 경제봉쇄와 재정 압박을 취소할 수 있다고 하였다. Memorandum, Stuart to Clubb, March 19, 1951, 320.2, Communist China Relations with Other Countries 1951, RG 59, CA Records, box 28, NA.

42 John Edward Wiltz, "The MacArthur Hearings og 1951; the Secret Testimony", *Military Affairs* 39(December 1975):170, 173n53; William Stueck, "The Limits of Influence: British Policy and American Expansion of the War in Korea", *Pacific Historical Review* 55(February 1986):65~94; Rosemary Foot, *Wrong War,* pp.113~123, and "American-American Relations in Korean Crisis: the British Effort to Avert an Expanded War, December 1950-January 1951", *Diplomatic History* 10:1(Winter 1985):43~57.

었을 때 38선을 넘는 것조차도 반대했던 현실주의자 케난도 만일 중공이 한국전쟁에 개입하면 미국은 중국 국경 내의 목표에 해군과 공군의 공격을 진행할 수 있는 정당한 이유가 생긴다고 생각했다. 미국도 일찍이 인도 정부를 통하여 타이완과 한국 혹은 중국의 주변 어떠한 지역에도 군사행동을 취하지 말 것이며, 그렇게 하지 않을 경우 미국은 "중국 본토에 대해 군사보복을 발동하자"고 유엔에 요구할 것이라고 경고한 적이 있다.[43] 그러나 한국전쟁의 위기가 최고조에 달했던 1950년 말~1951년 초의 겨울, 중국 본토에 대한 군사행동 감행과 관련한 사유를 보면 워싱턴은 학자들이 비평하는 것보다도 훨씬 더 절제하고 있었다.

중공이 개입하기 전 국가안전보장회의는 중공이 참전하면 "한국 국경 밖에서 중공에 적절한 해군과 공군의 군사행동을 취하도록" 유엔군에 전권을 주기로 결정했다. 그러나 이 결정은 문자적으로 모호할 뿐만 아니라, 도대체 어떠한 상황에서 보복행동을 취할 수 있는지도 불명확했다. 1950년 8월 24일의 NSC 73/4 문서는 "일단 조직적인 중공 부대가 한국에서 활동할 때에는 즉시 행동을 취할 수 있다"고 하였다. 9월 11일의 NSC 81/1 문서는 "일단 **38선이남**(저자 강조)에서 공개적으로 혹은 비밀리에 중공 부대를 활용"하면, 즉시 보복행동을 취할 수 있다고 하였다. 1개월 후, 작전명령으로 전환되었을 때는 중국 국경 내의 목표물에 대해 '어떠한' 군사행동을 취하기 전에 먼저 워싱턴으로부터 권한을 부여받아야 한다고 맥아더에게 요구하였다.[44]

....

43 Possible Further Danger Points in Light of Korean Situation" by Kennan, June 30, 1950, folder 1-D-12, box 24, Kennan Papers, ML; Tel.257 to New Delhi, August 16, 1950, *FRUS, 1950,* 6:441~443.

44 군사보복행동에 대해 국가안전보장회의의 고려는 NSC 73/4, August 24, 1950; NSC 81, September 1, 1950; NSC 81/1. September 9, 1950, which was approved by Truman on September 11, 1950; all in *FRUS, 1950* 7:650n, 664,

중공이 한국전쟁에 정식으로 개입하기 전에는, 만일 미국의 권고를 무시하고 전쟁에 개입하면 미국은 중국 본토에 대한 즉각적인 공격을 생각하고 있었으나, 이는 하나의 성가신 '가능성'일 뿐이었지 실질적으로 고려하고 있던 사항은 아니었다. 중공이 개입을 한 후, 미국의 정책기획자들은 비로소 모종의 해·공군 군사행동을 취해야 하겠다고 생각하였다. 당시 고려했던 군사행동은 화학전, 타이완 부대를 운용하는 간접적인 방안, 동북지방에 대한 현지 폭격을 포함하였고, 심지어 원자탄 사용도 고려되었다.[45]

그러나 그들은 명확한 군사행동 절차를 기획하는 데에는 마음을 쏟지 않았고, 오히려 보복행동에 '반대'할 이유를 찾는데 정력을 쏟았다. 그들이 주로 우려한 것은 동북지역에 대한 공격이 유엔의 군사·정치적인 입장을 훼손할 수 있다는 것, 충돌범위가 확대되어 소련의 전쟁 개입을 야기할 수 있다는 것이었다. 국부군을 동원하는 것은 아마도 미국이 중공과의 전면전에 말려들 수 있으며, 이 점은 서방, 특히 영국의 강렬한 반대에 부딪칠 수 있는 것이었고 또한 워싱턴이 국민정부로부터 벗어날 가능성을 줄어들게 만드는 것이었다.

원자탄에 대해서 국무부는 전쟁이 처음 발발하였을 때부터 사용할 수 있는 상황을 고려하고 있었다. 중공이 개입한 후 국방부의 일부 부서, 특히, 육군 작전계획실은 원자탄 사용으로 대응하자고 건의하였다. 그러나 그들도 이 조치는 쉽지 않다는 것을 명확히 알고 있었다. 국방부의 원자탄 주관자인 육군 준장 로퍼(Herbert B. Loper)는 한국 국경 내에서보다 한국 국경 밖에서 원자탄을 사용하는 것이 소련을 전쟁에 끌어들이는 결

685, 717, 712n 참조.

45 Memoranda, Clubb to Rusk, November 7 and 1, *FRUS, 1950*, 7:1089, 1170; Memorandum, Clubb to Rusk, November 17, 1950, 305.001, U. S. Policy toward Communist China 1950, RG 59, CA Records box 17, NA.

정적인 역할을 하게 될 것이라는 국무부 정책기획 국장 니츠(Paul H. Nitze)의 견해에 동의하였다. 또한 국무부 극동 사무국 정책기획 고문 애머슨(John K, Emmerson)은 원자탄의 사용이 미국의 도덕적 입장을 훼손할 것이고 분명히 서방국가들의 비난을 받게 될 것이라고 하였다.[46] 중공의 행위는 미국을 너무 얕잡아보고 있었지만, 현실주의자들이 여전히 우세하였다. 따라서 소련이 파놓은 함정에 빠지지 않으면서 전쟁을 중국으로 확장하는 것이 중공의 한국 개입 문제를 처리하는 최고의 지도원칙이었다.

맥아더의 공세작전 실패에 워싱턴 정책결정자들은 분노하였다. 그들은 일관되게 조심스러운 사유를 보였지만, 중국 본토에 대한 군사보복 발동을 포기하기도 쉽지 않았다.[47] 전술한 바와 같이 12월 한 달 동안 워싱

....

46 국무부 정책기획 사무국은 1950년 7월 중순 원자탄 사용 조건에 대해서 연구를 시작하였다. Barton J. Bernstein, "New Light on the Korean War", *International History Review* 3:2(April 1981):261; Memorandum, Clubb to Rusk, November 7 and 17, 1950, *FRUS, 1950,* 7:1089. 1170; Memorandum of Conversation by Jessup on a State-Defense Meeting on Korea, November 21, 1950, *Ibid,* 7:1207을 보라. 풋은 1950년 11월~12월 사이에 육군부와 맥아더가 원자탄 사용을 적극적으로 고려했고, 이 점은 의회와 민중의 정서상의 지지를 받았다고 생각했다. Foot, *Wrong War,* 115~117; Schnabel and Watson, *History of the JCS,* 3:372~373을 보라. 그러나 국무부와 일부 군부 인사들의 반대 목소리도 매우 강했다. Memorandum by Nitze, November 4, 1950; Memorandum, Emmerson to Rusk on Use of the Atomic Bomb in China, November 8, 1950; both in *FRUS, 1950,* 7:1041, 1098 참조.

47 국무부와 국방부는 미국이 확고한 입장을 드러낼 수 있는 어떤 행동을 취해야 한다는 데 공통된 인식을 보였다. 예를 들면, 중공의 유엔 가입 저지, 유엔을 통한 중국 침략 질책, 그리고 비공식적인 경제·정치제재 등이었다. 그러나 그들은 상원의 외교관계위원회가 요구하는 중공에 대한 군사보복 주장을 받아들이고 싶지 않았다. 구웨이쥔 대사는 합동참모본부가 국부군을 중국 동북지역 폭격에 활용하자고 건의했다는 소식을 들었을 때, 이 소식이 정확한 것인지 의심하였다. NSC Special Meeting on Chinese Communist Intervention in Korea,

턴은 받아들일 수 있는 정전 조건을 찾는데 전념하였다. 국무부와 국방부
는 11월 28일 국가안전보장회의에서 중국 동북의 공군기지를 폭격하고,
중국 영토를 공격하는 것과 함께 국부군을 활용한 군사보복도 모두 피해
야 한다는 데 의견의 일치를 보았다.

12월 초 트루먼과 애틀리의 정상회의를 위한 입장 설명서를 준비하면
서 국무부와 국방부도 군사적인 소란거리를 배제하자는 데 동의하였다.
그러나 애치슨과 그의 국무부 동료들은 여전히 군부의 행동이 격렬해질
깃을 우려하면서 "그들(군부)이 중국 동북을 폭격하지 않도록 주시하였
다."[48] 군부는 미국을 전면적인 전쟁으로 말려들게 할 수 있는 군사행동
에 대해 일반적으로 생각하는 것보다 더 많이 조심하고 있었다. 참모장들
은 처음부터 유엔군이 한반도에서의 철수를 압박받게 되면 경제와 정치
적인 압력 외에 군사보복 행동도 확실히 생각하고 있었다. 그러나 국무부
는 중공이 한반도 밖으로 공격을 확대하지 않으면 유엔군의 군사행동도
한반도 내부로 제한해야 한다는 입장을 고수하였으며, 이후 합동참모본부
도 이러한 입장을 받아들였다.[49]

Memorandum for the President regarding the Meeting, November 28, 1950,
Korea folder, box 72, Elsey Papers, HSTL; Memorandum by Jessup on
State-Defense Meeting, December 1, 1950, *FRUS, 1950,* 7:1276~1281;
Memorandum of Conversation by McWilliams on State-Defense Meetion,
December 3, 1950, *Ibid.,* 7:1335; Tel.662, Koo to Yeh, November 28, 1950,
folder B.44.2a, box 147. Koo Papers, BL; Tel. Shu-yen 72, Koo to Chiang
Kai-shek, November 29, 1950, folder L.8.1, *Ibid.,* bos 167; *Koo Memoirs,*
7:A234 를 보라.

48 Memorandum by Jessup on NSC Meeting of November 28, 1950, same date;
Memorandum by L. D. Battle, December 4, 1950; US Min-6 of the Truman-
Attlee Talks, December 8, 1950; *FRUS, 1950,* 7:1242, 1345, 1468n3. 그리고
Schnabel and Watson, *History of the JCS,* 3:372도 참조.

49 Memorandum, JCS to Secretary of Defense, December 4, 1950; State Posotion
Paper on U. S. Position on Two Principal Alternative Courses in Korea,

12월 초 회담 때 국방장관 마셜은 영국 수상 애틀리에게 국방부는 중공을 공격할 자세한 군사계획을 준비한 적이 없으나, 만약 유엔군이 한반도에서의 퇴출을 압박받으면 약간의 온화하고 비밀스러운 군사행동을 "취할 수도 있다"고 인정하였다. 그러나 그는 여전히 동북지역 폭격에는 위험이 너무 크다고 찬성하지 않았다.[50] 심지어 맥아더마저도 중공을 설득할 수 있으면 38도선을 경계로 하는 정전(停戰)이 가장 유리한 해결방안이라고 생각하였다.[51]

....

December 7, 1950; US Min-5 of the Truman-Attlee Talks, December 7 and 8, 1950, *FRUS, 1950*, 7:1348, 1439, 1455.

50 일반적인 인식은 이 시기에 이르면 미국이 이미 중공을 징벌하거나 전쟁을 확대하기로 결정하였다고 생각한다. 트루먼은 11월 30일 기자회견에서 원자탄 사용을 의심받았는데 동맹국들, 특히 영국은 이를 매우 우려했다. 영국 수상 애틀리는 12월 초 급히 워싱턴으로 가서 미국에게 이성을 잃지 말라고 설득하였다. 이 정상회담에 관한 연구는 대다수가 미국의 태도가 강경하고 타협을 하려고 하지 않았다고 강조하며, 당시 영국 외무장관에게 중공이 전쟁을 한반도 밖으로 확대하지 않으면 미국의 행동은 한반도 내로 제한되어 있을 것이라는 점을 고지하였다는 사실은 언급하지 않았다. 트루먼과 애틀리의 회담 내용 요약은 Schnabel and Watson, *History of the JCS*, 3:370~378과 Burton I. Kaufman, *The Korean War: Challenges in Crisis, Credibility, and Comman*(New York: Alfred A. Knopf, 1986), pp.110~114 참조; 회의의 기록은 *FRUS, 1950*, 7:1361~1374, 1392~1408, 1449~1461, 1468~1479에 수록.

51 Alexander, *Korea*, p.369처럼 일반적으로 맥아더 사령관이 전쟁 확대를 바랐다고 보는 견해들이 있다. 맥아더는 11월 29일 국부군 활용을 요구한 적이 있는데 이것은 군사적인 필요를 해결하기 위한 것으로, 미국은 이미 파병할 수 있는 완전히 무장된 부대가 없었다. 그러나 그 전날 국가안전보장회의는 이러한 구상을 받아들이지 않기로 결정하였다. 합동참모본부는 맥아더에게 그의 구상이 국제사회에서 야기할 수 있는 결과를 설명하면서도 맥아더의 제의를 검토해 볼 수 있다고 말하였다. Memorandum by Jessup on NSC Meeting of November 28, 1950, same date; C-50021, CINCFE to JCS, November 29, 1950; JCS 97594 to CINCFE, November 29, 1950; *FRUS, 1950*, 7:1243, 1253n, 1253.

중공에 보복하고자 하는 갈망은 1950년 12월 말~1951년 1월 중순의 기간에 최고조에 달하였는데, 이 시기 유엔군이 실제로 한반도에서 밀려날 위기에 처하였기 때문이다. 맥아더가 처음 언급한 국부군 투입에 관한 구상은 합동참모본부에 의해 기각되었지만, 그는 여전히 워싱턴이 한반도에서 철수해야 할지, 아니면 병력을 증원하여 모종의 방어선을 지킬 수 있게 해야 할지 명확하게 결정해야 한다고 요구했다.[52] 합동참모본부는 우선 맥아더에게 단 기간 내에는 병력을 증파할 수 없다고 통지하였고, 후에 모순되는 지시를 다시 보내 가능하면 몇 개의 방어선을 단단히 지키라고 하였다. 그러나 부대의 안전을 위협하지 않게 한다는 것을 전제로 하여 맥아더는 양자 모두에게 가장 적절한 철군 시기를 스스로 결정해야 했다.[53]

작전 목표를 명확하게 밝히지 않으려는 워싱턴 고위층의 태도에 맥아더는 깊이 좌절감을 느꼈다. 따라서 그는 중공의 전투능력을 마비시킬 수 있는 4가지 방안을 제안하였다. ①중국의 해안봉쇄, ②해공군의 공격으로 중공군 전투능력을 지원하는 공업시설 파괴, ③국부군의 한반도 투입, ④중국의 방어가 비교적 약한 지역 공격에 국부군 투입. 맥아더는 이러한

----

[52] 1950년 12월 초 육군참모총장 콜린스(Lawton Collins)는 도쿄를 방문하였다. 맥아더는 12월 7일 그에게 한반도 정세에 대한 의견을 보고하였다. 두 사람의 담화 내용 요약은 *FRUS, 1950,* 7:1469n에 수록.

[53] 맥아더가 병력 증원을 요구하는 과정은 Schnabel and Watson, *History of the JCS,* 3:388~393과 Kaufman, *The Korean War,* pp.118~120에 수록되어 있다. 합동참모본부가 맥아더에게 보낸 지시는 JCS 99935 to CINCFE, December 29, 1950, *FRUS, 1950,* 7:1625~1626을 보라. 사실상 합동참모본부는 맥아더에게 철수하라고 지시하고 싶었으나, 애치슨과 그의 고문들, 심지어 트루먼 대통령 자신도 철군은 미국의 국가 명망을 훼손할 수 있으므로 맥아더가 버틸 수 있을 때까지 버티기를 바랐다. Memoranda of Conversation by L. D. Battle, December 27 and 28, 1950, *Ibid.,* 7:1600, 1615.

방법이 중공의 적의를 증가시켜 정세를 더 악화시키지는 않을 것이라고 주장하였다. 소련이 전면전을 발동할 것인가에 대해서는 소련의 상대적 실력에 대해 평가하였고 다른 요소는 고려하지 않았다.[54] 그러나 맥아더는 해군 작전부 부장 서먼(Admiral Forest P. Sherman) 외에는 누구도 그의 건의를 지지하지 않는다는 것을 발견하였다.[55] 합동참모본부는 맥아더에게 진지하게 고려해 보겠다고 했지만, 1월 9일 그에게 보낸 답신은 실제로 대부분의 건의를 거절한 것이었다. 참모장들은 맥아더에게 유엔은 한국에서의 활동을 강화할 수 없고, 중국 해안봉쇄는 상황이 안정되거나 유엔군이 철군한 이후에 실행할 수 있으며, 서방 동맹국들의 동의도 필요하다고 했다. 그리고 그들은 해·공군의 공격은 중공이 한반도 밖에서 미군을 공격하는 상황에서만 실행할 수 있는 방법이며, 마지막으로 "국부군은 한반도 전황에 결정적인 작용을 할 수 없으나 다른 곳에서는 효용이 클 수 있기" 때문에, 그들을 한반도 전장에 투입할 수 없다고 하였다.

참모장들은 한국 내의 진지를 굳게 지켜야 하나 그 부대의 안위를 최우선으로 해야 한다는 전령을 맥아더에게 재차 확인시켰다.[56] 이러한 지속적인 모호함은 맥아더의 강력한 반발을 불러 일으켰다. 합동참모본부의 지시가 미국의 한반도 철수 여부를 적의 행동에 맡기는 것과 같은 것이었기 때문에, 맥아더는 미국이 한반도에서 지향하는 정책목표를 명확히 해

....

54 C-52391, CINCFE to the JCS, December 30, 1950, *FRUS, 1950,* 7:1630~1633. 맥아더가 군사적 대응을 제한하는 것이 소련의 개입을 야기하지 않을 수 있다고 보는 유일한 사람은 아니었다. Foot, *Wrong War,* pp.125~126을 보라.
55 해군 작전부 부장 서먼은 '중공과의 전면전에 말려들지 않는' 정책을 다시 평가하자고 건의하였고, 타이완해협중립화도 해제하고, 국부군을 활용하여 중공군에 대응하자고 주장하였다. Memoranda, CNO to the JCS, January 3 and 9, 1951, *JCS Record,* China(II):0676, 0686.
56 JCS80680 to CINCFE, January 9, 1951, *FRUS, 1951,* 7(1):41~43.

달라고 워싱턴에 즉시 요구하였다.[57]

그 후 며칠 동안, 맥아더의 회신으로 인해 여러 기관들은 보복성 공격 문제를 진지하게 생각하고 평가하였다. 중국 인민지원군의 신년공세 성공과 미국 내부의 외교정책에 관련된 '대변론'은 결국 워싱턴의 정책결정자들을 크게 압박하여 중공이 "침략에 대한 대가를 치르게" 하는 행동을 취하지 않을 수 없게 하였다. 그러나 관련 자료를 보면, 대부분의 정책평가는 여전히 일관된 실무와 신중함을 반영하고 있었다.[58] CIA가 제출한 비망록은 보복행동이 중공의 작전능력을 약화시키기에 충분한 효과가 있다고 볼 수 없고, 오히려 전쟁을 확대시켜 중국 민중의 중공 정권에 대한 지지를 강화시킬 수 있으며 중공이 더욱 모스크바에 편향되게 할 수 있다고 지적하였다. 국가안전보장회의의 참모보고서도 봉쇄나 폭격은 모두 전쟁에 대해 즉각적인 영향을 발휘할 수 없다는 점을 강조하면서도 비밀리에 국민정부의 본토 행동을 지지할 가능성을 제시하기도 하였다.[59]

국무부는 과거의 논조를 되풀이 하며 보복행동은 서방 동맹들의 찬성을 얻을 수 없고, 유엔 안팎에서 미국의 지도적 지위에 손상을 입을 수 있다고 고집스럽게 주장하였다. 그 밖에도 군사행동은 중공의 침략 잠재력을 약화시킬 효과가 있다고 보기 어렵다는 것과 중공이 홍콩, 일본, 인도차이나 반도 등에 대해 보복행위를 전개할 수 있다고 강조하였다. 바꾸어 말하면, 보복행동은 단지 중공을 교란할 수는 있으나 한번 시작하면

....

57 C-53167, CINCFE to the JCS, January 10, 1951, *FRUS, 1951*, 7(1):55~56.
58 1950년 12월부터 1951년 봄까지의 외교정책인 「大辯論」에 관해서는 Kaufman, *The Korean War*, pp.121~130 참조.
59 Memorandum, CIA to the Senior Staff of NSC, January 11, 1951, *FRUS 1951*, 7(1):1503; Policy Paper on the Effectiveness of Actions to Counter Chinese Communist Aggression, no date, NSC Meetings #80(January 17, 1951), PSF, box 211, Truman Papers, HSTL.

멈추기는 어렵다. 게다가 "당시 중국에 대한 군사행동은 자연히 중국이 대가를 치르기 바라는 열망을 충족시킬 수 있고, 의회와 언론과 마찬가지로 **책임은 지지 않으면서** 우리를 중공과의 전쟁에 말려들게 하고 싶은 사람, 혹은 보복해야 한다고 호소하면서 **국가가 치러야 할 대가는 전혀 고려하지 않는 사람들**을 만족시킬 수 있을 것이다.(강조 - 저자)"

국무부는 사람들의 압박을 뛰어넘을 수 있는 용기가 있어야 국방 증강과 동맹의 단결이라는 이중 목표를 달성하고, 그런 목소리에 항거할 수 있다고 생각했다. 다른 한편, 참모수장들은 1월 9일 맥아더에게 보낸 지시에서 '조건적인 보복'의 주장을 유지하였으나, 국민정부의 군사행동에 대한 제한을 취소하고 본토에 대한 행동의 후방지원 제공을 제의하기도 하였다.[60]

정찰과 국민정부의 행동에 대한 봉쇄 철폐, 그리고 동북부 폭격에 관한 다른 평가는 모두 NSC 101/1의 참모보고서 중에 수록하고 있으며, 국가안전회의 1월 17일 회의에서 특별히 토론되었다. 국무부, 국방부, 재정

---

60 State Draft Position Paper on Military Action Against Communist China, January 11, 1951, 793.00/1-1151, RG 59, NA; Memorandum, Rusk to Acheson, January 17, 1951, *FRUS 1951,* 7(2):1514~1517; NSC 101 Courses of Action Against relative to Communist China and Korea, Memorandum, the JCS to the Secretary of Defense, January 12, 1951, *FRUS 1951,* 7(1):71~72. 합동참모본부는 NSC 101의 내용을 맥아더에게 전달하였고, 트루먼은 이어서 밀서 한 통을 보냈다. 참모수장들의 건의는 대략적으로 맥아더가 건의한 보복조치를 담고 있을 뿐이었는데, 트루먼의 편지는 원래의 지시가 내포하고 있는 모호한 입장을 명확히 한 것은 아니었다. 맥아더는 트루먼 대통령의 편지를 한국에서 무기한으로 고수하라는 지시로 해석했고, 후에 그는 합동참모본부가 그가 제의한 보복조치를 지지했다고 주장하였다. JCS 80902 to CINCFE, January 12, 1951; JCS 81050 to CINCFE, January 13, 1951; C-53400 CINCFE to the JCS, January 14, 1951; 이상 문서는 *FRUS 1951* 7(1):68, 77~79에 수록; Memorandum, Collins and Vandenberg to JCS, January 19, 1951, *JCS Records,* China(II):0703.

부, 합동참모본부, 국방동원국(Office of Defense Mobilization)과 국가안전
자원위원회(National Security Resourses Board, NSRB) 등 각 부처들은 모
두 의견을 제시하였다. 대부분은 우선 행동을 계획하자는데 반대하지 않
았으나, 실제 집행하는 것에는 여전히 의구심을 가지고 있었다. 단지 합동
참모본부와 국가안전자원위원회만이 타이완 해협 중립화를 해제하자고
하였고, 그 중에서도 후자만이 동북을 폭격할 수 있다고 건의하였다. 이
시기에 이르면 유엔군의 한반도 철수 위기는 이미 수그러들었기 때문에,
신중히 생각할 여지가 늘어났다. 애치슨은 즉시 결정내리기를 꺼려하면서
오히려 합동참모본부가 국부군을 활용하여 중공군에 대응하는 군사적 효
용을 더욱 깊이 연구하라고 제의하였다. 국무부는 자체적으로 장제스 정
권에 대한 지지가 중공과 기타 아시아 국가에게 미칠 수 있는 영향을 다
시 깊이 탐구하였다.[61]

애치슨의 지연 전술은 정책기획자들이 각종 행동의 이해득실을 세밀
히 분석할 수 있는 많은 시간을 제공하였고, 워싱턴은 그로 인해 보복행
동에서 한발 물러날 수 있었다. 예를 들면, 2월에 국무부와 합동참모본부
가 회의를 할 때 회의 참가자들은 중국 공산당이 한반도 밖에서 미군 부

----

61 NSC 101/1, January 15, 1951; Memorandum by M. W. Bishop on NSC
Meeting of January 17, January 19, 1951; and NSC Action No.420, January
17, 1951; 이상 문서는 모두 *FRUS 1951* 7(1):79, 93, 79n에 수록. 애치슨은 회
의 중에 NSC 101/1의 부족한 부분을 지적하며 국무부는 자체적인 방안을 작
성하고 있다고 말하였고, 더 나아가 국부군의 활용가치를 연구하라고 합동참모
본부에 요구하였다. 브래들리는 합동참모본부의 중립화 취소에 대한 건의를 수
정하여 장제스의 자유 행동을 허락하고 미국은 그의 군대를 저지해서도 안 되
며, 협조해서도 안 된다고 말했다. Foot, *Wrong War*, p.119를 보라. 콜린스 장
군도 1월 15일부터 19일까지 도쿄를 방문한 후, 부대의 사기는 상당히 좋으며,
리지웨이(General Ridgway) 장군의 말에 근거해 보면 3개월 이내에 철수할 필
요가 없다는 보고서를 제출하였다. Memorandum by L. D. Battle, January 19,
1951, *Ibid.*, 7(1):102~105.

대를 공격하는 경우에만 보복행동을 고려한다고 재확인하였다. 참모장들은 유엔군이 철군을 강요당하는 상황에서만 타이완 해협 중립화 취소와 국부군의 활용을 건의할 수 있으나 군사적인 측면에서 보면, 당시 정세는 이미 호전되어 아시아 대륙에서 국부군을 활용할 필요가 더 이상 존재하지 않으며 위기가 최고조에 달했을 때 건의한 다른 보복 조치도 모두 취소해야 한다는데 동의하였다. 그들은 충돌을 확장할 수 있는 어떠한 경솔한 행동도 취하지 않는 것이 최고의 준칙이라는 점을 명확히 하였다.[62] 그러므로 군사보복의 가능성은 비록 긴급대응방안에는 포함되어 있었으나, 실제 집행은 무기한 연기되었다.[63]

V. 징벌적 행동

워싱턴의 정책결정자들은 비록 군사보복행동에 대해서는 상당히 주저하는 모습을 보였으나, 정치와 경제적 보호수단으로 중공이 침략행위에 '약간의 대가를 치르기'를 바랐다. 이는 어려운 위험을 피할 수 있는 것으

----

62 Memoranda, Rusk to Matthews, February 8 and 27, 1951, with a policy paper by T. L. Perkins on blockade and bombing policies to China attached to the second memorandum, in 306 TS Policy Statement(General) 1951, RG 59, CA Records, box 27, NA; Memorandum, Merchant to Fisher on Blockade, April 30, 1951, 306.13 TS NSC Reports 1951, *Ibid,* box 28; Memorandum for the Record of a State-JCS Meeting, February 6, 1951, *FRUS 1951,* 7(2):1566~1568.
63 1951년 5월 17일 통과된 NSC 48/5 문서는 중공이 한반도 밖에서의 지역 침략을 발동할 가능성에 대처할 준비를 위해 봉쇄, 중공에 대한 군사행동, 국부군 군대의 활용계획을 우선 준비해야 한다고 제출하였다. 그러나 이 문서의 참모 보고서는 정치와 군사의 평가가 오히려 현재 군사보복 실행을 불가능하게 만들었으나, 중국 공산당을 약화시키거나 분열시키기 위해 비밀 행동을 취하는 것에는 찬성한다고 하였다. NSC 48/5, May 17, 1951, *FRUS 1951,* 6(1):33~63을 보라.

로 군사행동보다 훨씬 수지가 맞는 것이기 때문이었다. 그들이 열심히 고민한 방안은 다음과 같다. ①중국 분열의 가능성에서는 마오쩌둥 정권을 미국에 비교적 친선적인 정부로 교체하는 것이 가장 좋다. ②무역금수조치로 중공의 경제성장을 파괴하여 그들의 전쟁수행능력을 낮출 수 있기 바란다. ③유엔 결의안을 통하여 중화인민공화국에 침략자라는 낙인을 찍어 중공이 얼굴을 들지 못하게 하며 국제무대에서 설 수 없도록 한다. 첫 번째 방안은 심사숙고하였으나 한국전쟁의 위기가 고조되는 기간에는 실행에 옮기기 어려웠고,[64] 뒤의 두 방안은 실행에 옮길 수 있기는 했지만 중공에 대한 영향력이 상당히 제한적일 수 있었다.

영국인들은 중국의 티토이즘에 줄곧 희망을 가졌다. 1950년 말 미국의 정책결정자들은 이러한 상황이 단기간에 이루어지기 어렵다는 것을 인정하였고, 기껏해야 중공이 소련의 맹우가 되지 않게 하고 소련이 아시아에서 영향력을 확장하는데 중공이 협조하지 않기를 바랄 수밖에 없었다. 따라서 중국 영토 내에서 끊임없이 불만과 저항의 심리가 고조되게 선동하고 베이징 정부의 내부 분열 조장을 1951년 봄 미국 극동정책 목표의 하나로 삼았다.[65] NSC 문서 초고 한부는 이론과 기술의 측면에서 CIA의 공

---

64 구웨이쥔은 1950년 11월~12월의 일기와 회고록에 미국 측 인사들과의 담화를 기록하였다. 워싱턴은 당시 중공과 국민당 정권을 바꾸거나 중공을 분열시켜 그들의 역량을 저하시키기를 강렬히 바란 것으로 보았다. *Koo Memoirs*, 7: A326~340; Koo Diary Papers box 218, BL.

65 Memoramdum, Merchant to Rusk, November 27, 1950; U. S. Position on Two Principal Alternative courses in Korea, December 7, 1950; *FRUS 1950*, 6: 581~583, 7:1439~1442에 수록; Memorandum, Clubb to Rusk, December 14, 1950, #13P TS Korea, RG 59, CA Records, box 18, NA; Memorandum, Emmerson to Rusk, January 8, 1951, 306 TS Policy Statements(General) 1951, *Ibid.*, box 27; Memorandum, CS/USA to JCS, and Memorandum, the Secretaries to JCS, January 12, 1951, *JCS Records*, China(II): 0688, 0690; Draft of NSC 48/5, February 8, 1951, 306 TS Policy statements(General)

작을 맨해튼 프로젝트의 규모로 신속히 확장시켜 미국과 적이 되는 정부를 전복하는 것까지 건의하였다.[66]

미국은 중국 영토 내 반공 유격대의 활동을 내내 주시하였고, 때로는 원조하였다. 그러나 그 숫자가 많지 않았기 때문에 결정적인 효과를 거두기는 어려웠다. 유엔군이 한반도에서 철수해야 할 위기가 임박했을 때, 중공을 견제하고 한반도의 군사적 부담을 완화하기 위한 방책으로 워싱턴은 중국의 동란을 야기할 가능성을 적극 고려하였다. 미국 주타이베이 대표 란킨과 극동담당 부차관보 머천트는 중국 본토 내 반대세력의 잠재력을 검토해야 한다고 건의했다. 따라서 국무부는 다양한 각도에서 각기 다른 정보원을 활용하여 중국본토 유격대의 잠재력을 평가하라고 해외공관에 요구하였다. 군부도 이에 흥미를 보였고 유격대의 효과에 대해 일련의

....

1951, RG 59, CA Records box 27, NA.
66 '맨해튼 프로젝트'는 제2차 세계대전 기간 미국의 핵무기 개발계획으로 나치 독일이 이 방면에서 발전하는 것에 대응하는 것 외에 추축국의 신속한 패망을 희망하였다. CIA의 행동 규모를 맨해튼 프로젝트의 규모까지 확대하자는 발상은 냉전을 대전으로 간주하여 대결하되, 무력충돌 대신 정부 전복의 방법을 취하자는 의미인 것이다. 이러한 발상에 대해서는 Memorandum, Merchant to Rusk, November 27, 1950; U. S. Position on Two principal Alternative Courses in Korea, December 7, 1950(이상 *FRUS 1950*, 6:581~583, 7:1439~1442에 수록); Memorandum, Clubb to Rusk, December 14, 1950, #13P TS Korea, RG 59, CA Records, box 18, NA; Memorandum, Emmerson to Rusk, January 8, 1951. 306 TS Policy Statements(General) 1951, Ibid., box 27; Memorandum, CS/USA to JCS, and Memorandum, the Secretaies to JCS, January 12, 1951. JCS Records, China(II): 0688, 0690; Draft of NSC 48/5. February 8, 1951, 306 TS Policy Statements(General) 1951, RG 59, CA Records, box 27, NA; Draft Position Paper by Emmerson on the Political Effect within China and Far Eastern Countries of U. S. Support of Nationalist Forces, March 27, 1951, 306.13 TS Policy-NSC Reports 1951. *Ibid.,* box 28 참조. 적어도 1951년 여름까지 워싱턴은 여전히 적극적으로 중국의 분열이나 중공 정부의 교체를 고심하고 있었다.

연구를 진행하였다.[67] 그 결과 1951년 초에 워싱턴에서는 이 의제를 두고 열띤 토론이 벌어졌다.

군부의 어떤 인사들은, 특히 육군부와 해군 군령부장은 모두 마오쩌둥 정권을 전복시키자는 주장에 찬성하였다. 국무부도 그 가능성을 탐색해 보고 싶었다. 1월 30일의 합동참모본부회의에서 국무부와 참모장들은 협의하였고, 중국 본토에서 "소련의 통제를 받거나 그들과 결맹한 정부를 교체하자"는 의견을 지지하였다.[68] 저우언라이와 관세가 있다고 하는 중공당원이 아닌 어떤 중국 인사의 소식도 분명히 국무부가 이 방면의 희망을 갖도록 부추겼다. 이 소식을 전한 인사는 중공당 내에 분열이 일어나서 친소파를 전복하는 정변이 야기되거나 적어도 친소파의 통제력이 약화될 것으로 보았다. 국무부는 이 가능성을 적극적으로 탐색하였고, 만약

-----

67 Letter, Rankin to Dear Friend, December 14, 1950, Republic of China 1950, Rankin Papers, box 14, ML; Letter, Rnakin to Merchant, December 20, 1950, and Merchant's reply on January 23, 1951, 793.00/12-2050, RG 59, NA. 미국은 중국본토의 저항운동의 한 사례를 지지한 것으로 보인다. Memorandum by W. W. Stuart, January 18, 1951, 793.00/1-1851, RG 59, NA; State Policy Paper, February 9, 1951, FRUS 1951, 7(2):1574~1578; Memorandum, Strong to Clubb, January 24, 1951, 794.00/1-2451. 스튜어트의 편파적인 분석은 1951년 4월 12일의 비망록으로 클럽이 머천트에게 전달하였고, 국무부는 여전히 이 방법을 고려하고 있음을 드러냈다. Memorandum, Clubb to Merchant, April 12, 1951, 793.00/4-1251, RG 59, NA를 보라. 군부의 중국 본토 유격활동 역량에 대한 연구는 JCS Records, China(II): 0747, 0849, 0884, 1081을 보라.

68 JCS 2118/4 JSPC Report to the JCS, December 27, 1950; Memorandum, CNO to the JCS, January 3, 1951; 이상 두 문서는 JCS Records, China(II): 0649, 0676에 수록. 합동참모본부는 NSC 101 문서에서 이 목표를 기술하였다. 문서내용은 NSC 101, January 12, 1951, FRUS 1951, 7(1):71 참조. 국무부는 이 목표를 수정하였는데 Policy Paper on U. S. Action to Counter Chinese Communist Aggression, a paper revised NSC 101/1, January 17, 1951, FRUS 1951, 7(2): 1516과 Memorandum on a State-JCS Meeting, January 30, 1951, FRUS 1951, 7(2):1538 참조.

정변이 성공하여 모스크바의 통제에서 벗어나면 새로운 정부는 아마도 미국의 승인을 받고, 유엔에서 대표권을 획득하며, 타이완을 장악할 수 있다고 전제하였다. 그리고 나서 미국은 중국의 새로운 정부와 비밀협상을 통해 한국 문제를 해결하기 바랐다.[69]

....

69 이 기간 국무부는 정책기획 사무국과 한 명의 중재자(보고서는 제2의 인물이라고 칭함)를 통하여 저우언라이와 직접적인 관계가 있다고 하는 공산당원이 아닌 인물(보고서는 제3의 인물이라고 칭함)과 비밀대화를 밀접하게 진행하였다. 제3의 인물의 견해는 국무부의 이상과 완전히 일치하였기 때문에 국무부는 그의 의견을 전적으로 중시했다. 예를 들어, 제3의 인물은 비공산 계열 인사는 중공당내 민주파와 연합하여 당내의 스탈린파와 대항할 가능성이 있다고 하였다. 또한, 그는 중국 본토의 성질을 변화시키려면 장제스와 마오쩌둥 두 사람이 모두 권좌에서 물러나야 한다고 하였다. 그는 중공이 인민들에게 미국이 분명히 보복할 것이라고 말했기 때문에 만약 미국이 실제로 보복하면 중공에 대한 민중들의 신뢰도만 더 높아지게 되고 그들의 통제력을 더 강화시킬 뿐이므로 미국은 중국에 보복행동을 발동해서는 안 된다고 하였다. 그는 또한 중국 인민들은 보편적으로 미국과 우호적인 관계를 유지하기 바라며 한반도에서도 완전히 철수하기 바란다고 강조하였다. 정책기획 사무국은 이러한 대화가 유엔회의에서 야기될 수 있는 갈등을 피하고 비밀협상을 통해 한반도에서의 갈등을 해결할 수 있는 가장 좋은 기회라고 생각했다. 해리먼은 이러한 대화의 진전을 보고받았고, '가장 중요한 기회'를 충분히 이용해야 한다는 지시도 받았는데, 당시 국무부가 이 회담을 얼마나 중시했는지 알 수 있었다. NSC 101/1이 통과시킨 정책 목표를 보면, 이 일련의 대화가 실제로 중국 본토에서 반체제 인사를 진정시키는 외교적 입장보다는 더 비중이 컸음을 알 수 있다. 국무부는 5월 초에 마셜(Charles B. Marshall)과 체이스(A. Sabin Chase) 두 사람을 홍콩으로 파견하여 한반도 충돌을 해결하는 협상에 도움을 줄 수 있는 소통 창구를 중공과 건립하기 바랐다. 그러나 아무리 노력해도 구체적인 성과를 거둘 수 없자, 중공과 직접 접촉하겠다는 열정은 곧 누그러들었다. 이 접촉에 관한 문서는 아직 공개되지 않았다. 이들 대화와 관련된 기록과 국무부 내에서 토론한 내부 기록은 Memoranda of Conversation by the First Party(mostly C. B. Marshall of PPS), January 6 to May 4, 1951, *FRUS 1951*, 7(2): 1476~1503, 1519~1521, 1533~1535, 1542~1545, 1546~1548, 1550~1552, 1557~1562, 1583~1584, 1588~1589, 1652~1653을 보라.

그러나 정보에 따르면 오히려 반대세력은 힘이 약하고 단결이 안 되며 효율적인 리더십이 부족할 뿐만 아니라, 장제스 정부 등을 피하기 어렵다는 등의 요인으로 인해 워싱턴은 중국에서의 대규모 유격대 지원을 결정하지 못하고 있었다. 그 밖에 이들 반대파의 세력을 단결시키기도 쉽지 않다는 점이 이 공작을 장기적인 계획에 머물게 하였고, 단 기간 내에 중공을 징벌할 수 있는 효과에 이르기 어렵게 하였다. 5월에 이르러 국가안전보장회의는 중공을 분열시키거나 지도자를 교체하는 방식으로 중공과 모스크바의 결맹을 깨뜨리겠다는 대중공정책 목표를 정식으로 비준하였다. 그 후, 미국은 적극적으로 유격활동을 이용하는 방법을 강구하기 시작하였으나, 정책설계자는 얼마 지나지 않아 이 방법의 효과가 매우 제한적이라는 것을 발견했다.[70]

결론적으로 중공의 한국전쟁 개입에 대한 대응으로서의 '강경한 조치'는 경제적인 제재, 그리고 1951년 2월 1일 유엔총회에서 통과시킨 중공을 침략자로 결의한 것 밖에 없었다. 이 두 가지 사항의 주요 목적은 미국 국내의 소란을 잠재우고, 침략자를 응징하는 행동을 취해야 한다는 의사결정자의 심리적 필요에 부응하기 위한 것으로, 중국 공산당에 대한 강한 적의에서 비롯된 것이라고 보기는 어렵다.[71] 미국은 1949년 초부터 일부

....

70 Memorandum, CIA to the NSC, January 11, 1951; JCS Study on Anti-Communist Chinese, March 14, 1951; Memorandum of Conversation by C. B. Marshall, May 4, 1951, *FRUS 1951*, 7(2):1503, 1598; Memorandum by W. W. Stuart on What to Do About Chiang Kai-shek, January 18, 1951, 793.00/1-1851, RG 59, NA; Memorandum, Strong to Clubb on Support of China Mainland Resistance and Use of Nationalist Forces on Formosa, January 24, 1951, 793.00/1-2451, *Ibid;* NSC 48/5, May 17, 1951, *FRUS 1951*, 6(1):33~36. 그 외에 제7장의 제3세력을 이용한 중공 정권 전복 혹은 중국의 분열에 관한 내용 참조.

71 정책결정자들은 중공이 이러한 정치, 경제적 압력 하에 정전에 합의할 것이라고 다소 기대하였다. 사실 이 두 가지 사안은 중공의 전쟁 수행 능력에 결정적

물품에 대한 대중국 금수조치를 취하기 시작하였다. 정책기획자들은 이러한 행동이 중공의 군사력 증강을 방지하는 한편, 비전략적인 물자교역을 통해 쌍방이 소통할 수 있는 통로를 유지할 수 있기 바랐다.

1950년 상반기 미국과 중국 본토 사이의 무역은 더욱 엄격히 통제되었다. 중공이 한국전쟁에 개입한 후 워싱턴은 이후 미국에서 중국 본토와 홍콩, 마카오, 혹은 중국을 거쳐 제3국에 이르는 모든 수출품을 검사하도록 하였다. 이를 통해 미국은 중공이 전력을 증강할 수 있는 물자를 취득할 수 없게 하였다. 무역통제는 12월 16일 맥아더의 '전쟁 종결' 공세가 실패한 후 최고조에 이르렀으며, 워싱턴도 미국 내 모든 중공의 자산을 동결하였고 미국의 비행기와 선박은 중국의 항구도시 정박을 금지하였다. 그러나 정전협상의 히든카드로 사용하기 위해 '완전한 금수조치'를 취하지는 않았다.[72]

무역금지조치와 밀접한 관련이 있는 책략은 유엔을 통하여 중공이 침략자라고 비판하는 것이었다. 트루먼은 1950년 9월 11일에 만일 중공이 한국전쟁에 개입하면 유엔에 처리를 제청하는 것을 원칙으로 하였다. 맥아더 사령관의 '전쟁 종결' 공세의 실패를 어떻게 대응할 것인지 논의할 때, 보복대응에 강경하게 반대한 애치슨 등을 포함한 각 부처인사들은 유

....

인 충격이 되지 못했기 때문에 압력의 효과는 보잘 것 없는 것이었다.

72 1949년 초 시작된 미국의 대중공 무역정책의 요약은 Memorandum by A. G. Hope of the Office of Chinese Affairs, April 27, 1951, China Book, RG 59, Records of the Bureau of Far Eastern Affairs(이하 FE Records로 약칭), box 418, NA; Msg. 030420Z from State to SCAP, February 4, 1951, Korea, #3, FECOM, General Files, box 9, RG 6, DML. 미국이 중국 본토에 실시한 무역통제에 관한 학계의 토론은 Yoko Yasuhara(安原洋子), "Japan, Communist China, and Export Controls, 1948-1952", *Diplomatic History* 10:1(Winter, 1986):75~90; 崔丕, 『美國的冷戰戰略與巴黎統籌委員會、中國委員會(1945-1994)』(北京: 中華書局, 2005), 제4장과 5장 참조.

엔에서 중공이 침략자라고 규탄하는 결의안을 추진하자는 데 의견을 모았다.[73] 워싱턴의 입장에서는 군사보복의 대가가 너무 크고 또한 더 큰 화를 불러올 수 있었다. 정치와 경제적 소란이 비교적 합리적인 방안이었으며, 미국의 위신과 명망을 유지하면서 중공이 정전협의를 받아들이게 할 수 있고 또한 벗어나기 어려운 위험도 없었다.

어떤 역사학자는 미국이 규탄안을 준비할 때 유엔에서 부딪친 우방들의 반대가 더 강렬하였고, 이 반대는 우방들의 중공에 대한 적의가 미국보다 크지 않았음을 의미하는 것이라고 강조하였다. 어떤 사람들은 미국에서 '침략자 징벌'을 요구하는 여론의 압력이 트루먼 정부에게 부득불 규탄안을 제출하게 하였고, 적어도 미국 대중들은 중공에 대해 깊은 적의를 가지고 있었다고 지적하였다. 이러한 해석은 정책결정자들, 민중 그리고 의회는 중공이 유엔군을 격파했다는 사실에 대해 매우 유사한 좌절감을 느꼈으며, 규탄안의 목적이 국내의 압력에 머리 숙이거나 국내의 가혹한 반대자들을 달래기 위한 것이 아니었고, 정책결정자들 스스로도 도덕적으로 중공을 징벌해야 한다고 생각했다는 사실을 간과하였다. 미국과 우방 사이의 갈등을 강조하는 이들은 워싱턴이 중공을 징벌하는 것보다 동맹들과의 단결을 더 중시했다는 점을 간과하였다. 사실 워싱턴도 우방

....

73 Memorandum by the Department of State, August 31, 1950; NSC 81/1, September 9, 1950; Memorandum by the Executive Secretary of the NSC, September 11, 1950, *FRUS 1950*, 7:717, 717~718, 712n; Memorandum, Emmerson to Johnson, November 28, 1950; Memorandum, JCS to Secretary of Defense, December 4, 1950, *FRUS 1950* 7:1239, 1348; Possible U. S. Action to Counter Chinese Communist Aggression by NSC Staff, January 11, 1951, Reports-Senior Staff, PSF, box 197, Truman Papers, HSTL; State Draft Position Paper on Military Action Against China, January 11, 1951, 793.00/ 1-1151, RG 59, NA; NSC 101, January 12, 1951, NSC 101/1, January 15, 1951; Memorandum, Rusk to Acheson, January 17, 1951; *FRUS 1951*, 7(1): 71, 79, 7(2):1514.

들처럼 신속하게 최소한의 대가만을 치르고 한국에서의 충돌을 해결하고 싶었다.[74]

미국이 1월 20일 제출한 최초의 결의문은 중공이 "유엔의 모든(정전에 관한) 제의를 거절"하는 것이었다. 따라서 유엔은 집단대책위원회(Collective Measures Committee)산하에 소그룹*을 구성하여 "이 침략 행위에 대처하기 위해 어떤 추가적인 조치를 운용할 것인지 긴급히 연구하고, 총회에 보고하도록 하자"고 제의하였다. 그 외에도 조정위원회(Good Office Committee)를 설립하여 다른 정전의 가능성을 찾아보자고 제안하였다. 이러한 제안은 1월 13일 중공의 정전제의 거부에 대한 좌절감을 반영한 것으로, 미국은 정전조건에서 이미 크게 양보했다고 생각했다. 그런데도 결의문의 문구는 워싱턴이 여전히 정치적인 압박을 통하여 중공을 협상테이블로 끌어내려 하고 있음을 암시한다. 우방들과 협의한 후 결의문의 표현들은 다소 완화되었고, 더 나아가 '침략자'를 징벌하겠다는 결심도 거의 반영되지 않았다. 수정한 결의문은 중공이 "한반도에서 충돌을 중지하자는 유엔의 제의를 받아들이지 않았다"고 기술하였으며, 또한 조정위원회의 정전 촉구 노력이 만족할 만한 결과를 도출하면 추가대책위원회가 징벌건의에 관한 보고서를 연기할 수 있다고 말하였다.[75]

워싱턴은 결의안의 표현들을 완화하는 데 동의하였고, 대중과 의회의 '더 실질적으로' 중공을 징벌하자는 압력에 저항하는데도 동의하였다. 국무부는 그들이 중공에 즉각적이고 강력한 제재행동을 취할 것이라는 보도에 엄중하게 부정하였다. 상원 의원 코널리(Tom Connally)는 만약 미국

---

74 '침략자 규탄안'에 관한 해석은 Kaufman, *The Korea War*, pp.130~138; Foot, "Anglo-American Relations in the Korean Crisis", pp.53~56 참조.
　＊ 이후에는 이것을 추가대책위원회(Additional Measures Committee)라고 하였다.
75 최초 결의안과 최후 결의안의 전문은 *FRUS 1951*, 7(1):115, 150 참조. 결의안에 관한 토론은 *FRUS 1951*, 7(1):1~150에 수록된 문서를 참조.

이 유엔에게 중공을 제재하게 할 수 없다면 아예 결의안을 포기하라고 비난하였다. 유엔과 관원 히커슨(John D. Hicherson)은 코널리의 비난에 미국은 맹방을 설득하는데 시간이 필요하며, 중공과의 전면전으로 충돌을 확대해서는 안 된다고 답했다. 국무부와 영국도 만약 추가대책위원회가 보고서를 제출한다면 그 제안은 선택적인 금수조치를 넘어서는 안 되고 또한 현재 한국의 상황과 관련된 조치이어야 한다고 일치된 주장을 보였다.[76] 4월 22일 중공이 최대 공세(제5차 전역)를 발동한 후 침략자를 징벌하라는 민중들의 요구는 더욱 거세어졌다. 영국도 결국 추가대책위원회가 개회해야 한다는데 동의하였다. 전세가 유엔군에 유리하게 전환되고 맥아더 해임청문회로 인해 민중들의 정서가 격앙된 가운데,[77] 추가조정위원회

....

[76] Records of the Secretary's Meetings, February 2, 1951, E393, RG 59, NA; Memorandum of Conversation by Hickerson, February 7, 1951, 500.008 Economic Sactions, RG 59, *CA Records,* box 30, NA; Memorandum, Popper to Hickerson, March 15, 1951, *Ibid.*; Memorandum from the British Embassy, April 11, 1951, 312 U. N. Organization(General) 1951, *Ibid.* box 28; Memorandum of Conversation, State and the British Embassy, April 27, 1951, *Ibid.* 추가대책위원회의 업무내용과 결론에 관한 문서는 *FRUS 1951,* 7(2):1874ff를 보라.

[77] 맥아더는 3월 23일의 공개 성명에서 중공에 의한 확전 위협이라는 점을 암시했고, 하원의원 마틴(Joseph W. Martin Jr.)에게 보낸 서한에서도 워싱턴의 한국전쟁에 대한 정책을 비난했다. 그는 국부군을 동원하여 한국 문제를 해결하는 것이 매우 합리적이라고 하면서 "승리를 대체할 수 없다"고 주장하였다. 마틴은 4월 5일에 이 편지를 공개하였다. 트루먼은 맥아더가 제한적인 전쟁을 전면전으로 확대하였고 이는 국책을 위반한 것이라고 생각하여 1951년 4월 11일에 맥아더를 해임하였다. 미국으로 돌아온 맥아더는 오히려 영웅이라고 환영받았다. 상원은 그해 5월부터 6월까지 청문회를 열었다. 청문회 중 각 관계자들은 의견을 피력했고 미국에서는 정책 관련 토론이 대폭 늘어났다. 이 사건에 대해서는 이미 많은 연구가 이루어졌다. 가장 초기의 연구는 John W. Spanier, *The Truman-Mac Arthur Controversy and the Korean War*(Cambridge, Mass: Belknap Press, 1959)가 주목할 만하며, 최근의 연구는 Pearlman, *Truman & Mac Arthur* 참조. 청문회 내용은 *The Military Situation in the Far East and the*

는 결국 중공과 북한에 대한 전략물자의 금수조치 실시를 제안하였다. 유엔 총회는 1951년 5월 18일에 건의안을 비준하였는데 이때는 규탄안을 통과시킨지 이미 4개월을 넘긴 시점이었다. 미국이 징벌행동을 지연시키고 한반도에서의 충돌을 평화적으로 해결하기 바란다고 주장한 것은 워싱턴의 타협의지가 중공에 대한 적대감보다 더 컸음을 의미한다.[78]

VI. 결어

한국전쟁을 연구하는 학자 알렉산더는 유엔군이 11월 말 군사적인 패배를 기록한 후, "워싱턴은 분명히 히스테릭해지고 비이성적으로 변했다"고 주장하였다.[79] 그러나 앞에서 기술한 것처럼 정책결정자들은 비공식적으로는 여전히 이지적으로 계산하고 있었다. 다만 워싱턴 고위층이 공개적으로 드러낸 강경한 태도와 군사보복의 위협이 많은 사람에게 미국이 중국 본토로 전쟁을 확대하려고 한다는 우려를 갖게 하였을 뿐이다. 한국에서 위기가 최고조에 달하자 정책기획자들은 보복행동이 불러올 결과를 분석하는데 많은 정력을 쏟아 부었다. 그러나 보복행동도 세부적인 계획이 확실하게 마련되어 있는 것이 아니라서 보복행동의 결과가 가져올 결과를 받아들이겠다는 결심이 부족하였다. 실제로 채택한 정치와 경제적인

Relief of General Mac Arthur, 8 microfilm reels(Washington, D. C.: University Publications of America, 1977)을 보라.

78 Resolution 500(V), adopted by the U. N. General Assembly, May 18, 1951, *FRUS 1951,* 7(2):1988; Memorandum, Austin to Hickerson on Next Step in Korea, May 23, 1951, *FRUS 1951,* 7(1):447~452; Kaufman, *The Korean War,* pp.183~185.

79 Alexander, *Korea,* p.372.

조치는 중공을 응징한다고 하기 보다는 오히려 장래에 화해의 여지를 남겨두는 것이었다. 가끔 터져 나오는 강경한 성명은 중공에 대한 강렬한 적의보다는 미국의 좌절된 정서를 더 많이 반영하였다.

많은 역사학자들은 중공의 도전에 응하는 방법에 대해 국무부와 국방부가 서로 다른 견해를 가지고 있고 미국과 영국에서도 분쟁이 거듭 발생하고 있다고 강조하지만, 이러한 강조는 쌍방 의견이 일치되는 점도 있음을 간과한 것이다. 핵심은 다소 다를 수 있으나 미국 문무(文武) 쌍방 정책기획자들은 유럽 방위에 가장 관심을 두었고, 그 다음이 일본의 안전이었다. 그들은 모두 미국의 군사력이 제한적이라는 것을 잘 알고 있었기 때문에 한반도 내로 충돌을 제한하려고 함께 노력하였고 한국전쟁을 정치적으로 해결하려는 의지도 군사적으로 승리를 추구하려는 경향보다 앞서 있었다. 다만 미국의 명예를 유지하기 위해 정책설계자들은 공개적으로 중공에게 크게 양보하려고 하지 않았을 뿐이었다. 그러나 지나치게 양보한다고 보이지 않는다면, 한국전쟁의 화해를 위해 상당한 대가를 치를 용의가 있었다. 그들은 내려놓기 어려운 대국으로서의 위치와 자신감을 위해 최저의 대가로 얻을 수 있는 승리의 기회를 놓칠 수 없었으며 가끔은 강경한 공개성명이 터져 나와 중공에 보복하자는 생각을 피하기 어려웠다.

그러나 정책기획자들은 좌절감을 힘써 극복하였고, 보복행동을 실시하자고 제안하지 않았으며, 심지어 원래 생각했던 보복 조건도 축소하였다. 이러한 행위는 상당히 '현실적인' 고려에서 비롯된 것으로 경솔하게 격렬한 행동을 취하여 충돌이 확대되는 것을 원치 않았기 때문이다. 제한적인 정치와 경제의 제재는 중공의 작전 역량에 최저의 손실을 줄 수 있었으며, 심리적인 만족 외에는 전쟁을 종결지으려는 것에 실제적인 효과를 발휘하지 못했다. 중공의 한국전쟁 개입에 대한 워싱턴의 반응은 무력사용을 피하는 전통을 분명히 드러냈다. 역사학자 카프만은 중국인이 중

시해 온 '체면'의 문제를 사실상 미국 정부의 고관들도 같은 수준으로 중시하였다고 주장하였다.[80]

  워싱턴은 위기가 최고조에 달했을 때 중공에게 적극적인 보복행동을 취하지 않았지만, 약체로 적에게 패배한 것으로 간주되어 미국의 냉전 사유와 책략, 특히 당시 대 타이완 정책에 상당한 영향을 미쳤다. 그 결과 미국의 정책결정자들에게 타이완은 이용가치가 높은 것으로 점차 인식되었다.

---

80 Kaufman, *The Korean War,* p.138.

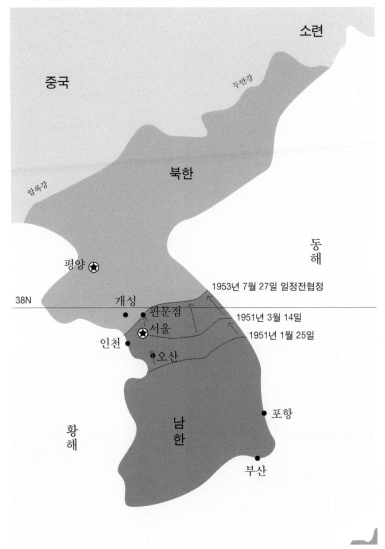

1951년 1월부터 1953년 7월까지

소련

중국

두만강

북한

압록강

동
해

평양 ★

38N

개성

판문점

1953년 7월 27일 일정전협정

1951년 3월 14일

서울

1951년 1월 25일

인천

오산

황
해

남
한

포항

부산

유엔군은 1951년 1월 25일 반격을 시작하여 3월 14일에 서울을 수복하였다. 그러나 한국전쟁의 정전협정은 2년간이나 지연된 후에 체결될 수 있었다.

韓 戰 救 台 灣 ?

제6장

정책의 전환
(1950년 12월~1951년 5월)

1950년 11월 말, 유엔군은 맥아더 장군의 지휘 아래 압록강까지 밀고 올라갔고, 단기간에 한반도를 통일하여 전쟁을 종결하려는 의욕을 보였다. 그러나 뜻밖에 전에 없는 좌절을 경험하였고, 심지어 한반도에서 철수를 고려해야 하는 상황에까지 이르렀다. 이때의 실패는 트루먼 정부의 냉전과 동아시아 정책 구조를 뒤흔들어 놓았을 뿐만 아니라, 타이완 정책에 대한 전반적인 설계에도 영향을 주었다.

1950년 말부터 1951년 5월까지는 한국전쟁의 위기가 최고조에 달했던 시기로, 정책결정자들은 중공의 행동에 대한 대책을 고려하면서 점차 타이완이라는 요소도 여기에 포함하여 고민하기 시작하였다. 그래서 전체적인 전략을 검토하는 과정에 대 타이완 정책도 전세의 변화에 따라 끊임없이 출현하였다. 1951년 봄, 전세가 유엔군에게 유리하게 변화한 후, 정책결정자들은 점차 "중공은 한국전쟁 기간에 타이완을 공격하지 말라"는 소극적인 요구와 기대를 포기하고, 이 섬의 보위 문제를 적극적으로 검토하였다. 동시에 미국의 정치적인 부담이었던 타이완이 중공에 대응할 수 있는 정책 자산이 될 수 있다고 생각하기 시작하였다.

I. 대 타이완 정책 재고의 제약요인

중공의 주력군이 11월 말 한국전쟁에 개입한 후, 유엔군은 점차 후퇴하여 거의 한반도에서 철수해야 할 위기를 맞았고, 트루먼 정부는 위기의 대응책을 전반적으로 고려하지 않을 수 없었다. 중공은 정전협상 조건에 타이완 문제 논의를 포함하였고, 맥아더 원수도 국부군 활용을 위한 원조 증가를 요구하였다. 그로 인해 워싱턴은 타이완의 가치와 이미 정했던 대 타이완 정책이 실현 가능한지 다시 평가하게 되었다.[1] 정책 검토 과정에서 미국과 동맹국의 관계, 한국전쟁의 확대 가능성, 그리고 미국과 중공의 이후 관계는 모두 워싱턴의 정책결정자들이 대 타이완 정책을 결정하는 전제사항이 되었다. 이 세 항목의 전제조건은 대 타이완 정책을 기획하는 데 있어서 유연성을 제한하였으나, 타이완의 상대적 가치는 전세 변화에 따라 기복을 나타냈다. 타이완 보위는 워싱턴의 정책결정자들이 가장 관심을 두는 문제는 아니었다. 다만 1951년 1월 초, 유엔군이 한반도에서 거의 철수해야 할 위기에 이르렀을 때, 정책결정자들은 비로소 중공이 타이완을 점령하지 못하게 할 적극적인 행동을 진지하게 고려한 적이 있다. 당시 정세가 공산진영과의 전면적인 대전이 우려되는 매우 위급한 상황이었기 때문에, 타이완의 중요성도 상대적으로 올라갔다.[2]

....

1 Memorandum for General Burns on the informal State-Defense meeting on Formosa, November 16, 1950, 092 Formosa, RG 330, CD 1950, NA. 유엔 구호부흥기구(United Nations Relief and Rehabilitation Administration)의 중국부부장 선종한(沈宗瀚) 박사는 주미 중국 대사 구웨이쥔에게 일부 국무부 관리들과 하버드대학 교수의 말을 인용하여, 당시 미국은 타이완의 독립을 장려하고 국민정부의 본토 반격을 최소화하자는 정책을 취하고 있다고 전하였다. *Koo Memoirs,* 7:A220을 보라.

2 거의 모든 정책분석은 이 세 가지 견해의 속박을 받았다. 예를 들면, 국무부 극동담당 차관보 러스크는 어떻게 하면 타이완을 보위하면서 동시에 동맹국의 단결에 손실을 끼치지 않을 것인가, 어떻게 하면 타이완과 중국에 대한 정책의 목표가 서로 균형을 이루게 할 것인가 등의 문제는 모두 타이완에 대한 정책 연구에 포함되어야 한다고 주장하였다. Memorandum, Rusk to Nitze, March 3, 1951, 611.94A/3-251, RG 59, NA를 보라. 위기가 고조되었을 때, 소수의 사람들만이 타이완을 보전하여 당시의 상황에 대응하자고 진지하게 제안하였다. Memorandum, Merchant to Rusk, December 21, 1950, 793.0012-2150, RG 59, NA; Draft Position Paper on Formosa to End All Position Papers on Formosa,

미국은 유엔의 명의로 남북한의 충돌에 개입하였다. 따라서 그들이 한반도에서 취하는 행동이 제국주의 행위라는 비난을 피하려면 다른 서방국가들의 지지가 필요했다. 유엔군의 행동 대부분은 워싱턴에서 결정하였지만, 미국의 정책결정자들은 동맹국의 전세와 공산진영에 대한 견해에 상당히 주의를 기울이고 있었다. 당시 미국 역사학자들은 다른 서방국가들이 중공에게 보이는 회유와 실질적인 선택에 찬사를 보냈다. 반면 그들은 트루먼 정부가 중공에게 적대적인 정책을 취하면서 중국인에게 버림받은 장제스 정권을 지지하는 분별없는 모습을 보여서는 안 된다고 하였다. 게다가 장제스 정권이 '반공 대륙'의 구호를 부르짖으며 언제든지 서방을 공산진영과의 전면전에 끌어들이려 한다고 지적하였다. 사실 이들 역사학자들은 미국과 그 동맹국들, 특히 영국과 프랑스 양국의 정책 차이를 과장하였다. 또한 워싱턴이 시시때때로 동맹국들의 의견을 조사하여 서방국가들 사이에 내홍을 피하려는 조심스런 태도를 유지했다는 점을 소홀히 하였다.[3]

워싱턴은 정상적인 외교 경로로 언제든지 동맹국과 한국전쟁에 대해 소통하였다. 트루먼은 1950년 12월 영국 수상 애틀리와 정상회담을 개최하였고, 그 다음 해 1월에는 프랑스 총리 플레방(René Pleven)과 한국전쟁 대응책을 논의하였다. 이 두 차례의 회의기록에 따르면, 영국과 프랑스 두 나라 지도자는 타이완 문제에 대한 미국의 생각에 대략 동의하였다. 미국의 입장에서 보면, 당시의 전략적 필요에서 타이완은 잠시 중공의 수중에

....

January 19, 1941, #2P TS Formosa 1951, RG 59, CA Records, box 22, NA를 보라.
3 중공의 한국전쟁 개입을 연구할 때에, 미국 측 정책결정자들이 가장 고심한 것은 어떻게 하면 동맹국 사이의 단결을 유지하고 단독 행동을 피할 것인가였다. 이 문제와, 미국과 기타 서방 국가들의 의견 차이에 관한 학자들의 견해에 대해서는 본서 제5장 참고.

떨어지면 안 되며, 동시에 타이완을 보전하는 가장 좋은 방법은 장제스를 하야하게 하는 것이었다. 미·영·프 3국 지도자들은 타이완 문제가 평화적으로 해결되기를 바랐고, 가장 좋은 경로는 유엔의 논의를 거쳐 그 섬의 귀속을 결정하는 것이었다.

3국은 모두 협상을 통한 한국 문제 해결을 간절히 바랐다. 그러나 어느 한 나라도 타이완을 중공에게 내어주는 것으로 정전협상을 해결해야 한다고 생각하지 않았다. 다만 프랑스 총리는 미국이 아시아에서 너무 힘을 소진하여 유럽에서 공산세력을 제어할 실력을 약화시키면 안 된다고 환기시켰다. 사실 미국은 내내 아시아보다 유럽을 더 중시해 왔는데, 이 원칙은 일찍부터 정책결정자들의 결정기준이었다. 영국은 중공과 합의에 이르기 전에는 유엔이 타이완을 신탁통치하기 바랐고, 미국은 자신들이 이 섬을 장악할 수 있기 바랐다. 그러나 이러한 견해 차이는 소통으로 해결할 수 있는 것이었다.

중공의 요구에 대해 미국은 타이완을 정전협상에 포함시킬 수 없다는 원칙을 제시하였다. 그러나 트루먼은 만약 미국의 입장이 동맹국의 단결에 장애가 된다면 이 원칙을 고집하지 않겠다고 애틀리에게 말했다. 트루먼은 또한 플레방에게도 미국은 중공의 행동과 태도 변화에 따라 타이완에 대한 정책을 조정할 수 있다고도 말했다.4 이러한 측면에서 보면, 미국과 그 우방의 목표는 사실 상당히 일치하였음을 알 수 있다. 국무장관도 때때로 우방의 생각을 묻고 존중을 표했으며, 유럽의 방위와 경제재건에 원조하였다. 따라서 미국은 이미 서방국가 사이에서 영도적 지위를 안정적으로 유지하고 있었고, 어렵지 않게 미국의 아시아 정책에 대해 동맹국

---

4 Position Paper on Truman-Pleven Talks of January 12 and 30, 1951, #2P TS Formosa 1951, RG 59, CA Records, box 22, NA. 트루먼과 애틀리의 회담기록은 *FRUS, 1950*, vol.7을 보라.

들의 묵인이나 지지를 얻을 수 있었다.

한편 미국은 공산세력이 확대되는 것을 원하지 않았으나, 자신들이 세계 각지에서 일어나는 모든 도발에 대응할 수는 없고 워싱턴이 진정으로 관심을 쏟아야 하는 것은 서구의 안위라고 생각했다. 따라서 트루먼 정부는 한국전쟁 초기부터 충돌이 한반도 밖으로 확산되는 것을 피해야 한다고 주장하였다. 이 원칙은 모든 한국전쟁의 대응조치에 기초가 되었다. 다만 1951년 1월 초, 정책결정자들은 잠시나마 이 원칙을 완화하여 국부군의 중국 본토 공격과 중공 견제를 통하여 유엔군의 부담을 덜 방안을 연구한 적이 있다. 그러나 한반도에서 철수를 고려한 긴장상황이 다소 완화되면서 그들은 충돌의 확대를 피해야 한다는 원칙을 재확인하였다.[5]

중공과의 관계에 대해 워싱턴 고위층은 그전까지는 베이징 정권의 의견에 유의하면서 위협하고 회유하는 것이 적절한 대처방법이라고 생각했다. 1950년 겨울, 중국 인민지원군이 압도적인 승리를 거두자, 그들은 비로소 중공의 각종 요구인 베이징 정권 승인, 그들의 유엔 가입과 타이완 점령 문제를 심각하게 연구하기 시작하였다. 중공의 병력이 유엔군의 한국 통일에 대한 기대를 무너뜨린 후, 미국의 정책결정자들은 한반도의 분쟁을 신속하게 해결하고 38선에서 남북한을 분할하여 전쟁 전의 상태를 회복하고, 가능하면 조속히 이 '잘못된 전쟁'[6]에서 발을 빼서 병력을 유럽

....

5 NSC 101 문서 중에서 정책결정자들은 미국이 후방 물자를 원조한다는 조건 하에 국부군의 중국 본토 공격을 허락하자고 제안한 적이 있다. NSC 101, January 5, 1951, *FRUS, 1951,* 7(1):72를 보라. 머천트는 1월 5일 미국이 제7함대를 철수하고 미국 부대의 협조가 없는 상황에서 국민정부가 중공을 공격하게 허락하자고 제의하였다. Memorandum, Merchant to Rusk, January 5, 1951, #2 TS Formosa 1951, RG 59, 1951, Records, box 22, NA를 보라. 브래들리는 1월 17일의 국가안전보장회의에서 미국은 장제스에게 "그가 원하는 대로 할 수 있으며 미국은 간섭하지 않을 것"이라고 말해야 한다고 제의했다. Memorandum by M. W. Bishop, January 19, 1951, *FRUS, 1951,* 7(1):93을 보라.

방위에 집중하는 쪽으로 선회하였다. 이러한 실질적인 견해에 따라 많은 고위층 관원들은 체면을 크게 상하지 않는다면 중공과 타협해도 괜찮다고 생각하였다.[7]

상술한 제약적인 요인 외에, 국민정부에 대한 미국 정책결정자들의 반감, 특히 장제스 개인에 대한 혐오도 대 타이완 정책의 창조성과 유연성에 영향을 미쳤다. 장제스와 국민정부에 대한 많은 워싱턴 고위층의 생각은 여전히 『중미관계백서』에서 보이는 혐오를 넘어서지 못하고 있었다. 선입관에서 형성된 부정적인 인상은 그들이 타이완에 관한 긍정적이거나 혹은 진보적인 보도를 받아들이기 어렵게 하였으며, 당연히 국민정부를 '구원'하거나 '보호'하고 싶지 않게 하였다. 그들에게 있어서 국민정부는 미국의 정치적 부담이었으므로 경원(敬遠)의 대상으로 보면서 일찌감치 관계를 끊는 것이 가장 좋은 책략이었다. 그들은 타이완에 어떠한 원조를 제공하더라도 국민정부가 중국 본토에 있을 때와 마찬가지로 자원만 낭비하게 될 것이라고 확신하였다. 트루먼 정부의 관원들은 자신들 뿐만 아니라 국민들에게도 1년 전 자신이 힘써 비난하고 미워했던 정권과 왜 다시 관계를 맺으려는지 설명하기 어려울 것이라고 생각했다. 이러한 편견으로 인해 타이완에 대한 임기응변적인 책략을 고려할 때, 그들은 워싱턴과 타이베이의 관계를 강화하는 것으로 보이게 하는 어떠한 행동도 피하였다.[8]

---

6 '잘못된 전쟁'이라는 표현은 합동참모본부 회의의 의장인 브래들리 장군이 맥아더 청문회에서 말한 것이다. U. S. Senate Committee on Armed Services and Foreign Relations, *Military Situations in the Far East,* 82nd Congress, 1st session (Washington, D. C.: Government Printing Office, 1951), pp.731~732 참조.

7 중국과에서 작성한 「포모사(Formosa)」라는 표제의 보고서는 이 문제에 대한 관심을 가장 잘 표현하고 있다. 이 보고서는 4월 4일에 제출된 것으로 #2 TS Formosa 1951, RG 59, CA Records, box 22, NA 파일에서 찾을 수 있다.

8 대체적으로 군부는 국무부에 비해 타이완에 대한 긍정적인 보도를 받아들이기

II. 국부군 참전문제와 중립화 정책에 대한 반성

타이완에 대한 실제적인 조치에 대해서, 정책결정 부서가 처음에 일시적으로 중공에게 강경한 공세를 취할 때, 참모장들은 직감적인 반응인지 아니면 국부와의 깊은 관계를 피하고 싶어서인지 국부군에 원조를 늘리자는 맥아더의 제의를 완곡하게 거절하였다.[9] 그러나 유엔군이 계속 패퇴하자 그들도 장래 타이완의 군대를 "절대 활용하지 않겠다"고 단언할 수 없게 되었다.[10] 그 밖에 본토에 대해 군사보복행동을 시행할지 여부를 논

원했는데, 이러한 점은 그들이 1월 30일 진행한 국가안전보장회의에서 잘 드러나고 있다. 이때의 회의록은 *FRUS 1951*, 7(2):1540~1541 참조. 그러나 군부도 때로는 부정적인 뉴스도 받아들였다. 예를 들면, 미군 고문단의 해군조 주임 I. F. Beyerly는 워싱턴이 타이완에 대규모의 군사원조를 제공하기 꺼려했는데 그 원인은 주로 많은 부정적인 보고를 받았기 때문이라고 말했다. Memorandum, Beyerly to Chase, November 9, 1951, Enclosure of D-242 from Taipei, December 11, 1951, *FRUS 1951*, 7(2):1867. 구웨이쥔 대사는 국민정부에 대한 미국의 태도가 『중미관계백서』의 결론을 벗어나지 못하였다고 생각했다. Koo Memiors, 7:B17~18을 보라. 주 타이완 미국 대표 란킨이 제시한 당시 타이완에 대한 평가는 상당히 낙관적이었다. 그는 타이완의 사기가 상당히 고양되어 있고 정부의 청렴도와 유능함은 다른 아시아 국가들보다 더하면 더했지 못하지 않다고 평가하였다. 그는 장제스가 독재자가 아니며 그의 수하들도 대부분 능력이 탁월하다고 보았다. Memorandum of Conversation, Rankin with some State and Defense officials, March 1, 1951, #2P Formosa 1951, RG 59, CA Records, box 22, NA를 보라. 타이완에 대한 란킨의 관찰은 전임 주 타이베이 대표이자 중국과 관원인 스트롱, 재외공관원과 워싱턴의 관원들, 심지어 재외공관원들의 관점과 비교해보면, 상당히 다르다는 것을 알 수 있다. Memorandum, Strong to Clubb, January 24, 1951, 793.00/1-2451, RG 59, NA를 보라. 스트롱은 국민정부에게 심각한 편견을 가지고 있어서 국민정부에 대해서 긍정적인 말은 한 마디도 하지 않았으며 종종 극단적인 비판도 서슴지 않았다. 다른 사람들이 국민정부에 대해 쓴 보고서에도 혐오의 감정이 확연히 드러났다.

9 이 문제에 대한 검토는 본서 제5장의 각주 47 참고.

10 트루먼은 애틀리를 만났을 때(1950년 12월 4~8일), 언젠가 필요하다면 유엔군

의할 때,[11] 정책결정자들은 타이완 해협의 중립 정책을 계속 시행할 수 있을지도 논의하였다.

그들은 다음의 몇 가지 관련 문제를 연구하였다. 타이완은 미국의 국가안전에 어떠한 가치가 있는가? 미국은 타이완의 방위에 대해 어느 정도의 협조를 제공해야 하는가? 국부군을 활용하여 한국이나 혹은 다른 지역에서 중공에 대응해야 하는가? 만약에 그렇게 해야 한다면, 기대할 수 있는 효과는 어느 정도인가? 미국은 또한 국민정부가 중국 본토를 어떻게 공격하게 하여 유엔군이 한반도에서 받는 부담을 경감할 것인가? 제7함대를 통한 타이완 해협 중립화 정책을 계속 유지해야 하는가? 아니면 제7함대를 철수시키고 국부군으로 하여금 중국 본토를 공격하게 함으로써 한반도에서 유엔군이 받는 부담을 경감시킬 것인가? 미국은 타이완 해협 중립화 정책을 포기하도록 강요당하면, 계속해서 장제스 정권을 지지할 것인가? 마지막으로 미국의 전체적인 대 중국 정책에서 국민정부와 타이완은 과연 어떠한 역할을 담당할 것인가?

맥아더가 11월 말 '전쟁 종결' 공세에서 실패하자 애치슨은 12월 4일

....

은 국부군을 활용하거나 적어도 중공이 그들을 생포하지 못하게 막도록 할 수 있으며, 그러려면, 타이완을 방위해야 한다고 말하였다. Briefing Book-China, December 1950, Subject File-Conference(Truman-Attlee Talks), President's Secretary's File(약칭 PSF) box 164, Truman Papers, HSTL.

11 맥아더는 11월 28일 국부군 사용과 중공에 대한 무장 제재를 시행하자고 건의했다. 합동참모본부와 국가안전보장회의는 위기가 고조되자 이 건의를 심각하게 고려했다. 정책결정자들은 좌절한 나머지 충동적으로 중공에게 어려움을 맛보게 하고 싶다는 생각을 피하기 어려웠으며, 그 결과, 감히 "호랑이 머리 위의 파리를 때리려고" 하였다. 그러나 1월 중 후퇴의 위기 이후에 그들은 조심스러운 작풍을 회복하여 중국 본토를 공격하겠다는 생각을 포기하였고, 전쟁의 확대를 피할 수 있었다. 자세한 내용은 본서 제5장과 Rosemary Foot, *The Wrong War: American Policy and the Dimensions of the Korean War Conflict, 1950-1953 (Ithaca:* Cornell University Press, 1985) 제4장 참조.

국방부에 서한을 보내 미국 국가안전에서 타이완이 가지는 전략적 가치를 합동참모본부에게 다시 평가하게 하라고 재촉하였다. 또한, 경제와 외교적 수단 외에 다른 더 적극적인 행동을 취하여 중공의 타이완 점령을 방지해야 할지 연구하게 하였다.[12] 국방장관 마셜은 당시 정세가 긴박해서 타이완의 전략적 가치를 재평가하는 것이므로 전쟁의 패배가 평가의 객관성에 영향을 주지 않기 바랐다. 국무장관의 재촉 하에 합동참모본부는 가까스로 이 어려운 시점에 평가를 완료하였고, 1월 3일 보고서를 국무부에 제출하였다. 보고서에서 참모장들은 동아시아 지역 정세가 매우 위급한데 비해, 미국은 경제와 외교적 수단만 사용하고 군사적인 대응은 부족한 상황에 있으므로, 해군과 공군을 동원하여 타이완을 방위해야 한다고 주장하였다. 그러나 이 섬에 대한 보호는 "중공과의 충돌을 해결할 때까지"여야 하며, 국민정부에 대한 "약속은 장래 전략적 선택의 유연성을 방해할 수 있기 때문"에 어떠한 약속도 피해야 한다고 강조하였다.[13]

합동참모본부의 이 보고서는 연합전략심사위원회(the Joint Strategic Survey Committee, 약칭 JSSC)가 기초한 보고서 초고와 비교하면 상당히 완화된 것이었다. 그 보고서 초고는 중공과 국민정부가 직접 무장충돌 할 수 있다는 부분을 삭제하였고, 이때부터 미국이 타이완 보호를 임무에 포

----

12 Letter, Acheson to Mashall, December 4, 1950, *FRUS 1950*, 6:587. 그 전에 미국은 내내 타이완 보호를 위해 무력은 사용하지 않겠다는 원칙을 고수하였고, 중공의 한국전쟁 개입에도 미국은 이 원칙을 재고할 필요성을 느끼지 못하였다.

13 머천트는 12월 19일 클럽대사에게 국방부는 국무장관이 제출한 문제에 회답하려는 것 같지 않다고 말했다. 국방장관 마셜은 애치슨이 12월 4일 보낸 서한을 12월 20일이 되어서야 합동참모본부에 전달하였다. Memorandum, Merchant to Clubb, December 19, 1950, 793.00/12-1950, RG59, NA. Memorandum, the JCS to Mashall, January 2, 1951, *FRUS 1951*, 7(2):1474~1476; Extract of Letter, Mashall to Acheson, January 3, 1951, *FRUS 1951*, 7(2):1474를 보라.

함한다는 것도 피하였다.[14] 참모장들은 정책을 입안할 때 상당히 조심스럽고 현실적인 태도를 보였다. 그러나 합동참모본부는 미래의 행동자유 확보를 과도하게 중시한데다 승낙을 꺼려해서 국무부가 제출한 질문에 완전하게 답변도 하지 않았고 정책상의 의문점을 해명하려고 하지도 않았다. 제섭대사는 참모수장들의 건의를 실행에 옮기면 베이징을 불쾌하게 할 것이고, 이것은 오히려 타이베이를 불편하게 만들 것이라고 지적하였다.

트루먼 정부는 타이완을 우호적이지 않은 정부의 수중에 떨어지게 할 생각은 당연히 없었다. 그러나 문제의 핵심은 극동담당 차관보 러스크가 말한 것처럼 "미국이 얼마나 많은 대가를 치르면서 이 정책 목표를 달성할 것인가?"에 있었다.[15] 만약 타이완이 공격받으면, 미국은 어떻게 대응할 것인가? 중공이 타이완을 직접 침공하는 상황에서 군부는 타이완 방어 임무를 완수하기 위해 제7함대에 얼마나 많은 지원을 제공할 의향이 있는가? 이들 핵심적인 문제에 대해 합동참모본부의 보고서는 명확한 답을 내놓지 않았다.

....

14 JSSC는 합동참모본부 부설의 참모부서로, 각 군 참모본부에서 파견 온 사람들로 구성되었고, 전략 분석을 하여 합동참모본부가 의결해야 할 사안의 청사진을 제공하는 임무를 맡았다. JSSC가 합동참모본부를 위해 작성한 초고는 아시아 도서 방어선의 중요성을 강조하였고, 타이완은 이 방어선의 중요한 한 고리이며, 전략적 지위도 한국보다 중요하다고 지적하였다. 따라서 JSSC는 "동아시아 정세가 이미 예측 가능한 상황이 아니라면, 신중하고 원칙적인 측면에서 미국은 우선 국민정부를 중공에 대한 유격전의 도구로 보아야 하고 그 후 본토에 대한 그들의 군사계획 이용을 고려해야 한다"고 제안하였다. 이 위원회는 또한 타이완 문제와 한국 정전 문제를 함께 논의하는 것에 반대하였다. 이러한 격렬한 제안은 합동참모본부가 국무부에 전달한 정책평가서에는 수록되지 않았다. JCS 1966/54, Memorandum, JSSC to JCS, December 28, 1950, Records of the Joint Chiefs of Staff, Part 2, 1946-1953, the Far East(약칭 JCS Records), China(II): 0487을 보라.

15 Memorandum, Jessup to Rusk, January 23, 1951, 793.00/1-2351, RG 59, NA.

전세가 조금 안정되자 참모수장들은 그들의 입장을 명확히 하려고 했던 적이 있다. 1월 30일 거행된 국무부와 합동참모본부의 연합회의에서 군부는 '어떠한 상황에도' 타이완 방어를 위해 미국이 지상군을 파견해서는 안 된다는 입장을 고수하였다. 군부는 해군과 공군을 지원하겠지만, 국민정부는 지원이 거의 없더라도 타이완을 방어할 수 있어야 한다고 브래들리는 설명하였다. 그는 중공의 침공이나 내부 반란으로 섬이 함락될 가능성이 크다고 지적하였으나, 참석자들은 이러한 불행한 상황이 발생하면 이미 도울 수 없는 지경일 것이고 미국은 그 후과를 책임질 필요도 없다는데 동의하였다. 참모수장들은 미국이 "중공의 타이완 지배를 피동적으로 거절하는" 쪽에서 "이 섬의 안전을 주동적으로 보위하는" 쪽으로의 전환을 결코 주장하지 않겠다고 강조하였다. 브래들리가 말한 것처럼 타이완은 공산집단과의 전면전에서 전략적인 가치가 있으나, 설령 제3차 세계대전이 발발하더라도 공산당의 손아귀에 들어가지 않도록 하기 위해 미국이 대량 투자할 가치가 있는 섬은 아니었다.[16] 합동참모본부의 실질적인 태도는 국무부 관원들이 크게 한숨을 돌릴 수 있게 하였다. 그들은 유엔군이 참패를 한 상황에서 군부가 타이완 보위를 위한 파병을 주장하고 더 나아가 보복을 위해 국민정부의 '반공 대륙'을 장려하지 않을까 우려한 적이 있다.[17]

....

16 Memorandum on a State-JCS Meeting, January 30, 1951, *FRUS 1951,* 7(2): 1536~1542.

17 많은 학자들은 이 문제를 논의할 때 군부와 국무부의 논쟁을 강조하면서 군부가 중공에게 강경한 수단을 취해 보복하려고 했으나 국무부가 반대했다고 생각했다. 량징춘(梁敬錞)은 합동참모본부가 원래 전세가 안정되거나 유엔군이 한국에서 철수한 후에는 중립 정책을 취소하고 타이완이 본토를 반격하게 하려했으나, 애치슨, 마셜 등 국민정부에 적의를 가진 인사들의 반대로 이 계획이 성사되지 않았다고 주장하였다. 梁敬錞, 『韓戰期中我國國際地位之震撼』, 255~256을 보라. 그러나 필자가 내부문서를 자세히 살펴본 결과, 정책결정자들은

유엔군이 중공의 맹렬한 공세를 막아내지 못하고 또한 다른 곳에서 병력을 이동해 올 수 없을 때, 의회와 민간의 많은 사람들은 국부군을 이용하여 전면적인 참패는 면하자는 맥아더의 주장에 찬성했다. 그러나 대다수 고위층의 정책결정자들은 국민정부와 다시 연계함으로써 지불해야 하는 정치적 대가가 그들을 활용하여 얻을 수 있는 군사적 이익보다 더 크다고 생각하였다. 전쟁발발 초기, 정책결정자들은 정치적인 우려로 인해 국민정부군의 한국 파병을 거절하였고, 이러한 우려는 중공이 개입했다고 해서 사라지는 것이 아니었다. 따라서 합동참모본부는 맥아더가 타이완 군대를 활용하여 위급한 상황에 대응하자고 요구하였을 때, 즉시 다음과 같은 정치적인 우려를 전하였다. "타이완 군대의 참전은 동맹국의 반대를 불러옴으로써 미국의 고립을 자초할 수 있다. 또한 이러한 행동은 충돌 범위를 확대할 뿐만 아니라 동아시아 지역에서 미국의 영도적인 지위를 잃게 할 수도 있다."[18]

그 후, 미국의 각 정책결정 부서는 국부군의 활용이 야기할 수 있는 폐단을 다급히 분석하였고, 눈앞의 이익을 도모하기 위해 끝이 보이지 않는 전화에 휘말리게 될 것이라고 우려하였다. 「국가정보평가(National Intelligence Estimate, 이하 약칭 NIE)」라는 이름의 보고서는 만약 미국이 국부군을 참전시켜 중공과 충돌하게 하면, 분명히 다른 아시아 국가들의

....

정서상으로는 중공에 보복하려 했지만, 이성적으로는 일본이 중국 침략에 실패했던 교훈을 되새기며 충돌을 중국으로 확대하지 않으려고 노력했고 국무부와 군부의 견해가 사실은 상당히 일치하고 있었다는 것을 발견했다.

18 한국전쟁이 발발한 후 미국이 국민정부의 파병 의사를 거절하는 과정에 대한 논의는 본서 제3장을 보라. 중공이 한국전쟁에 개입한 후, 국무부는 다시 정치적인 고려에서 국부군의 활용을 거절하였다. Memorandum of Conversation, November 21, 1950, in *FRUS 1950*, 7:1204~1208을 보라. 맥아더 사령관의 요청과 합동참모본부의 회답은 JCS 97594, November 1950, *Ibid.*, 7:1253~1254를 보라.

불만을 초래할 것이고 한국 문제를 정치적으로 해결할 수 있는 기회를 잃어버리게 될 것이라고 단언했다. 또한 중공이 이를 선전도구로 삼아 미국을 침략자이자 반공 정권의 지지자라고 비난할 것이라고 보았다. 이 보고서는 무엇보다 국부군이 한국 전선에 투입된다고 해도 유엔군이 한반도에서 최후의 방어선을 지킬 수 있는 기회를 증가시키지는 못할 것이라고 결론 내렸다. 이러한 견해는 맥아더의 평가와는 완전히 상반되는 것이었다.[19] 그 다음, 군부와 국무부는 국부군의 사기, 작전능력과 그 능력의 예상 공헌도에 의구심을 품었다. 그들은 타이완 방어에는 많은 병력이 필요하므로 국민정부가 한국전쟁에 차출할 수 있는 부대는 매우 제한적이며, 이들 부대들의 훈련과 장비가 완전하지 못하다면 미국도 이들 부대를 무장할 여력이 없다고 주장하였다. 그 외에 그들은 국민정부의 장교들은 너무 연약한 것이 아니라 능력이 부족하여 중공의 선전공세로 이탈자가 대량으로 발생할 수 있다고 지적했다. 결론적으로 미국의 정책결정자들은 한국전쟁에 국부군을 투입한다고 해도 그들의 공헌도는 매우 미미할 것으로 판단했다.[20]

트루먼 정부 관원들은 대다수 국부군의 한국전쟁 참전 문제에 상당히 신중한 태도를 유지하고 있었다. 그러나 전세가 위급해지자 참모수장들은 국민정부의 본토 공격 불허 정책을 취소할 것과 심지어 국부군이 상륙할 때 후방지원을 제공하여 중공의 동남부 지역 병력을 견제하자고 한 차례

....

19 NIE-12, Consequences of the Early Employment of Chinese Nationalist Forces in Korea, December 27, 1950, *FRUS 1950,* 7:1605~1610.

20 Memorandum, CIA to Senior NSC Staff, January 11, 1951, *FRUS 1951,* 7(2): 1505; Memorandum, Strong to Clubb, January 22, 1951, 410 Nationalist Military Forces 1951, RG 59, CA Records, box 29, NA; Memorandum, Strong to Clubb, January 24, 1951, 793.00/1-2451, RG 59, NA; State Position Paper on Military Use of Chinese Nationalist Troops in Korea, April 29, 1951, 410 Nationalist Military Forces 1951, RG 59, CA Records, box 29, NA.

건의한 적이 있다. 국무부는 이러한 행동은 중공이 다른 지역을 침공할 능력을 상실하게 한다고 보장할 수 없을 뿐만 아니라, 제3차 대전을 촉발할 수도 있고, 미국을 진흙탕으로 밀어 넣는 결과가 될 수 있다면서 강력하게 반대하였다. 국가안전보장회의는 1월 17일 회의에서 이 문제를 논의할 때에 한반도의 위기는 이미 다소 완화되고 있다고 보면서 국부군 활용을 더는 다급한 사안으로 보지 않았다. 따라서 국무장관 애치슨은 합동참모본부가 국부군의 군사적인 효과와 이익에 대해 더 깊이 연구하고, 이후 이를 참고하여 국가안전보장회의는 중립화 정책 전환에 대해서 결정하자고 제안하였다.[21]

합동참모본부는 국부군의 전투 효율은 미국이 제공하는 무기장비 원조와 전략지도에 비례할 것이라는 연구결과를 내놓았다. 그러나 참모수장들도 미국이 해·공군을 지원한다고 해도 타이완의 본토 반격이 성공을 거둘 확률은 매우 낮다고 보았다. 따라서 그들은 이미 손쓸 방법이 없는 상황에 이른 것이 아니라면, 세계대전이 촉발될 위험을 무릅쓰면서 국민정부가 본토를 공격하게 해서는 안 된다고 보았다. 합동참모본부는 3월 14일 연구결과를 제출하였는데, 이때는 이미 국부군을 이용해야 할 만큼 위급한 상황이 아니었다. 따라서 국가안전보장회의는 이후 국부군을 이용할 가능성을 완전히 배제하지는 않았지만, 이미 본토에 군사보복을 하지 않기로 하였다. 따라서 이들 각급 정책결정기구도 국부군 이용을 적극적으로 계획하지 않았다.[22]

....

21 State Draft Position Paper on Military Action Against Communist China, January 11, 1951, 793.00/1-1151, RG 59, NA; NSC 101, January 12, 1951; NSC 101/1, NSC Staff Report, January 15, 1951; 상기의 두 문서는 *FRUS 1951*, 7(1):70~79에 수록; Memorandum, Rusk to Acheson, January 17, 1951, *Ibid.*, 7(2):1514; Memorandum for the President, January 18, 1951, NSC Meeting(80th), PSF, box 220, Truman Papers, HSTL.

국부군 활용과 밀접하게 관련이 있는 문제는 타이완 해협의 중립을 계속 유지해야 하는가였다. 군부는 일찍이 중립화 정책을 발표하던 초기에 이 정책에 대해서 의문을 품었다. 국무부는 유엔의 결의를 통하여 타이완 중립화에 대한 국제적인 지지를 얻고자 하였다. 만약 유엔이 타이완 해협 중립화를 결의한다면 중공은 안심하고 해협 맞은편의 부대를 다른 곳으로 이동시킬 수 있을 것이고, 동아시아 지역에서 미국의 전략적 입지는 약화될 것이며 앞으로 군사행동의 자유도 제한될 것이라고 참모수장들은 생각했다. 중공이 한국전쟁에 개입한 후 합동참모본부는 더욱 적극적으로 반대하였다. 부서간 회의에서는 의견이 일치하지 않았고, 동맹국들의 지지도 부족하였으며, 게다가 중공이 참전한 후 정세가 급변하였기 때문에 국무부는 중립화 정책을 유엔에 제출하려던 계획을 잠시 중단하였다.[23]

국부군의 활용 가능성을 논의할 때, 정책결정자들은 타이완 중립화 정책에 대해 다음의 몇 가지 의문을 제기했다. 제7함대의 해협 중립화 임무를 수정해야 하는가? 만약 수정한다면 국민정부가 모종의 군사행동을 취하도록 허락하고 그러한 상황에서 미국은 타이완에 군사원조를 제공하겠다는 것인가? 미국은 국민정부의 본토 공격을 도와서 "침략자가 대가를 치르게 해야" 하는가 아니면 '수수방관' 정책을 회복하여 중공을 달래고 협상으로 한국 문제를 해결해야 하는가? 전자는 아마도 전쟁의 확대를 초래하게 될 것이고 한국에 함께 출병한 동맹들의 원성을 사게 될 것이다.

....

22 JCS 2118/15, Report by JSSC to the JCS on the Military Effectiveness of the Possible Use of Nationalist forces against mainland China, January 27, 1951, JCS Records, China(II): 0717; Study Submitted by the JCS, March 14, 1951, *FRUS 1951,* 7(2):1598; NSC 48/5, United States Objectives, Policies, and Courses os Action in Asia, May 17, 1951, *Ibid.,* 6(1):37.

23 Letter, Lovett(Acting Secretary of Defense) to Acheson, November 24, 1950, *FRUS 1950* 6:579.

후자는 유화정책으로 해석되어 미국의 위상에 손상을 입히게 될 것이다.

앞의 제5장에서 보면, 철수의 위기에 직면했을 때 정책결정자들이 가장 바라던 것은 협상으로 한국 문제를 신속하게 해결하는 것이었다. 그들은 타이완 문제에서 양보하기를 원했으나, 타이완 문제 해결을 한국 정전협정의 일부로 포함하기를 거절함으로써 침략자에게 굴복하는 인상을 주지 않으려고 하였다. 국무부의 중국과 과장 클럽(O. Edmund Clubb)과 다른 서방국가들의 견해는 일치하였다. 그들은 타이완이 장래 세계대전 중의 전략적 가치를 확정할 수 없거나 또는 매우 제한적이어서 심혈을 기울여 보호할 가치가 없다고 판단하였다. 중국과 관원 스튜어트(Wallace W. Stuart)는 미국이 제공하기 원하는 해·공군지원으로 타이완을 확실히 보호할 수 없다면 미국은 그 섬에서 완전히 철수해야 한다고 생각했다. 그러나 중공에 의해 유엔군이 한반도 밖으로 거의 내몰릴 상황에 이르렀을 때, 국무부 관원들도 군부와 마찬가지로 중립화 정책의 수정을 고려하게 되었다.

스튜어트, 극동사무국의 애머슨, 극동담당 부차관보 머천트는 모두 제7함대를 철수함으로써 국민정부가 본토를 공격하게 허용하되, 워싱턴은 이 군사행동에 지원군을 파병하지는 않을 것이라는 공개 성명을 발표할 필요가 있다고 건의하였다. 1월 17일에 브래들리 장군은 "미국은 국민정부의 행동을 지지하지도 방해하지도 않을 테니 당신이 하고 싶은 대로 하라고 장제스에게 말하라"고 국가안전보장회의에 제안한 적이 있는데, 스튜어트 등의 건의는 이 의견과 완전히 일치하는 것이다.[24] 이렇게 하면

....

24 Memorandum, Clubb to Rusk on Aternative Courses of Action regarding Formosa, December 26, 1950, 793.00/12-2650, RG 59, NA; Policy Paper by W. W. Stuart Formosa, January 4, 1951, transmitted by Clubb to Rusk, January 15, 1951, 794a.00/1-1551, RG 59, NA; Memorandum, Merchant to Rusk, January 5, 1951, #2P TS Formosa 1951, RG 59, CA Record, box 22,

일단 유엔군의 부담이 감소할 수 있을 뿐만 아니라, 미국이 직접 군사개입을 하지 않음으로써 국민정부의 행동 결과에 책임을 지지 않아도 되는, 상당히 이상적인 응급조치가 될 것이라고 정책결정자들은 생각하였다.

한국에서 중공에 대한 대응, 혹은 중국 본토에 대한 공격에 국부군을 사용하는 것은 상당히 심각한 후유증을 초래할 가능성이 있었다. 따라서 정책결정자들은 이 두 가지 사항에 대해 머뭇거리며 결정을 내리지 못하였다. 위기가 다소 완화된 후 충돌의 확대를 힘써 방지해야 한다는 의견들이 다시 우위를 차지하게 되었다. 예를 들면, 머천트는 자신의 제안을 즉시 회수하면서, 미국은 제7함대의 임무를 지속하되, 타이완에 소량의 군비를 제공함으로써 이 섬의 방어에 협조하자고 제안하였다. 2월 말, 머천트는 트루먼이나 애치슨이 국부군을 이용하자는 의견에 반박하는 공개연설을 하고 한국전쟁이 종결되면 제7함대는 타이완 해협에서 철수해야 한다고 건의하였다. 그리고 그는 중립화 정책을 보류하여 심각한 정치적 후유증을 피해야 한다고 적극 주장하였다. 클럽도 대 타이완 정책의 목표를 명확하게 해야 한다고 생각했다. 그는 타이완 방위에 협조하는 것은 한반도 문제가 해결될 때까지이며, 그 범주를 벗어난 행동은 미국이 국민정부로부터 벗어날 수 없게 할 뿐만 아니라 심지어 중공과의 정면충돌을 초래할 수 있다고 말하였다.[25]

따라서 위기의 절정이 지난 후에 정책결정자들은 제7함대가 잠시 타

NA; Memorandum, Emmerson to Rusk, January 8, 1951, 306 TS Policy Statement(General) 1951, *Ibid.,* box.27.

25 Draft Position Paper to End All Position Papers on Formosa by Merchant, January 18, 1951, #2P TS Formosa 1951, RG 59, CA Records, box22, NA; Draft Statement on Formosa by Merchant, February 20, 1951, 306.11 U. S. Policy toward Nationalist China 1951, *Ibid,* box28; Memorandum, Clubb to Emmerson, February 19, 1951, 306 TS Policy Statement(General) 1951, *Ibid.,* box27.

이완 해협의 중립을 지킴으로써 타이완의 상황을 동결시키는, 중공의 한국전쟁 참전 이전의 대 타이완 정책으로 되돌려야 한다고 생각했다. 유일하게 달라지는 점은 미국이 타이완 섬 방어에 더 많은 군사원조를 제공하는데 각 부서가 동의하는 것뿐이었다. 그러나 국무부와 국방부는 군사원조의 종류, 수량, 그리고 통제경로에 대해 신속하게 의견 일치를 보지 못하였고 오랜 시간의 논쟁으로 군사원조의 속도는 어쩔 수 없이 지연되었으며, 군사원조의 효율도 크게 감소하였다.[26] 군사원조 계획의 논쟁을 통해서 우리는 이후 상황 전개가 어떠하든지 미국은 여전히 그들이 원하는 대로 타이완의 중립화를 선언하기 어려웠다는 점, 그리고 국무부는 중국과 영구적인 대립을 피하기 위하여 타이완 방어책임에 대한 약속을 끝까지 제한하였음을 발견할 수 있다.[27]

....

26 한국전쟁 기간 타이완에 대한 군사원조의 집행과 성과는 張淑雅, 「韓戰期間美國對台軍援政策初探」, 『中華民國建國八十年學術討論集』第二冊 國際關系史, 台北: 近代中國出版社, 1991, pp.468~510 참조.

27 전술한 바와 같이 군부는 1월 30일 국무부와 합동참모본부의 연석회의에서 그들의 입장을 분명히 하였다. JCS가 NSC 101에 제출한 강경한 조치 중 단지 국민정부에 군사원조를 증가하여 타이완의 방위를 증강한다는 한 가지 항목만이 1월 17일의 국가안전보장회의에서 통과되었다. NSC 101, January 12, 1951과 NSC 101/1, January 15, 1951, 그리고 국무부가 다시 기초한 NSC 101/1, January 17, 1951, 이 세 문서 중 군사원조에 관한 항목을 비교해 보면 군부는 군사계획을 적극적으로 쟁취하려고 했고, 국무부는 여전히 군사원조를 최저 수준으로 낮추려고 했음을 알 수 있다. 상기 세 문서는 FRUS 1951, 7(1):72, 81과 7(2):1517에 수록되어 있다. 미군고문단의 설립(1951.5.) 전 군사원조문제에 대한 논쟁은 張淑雅, 「韓戰期間美國對台軍援政策初探」를 참조. 군사원조를 조정하기 위한 정책 재평가 결과에 대해서는 Letter, Under Secretary of State James E. Webb to Director of Budget Bureau Frederick J. Lawton, April 17, 1951, FRUS 1951, 7(2):1631~1637.

III. 타이완에 대한 정책 관념의 진전

유엔군의 한반도 철수 위기가 적절한 때에 해결되어 미국은 중공에게 군사보복이나 국부군 동원과 같은 비상수단을 쓸 필요가 없어졌다. 그러나 유엔군이 직면한 위기가 초래한 정책의 재평가는 위기가 안정으로 전환되었다고 해서 중지되지 않았다. 중공이 한국전쟁에 개입한 후 보여준 군사력과 독립정신으로 인해 미국의 정책결정자들은 자신들의 동아시아 권력 균형에서 차지하는 비중을 직시하지 않을 수 없었다. 따라서 그들은 한국전쟁과 중국 내전에서 발을 뺄 여지를 고민하면서 장기적인 대 중국 정책의 수정을 고려하였다. 게다가 워싱턴은 한국전쟁이 발발한 후부터 줄곧 타이완 중립을 강조하였고 국제사회에서 타이완 문제와 한국전쟁 문제를 분리해서 처리하기 바랐다. 그러나 타이완을 해방하라는 중공의 요구와 위급 시에 타이완의 비축 병력을 전용할 가능성, 그리고 국민정부의 명확한 반공 입장은 정책결정자들이 베이징 정권의 조치에 대응할 때, 그들의 대 중국 정책에 타이완이라는 요소를 첨가하게 하였다.

타이완 정책에 대해서 국부군 사용과 중립화 정책의 취소는 모두 장제스 정권과 다시 제휴하는 것을 의미한다. 미국 정책결정자들은 이러한 추세에 맞서 타이완의 미래를 통제하고 "장제스 정권을 구원한다"는 인상을 주지 않으려고 안간힘을 썼다. 부통령 바클리(Alben W. Barkley)는 국가안전보장회의 1월 17일 회의에서 장제스는 이미 그의 인민들에게 버려졌기 때문에 국부군을 사용하는 것은 장차 미국 정부를 '가장 난감한 위치'에 올려놓는 것이라고 주장하였다.

국가안전자원위원회의 스미스(Robert J. Smith)는 방법을 강구하여 장제스를 퇴진하게 한 후 미국은 아무런 거리낌 없이 타이완 군대를 사용하여 "중공을 괴롭혀야" 한다고 제안하였다. 대통령 특별보좌관 해리먼은

부통령 바클리는 국부군 활용은 장차 미국을 난감하게 할 것이라고 생각했다.

그렇기 때문에 국무부가 "미국이 장제스의 중국과 아시아 지역에서 끼칠 수 있는 영향"에 대해서 깊이 있는 연구를 해야 한다고 제안했다. 이러한 제안은 국가안전보장회의에 즉시 받아들여졌다.[28] 이들 연구는 많은 시간

....

28 Memorandum for the President, January 18, 1951, NSC Meeting(80th), PSF, box220, Truman Papers, HSTL; Memorandun by M. W. Bishop on NSC Meeting on January 17, January 19, 1951, *FRUS 1951*, 7(1):93~94. 국무부 관원들은 장정권의 영향을 지지하는 연구를, 중국과에서 진행 중인 중국 반대운동을 장려하는 연구와 결합시켜서 하나의 종합적인 대 중국 정책으로 발전시켰다. 이 연구결과는 극동 정책의 전체 평가 중에 수록되어 NSC 48/5가 되었으며, 1951년 5월 17일 대통령의 비준을 거쳐 정식으로 미국 국가정책의 일부분이 되었다. 이 문서에서 타이완에 관한 부분은 미국이 장제스와 다시 손을 잡을 것인지에 국한되지 않고 타이완을 어떻게 활용하여 미국의 대 중국 정책 목표를 실현할 것인지를 분석하고 있다. 이 정책의 평가과정 중에 미국의 정책결정자들은 점차 타이완에 대한 정책을 수정하였을 뿐만 아니라, 이 섬에 대한 가치판단도 바꾸어갔다. 상세한 상황은 아래의 글과 NSC 48/5, NSC Staff Study on United States Objectives, Policies and Courses of Action in Asia, May 17, *1951, FRUS* 1951, 6(1):33~63을 보라.

을 투입해야 하는 것이고, 또한 이 시기 한반도의 위기는 다소 완화되었으므로 트루먼 정부의 관원들은 국민정부와의 연계를 지연하거나 피하려는 시도를 했다고 할 수 있다.

한편, 정책결정자들은 협상을 통해 한국 문제를 조속히 해결하기 바랐으나, 중공은 유엔의 정화(停火) 제안에 상대적으로 냉담한 반응을 보였다.[29] 게다가 유엔군의 전면적인 패배 우려가 점차 사라지고 있었으므로 정책결정자들은 중공에 대응할 다른 수단을 강구하고 있었다. 미국은 내내 중국 분열이나 제3세력을 찾아서 베이징 정권을 대체할 가능성에 흥미를 보였다. 주요 원인은 중공을 약화시켜 소련이 강대한 맹방을 갖지 못하게 함으로써 그들의 공산세력 확대를 저지하려는 데 있었다.[30]

군사, 외교적으로 통제를 받은 중공은 한국전쟁을 속전속결로 끝낼 수 없었고, 이는 제3세력에 대한 정책결정자들의 흥미를 더욱 부추겼다. 그들은 중국의 반공세력들이 역량을 모아 대규모 반대운동을 일으키기 바랐다. 그러나 이 계획을 집행하는 데에는 두 가지 큰 어려움이 있었다. 그 하나는 본토의 반항세력에게는 지도적인 인물이 부족했다는 점이고, 또 다른 하나는 장제스가 이들 반항세력에게 매우 환영받지 못하는 인물이라는 점이다.

정책결정자들은 국내외 중국인, 서방국가, 그리고 베이징 정권 모두가

---

29 중공이 두 차례나 유엔의 정화제안을 거절한 경과에 대해서는 梁敬錞,「韓戰期中我國際地位之震撼」, pp.248~254 참조.
30 State Propaganda Plans for Communist China, January 3, 1951, 793.00/1-451, RG 59, NA. 한국전쟁 전, 미국은 일찍이 소위 제3세력 및 소련과 중공의 분리 가능성 발생에 흥미를 가졌다. 전자에 대해서는 본서 제5장을, 후자에 대해서는 Davis Allan Mayers, *Cracking the Monolith: U. S. Policy Against the Sino-Soviet Alliance, 1949-1955* (Baton Rouge: Lousiana State University Press, 1986); John Lewis Gaddis, *The Long Peace: Inquiries into the History of the Cold War* (New York: Oxford University Press, 1987), chapter 6 참조.

장제스와의 협력에 분명히 반대할 것이라고 믿었다. 그러나 자신들도 당시 국민정부에 대한 원조를 완전히 끊을 수 없다는 점을 알았다. 따라서 정책결정자들은 우선 한발 물러서서 장제스의 퇴진을 압박하거나, 적어도 그의 권력을 약화시키면서 타이완과 중국 본토에서 다른 반공지도자를 육성할 수 있기 바랐다. 그들은 군사원조와 경제원조를 조종하는 것은 국민정부의 생살여탈권을 장악하는 것과 같다고 생각하였다. 이것은 미국이 타이완의 내정개혁과 지도자 교체를 요구하는 데에 가장 훌륭한 무기였다.

스튜어트, 클럽 등 많은 미국 관원은 장제스의 권력이 미국의 원조를 장악한 데서 비롯된 것이라고 확신하였다. 따라서 장제스의 이러한 권력을 박탈하여 미국이 지지하는 새로운 지도자에게 직접 원조하는 것도 괜찮은 방법이라고 제안하였다. 심지어 중국과 관원 스트롱은 미국이 장제스와 그 주변인들에게 퇴진을 권하되 만약 따르지 않으면 그들을 제거해도 좋을 것이라고 제안하였다. 그는 이러한 행동이 다른 나라 내정에 대한 불간섭 원칙에 위배된다고 인정하였으나 "잘 선전하면 목표를 달성할 수 있을 뿐만 아니라, 정치적인 반발도 최소화할 수 있다"고 주장하였다.[31] 이후 워싱턴의 정책결정자들은 점차 타이완이라는 요소를 대 중국 정책을 계획하는데 포함하기 시작하였다.

1951년 1월 이후 한국전쟁의 상황이 유엔군에게 유리하게 전환되었다. 유엔군은 2월 18일 전면적인 반격을 시작하여 4주 후에는 평양을 탈환하

---

31 What to Do About Chiang Kai-shek, by W. W. Stuart, January 18, 1951, 793.00/11851, RG 59, NA; Memorandum, Strong to Clubb on Support of China Mainland Resistance and Use of Nationalist Forces on Formosa, January 24, 1951, 793.00/12451; Report on the Effect within China and Other Far Eastern Countries of United States Backing of Chiang Kai-shek, by Clubb and Stuart, February 9, 1951, *FRUS 1951*, 7(2):1574~1578; Memorandum, Strong to Clubb and Stuart, February 13, 1951, #2P TS Formosa 1951, RG 59, CA Records, box 22, NA.

였다. 워싱턴은 이 상황에서 중공이 회담을 바랄 확률이 높을 것이라고
보았고, 미국도 과도하게 굴욕적인 정전조건을 받아들일 필요가 없을 것
이라고 판단하였다. 중공은 줄곧 미국이 타이완에서 철수해야 한국전쟁에
서 정화를 할 수 있다고 주장하였다. 따라서 국무부 극동담당 차관보 러
스크는 타이완과 중공에 대한 연구를 통합함으로써 협상에 대한 미국의
입장을 결정하라고 지시하였다. 회담의 기회를 확보하기 위해 스튜어트는
중공이 침략행위를 중지하고 전쟁 전의 남북 상황을 회복하는데 동의하
면, 미국은 국민정부에 대한 원조 철회, 중공 승인, 중공의 유엔 가입 지
지, 중공에 대한 경제와 재정의 제재 중지를 허락하자고 제안하였다. 그리
고 그는 제3국이 이 제안을 제출하게 하여 국민정부의 사기에 타격을 주
지 않게 하자고도 하였다.32

에머슨은 미국의 대 타이완 정책은 베이징과 모스크바의 행동에 따라
조정해야 한다고 다음과 같이 주장하였다: 중공과 소련은 모두 한국전쟁
전의 상황으로 회복할 의향이 있다. 그러나 미국이 타이완에 원조를 증가
함으로 인해 협의에 이르지 못할 수 있으므로 미국은 중립 정책을 엄격히
준수하여 더는 타이완 원조를 늘려서는 안 된다. 공산진영이 유엔군을 한
국에서 쫓아낼 마음을 먹고 있으면 미국은 국부군을 포함한 동아시아 지
역의 모든 병력을 동원하여 그들에 대응해야 한다. 만약 그들이 한반도에
서 단지 유엔군을 견제하고 충돌을 확대할 계획이 없다면, 타이완에 대한

32 3월 중에 정책결정자들은 베이징과의 회담문제를 논의하였다. kaufman, *The
   Korean War,* pp.156~160을 보라. Memorandum, Bacon to Rusk, February 27,
   1951, #13P TS Korea, 1951, RG 59, CA Records, box22, NA; Memorandum,
   Bacon to Emmerson, February 28, 1951, 306 TS Policy Statement(General)
   1951, *Ibid.,* box 27; Memorandum, Rusk to Nitze, March 2, 1951, 61 1.94a/
   3-251, RG 59, NA; Memorandum, Stuart to Clubb on Exploratory Thoughts
   Respecting a Negotiated Far East Settlement, March 19, 1951, 320.2
   Communist China's Relations with Other Countries, RG 59, CA Records, NA.

미국의 원조는 그 섬을 방어하도록 협조하는 수준으로 제한해야 한다.[33]

국무부 중국과는 상술한 각각의 의견들을 종합하여 「포모사(Formosa)」라는 제목의 정책분석보고서를 만들었다. 보고서는 다음과 같이 지적하였다: 당시 미국의 동아시아 정책 목표는 소련과 중공의 결맹을 깨뜨리는 것으로 이 목표에 도달하려면 효과적인 유인책이나 압력을 행사하여 베이징이 모스크바의 품을 벗어나게 해야 한다. 타이완은 반공기지로서의 조건을 가지고 있고 중국 본토에 대해 상당한 경제적 가치를 가지고 있으며, 중공도 여러 차례 타이완 해방의 중요성을 강조하였다.

이러한 여러 가지 사항은 이 섬이 중공과의 협상에서 중요한 카드가 될 수 있음을 보여준다. 미국이 타이완 건설에 원조하고 반대운동을 지지하며 심지어 타이완 해협의 중립화 명령을 해제하는 것은 모두 중공이 강경한 태도를 바꾸도록 압박하는데 사용할 수 있다. 미국이 타이완의 통제권으로 베이징을 유인한다면, 그들도 한반도의 정화에 동의할 것이다. 요컨대, 만약 잘 운용할 수 있으면 타이완은 미국의 정책에 유연한 도구가 되어 베이징을 위협하거나 유인할 수 있다. 따라서 이 보고서는 공산당이 타이완을 통제하지 못하게 하고 타이완이 미국의 외교와 군사적 자산이 되도록 힘을 써야 한다고 주장하였다.

타이완의 귀속 문제에 대해서 이 보고서는 한국전쟁 발발 후 미국의 일관되게 견지해 온, 타이완이 중국의 일부분이라는 입장을 바꾸었다: 타이완이 독립을 하든지, 유엔의 위탁관리를 받든지 이는 모두 중국과 분리되는 것으로 더는 베이징의 유인책이 될 수 없다. 따라서 미국도 중공을 압박하기 위해 이 섬을 자유자재로 활용하기 어렵다. 더구나 중국인은 타

---

33 The Political Effect within China and Other Far Eastern Countries of U. S. Support of the Nationalist Forces, draft position paper by Emmerson, March 27, 1951, 306.13 TS Policy-NSC Reports 1951, RG 59, CA Records, NA.

이완이 중국의 일부분이라고 견지하고 있다. 만약 워싱턴이 이 섬을 중국과 분리하려고 한다면 미국과 중국 본토의 어떤 정권과도 관계를 회복할 수 없을 것이다.

따라서 적당한 시기에 미국 정부는 카이로선언이 타이완의 귀속 문제를 해결하는 근거이며 타이완은 중국에 귀속되어야 한다고 선포하라고 이 보고서는 제의하였다. 보고서는 이것은 다른 서방국가들도 일관되게 견지하는 입장이기 때문에 이 선포는 동맹국과의 의견차이도 해소할 수 있는 일거양득의 길이 될 것이라고 보았다. 그 밖에 이 보고서는 이전의 논리에 따라 미국의 정책 목표를 달성할 수 있는 유일한 방법은, 군사와 경제원조에 대한 통제를 이용하여 타이완의 지도 계급을 바꾸는 것이라고 발표하였다. 그리고 중공과 협상하는 과정에서 지나치게 양보하여 미국의 위신이 손상되지 않도록 하라고 경고도 하였다.[34]

미국 정책결정자의 심리상태를 이해하는 것은 결코 어렵지 않다. 중국에서 어려움을 겪은 지 여러 해 만에, 그들은 국민정부를 더는 상대할 필요도 없고 공산당과 타협할 필요도 없이 국공 양당이 모두 조속히 사라지는 것을 간절히 바랐다. 국가안전보장회의는 "타이완 귀속 문제는 카이로선언에 따른다고 공개적으로 선언"하라는 제의를 받아들이지 않았지만, "공산당이 아닌 신생정권이 타이완 해협 양안을 통제하는 것이 미국에게 가장 유리하다"는 생각은 받아들였다. 따라서 그들은 중국을 분열시켜 베

----

34 이 보고서는 총 21쪽으로, 클럽이 러스크에게 제출한 비망록 뒤에 첨부하여 타이완 정책의 여러 측면을 분석하였다. Memorandum, Clubb to Rusk, April 4, 1951, #2P TS Formosa, 1951, RG, CA Records, box22, NA. 클럽의 비망록 중 이 보고서의 내용이 "온당하고 현실적인 타이완 정책"이며, 특히 군사원조 부분에 관해서는 더욱 그러하다고 중국과는 강조하였다. 워싱턴은 당시 전면적인 문제를 고려하고 있었기 때문에 클럽의 건의는 가능한 한 빠르게 보고서의 몇 가지 제안에 참고되었다.

이징 정권을 무너뜨리거나 친소(親蘇)의 성격을 바꾸고, "국민정부의 정치적 변화를 이끌어 내는" 방법을 강구하기로 결의하였다. 이로부터 트루먼 정부는 타이완 방위의 방침을 다시 긍정하고, 그 섬에 새로운 존재가치를 부여함으로써 대 중공 방침의 포석에서 하나의 졸(卒)로 삼기로 하였다. 이 책략을 실현하기 위해서 국가안전보장회의도 미국이 상당한 군사·경제적 원조를 제공하여 타이완의 방어능력을 높여야 한다고 결의하였다.[35]

Ⅳ. 결어

1950년 말부터 1951년 5월 사이에 미국 정책결정자들은 정책평가를 거쳐 타이완에 대해 상당히 변화된 태도를 보였다. 워싱턴은 여전히 공산당의 타이완 통제를 원하지 않았지만, 그 이유는 한국전쟁 초반과는 다른 것이었다.[36] 한국전쟁 초기 트루먼 정부의 중립화 정책은 충돌 확대를 방지하기 위해 타이완 문제를 보류하고, 또한 중공이 그 섬을 점령함으로써 군사력을 강화하지 못하게 하자는데 그 목적이 있었다.

타이완의 전략적 가치에 대한 정책결정자들의 평가는 높지 않았다. 기본적으로 그 섬은 미국에게 부담이었지 자산이 아니었으므로, 그들은 타이완 보위를 힘써 주장하지 않았다. 그들은 원래 한반도의 전쟁을 해결한 후 즉시 타이완 해협의 중립을 취소하고, 타이완 방위는 동아시아 지역에서 미국의 군사적 부담을 늘리지 않는다는 전제하에 돕겠다고 계획하였

---

35 NSC 48/5 and NSC Staff Study on United States Objectives, Policies and Courses of Action in Asia, May 17, 1951, *FRUS 1951*, 6(1):33~63.

36 NSC 48/5에서는 한국 정전협정이 미국의 소련, 타이완, 그리고 중공의 유엔의석 문제에 대한 정책적 입장을 손상해서는 안 된다고 언급하고 있다. *FRUS 1951*, 6(1):33~63의 주석 참조.

다. 전쟁이 최악의 상황에 이르자 미국은 정전을 위해 타이완을 중공에 넘기려고까지 하였다.[37] 트루먼 정부의 일부 관원은 타이완의 존재가치에 대한 미국의 평가가 모호하기 때문에 타이완 보호와 중공에 대한 타협 사이에서 정책이 방향을 정하지 못하고 있다고 지적하였다.[38]

유엔군이 다시 38선 부근으로 진격하였던 3월은 대 타이완 정책의 전환점이 되었다. 전쟁 상황이 호전됨에 따라 미국의 정책결정자들은 점차 정전을 위해 지나치게 양보할 필요가 없으며, 중공의 타이완 점령을 방지하는 것도 비교적 긍정적인 의미가 있다고 인식하였다. 그들은 타이완 보전이 한편으로는 중국 본토에서의 반정부활동을 장려하고 심지어 이에 협조할 수 있으며, 다른 한편으로는 이 섬이 베이징을 압박하거나 중공의 협력을 끌어내는데 도구로 이용될 수 있다고 생각하였다. 이로 인해 트루먼 정부는 차츰 과도적인 구상을 버리고 비교적 신중하게 장기적인 타이완 정책과 군사원조 계획을 고려하게 되었다.

....

37 중립화 정책의 기원과 제7함대의 타이완 보호 능력의 한계는 본서 제4장 참조. 중공의 타이완 침략 정책의 수동적인 측면은 Memorandum, the JCS to the Secretary of Defense, January 26, 1951, 337 Four Powers, RG 330, CD 1951, NA를 보라. 1월 30일 국무부와 합동참모본부의 연합회의에서 참모수장들은 "타이완 방어에 대한 협조는 동아시아에서 미국이 유지해야 하는 병력을 증가시키지 않았다"라고 설명하였다. 회의 기록은 *FRUS 1951,* 7(2):1536~1542를 보라.

38 제섭대사는 합동참모본부가 어떠한 승낙도 하지 않으면서 오히려 미국의 해·공군을 타이완 방어에 투입할 필요가 있다고 강조하였는데, 이 두 가지 견해는 서로 모순된 것으로 쓸데없이 정책이 혼선을 빚게 하였다고 주장했다. Memorandum, Jessup to Rusk, January 23, 1951, 793.00/1-2351, RG 59 NA를 보라. 클럽도 타이완 정책에 대한 모순을 열거하였다. Memorandum, Clubb to Emmerson on Draft Far Eastern Policy Paper, February 19, 1951, 306 TS Policy StatementI General) 1951, RG 59, CA Records, box 27, NA를 보라. 따라서 러스크는 "당시 정책이 가지는 충돌과 모순점을 해소"하기 위해, 정책기획과에 타이완 정책에 대한 종합적인 보고서를 준비하라고 지시하였다. Memorandum, Rusk to Nitze, March 2, 1951, 611.93/3-251, RG 59, NA.

예를 들면, 새로운 미국 원조의 예산을 쟁취하기 위해 국무부 차관 웨브(James E. Webb)는 4월 예산국에 공문을 보내면서 "한국전쟁의 종결은 미국이 타이완에 대한 군사경제 원조를 줄일 수 있음을 의미하지 않는다. 오히려 정반대가 될 수도 있다"고 말했다. 따라서 웨브는 미국이 한국전쟁 종결 후 있을지 모르는 발전을 위해 현재의 타이완 원조계획의 이행을 유보해서는 안 된다고 생각했다. 수주 후에, 국가안전보장회의도 국가 안전에 도움이 된다면 한국전쟁이 종결된다고 해도 제7함대의 타이완 순항 임무를 취소해서는 안 된다고 결의하였다. 이 결의는 중국 공산당을 위협하고 회유하기 위해 타이완을 중국에 반환해야 한다는 기존 정책을 뒤집고, 미국이 '의도적으로' 중국 내전에 휘말리게 하였으며, 국민정부와 더욱 밀접한 관계를 맺게 하였는데 이는 정책결정자들의 원래 의도에 크게 위배되는 것이었다.39

중공과의 첨예한 대립, 그리고 위급 시 국부군의 이용 가능성은 트루먼정부가 애써 피하려고 했던 길로 그들을 밀어 넣어 "중공과 적이 되고 국민정부와 손을 잡게 하였다." 그러나 정책결정자들의 타이완 정책 수정에 대한 심리상태는 이러한 경향을 힘써 거부하는 것이었기 때문에 한국전쟁이 발발한 이후 미국의 대 타이완 정책은 줄곧 전세의 변화와 중공과 한국에 대한 그들의 정책 변화에 따라 끊임없이 요동쳤다. 당시 주미 영국 대사 프랭크스(Sir Oliver Franks)가 한 말처럼 미국의 대 타이완 정책은 '권위주의와 기회주의'가 결합한 토대 위에 세워진 것이었다.40

....

39 Letter, Webb to Lawton, April 17, 1951, *FRUS 1951*, 7(2):1632; NSC 48/5, May 17, 1951, *Ibid.*, 6(1):33~63. 트루먼은 1950년 8월 31일, 한국전쟁이 끝난 후 미국은 제7함대를 철수하겠다고 공개적으로 선포하였다. 그리고 1951년 3월까지, 정책결정자들은 여전히 이 정책을 유지해야 한다고 하였기 때문에 결국 함대의 타이완 해협 순항 기한을 바꾸었는데, 이는 매우 중대한 의미를 갖는다.
40 Memorandum of Conversation by Jessup, Achesonwith Franks, December 7,

국무부 극동담당 차관보 러스크는 "일부 국가, 심지어 필리핀과 미국을 제외한 모든 국가는 타이완이 그다지 전략적 가치가 없으므로 장기판 위에서 한 개의 졸(卒)로 삼아 언제든지 그들 국가의 이익을 위해 희생할 수 있다고 생각한다"며 개탄하였다.[41] 아이러니하게도 이 말은 미국의 태도를 묘사하는데 가장 적절하게 쓰이고 있으며, 더욱이 미국은 정책포석에서 타이완을 하나의 졸로 삼을 수 있는 능력이 다른 나라에 비해 더 컸다.

　　「포모사」보고서의 "우리(미국)의 대 타이완 정책은 대 중공 정책에 따라 정해진다. 타이완에서 우리의 모든 행동은 본토에 대한 정책목표를 실현하는 데 직접적으로 도움이 되어야 한다"는 문구는 이러한 실리주의적인 태도를 명확히 나타냈다.[42] 대 타이완 정책에 대한 생각의 변화과정으로부터 미국의 외교정책결정은 이념의 영향을 받지 않았을 뿐만 아니라 도덕적 관념의 속박도 거의 받지 않았고, 오히려 실리주의가 정책 사고에서 제일 중요한 요소였음을 알 수 있다.

....

　　1950, *FRUS 1950,* 7:1438.

41 Memorandum on a State-JCS Meeting, January 30, 1951, *FRUS 1951,* 7(2):1538.

42 Formosa, CA Policy Paper, April 4, 1951, #2P TS Formosa 1951, RG 59, CA Records, box22, NA, p.6.

韓 戰 救 台 灣 ?

제7장

태도의 변화

(1951년 5월~1952년 3월)

1951년 1월 24일을 전후로 하여 한반도에서 중공의 동계 공세는 북위 37도선 부근에서 저지되었다. 유엔군은 리지웨이 장군(Matthew Bunker Ridgway)의 통솔 하에 반격하여 3월 14일 서울을 수복하고, 3월 말에는 38선 인접 진지를 탈환하였다. 워싱턴은 원래 아시아에서 미국의 지위에 노전할 여력이 없다고 생각한 적에게 거의 완패한 상황에까지 이르렀다가 가까스로 회복되었기 때문에 이전보다 더 평화적인 협상을 희망하였다.

한편, 새롭게 취득한 전장의 우세와 맥아더의 파면이 가져온 정치적 후폭풍으로 인해 워싱턴은 중공에 대한 정책에 보다 강경한 입장을 취하였다. 상호 모순되는 강렬한 정서와 사유로 인해 1951년 봄은 미국의 대중공 정책 전환에서 핵심적 시기가 되었고, 그에 따라 대 타이완 정책에도 당연히 변화가 생겼다. 그 이후 1년의 상황전개는 워싱턴이 원래 피하고자 했던 방향인 베이징에 대한 강경한 입장, 타이완 보전과 타이완의 역량강화, 특히 원하지 않았던 장제스 정부와의 재결합이라는 방향으로 워싱턴을 밀어붙였다.

Ⅰ. 중공을 약화시키려는 노력

워싱턴은 한국전쟁을 신속히 종결하고 유한한 자원을 더 중요한 지역에 투입하기 바랐다. 따라서 처음에 그들은 미국의 이익에 부합하려면 서방에 대해 비교적 우호적인 정부를 세워 중공 정권을 대체해야 한다고 주장하였다. 5월에 국가안전보장회의는 이러한 사유에 기초하여 중국에 대한 정책목표를 정식으로 수립하였다. 우선, "최종 목표는 계속해서 정치적이며 비군사적인 수단으로써 한국 문제 해결을 추구한다." 그 다음, "중국이 소련의 역량을 효과적으로 강화할 수 있는 맹방이 되지 못하게 하고 침략을 포기하겠다고 공언하는 독립된 중국으로 발전하도록 지지한다."[1] 합쳐 보면 이 둘의 모순은 사실 매우 분명하다. 즉 만약 워싱턴이 중국 공산 정권의 중국 통제를 파괴할 생각이라면 중공에게 평화협상의 진정성을 설득하기 어려울 것이다. 그러나 정책결정자들은 이 두 가지 목표가 상충하는 것임을 주의하지 못했다.

3월부터 유엔군의 반격이 승리함에 따라 전세가 역전되었다. 워싱턴은 각종 가능한 경로로 중공과의 소통을 모색함으로써 협상을 통해 우선 무력충돌을 멈추고 한국 문제를 정치적인 방식으로 해결하기 바랐다. 국무부와 국방부는 트루먼이 유엔군 총사령관부가 협상과 휴전을 준비하고 있다고 공개적으로 선언하는 평화회의의 선제적 구상에 찬성하였다. 그러나 이러한 계획은 3월 24일 맥아더가 발표한 성명으로 인해 무산되었다.

맥아더는 성명에서 적군 사령관과의 회담으로 "더는 피를 흘리지 않고" 한반도에서의 정치목표를 완성하기 바란다고 말하였다. 그러나 자세히 보면 그 내용에는 만약 항복하지 않으면 전체 괴멸할 것이라는 최후통첩의 의미를 담고 있었다. 맥아더의 성명은 워싱턴이 아직 강행할 믿음이 그만큼 크지 않은 상황에서 이루어졌다. 당시는 크게 양보를 해서라도 정전협상을 끌어내고자 주장하던 시기였기 때문에 결국 성명은 맥아더의 경질로 이어졌고, 워싱턴은 평화제안을 잠시 묻어둘 수밖에 없었다.[2]

....

1 NSC 48/5, May 17, 1951, Annex 1, Statement of Policy on Asia, *FRUS 1951,* 6(1):35~36.

2 Memorandum of Conversation by Nitze, March 19, 1951; JCS 86276 to CINCFE, March 20, 1951; Draft Text of a Proposed Presidential Statement in Korea attached to letter, Marshall to Acheson, March 21, 1951; Draft Text of

5월과 6월 사이에 맥아더의 해직을 둘러싸고 일어난 논쟁과 그 후 의회 청문회는 민중의 강렬한 반공 정서를 불러 일으켰다. 여론은 전쟁을 서둘러 종결하지 않으려면 전쟁에서 승리를 거두어야 한다고 요구했고, 워싱턴은 협상을 통한 평화 정착의 노력을 재개하였다. 4월 말과 5월 중순, 국무부의 소련 문제 전문가인 볼렌과 케난은 각각 파리와 뉴욕에서 소련의 고급 관원들과 접촉하여 전쟁 종결 가능성을 타진해 보라는 지시를 받았다.3 미국은 이러한 가능성을 중공에도 직접 전달하려고 시도하였다. 5월 3일, 정책기획 사무국의 마셜과 체이스는 홍콩에 가서 중공과 접촉할 수 있는 통로를 비밀리에 모색하였다. 그들은 그 곳에서 3주간 체류하면서 편지로 베이징 정권 인사와 직접 소통할 수 있는 제3의 인물을 만났고, 그에게 미국의 평화협상 의지를 전하였다.4

---

a Proposed Presidential Statement on Korea, March 23, 1951; Tel.568 to Certain Diplomatic Offices which transmitted the text statement released by MacAthur, March 24, 1951; above all in *FRUS 1951*, 7(1):246, 251, 252, 263, 265; Memorandum, Stuart to Clubb, March 19, 1951, 320.0 Chinese Communist Relations with Other Countries, RG 59, CA Records, box 28, NA. 맥아더 원수의 해직 논쟁에 관한 문서도 *FRUS 1951*, 7(1)에 수록되어 있다. 이 사건에 대해서는 상당히 많은 변론과 연구성과가 있으나, 간략하게 논의된 성과물로는 Kaufman, *The Korean War, chapter 5, and Schnabel and Watson, History of the JCS*, volume 3, chapter 10를 참고할 수 있다.

3 Memorandum, Austin to Hickerson on Next Step in Korea, May 23, 1951; Tel.6425 from Paris, April 23, 1951; Memorandum, Merchant to Matthews, April 25, 1951; Memorandum by George G. Kennan Concerning Events from May 18 to May 25, 1951; above all in *FRUS 1951*, 7(1):447, 376, 379, 460. 그 밖에 Acheson, *Present at Creation*, pp.532~533과 Kaufman, *The Korean War*, pp.189~190 참조.

4 홍콩에서 마셜의 임무는 그가 1951년 1월에 어떤 인물(제2의 인물)의 소개로 이뤄진 누군가(제3의 인물)와 나누었던 진지한 대화의 연장선상에 있었다. 1951년 회담은 본서 제5장의 각주69에 정리되어 있다. 중공은 마셜이 전달한 미국의 의향에 대해 세밀하고 신중한 흥미를 보였으며, 마셜은 계속해서 이러

1개월 후 모스크바 주재 미국 대사 커크는 중공 대사와의 직접 접촉을 시도하였으나 이루어지지 않았다. 커크는 중국이 모스크바에서 자신과 직접 소통할 준비가 되어 있지 않다면 스웨덴이나 소련을 통해 소통하는 방법을 제안하였다.[5] 이러한 노력은 즉시 효과를 내지는 못하였으나 한국전쟁을 끝내려는 워싱턴의 입장을 적극적으로 드러냈고, 7월 10일 정전회담의 시작으로 이어졌다. 다만 정전협정문에 서명을 하기까지 2년의 시간이 걸리리라고는 예상하지 못했을 뿐이다.

한국전쟁의 정전협상을 모색하면서 미국은 동시에 중공 정권을 전복하거나 약화시키려고도 하였다.[6] 1월 말, 국무부와 합동참모본부는 "모스크바의 통제를 받거나, 모스크바와 결맹한 어떠한 중국 정부든지 모두 교체하자"는 목표를 지지하기로 하였다.[7] 중국 본토 내의 반정부활동을 지

한 대화를 이어나가자고 제안하였다. 아마도 유엔 주재 소련 대표 말리크가 6월 23일의 유엔 라디오 방송에서 보인 평화의 자세로 인해, 워싱턴은 마셜과 제3의 인물을 통한 대화 통로를 포기했던 것 같다. 소련의 입장에 대해서는 Kaufman, *The Korean War,* pp.190~191을 보라. 이 임무에 관한 문서는 Memoranda of Conversation by Marshall, May 4, 7, 9 and 17, 1951; Tel.3369 and 3376 from Hongkong, May 14 and 15, 1951; Memorandum, Marshall to Krentz, June 4, 1951; undated message from Hongkong; and Draft Cable by Marshall, June 19, 1951; above all in *FRUS 1951,* 7(2):1652, 1653, 1655, 1667, 1697, 1711, 1711n, 1712n을 보라.

5 Unnumbered Tel. from Moscow, June 22 and 25, 1951, *FRUS 1951,* 7(1): 545, 548.

6 국가안전보장회의 NSC 48/5 문서는 비공산당 지도자의 실력 확대, 반정부활동 지지, "현재의 중공 정권을 반대하고 그들의 방향 전환 모색"을 요구하였다. NSC 48/5, Statement of Policy on Asia, May 17, 1951, *FRUS 1951,* 6(1): 36~37을 보라.

7 국무부와 합동참모본부는 1951년 1월 30일의 회의에서 이러한 인식의 일치를 보였다. Memorandum on the meeting in *FRUS 1951,* 7(2):1538을 보라. 이에 관한 앞서 움직임에 대해서는 본서 제5장 참조.

지하고, 정변이나 중공당 내 분열을 조장하려는 워싱턴의 열정은 적어도 1951년 여름까지 지속되었다. 본서 제5장은 NSC 48/5 문서의 초판본을 근거로 이미 CIA의 활동을 "맨해튼 계획의 규모까지" 확장하여 "이론적으로나 기술적으로 미국에 적대적인 정부를 전복시키자"는 제안이 있었다고 기술하였다. 비록 이 제안은 받아들여지지 않았으나, CIA는 이러한 목표에 따라 비밀활동을 전개하였다.

CIA는 우선 "서방공사(Western Enterprise, Inc)"라는 명의로 신분을 숨기고 3월 말 타이완으로 주재원을 파견하였다. 8월 말까지 그들은 약 10만 명의 부대를 훈련하였는데, 동남 연해지역에서의 기습행동 외에도 본토의 반대세력에 보급과 원조를 증가하였다. 이러한 활동은 베이징 정권을 전복시킬 수는 없었으나, 베이징 정권에게 의구심과 어려움을 느끼게 할 수 있었다. 미국은 1952년 말까지 약 20만 명의 중공군을 견제했을 것으로 추정했다.[8] 이러한 비밀활동의 경비는 타이완에 대한 군사원조 예비

----

8 Letter, Rankin to Merchant, May 30, 1951, Republic of China 1951, Rankin Papers, box 16, ML; Merchant of Conversation between R. W. Barnett and General Chase, August 30, 1951, attached to Memorandum, Barnett to Allison, February 11, 1952, 611.94a/2-1152, RG 59, NA; Memorandum, Allison to J. F. Dulles, December 24, 1952, *FRUS 1952-1954*, 14(1):118~120; 그리고 1986년 6월 국민정부 공군 루오잉더(羅英德) 장군에 대한 방문취재에 따르면 루오 장군과 서방 공사는 이 부분에 대해서 긴밀히 협조하였다. 이러한 행동은 극비로, 엄격하게 말하면 당시 미국은 중립적 태도를 유지하고 또한 국부군을 사용하지 않겠다는 정책에도 어긋나는 것이었다. 국무부와 국방부는 그 존재를 알았지만, 계획에 참여하지 않았다. 작전 세부사항도 알려지지 않았다. 특수부대는 미군 고문단장이나 대사관 관장의 관할이 아니었기 때문에 머천트는 란킨에게 미국 정부가 서방 공사의 활동에 직접 관여한 사실을 부인하라고 제안하였다. Letter, Merchant to Rankin, August 24, 1951, Republic of China 1951, Rankin Papers, box 16, ML을 보라. 서방 공사가 중국 연해에서 일으킨 소란 행동에 대해서는 Frank Holober, *Raiders of China Coast: CIA Covert Operations during the Korean War* (Naval Institute Press, 1999); 翁臺生, 『CIA在臺活動秘

금에서 충당되었다. 미국은 또한 홍콩의 '제3세력'과 중국과 버마 국경지역에 있는 반공부대도 지원하였다.[9]

국무부의 정책기획자들도 이러한 행동을 적극적으로 지지했고, 반공적인 중국인 혹은 중국 국경 내의 반정부활동을 자극할 계획 설계에 많은 시간을 투자하였다. 계획제안서에는 선전전이나 심리전이 포함되어 있으나 명확하고 세부적인 집행 내용은 대부분 결여되어 있다.[10] 때때로 집행한 사례로는 이러한 계획 외의 움직임으로 상술한 찰스 마셜이 5월 초에 동아시아에서 행한 활동이 있다. 중공과 소통 창구를 건립하려고 한 것 외에, 마셜의 임무는 제3세력의 상황 파악 및 그들과의 접촉을 포함하였

幸』(臺北: 聯經出版社, 1991) 참조.

9 미국 정책결정자들은 '제3세력'운동의 잠재력을 중시하여 한국전쟁 발발 전, 그들을 산발적으로 지원하였다. 이 기간 비밀리에 이루어진 지원은 아마도 국무부와 국방부가 직접 참여하지 않는 상황에서 강화된 것으로 보인다. Memorandum, Rice to Clubb, June 25, 1951, 306.13 TS Policy-NSC Reports 1951, RG 59, CA Records, box 28, NA; Questions and Answers on Title III Program-Formosa (Prepared for MDAP 1952 Legislation), June 15, 1951, 794a.1-MAP/6-1551, RG 59, NA를 보라. 중국과의 라이스는 이러한 지지 행동이 있다는 것을 알았으나, 얼마나 성공했는지 모른다고 말했다. William M. Leary, *Perilous Missions: Civil Air Transport and CIA Covert Operations in Asia* (University of Alabama Press, 1984), chapter 9를 보라. 미국의 제3세력과 중국 본토 반공유격대에 대한 지원 활동은 鄭義, 『反攻大陸機密檔案』(香港: 當達出版有限公司, 2005); 버마지역 반공부대의 활동은 覃怡輝, 『金三角國軍血淚史, 1950-1981』(臺北: 中央研究院·聯經出版社, 2009) 참조.

10 란킨은 워싱턴이 '상당히 큰 규모의 위원회'를 설립하여 제3세력 인사에 대한 협조를 담당하게 했다는 것을 알았다. 그러나 그는 이들 제3세력이 실질적인 성과를 올릴 것이라고는 기대하지 말라고 조언하였다. Letter, Rankin to Rusk, August 13, 1951, *FRUS 1951*, 7(2):1778~1785를 보라. 국무부 정책기획의 사례는 Memorandum W. D. Wright to Merchant, May 1, 1951, 793.00/4-2551, RG 59, NA; Memorandum, Clubb to Merchant, May 7, 1951, 793.00/5-751, *Ibid.*; Memorandum, Emmerson to Rusk on Implementation of Sections 8b-8d of NSC 48/5 Dealing with Communist China, June 25, 1951, *Ibid.* 참조.

고, 동시에 동남아에서 이러한 활동 전개를 지지하는 것이었다. 그는 1월 초부터 간접적인 비밀 의사소통의 통로가 된 베이징의 한 조직과도 연계를 시도했다. 이 조직은 소련의 통제를 받지 않고 독립운동을 주장했기 때문에 워싱턴은 정변이 일어날 수 있다는 기대가 컸다.[11]

또 다른 움직임은 NSC 48/5가 통과된 다음날, 러스크가 뉴욕 화미협진사(華美協進社, China Institute in America)에서 행한 연설이었다. 이 연설은 원래 중공에 대한 심리 선전의 일부분이었으나, 예상 밖의 논쟁을 불러왔다. 그는 미국이 줄곧 중국 인민의 복지에 관심을 가져왔다고 강조하였다. 그리고 중공은 단지 "더 거대한 슬라브판 만주국"일 뿐이며 중국 인민의 정부가 아니라고 비난하였다. 그는 또한 국민정부는 광대한 중국 인민을 더 잘 대표할 수 있으며, 계속해서 더 많은 미국의 원조를 받게 될 것이라고 말하였다.

러스크의 연설은 중공 정권 전복 혹은 약화라는 정책목표와 타이완은 이 목표를 추진하는 도구라는 국가안전보장회의의 결정에 근거한 것이다. 워싱턴은 국민당 정권을 교체하여 타이완을 미국의 정책 자산으로 바꾸

....

11 홍콩과 동아시아에 관한 마셜의 임무는 각주 4, 특히 Memorandum, Marshall to Krentz, June 4, 1951, *FRUS 1951*, 7(2):1697~1698을 보라. 그 밖에 필리핀 주재 미국 대사 코웬(Cowen)이 1951년 8월 9일 러스크에게 보낸 편지, *FRUS 1951*, 7(2):1771~1772도 참조하라. 편지 중 코웬은 필리핀 내부에서 반공운동을 지지하기 위한 기초적인 작업을 진행하였다고 밝혔다. 홍콩에 사람을 파견하여 가능성을 탐색하게 한 것은 마셜과 제3세력의 비밀대화에서 비롯된 것이다. 베이징 조직과 비밀리에 협상하여 쌍방의 이견을 해소하고 중공 내부에서 정변을 일으킬 만한 독립조직과 접촉하는 것에 관해서는 1월 13일 러스크, 니츠, 데이비스, 마셜 등이 이 비밀대화에 대해 토의할 때 생각한 것이다. 이후 제3세력은 베이징이 어느 정도 시간을 필요로 한다고 말했고, 2월 1일 유엔이 '침략자 결의'를 통과시키면서 조금 냉정을 찾게 되었으며 이 임무도 잠시 미뤄두게 되었다. Memorandum by Marshall, January 31 and February 5, 1951, *FRUS 1951*, 7(2):1544, 1561을 보라.

기 바랐기 때문에, 국민정부에 대한 러스크의 칭찬 혹은 중공에 대한 비난을 모두 사실로 받아들일 수는 없었다.[12]

그러나 러스크가 연설하던 즈음에 미국 여론은 맥아더의 해직청문회로 인해 중공과 한국전쟁에 더 강경한 태도를 취하라고 요구하고 있었다. 따라서 러스크의 연설 내용은 보편적으로 워싱턴이 중공과 타협할 가능성을 배제하고 국민정부에 대한 지지를 약속할 것이라는 의미로 해석되었다. 연설 내용으로 인해 서방 동맹국들은 미국의 태도가 냉전의 평화적 해결 가능성을 떨어뜨리는 반면, 중국 영토 내에서 반공 정서를 불러일으키지 못할 뿐이라고 우려했다. 이 점이 워싱턴의 정책결정자들을 더욱 괴롭게 하였다. 그로 인해 국무부는 대중과 동맹국에 그 의도를 설명하기에 바빴으나 해명을 하면 할수록 러스크 연설은 그 영향력이 약하다는 것을 느꼈다.[13]

....

12 러스크의 연설 원고는 *the Bulletin,* May 28, 1951, pp.846~848을 보라. 중국의 대 중공 정책 목표와 타이완을 목표 달성의 히든카드로 사용하는 것에 대해서는 본서 제6장의 결론을 참조. 러스크의 연설 내용은 워싱턴의 강경한 냉전의식과 트루먼 정부가 이미 국민정부를 지지하고, 중공을 적으로 삼기로 승인했다는 증거로 자주 인용되었다. 그러나 국민정부가 광대한 중국 인민을 대표한다는 그의 말은 사실 국무부 내부의 진실된 견해와는 매우 거리가 있는 것으로 단지 선전적인 문구였을 뿐이고, 그의 생각이나 당시 미국의 국민정부에 대한 정책을 반영했다고는 보기 어렵다.

13 러스크의 연설에 관한 해명은 Council on Foreign Relations, *The United States on World Affairs, 1951,* pp.84~85를 보라. 러스크의 강연이 억측을 불러일으켰기 때문에 트루먼과 애치슨은 국무부가 공개 성명을 통해 미국의 대 중국 정책을 분명히 해야 한다고 생각하였다. Memorandum of Conversation between Acheson and Truman, May 21, 1951, *FRUS 1951,* 7(2):1672; Statement by M. J. McDermott, Special Assistant to the Secretary of State for Press Relations, May 21, 1951, *the Bulletin,* May 28, 1951, p.848을 보라. 이러한 국무부 대변인의 성명은 러스크의 연설로 인해 미국의 정책이 바뀌었다거나 중국의 내전에 개입하려 한다고 해석하는 것은 절대 정확하지 않은 것이라고 강조하였다. 동

워싱턴은 중공 정권의 전복이나 분열, 또는 소련과 중공의 갈등 조장을 목표로 하는 정책은 집행하기 어렵다는 사실을 곧 알아차렸다. 베이징과 모스크바가 서로 분열할 가능성이 적다는 평가는 한국전쟁이 발발한 이후 내내 유지되고 있었다. 1951년 가을까지, 모든 현상은 중소 양국의 협력이 더욱 긴밀해지고 있음을 나타내고 있었다.[14] 중공당의 내분에 대한 전망도 민심을 진작시키기는 마찬가지로 어려웠다. 찰스 마셜도 홍콩에서 귀국한 후 제출한 보고서에서 중공 정권의 쇠락이나 내분의 조짐을 찾아보기 어렵다고 말하였다. 원래 이러한 희망을 제기한 '제3세력'조차도 그들의 말을 바꾸어 중공당 내에 실질적이거나 잠재적인 분열의 가능성에는 의문의 여지가 있다고 말했다는 것이다. 9월, 홍콩 주재 미국 총영사 매커너기(Walter F. McConaughy)도 베이징 정부 내에는 분열의 조짐이 없다고 계속해서 보고하였다.[15]

맹국과 관련된 논의는 Tel.6045 from London, May 21, 1951 and Tel.5405 to London, May 22, 1951, *FRUS 1951,* 7(2):673, 1673n; Memorandum of Conversation, Merchant with Millet of the French Embassy, May 21, 1951, 306.11 U. S. Policy toward Nationalist China 1951, RG 59, CA Records, box 28, NA를 보라. 국무부 관원은 러스크의 강연은 중국 본토 인민에 대한 심리전에 그 의도가 있고, 한국전쟁의 평화회담에 영향을 주려는 것은 아니었다고 영국과 프랑스에 설명하였다.

14 Memorandum, Marshall to Krentz, June 4, 1951, *FRUS 1951,* 7(2):1697~1698; SE-13 Possible Development in the World Situation Through mid-1953, September 24, 1951, NSC Meetings #105, PSF, box 215, Truman Papers, HSTL; Progress Report by the Secretaries of State and Defense to the NSC on NSC 48/5, September 25, 1951, *FRUS 1951,* 6(1):88~90; Conversation among Acheson, Bradley, Churchill, Eden, and Franks at the British Embassy, January 7, 1952, Memoranda of Conversation, Acheson Papers, box 67, HSTL.

15 Memorandum, Marshall to Krentz, June 4, 1951, *FRUS 1951,* 7(2):1697~1698; Memorandum, Nitze to Krentz, June 22, 1951의 Editorial Note, *Ibid,* 7(2):1716; Tel.1077 from Hongkong, September 17, 1951, 793.00/9-1751, RG 59, NA.

중공은 전체 국력이 유한한 상황에서 한국전쟁에 개입하여 군사력을 소모하였고, 유엔도 경제제재를 실시했기 때문에 중공의 국력은 더욱 쇠퇴할 것으로 예견되었다. 그러나 관련 보고서는 오히려 이들 요인으로는 중공 정권의 전복이나 그 통제력 부족을 예측하기 어렵다고 주장하였다. 신임 국방장관 러빗(Robert A. Lovett)과 국무장관 애치슨은 9월 말 국가안전보장회의에 베이징 정부는 이미 그 정치 통제력과 군사력을 증강했을 것으로 보이며, 계속적인 전투와 유엔의 무역제재에도 경제적 붕괴의 조짐은 나타나고 있지 않다고 보고하였다.[16]

'제3세력' 운동과 유격대의 활동도 다음과 같이 비관적이라고 보고되었다: *중국 본토 내부의 반정부활동은 여전히 분산되어 있고 협조에 어려움이 있었으며, 후방보급도 부족하다. 그들은 이미 영향력 있는 지도자가 부족한 상황이며 인민에게 호응을 호소할만한 정치 강령도 없다.* 찰스 마셜은 현지조사 후 제3세력의 실력이 실제로는 너무 약하고 "일부 보잘 것 없는 인물들 사이의 미미한 정치 활동"만 있을 뿐이라고 보고하였다. 8월 초까지 보고된 정보에 따르면, 유격대를 방해하는 중공의 책략은 대체로 성공적이었고 중국 본토에서 진정한 유격활동은 단지 치고 빠지는 작은 행동으로 제한되어 있었다. 한 해 동안 모든 보고서들은 중공의 압제로

---

16 비록 보고서들이 중공의 폭압과 경찰 통제로 인해 증오와 불만이 끊임없이 상승하고 있다고 계속해서 지적하고 있으나, 일반으로는 이러한 불만 정서가 아직은 중공 정권을 전복시킬만한 봉기를 일으키기에는 부족하다고 인식하고 있었다. Tel.1455 from Taipei, April 19, 1951; Memorandum, Marshall to Krentz, June 4, 1951; NIE-32 Effects of Operations in Korea on the Internal Situation in Communist China, July 10, 1951; Memorandum, Perkins to Merchant on Trends in Communist China, August 1, 1951; above in *FRUS 1951,* 7(2): 1637, 1697, 1737, 1764; Progress Report by the Secretaries of State and Defense to the NSC on NSC 48/5, September 25, 1951, *Ibid* 1951, 6(1): 88~90; Memorandum of Coversation between Emmerson and Peter Cambell of the Canadian Embassy, November 11, 1951, *Ibid* 1951, 7(2):1849~1851.

인해 공개적인 반정부활동이 급감했다고 밝혔다. 연말이 되어 워싱턴은 이들 반정부 세력이 명확한 전투 능력이 없음을 마지못해 인정하였다. 중국과 관원 스튜어트는 단기간 내 제3세력이 중공의 통제에 도전할 희망은 실질적으로 없다고 인정하였다.[17]

　워싱턴은 중공 정권을 전복하거나 약화시킬 가망이 거의 없다고 느끼게 되었다. 6월말 중국과 관원 중 한 명은 이후 몇 년 내에 중공 정권을 중국 본토에서 몰아낼 기회는 크지 않다고 강조하였다. 7월에 한국전쟁 정전회담이 시작되었고, 한반도 문제의 정치적 해결을 찾으려는 목표는 중국을 소련의 통제에서 분리시키려는 목표를 아주 빠르게 뛰어넘었다. 워싱턴은 이미 정전회담에 집중하였고 중국을 분화하려는 움직임은 잠시 중지되었다. 비록 국가안전보장회의가 지도원칙을 정식으로 수정한 것은 아니었지만, 워싱턴은 1952년 초에 이미 명확하게 그 정책방향을 조정하고 있었다. 애치슨은 1952년 1월 초 영국 수상 처칠에게 동아시아 문제의 핵심은 더는 중소 동맹을 깨뜨리는데 있지 않고, 일본과 서방이 같은 진영에 있도록 힘쓰는 것이라고 말하였다. 트루먼 정부는 중공 정권이 영구적으로 존재하게 될 것이라는 사실을 받아들이고 싶지 않았으나, 워싱턴이 중공을 몰아내는데 지불해야 할 대가를 아직 준비하지 못했음을 마지

----

17 SE-5 Vulnerabilities of Communist China, May 22, 1951; Memorandum, Marshall to Krentz, June 4, 1951; Memorandum, Perkins to Merchant on Trends in Communist China, August 1, 1951; Tel.650 from Hongkong, August 15, 1951; above in *FRUS 1951*, 7(2):1673, 1697, 1764, 1787; SE-20 The Probable Consequences of Certain Possible U. S. Courses of Action with Respect to Communist China and Korea, December 15, 1951, Subject File-China 1950-1952, PSF, box 173, Truman Papers, HSTL; Memorandum, Stuart to Allison, January 24, 1952, transmitting a policy paper by Stuart on Some Aspects of the China Problem, 306.11 TS U. S. Policy toward Nationalist China 1952m RG 59, CA Records, box 33, NA.

못해 인정하였다.[18]

II. 부담에서 자산이 된 타이완

1951년 봄부터 1952년 봄까지 워싱턴은 점차 중공에 대한 극단적인
정책을 포기하고 중공과 평화공존을 위한 준비를 시작하였으며, 더는 양
보로써 평화적 해결을 취하거나 베이징 정부를 소멸하려는 시도도 하지
않았다. 중공의 두 차례 춘계공세가 실패하자, 중공에 대한 워싱턴의 입장
이 강경하게 변하게 되었다는 데는 의심의 여지가 없다. 따라서 정전회담
에서 군사적인 측면은 다소 양보를 하려고 했으나, 타이완에 대한 통제의
포기, 미국의 중공 정권 승인, 혹은 중공의 유엔 가입 등, 정치적인 측면
은 양보할 필요가 없다고 생각하였다.

워싱턴은 1월 한 달 동안 입장을 바꾸어 한국 문제를 먼저 해결한 후
에야 전체 동아시아 문제를 논의하는 정치회의를 개최할 수 있다는 입장

----

18 Memorandum, Rice to Clubb on Implementation of Section 8b-8d of NSC
48/5 Dealing with Communist China, 306.13 TS Policy-NSC Report 1951, RG
59, CA Records, box 28, NA; Tel 957 from Hongkong, September 7, 1951,
793.00/9-751, RG 59, NA; Conversation among Acheson, Bradley, Churchill, Eden,
anf Ambassdor FRnks, January 7, 1951, Memoranda of Conversation, Acheson
Papers, box 67, HSTL; TCT D-5/2d Divergence of U. S. and British Policies
Respecting China, January 5, 1952, TCT folder #2, PSF, box 116, Truman
Papers, HSTL. 8월에 워싱턴은 기본적으로 제3세력운동에 협조하고 원조하는
계획을 원칙적으로 포기하였다. Letter, Cowen to Rusk, August 9, 1951, *FRUS
1951*, 7(2):1771~1772를 보라. 그러나 중앙정보국이 자금을 지원하는 비밀행동
은 여전히 지속되었는데 이를 통해 중공의 관심을 분산하고 그들의 군사력을
견제하려는 것이었지, NSC 48/5에서 구상하였던 것처럼 중공 정부를 전복하려
는 것은 아니었다. Memorandum, JCS to Secretary of Defense, March 3, 1952,
FRUS 1952-1954, 14(1):15~18을 보라.

을 고수하였다. 이후 합동참모본부는 중국 본토에 소련과 결맹하지 않거나 소련의 제재를 받지 않는 정부를 "건립하거나 회복하기"전에는 타이완 문제를 논의해서는 안 된다고까지 건의하였다.[19] 중공에 대한 입장과 정책의 변화로 워싱턴은 타이완에 대한 태도도 바꾸지 않을 수 없게 되었다.

부담이었던 타이완을 자산으로 전환하여 대 중국 정책을 달성하는데 협조하게 하자는 구상은 1951년 봄에 시작되어 5월 국가안전보장회의가 NSC 48/5 문서를 통과시키면서 구체화되었다. 이 문서가 설정한 타이완에 대한 정책목표는 소련과 동맹을 맺었거나 소련에 의해 통제되는 '어떠한' 중국 정부의 수중으로 타이완이 들어가지 못하게 하고 또한, 타이완의 방어능력을 강화하는 것이었다. 목표를 달성하기 위해 국가안전보장회의는 다음의 내용을 결정하였다: 미국은 국민정부가 정치개혁을 실시하게 하여 중국 본토에서의 성망과 영향을 증가시킴으로써 중공 반대운동을

---

19 정전회담의 주요 의제와 회담의 전반 10개월 동안 미국이 했던 양보에 대해서는 Kaufman, *The Korean War*, 제6장과 제7장을 참조. 세부적인 내용은 다를 수 있으나, 워싱턴은 만약 정화(停火)를 달성하지 못하거나 중공이 회담을 지연하려고 하면, 미국은 군사와 경제적 압박 수위를 높이 중공이 따르게 해야 한다고 인식하였다. 그들은 압박 수위를 높이는 것은 소련이 전면전을 일으키지 않게 할 수 있으면서 베이징을 몰아붙이거나, 중국 내부 혹은 중소 사이의 긴장을 고조시켜 분열을 가속화시킬 수 있다고 생각했다. Discussions on State position papers for the U. S. U. N. delegation on U. N. Action against Aggression in Korea, in *FRUS 1951*, 7(1):1016, 1020, 1111, and 1359; Letter. Lovett to Acheson, November 1, 1951, *Ibid.*, 7(2):1841~1845; NSC 118 series on U. S. Objectives and Courses of Actions in Korea, in *Ibid.*, 7(1):1106, 1259, 1349, and 1382; documents on trade control in *Ibid.*, 7(2):1874~2055; documents in the folder 312.5 U. N. Sanctions against Communist China (AMC) 1951, RG 59, CA Records, box 28, NA, and in the folder 543.2003 TS Blockade 1952, in *Ibid.*, box 31를 보라. 중공에 대한 정책이 강경해지는 추세에 있었다는 점과 충돌의 가능성이 확대되었다는 점에 대해서는 Foot, *The Wrong War*, 제5장을 참조.

이끄는 지도적 중심이 될 수 있게 한다. 그리고 군사와 경제적 원조를 제공하여 국부군의 타이완 보호 능력을 향상시키고, 충돌이 한반도 밖으로 확대될 때 이용할 수 있게 한다. 또한 미국의 안전 이익에 필요하다면, 제7함대가 타이완 해협에서 진행하고 있는 임무를 지속할 수 있다.[20]

국가안전보장회의의 이 문서에서 밝히고 있는 타이완에 대한 약속은 워싱턴 관원들의 심리적인 대약진을 의미한다. 그들은 원래 타이완에 대해 무기한적이고 장기적인 약속을 꺼려하였으며, 장제스와 다시 손을 잡는 것도 원하지 않았다. 애치슨은 국가안전보장회의의 어느 회의에서 이 문서에 무제한으로 원조를 증가하거나 타이완에게 무기한의 약속을 한다는 등의 용어 사용을 반대하였다. 어떤 관원들도 장제스 정부와 중공 정부는 모두 교체되어야 하는 존재이지 어느 부분에 약간의 변화만 준다고 해서 해결되지 않는다고 생각했다. 애치슨은 6월 3일 맥아더 청문회에 증인으로 출석하였을 때, 같은 생각을 말하면서 『중국백서』에서 보였던 논조를 되풀이했다. 국가안전보장회의는 1월 17일 회의에서 타이완에 대한 보장을 강화하려는 움직임에 반대하면서 장제스 정권에 대한 지지가 발생할 수 있는 후과를 다시 평가하라고 국무부에 요구하였다.[21]

평가 결과는 미국이 장제스를 지원하면 중국 공산당을 장악한 스탈린주의자들은 이를 선전 무기로 사용할 것이고, 장제스도 중국 본토의 유격

....

20 타이완 정책에 대해 언급한 성명에 관해서는 paragraphs 6b, 8f, 11a-11c of NSC 48/5, Mat 17, 1951, *FRUS 1951*, 6(1):35~38을 보라. 타이완이 베이징 정권을 대항할 협상의 히든카드가 되게 하자는 정책적인 평가에 관해서는 본서 제6장 참조.

21 Summary of the Discussion of the 90th NSC Meeting on May 2, 1951, may 3, 1951, NSC Meeting-Memoranda for the President, PSF, box 220, Truman Papers, HSTL. 애치슨의 청문회 증언의 중점내용에 관해서는 Kaufman, *The Korean War*, pp.175~176을 보라. 장제스 지지에 관한 그 전의 평가에 대해서는 본서 제6장 참조

역량에게 지지받지 못할 것이라는 기존의 생각을 재차 확인한 것이었다. 그러나 다른 한편으로 중국의 일반 민중에 대한 영향은 그다지 부정적이지 않을 수 있다고 평가하였다. 미국이 장제스의 본토 반격을 지지하고, 장제스도 정치와 경제상의 문제를 처리한다면 인민들의 환영을 받을 것이라고 보았다. 국무부 정책기획자들은 효과가 어떠하든지 사실상 미국은 당시까지도 장제스를 지지하고 있었다고 지적하였다. 스튜어트는 그동안 제한적이지만 미국이 장제스에게 제공한 지원은 중공과의 화해를 막았을 뿐이며, 본토 반격을 내내 꿈꾸어 온 장제스도 이에 만족할 수 없었다고 생각했다. 미국은 장제스에 대한 지원을 중지하여 그가 중공과 화해를 하게 하든지, 아니면 지원을 확대하여 본토 반격을 개시할 수 있기를 바라야 했다.[22] 중국 공산당의 타이완 점령이 예상되었기 때문에 전자는 미국 정부에게 달갑지 않은 양보가 될 것임이 분명했다. NSC 48/5의 집행을 통해 워싱턴 고위층은 이러한 논리와 장제스와 그의 추종자들을 대체할 이들이 없다는 사실을 차츰 받아들였다.[23] 따라서 워싱턴은 더욱 적극적

<hr />

22 I. E.-18 An Estimate of the Probable Chinese Vulnerability, Soviet Reaction, and Western European Reaction to Certain U. S. Course of Action in China, May 7, 1951, 611.93/5-751, RG 59 NA; Draft Policy Paper by J. P. Davies on Effect within China and Other Asiatic Countries of United States "Backing" of Chiang Kai-shek which was attached to Memorandum, Hackler to Perkins, May 17, 1951, 306.13 TS Policy-NSC Reports 1951, RG 59, CA Records, box 28, NA; Draft Policy Paper by W. W. Stuart on the same topic, June 12, 1951, 300 TS Poltical and Government Affairs 1951(General), *Ibid.,* box 27.
23 미국 정책결정자들은 장제스의 퇴진을 권유하거나 정변을 일으켜 그를 교체하려는 생각을 지속해 왔다. 한국전쟁이 발발한 후, 미국은 장명린(蔣夢麟), 구웨이쮠(顧維鈞), 후스(胡適), 장팅푸(蔣廷黻) 등 많은 '자유파 인사'들을 접촉해 왔고, 이들 중에서 장제스를 대신할 만한 지도자를 찾을 수 있기 바랐다. 이들 자유파 인사들 중 거의 모든 사람은 당시 상황에서는 장제스만이 확실한 반공의 구심점이 될 수 있다고 말했다. Memorandum of Conversation between Rusk and Han Li-wu(杭立武), *FRUS 1951,* 7(2):1628~1629의 사례를 참조. 구웨이쮠

인 타이완 정책을 채택하는 것에 대한 심리적 장애를 달가워하지 않으면서도 뛰어넘었다.

위싱턴은 정책을 논의하면서 매회 한번은 타이완에 대한 원조가 의제로 상정되었고 국민정부의 개혁이 필요하다면서도 토론 내용은 막연한 논조를 넘어선 적이 거의 없다. 예를 들면, 대 타이완 원조를 장제스 정부의 개혁 목표 달성을 위한 히든카드로 삼아서 국민정부가 만족스러운 조치를 취하기 전에는 명확한 원조 약속을 하지 않아야 개혁에 대한 압박 기회를 놓치지 않을 수 있다는 것이었다. 정책을 논의하는 중 실제 개혁 내용이나 어떻게 하면 미국이 만족할만한 내용이 될 것인가에 대해서는 매우 모호하게 생각할 뿐이었다. 1951년 봄까지 위싱턴은 국민정부의 진보된 상황과 관련된 보고를 전반적으로 받아들이려 하지 않았다.[24] 이러한 보고에 대해 정책결정자들의 평가는 미국인이 모든 업무를 직접 관리하지 않는 한 그들은 국민정부의 태도에 결코 만족할 수 없을 것이라는 인상을 주었다. 그 전의 대 타이완 정책은 모두 일시적인 성격의 것이었기 때문에 정책결정자들은 '국민정부의 개혁'이라는 문제를 회피할 수 있

의 회고록에도 많은 관련 기록이 있다. 따라서 미국은 장제스를 교체하는 것이 불가능하지는 않으나 매우 어렵다는 것을 일찍부터 알고 있었으면서도 쉽게 단념하지 못했다. 1951년 여름 이후 국무부 내부에서는 어떻게 장제스를 물러나게 할 것인가에 대한 연구나 논의가 거의 이루어지지 않았다. 이전보다 장제스를 물러나게 하기 어려웠던 원인에 대해서는 Memorandum Prepared in the Department of State, Report on the Effect Within China and Other Eastern Countries of United States Backing of Chiang Kai-shek, February 9, 1951, *FRUS 1951*, 7(2):1575~1576을 보라.

24 타이베이에 주재하는 모든 부서가 국민정부의 진행상황에 대해 보고하였으나, 국무부는 1950년부터 1951년 사이 타이완 각 방면의 진보를 모두 미국의 원조와 풍부한 자연자원의 덕분으로 간주할 뿐이었다. Tel.1035 to Taipei, April 4, 1951, *FRUS 1951*, 7(2):1619~1621을 보라. 국민정부에 대한 편견이 타이완정책에 영향을 미쳤다는 논지에 관해서는 본서 제6장 참조.

었다.

5월에 국가안전보장회의가 대 타이완 원조를 합리화하기 위해 국민정부의 정치개혁을 촉구하기로 한 이상, 정책기획자들은 이 '개혁' 내용을 분명히 해야 했다. 예전에 스튜어트는 앞서 장제스를 제거하는 것이 중국의 정책목표를 달성하는 가장 효과적인 방법이라고 믿었는데, 이때에는 가장 주목을 끄는 국민정부 개혁방안을 제안했다. 스튜어트는 그의 일관된 논조를 바꾸어 미국이 국민정부를 직접 관리·감독함으로써 개혁 효율의 단점을 개선하자고 주장하였다. 그는 그러한 일이 너무 어려우며, 특히 문제는 중국 정부를 관리하는 데 있어서 중국보다 더 잘할 수 있는 충분한 지혜와 경험을 가진 미국인들이 있는가 하는 것이었다. 미국의 감독은 새로운 식민주의로 간주될 수 있었고, 괴뢰 정부도 본토 인민의 지지를 흡수하기 어려울 수 있다. 하지만 미국의 감독은 국민정부의 능력을 강화하는데 그 목적이 있었다.

따라서 스튜어트는 광범위한 개혁 목표를 던져버리고 지속적인 원조 운용을 히든카드로 하여 국민정부가 인사와 조직을 재정비함으로써 과거의 부패 이미지를 잘라내게 하자고 제안하였다. 개혁 중점은 즉각적이고 드라마틱한 결과에 있는 것이 아니라 안정적이고 점진적인 변화에 있었다. 타이완 주재 미국의 각 기관 책임자를 통하여 "비공식적이고 개인적인" 방식으로 압박할 수 있으며, 핵심은 "능력있는 중국인을 요직에 배치하고 미국의 영향력을 이용하여 **순수하게 중국 스스로 결정**(원 사료의 강조부분)을 내릴 수 있도록 지지하는 것"이었다.[25]

....

25 Memorandum by Stuart on Implementation of Paragraph 11-b of NSC Reports 1951, RG 59, CA Records, box 28, NA. 국무부가 NSC 48/5를 집행하기 위해 설립한 비공식적인 중국위원회는 이 문서를 특별히 중시하였다. Memorandum, Emmerson to Rusk, July 16, 1951, *Ibid.*

정책결정자들은 필요한 경제, 군사, 사회개혁을 완수하도록 국민정부를 압박하려면 미국의 원조라는 카드를 사용할 수밖에 없다고 일관되게 인정하였다. 그러나 국민정부가 개혁을 추진하게 하자는 스튜어트의 이러한 제안을 워싱턴이 받아들이기 시작할 무렵, 국민정부에 대한 워싱턴의 태도도 점차 상당히 큰 폭으로 전환하고 있었다. 란킨은 얼마나 중대한 결함이 있음에도 당시의 대 타이완 정책은 확실하게 진화하고 개선되고 있으므로 더는 공허한 개혁 요구를 되풀이 할 것이 아니라, 타이완의 문관·무관 조직이 현대화할 수 있게 실질적으로 협조하여 예산, 회계 및 세무행정의 효율을 높이고, 산아제한, 공공위생, 공업혁신의 계획을 통하여 인민의 생활수준을 향상시키자고 제안하였다. 이러한 논점에 대한 국무부의 수용도는 이전보다 높아졌다. 합동참모본부는 여전히 미군 고문단을 파견하여 개혁의 범위와 절차를 판단해야 한다고 하면서도 중국인들이 훈련과 부대 조직에서 전적으로 미국의 생각과 방식을 따르도록 강요해서는 안 된다고 지적했다. 합동참모본부는 또한 얼마 전 스튜어트가 지지했던 의견과 같이 모든 행동은 국민정부의 성망과 지도력을 약화시키지 않고 강화하는 것이어야 한다고 생각했다.[26] 이 단계에 이르러서도 워싱턴은 여전히 어떠한 방법으로 정치개혁의 목표를 집행할지 분명히 정하지 못하고 있었으나, 관련 구상은 적어도 국민정부에 대한 미국의 태도가 이미 변하고 있었음을 나타내고 있다.

....

26 Letter, Rankin to Rusk, August 13, 1951; Memorandum, Barnett to Rusk, October 3, 1951; the above two in *FRUS 1951*, 7(2):1778, 1816; Memorandum by Stuart on Some Aspects of the China Problem, attached to Memorandum, Stuart to Allison, January 24, 1952, 306.11 TS U. S. Policy toward Nationalist China 1952, RG 59, CA Records, box 33, NA; Memorandum, JCS to Secretary of Defense, March 4, 1952, *FRUS 1952-1954*, 14(1):15~18. 국민정부의 개혁을 요구하는 것에 관한 란킨의 관점은 張淑雅, 「藍欽大使與一九五〇年代的美國對臺政策」, 『歐美研究』, 期28:1(1998.3.)의 제2절 참조.

국민정부에 대한 워싱턴의 태도변화는 원조의 통제·관리·인도 부분에 서도 확인할 수 있다. 국민정부가 미국의 원조계획을 효과적으로 이용하고 관리할 수 있을지에 대한 의구심은 사실 그 뿌리가 매우 깊다. 한국전쟁으로 인해 타이완에 대한 원조를 강요받았을 때, 워싱턴의 초기 원조계획은 매우 작은 규모였고 또한 일시적인 것이었다. 그러나 국무부는 원조물자가 중립화 정책을 훼손하는 데 사용되지 않고, 국민정부 관원들도 원조물자에 손을 대지 않게 한다는 정식 협의에 국민정부가 서명하도록 요구하며 매우 고심하였다. 이러한 과정은 원조물자의 인도를 매우 오래 지연시켰다.27

지원규모를 확대하고 원조 기간을 연장하는 결정을 기다린 후에야, 워싱턴은 원조물자를 어떻게 효과적으로 통제, 관리할 것인지 국민정부와 협의할 필요를 더욱 절실히 느꼈다. 러스크는 이러한 협의가 "미국의 원조물자 인도조건에 포함되어야 한다"고 제안하였다. 이 절차가 국민정부의 주권을 침범하는 것이 될 수 있다는 문제제기가 있었지만, 그는 이것이 합리적인 요청이며 그렇게 하지 않으면 의회와 예산국에 "원조 요청을 강력하게 주장하기" 어려울 것이라고 하면서 개의치 않았다. 사실 협의의 가장 주요한 작용은 정책기획자들의 심적 불안을 해소하는 데 있었다. 국무부는 어떠한 계획이든 시작할 때, 국민정부에 가장 큰 책임이 있음을 끊임없이 일깨워야 한다고 보았다.

란킨과 타이완 경제원조를 담당하는 경제협력국 중국 지부장 모이어 (Raymond J. Moyer)는 "잘 준비된 사전 계획과 구체적이며 상호 조정된

---

27 협상은 1950년 10월 초에 시작하였으나, 미국과 국민정부는 1951년 1월 30일과 2월 9일에 가서야 정식 협의문을 교환할 수 있었다. 협의문 내용은 *the Bulletin*, May 7, 1951, p.747을 보라. 한국전쟁 발발 후, 첫 번째 원조물자 인도의 상황에 관해서는 張淑雅, 「韓戰期間美國對臺軍援政策初探」 참조.

정치·경제·군사적 계획만이 완전한 책임의식을 불러일으킬 수 있다"고 강조했다. 그러나 이 제안은 채택되지 못했고, 국무부는 그들에게 여전히 국민정부를 잘 타이르라고 훈령을 내렸다. 워싱턴이 사전에 얻고자하는 것은 구체적이고 조율된 계획이 아니라 국민정부의 지출, 혹은 가능하면 모든 활동에서 미국의 통제를 받게 하는 방법이었다.[28]

미국 군사고문이 1951년 5월 1일 타이완에 도착하여 군사원조 계획을 감독하기 시작한 이후, 러스크는 국민정부에게 모든 경비지출을 관리할 방법을 제출하게 하자고 제안하였다. 5월 22일, 국무부와 국방부, 경제협력국은 타이완 은행의 신화폐 인출에 관련된 모든 활동을 고문단장이 직접 감독하는데 동의하였고, 국민정부에 권한 부여를 요구하기로 하였다. 6월 중순, 애치슨은 국민정부의 지출을 쌍방이 공동 관리하는 방안을 세우자고 요구하는 비망록을 비준하였다.[29]

타이베이 주재 미국 각 기관의 주요 책임자(대사관 대리, 고문단 단장, 경제협력국 중국 지부장)들은 생각이 달랐다. 당시까지 그들은 국민정부의 군사비 지출과 통제가 매우 미흡하기는 하지만, 사실 국부군의 규모에 비해 군비지출은 매우 적었다고 생각했다. 이들 책임자들은 당시 국민정부가 매우 협조적이므로 정식으로 공동 관리하자는 협정을 요구하지 않

----

28 Memorandum, Rusk to T. C. Cabot (S/ISA) on Control over Chinese Expediture, May 8, 1951, and SEAC M-18 Southeast Asia Aid Policy Coummittee (Interdependental) Minutes, May 22, 1951, both in 794a.5-MAP/5-851, RG 59, NA; Letter, Rusk to Griffin(ECA), May 9, 1951; Tel.1035 to Taipei, April 4, 1951; Tel.1362 from Taipei, April 7, 1951; Tel.1062 to Taipei, April 10, 1951; Tel.1381 from Taipei, April 11, 1951; 이상은 *FRUS 1951,* 7(2):1664, 1619, 1621, 1626, 1627에 수록. 국무부는 여전히 미국의 원조를 국민정부 압박에 가장 적절한 카드로 간주하였다.

29 Memorandum, Rusk to T. C. Cabot (S/ISA), May 8, 1951, 794a.5-MAP/5-851, RG 59, NA; Memorandum, Rusk to Cabot, June 6, 1951; Tel.1389 Toisa to Taipei, June 22, 1951; 이상은 *FRUS 1951,* 7(2):1702, 1715에 수록.

겠다고 보고하였다. 그들은 국민정부가 틀림없이 미국 대표들에게 비공식적인 계획안을 요구하고 공동 관리를 제안할 것이라고 내다봤다. 워싱턴은 결국 공동 관리 요구를 명문화하지 않는데 동의하였으나, 국민정부의 군사경비 증액에는 동의하지 않았다. 란킨 공사는 7월 20일 장제스에게 외교 비망록을 전달하면서 미국은 국민정부가 모든 비용지출을 엄격히 관리할 수 있기를 희망한다고 말했다.[30]

미국과 3개월간 협상을 거친 후 국민정부는 10월 12일 정식으로 란킨에게 회신을 전달하였다. 국민정부는 경제안정위원회(Economic Stabilization Board, 약칭 경안회, 혹은 ESB)[31]가 우선 각급기관의 예산을 심사하며, 군사예산은 국민정부의 국방부와 미군 고문단이 협상한 후 정하여 다시 경안회에 보고하고 심의를 거치게 하자고 제안하였다. 국민정부는 이러한 방법으로 예산통제권을 보유하려고 했다. 이는 워싱턴의 당초 구상에 위배되는 것이었으나 타이베이 주재 미국 각 기관 책임자들은 받아들일 수

....

30 체이스는 매년 국부군 1명의 병사를 유지하고 훈련하는데 약 미화 300달러가 필요하며 미군 병사 1명에 대해서는 5,000달러가 필요하다고 지적하였다. Memorandum of Conversation on State, Defense, and MSA Conference with Chase, February 20, 1952, *FRUS 1952-1954*, 14(1):10~15를 보라. 국민정부 예산 관리에 대한 주 타이완 각 부서 책임자의 의견은 Tel.1803 from Taipei, June 30, 1951; Tel.42 Toisa to Taipei, July 13, 1951; Tel.92 from Taipei, July 20, 1951; 이상은 *FRUS 1951*, 7(1):1722, 1750, 1750n에 수록. 장제스에게 전달한 비망록의 핵심 내용은 국민정부가 제출한 예산 관리 절차를 통해 각 기관의 예산과 지출을 효과적으로 감독하고 있음을 확인하고, 이를 지속적으로 보장하기 위해 타이완 주재 각 기관 책임자와 논의하기를 희망한다는 것이다. 또한 미국의 군사·경제 원조의 효과적인 이행은 전적으로 이러한 절차를 사전에 잘 준비하는 데 달려 있다고 지적했다.

31 국민정부는 1951년 3월 행정원에 내각급의 경제정책결정기구인 '경제안정위원회'를 설치하였는데 미국의 경제협력 부서에서 파견한 인원이 비공식 위원의 신분으로 회의에 참여하였다.

있다고 생각했다. 왜냐하면 미국은 국민정부 국방부와 경안회를 통해 영향력을 발휘할 수 있고, 또한 기타 기관의 기록을 검열하고 확보할 수 있으므로 국민정부의 제안을 받아들이라고 워싱턴에 건의하였다.

그들은 상황이 점차 개선되고 있기 때문에, 국민정부 내에 책임기구를 설치하여 장제스 개인이 주관하는 크고 작은 업무를 줄이는 것이 가장 적절한 방법이라고 생각했다. 국무부, 국방부, 경제협력국은 장제스에 대한 이러한 보고를 완전히 신뢰하지 않았고, 기구 설립에는 동의하면서도 공동관리에 대한 장제스의 전적인 지지를 보장받으라고 지시하였다. 란킨은 담화기록을 통해 절묘하게 장제스의 보장을 얻어냄으로써 문제를 해결하였다.[32]

III. 군사원조의 효율성에 영향을 미치는 요인

미국이 국민정부의 지출을 전부 관리해야 한다고 고집하지 않는 것은 워싱턴의 태도가 이미 달라졌음을 보여준다. 비록 워싱턴은 미국의 관리가 원조계획을 성공시킬 수 있는 핵심 요건이라고 강조했으나, 주 타이완 각 기관 책임자들은 다른 요인들이 계획의 성패에 영향을 줄 수 있다고 주장하였다. 다른 요인들이란 예를 들면, 국민정부를 원조하는 것에 대한 워싱턴의 신뢰와 열정 부족, 주 타이완 각 기관 책임자들에게 정책변화에

---

32 Tel.367 from Taipei, September 14, 1951; Tel.272 and to Taipei, September 28, 1951; Letter, Rankin to Chase, September 30, 1951; Tel.495 from Taipei, October 13, 1951; Tel.504 from Taipei, October 17, 1951; Tel.351 to Taipei, October 24, 1951; Tel.391 to Taipei, November 14, 1951; D-220 from Taipei, November 27, 1951; 이상은 *FRUS 1951*, 7(2):1804, 1812, 1813, 1814, 1832, 1834, 183, 1855n, 1855에 수록.

대한 통지 누락과 계획 확정 전의 협조 미비, 약속한 원조물자에 대한 인도 지연, 심지어 인도 약속 불이행 등이다. 이들 기관 책임자들은 이러한 요인이 상호 불신의 분위기와 근시안적인 관점을 조성하고 국민정부에 책임감을 결여시킬 수 있다고 생각하였다.[33] 요컨대 미국의 약속과 실제 이행 사이의 간극이 원조계획을 효과적으로 실행하는 데 가장 중요한 장애물이라는 것이다.

타이완 주재 군사고문단을 설립하기 전에 란킨 공사는 절박하게 필요로 하는 물자를 신속하게 인도하는 것이 원조규모를 결정하는 것보다 훨씬 더 중요하다는 점을 재차 강조하였다. 그러나 워싱턴에서는 각 부서와 위원회 간에 원조규모, 통제방식 등에 대한 논쟁이 끊이지 않아 미국의 원조물자 인도가 계속 지연되고 있었다.

한국전쟁이 발발한 후 고문단 단장 체이스(Williams C. Chase)가 부임해 오기까지 10개월 동안, 실질적으로 전달된 군사원조 물자는 충분히 조율되지 않은 상황에서 긴급하게 필요하지 않은 군용 물자를 실은 배 한척 분량뿐이었다. 고문단이 설립된 후 1년 동안에도 물자 인도는 그다지 속도를 내지 못했다. 그 전과 다른 점이 있다면 란킨이 간여하던 부분에 체이스가 참여함으로써 워싱턴이 원조 약속 이행을 주저하는 모호성을 줄이고 원조물자 전달 속도를 높이기 위해 함께 노력했다는 것이다. 다만 워싱턴이 국민정부에 대한 태도를 점차 수정하고 타이완 주재 책임자들의 의견을 수용하기로 하였으나, 미국이 원조계획을 다시 세우고 물자를

---

33 Memorandum, I. F. Beyerly to Chase, enclosure to D-242 from Taipei, November 9, 1951, *FRUS 1951*, 7(2):1866; Letter, Rankin to W. B. Connors, January 1, 1952, 120.2 Taipei Administrative 1952, RG 59, CA Records box 32, NA; Letter, Rankin to Rusk, August 13, 1951, *FRUS 1951*, 7(2):1778; Letter, Rankin to Rusk, November 24, 1951, Republic of China, Rankin Papers, box 16, ML.

인도하기까지는 상당한 시간이 필요할 뿐이었다.[34]

　NSC 48/5 문서에는 이미 타이완 보호를 위해 방어를 강화한다는 정책 목표가 수록되었다. 그러나 워싱턴, 특히 국무부는 국민정부와 협조하겠다고 명확하게 약속하기를 꺼려했다. 비록 1951년 봄 워싱턴은 이후 타이완을 보호하겠다고 거듭 천명하였으나, 제7함대의 임무는 여전히 한국전쟁이 발발한 이후와 같이 상징적인 수준에 머물러 있었다.[35] 만약 중공이 바다를 건너 타이완을 침공하면 제7함대는 어떻게 응전해야 하는지도 명확하지 않았다. 미군 극동사령부**와 미군 고문단에게 하달된 명령은 타이완 보위의 필요성을 강조하면서도 중공과의 충돌을 피해야 한다고 규정하였다. 이러한 훈령은 정책적인 혼란만 증가시킬 뿐이었다. 따라서 고문단장 체이스는 중공의 공격이 어느 정도 되어야 대응할 수 있는지, 지상에서 발동한 공격은 의견 제공이나 기타 방식 등으로 반격에 참여할 수 있는지 물었다. 의문은 체이스만 제기한 것이 아니었다. 란킨 공사와 국민정부 참모총장 저우즈러우도 같은 의문을 가졌다. 워싱턴은 함대에 하달한 명령의 모호성을 애써 무시하였고, 1952년 2월이 되어서야 명령을 명

-----

34 Letter, Rankin to Clubb, January 24, 1951, *FRUS 1951,* 7(2):1523~1527. 란킨의 주장과 미군 고문단이 타이완에 주재하기 전 미국 원조물자의 인도 상황에 대해서는 張淑雅, 「韓戰期間美國對臺軍援政策初探」 참조.

35 제7함대의 약점에 대해서는 제4장에 이미 기술하였다. 1951년 11월까지 란킨은 제7함대의 임무는 주로 상징적인 것이라고 생각하였다. 전세가 바뀌어 감에 따라 제7함대의 중요성은 감소하였는데 다음 사례가 그 증거가 될 수 있다.: 중공이 한국전쟁에 개입한 이후 타이완을 방어하는 병력은 4척의 구축함을 초과하지 않았다. 함대를 이끄는 최고위 지휘관도 대령급이어서 긴급 상황이 발생하면 그들이 전투 결정을 내릴 능력이 있는지 의문을 갖게 하였다. 그리고 누가 타이완과 부근 지역에서 미군의 작전을 지휘할 수 있는 지에 대해서도 불분명했다. Letters, Rankin to Rusk, October 1, and November 1, 1951, both in Republic of China 1951, Rankin Papers, box 16, ML.

** 제7함대의 상급부서, 1952년 3월 이후 미군태평양총사령부로 개편되었다.

확히 할 필요성을 느꼈다.[36]

전투행위상 제7함대의 약점은 국부군과 미군간의 소통 경로 부족, 심지어 함대와 타이완 주재 미군 고문단도 직접 연락하기 어렵다는 문제를 반영하고 있다. 만약 전투가 발생하여 타이완이 전장이 된다면 아군 사이의 연락 경로 부족은 분명히 대재앙을 초래할 수 있다. 제7함대가 타이완 해협을 순항하던 첫 해에 해군 업무의 매우 제한적인 접촉을 제외하고 워싱턴은 함대와 국부군의 긴밀한 조율을 성공적으로 피하였다. 워싱턴이 고문단을 타이완에 파견하기로 결정할 때에 장제스는 중미연합참모회의를 조직하여 쌍방 대표가 긴밀하게 협상하고 협력하도록 요구하였는데, 그가 미국과의 협력에 낙관적이었음을 알 수 있다.

1952년 초, 국민정부 참모총장 저우즈러우는 중미연합참모조직에 대해 재차 언급하였다. 체이스는 태평양군구 사령관 레드포드(Arthur W. Radford)와 회의하고 그해 2월 워싱턴에 돌아가 업무를 보고하면서 상급기관에 이 구상을 주장하였다. 그는 이러한 조직 안배는 고문단이 국민정부의 군사 활동에 대해 더 큰 발언권을 가질 수 있게 하며 장래 전투행위에도 효율성을 더할 것이라고 보았다. 합동참모본부는 이 안건을 부결하였다. 그들

---

36 JCS 92831 to CINCFE on Compilation and Condensation of Existing Directives to CINCFE and CINCUNC, May 31, 1951, *FRUS 1951,* 7(1):487~493; JCS 92666 to CINCPAC on Transfer of Responsibility of the Defense of the Philippines and Taiwan from CINCFE to CINCPAC—Mission Directives, January 23, 1952, 793.00/1-2352, RG 59, NA; Memorandum of Conversation on State, Defense, and MSA Conference with Chase, February 20, 1952, *FRUS 1952-1954,* 14(1):10~15 Letters, Rankin to Chase, September 15, 1951, Republic of China, Rankin Papers, box 16, ML; Memorandum Chou Chi-jou to Chase, February 3, 1952, Enclosure to JCS 1966/64 Memorandum, CS/USA to JCS on Relationship between Chinese Nationalist and U. S. Forces in the Defense of Taiwan, March 19, 1952, 091 Formosa 1952(Sect.I), RG 319, TS G-3 Records, box 10, NA.

해군 대장 레드포드는 중미연합참모조직 설립을 주장하였다.

은 정책적으로 "아직은 시기상조"이며, 안전의 측면에서는 "적절하지 않다"고 판단하였다.[37]

당시에는 중공이 공습을 발동하면 타이완은 즉시 전장으로 바뀔 것이라는 예측이 일반적이었다. 따라서 란킨 공사는 1951년 말 워싱턴에 다음과 같은 질문을 던졌다. 중미 쌍방이 타이완 방위에 협조가 부족한 상황에서 위기 상황이 닥치고 제7함대와 공군 제5연대, 제20연대 등 미국 군사력이 다른 임무를 수행하고 있다면, 타이완 방어는 누가 책임을 질 것인가? 그는 위기 상황이 발생할 경우, 체이스 장군이 타이완 지역의 미국 육·해·공군 부대를 지휘하여 국부군과 함께 전투할 수 있게 하자고 건의하였다. 그러나 다음 해 2월 수정된 미군 고문단의 훈련은 여전히 단장에게 실질적인 전투 지휘에 관한 어떠한 권한도 부여하지 않았다. 체이스와 상의한 후 해군 대장 레드포드는

37 Letter, Rankin to Chase, September 15, 1951, Republic of China 1951, Rankin Papers, box 16, ML; Unnumbered Tel. from Chiang to Koo, May 23, 1951, folder L. 8.1, Koo Papers, box 167, BL; Memorandum, Chou Chi-jou to Chase, February 3, 1952; Memorandum, Chase to Radford on Changes in Formosa Setup, February 10, 1952; above to are Enclosures to JCS 1966/64 Memorandum, CS/USA to JCS on Relationship between Chinese Nationalist and U. S. Forces in the Defense of Taiwan, March 19, 1952, 091 Formosa 1952(Sect.1), RG 319, TS G-3 Records, box 10, NA; Memorandum of Conversation on State, Defense, and MSA Conference with Chase, February 20, 1952, *FRUS 1952-1954*, 14(1):10~15.

태평양총사령부가 그의 전투 책임을 설명하기 위한 명확한 지시를 내릴 것이라고 말했다.[38]

체이스는 취임 3주 만에 내놓은 예비보고서에서 국부군은 사기가 매우 높고 체격도 좋아 미국이 현대화 장비를 제공하고 훈련 및 군령 제정에 협조하면 강군이 될 수 있다고 말했다. 자신이 취임한 지 2년이 지나도록 이 두 가지 요구 사항이 모두 실현되지 못했다는 점에 그는 좌절감을 느꼈다. 물자원조에 대해서는 2억 4,450만 달러의 군사원조 지급액 중에 1951년 말까지 구체적인 사용계획이 수립된 것은 겨우 8,230만 달러(지급 총액의 33.7%)뿐이었다. 그리고 이듬해 2월 중순에는 겨우 2,470만 달러(10%)의 물자가 타이완에 인도되었다. 당시 1952 회계연도는 이미 마감하였으나, 해당 연도의 계획 물자는 "전혀 교부되지 않았다." 국민정부가 절실히 필요로 하는 운송수단, 통신장비 및 비행기는 모두 전달되지 않았고, 심지어 원래 타이완에 제공하기로 예정한 전투기의 최초 인도분마저도 유고슬라비아에 제공되었다.

인력수요 측면에서 고문단은 원래 10월 말 전에 적어도 830명까지 증원하여 국부군의 개조와 훈련 업무를 진행하려고 하였다. 워싱턴은 조사를 거쳐 761명의 증원을 결정하였으나, 1952년 1월 말까지 겨우 364명을 타이완에 파견하였을 뿐이다. 특히 워싱턴이 국민정부의 군사예산관리를 매우 중시했고 고문단도 재정관을 파견하여 예산관리 임무를 담당해야 한다고 했음에도 인력부족은 매우 심각했다. 체이스는 10명의 재정관을 신청했다. 국방부의 공동 안전을 책임지는 부서의 처장 옴스테드(George

---

38 Letter, Rankin to Rusk, October 1 and November 1, 1951, both in Republic of China 1951, Rankin Papers, box 16, ML; Memorandum for CS/USA on Function of Chief, MAAG Formosa, February 21, 1952, 091 Formosa, RG 319, TS G-3 Records, box 10, NA.

H. Olmsted) 장군은 각 군종마다 재무관을 1명만 차출할 수 있다고 말했으나 1952년 말까지 1명도 타이완에 도착하지 않았다. 더구나 국방부는 1952년 회계연도의 타이완 지원금액 중 3,000만 달러를 인도차이나반도에 배정할 것과 대 타이완 원조의 우선 순위를 더욱 낮추자고 제안하였으며, 교부진행도 지연하였다.[39]

아이러니한 것은 워싱턴이 원조물자의 분배와 운용을 통제하려고 안간힘을 썼지만 실제로는 통제할 것이 별로 없었다는 점이다. 국민정부가 워싱턴의 신뢰를 회복되기 어려웠던 것처럼 미국도 점차 국민정부의 신뢰를 잃어가고 있었다. 중공의 위협이 임박한 상황에서 국민정부는 미국에게서 겨우 구두상의 모호한 약속을 받았을 뿐이고 실질적인 원조는 얻지 못했다.

미국 주재 구매단 단장 위다웨이(兪大維) 장군은 국민정부의 좌절감을 생동감 있게 전달하였다. 그는 미국이 어떤 나라에 대한 원조정책을 통과시키는 것은 이 정책의 실행과는 별개 문제였고, 그가 국방부 관리를 수시로 뚫어지게 쳐다봐야만, 물자의 인도에 속도를 낼 수 있었다고 말했다. 국민정부 외교부장 예궁차오(葉公超)도 미국이 국민정부를 포기하려는 것은 아닌지, 또는 미국이 진심으로 타이완을 원조하려는 것인지 의심하였다. 예궁차오는 1951년 말, 전직 미국 외교관과 이야기하면서 자신이 느

....

39 Preliminary Report on MAAG Aid to Formosa by MAAG Chief General Chase, May 18, 1951, 091.3 MDAP(General #5), RG 330, CD 1951, NA; Tel. Ssu-Han from General Chou(CS/MND) to Koo, June 14, 1952, foleder C.7, Koo Papers, box 154, BL; Letter, Merchant to Olmsted regarding Olmsted's Memorandum of December 21, 1951, on the Increase of MAAG Personnel, January 7, 1952, 091.3 Formosa 1952, RG 330, ISA/OMA, box 56, NA; Tel.972 from Taipei, February 4, 1952, FRUS 1952-1954, 14(1):4~5; Memorandum, Rankin to Perkins on Formosa, June 23, 1952, #2P, TS Formosa 1952, RG 59, CA Records, box 23, NA.

겪던 바를 다음과 같이 전하였다. "미국인과 교제하는 것은 정말 고통스럽습니다 …… 우리(국민정부)는 당신들(미국)의 앞뒤가 맞지 않고 오락가락하는 정책의 피해자입니다."[40]

타이완 주재 미국 각 기관 책임자들은 국민정부가 미국을 신뢰하지 못하고 있다는 것을 일찍부터 발견하였고, 워싱턴에 이러한 점이 미국의 대 타이완 정책 목표를 저해할 수도 있다고 하면서 다음과 같이 보고하였다: *신뢰부족으로 국민정부는*

국민정부는 미국의 모순된 정책의 피해자였다고 예궁차오는 생각했다.

장기적인 계획이나 노력을 할 수 없고, 국제적인 결정에 따라 언젠가 타이완이 중국 공산당에 넘겨지게 될 것을 늘 걱정한다. 또한, 국민정부 관원들은 워싱턴이 민의의 압박을 받아야 타이완을 지원한다고 생각하면서 미국과의 협력에 의구심을 갖지만, 당시 상황에서 더 나은 선택이 없었기 때문에 미국과 계속 협력할 수밖에 없다. 이들 타이완 주재 미국 책임자들은 국민정부의 정치·경제·군사 개혁에 박차를 가하게 하려면, 양국 정부가 상호 신뢰의 기반을 만들어야 하고, 긴밀한 협조로 국민정부가 반공 '진영'의 확실한 일원이라고 생각하게 하며, 미국의 원조물자 인도에도 속도를 내어야 한다고 생각했다.[41]

....

40 예궁차오는 자신이 1951년 10월 10일 마셜 장군과 담화할 때 미국과의 교제가 어렵다는 점을 말했고, 10월 13일 물자 인도를 논의할 때는 미국의 정책에 대해 비평하였다고 구웨이쥔에게 말하였다. *Koo Memoirs,* 7:E196, E209를 보라. 예궁차오의 비평은 Memorandum of Conversation by Claude A. Buss, November 27, 1951, Enclosure 1 to Letter, Rankin to Perkins, December 6, 1951, 793.00/12-651, RG 59, NA를 보라.

비록 워싱턴이 국민정부와의 협조에 열심을 보이지 않았다는 점과 한반도의 상황이 개선되었다는 점은 타이완이 원조물품을 인도받는데 후순위로 밀리게 하였지만, 비현실적인 원조계획도 물자의 인도가 늦어지게 하는 중요한 원인이었다. 란킨은 인도할 수 없는 원조 계획을 세우는 것은 쓸모없을 뿐만 아니라 해를 끼칠 수도 있다고 재차 말했다. 이러한 계획은 국민정부의 기대감을 높였다가 이후 점차 실망감으로 바뀌게 할 뿐만 아니라 타이완의 존망에 관계되는 물자 인도를 더욱 지연시킬 수도 있었다.[42] 워싱턴도 물자 인도 지연 문제의 심각성을 인식하기 시작하면서 이러한 논점을 받아들였다. 따라서 1951년 10월의 국가안전보장회의에서 애치슨은 외교정책과 현실 상황은 부합되어야 한다고 강조하면서 매월 1억 달러의 원조물자만을 제공할 수 있다면 4억 달러의 원조계획을 세워서는 안 된다고 말하였다.[43]

....

41 Letter, Rankin to Chase, October 9, 1951, Republic of China 1951, Rankin Papers, box 16, ML; Letter, Rankin to Rusk, November 24, 1951, *Ibid.;* Memorandum, Moyer to Allison and Ambassador Cowen, February 6, 1952, 306.11 U. S. Policy toward Nationalist China by MAAG Formosa, February 7, 1952, 091 Formosa 1952(Sect. I, Book I), RG 319, G-3 Records, box 112, NA.

42 Tel.1458 from Taipei, April 20, 1951, *FRUS 1951,* 7(2):1640~1641; Tel.972 from Taipei, February 3, 1952, *FRUS 1952-1954,* 14(1):4~5.

43 트루먼은 국방장관에게 서한을 보내 원조물자 인도 문제를 물었다. 국방장관은 문제는 생산과 분배에 있다고 답하였다. Memorandum, Frank Nash(ISA) to Secretary of Defense, October 23, 1951, 091.3 General 1951, RG 330, CD 1951, NA; Conversation within State on a NSC Meeting, October 17, 1951, Memoranda of Conversation, Acheson Papers, box 66, HSTL을 보라.

IV. 분리하지만 독립하지 않는 중국

워싱턴이 파견한 특별관찰관의 보고서를 포함한 타이완으로부터 온 보고서는 모두 국부군이 얼마나 진보했는지, 국민정부 관리들의 협조가 얼마나 만족할 만한 수준이었는지, 그리고 물자 인도의 지연이 원조의 효율성에 얼마나 피해주는지 강조하였다. 이들 보고서는 국민정부에 대한 워싱턴의 신뢰를 점차 끌어올렸고, 양측의 신뢰회복 필요성도 높였다. 워싱턴은 베이징 정권 전복의 희망을 버렸으나, 여전히 타이완을 정책 자산으로 간주하였다. 요컨대, 중공에 큰 압력은 가하지는 않더라도, 적어도 중국 통치하에서 어려움을 겪고 있는 중국인들을 자극할 수 있을 것이라고 생각했다. 국민정부의 정치 실력을 키워 그들의 명망을 높이는 것을 제외하고, 스튜어트는 미국이 쌍방의 불신을 완화시키도록 시도해야 한다고도 제안했다. 1952년 2월, 국방부의 군사원조처 처장 옴스테드 장군은 구웨이쥔 대사에게 1년 전의 워싱턴은 원조물자 인도를 시급하게 처리하지 않았으나, 지금은 국민정부에 대한 원조 집행 정책에 성의를 보이고 있다고 말했다.[44]

....

44 대중국 경제업무를 맡고 있던 바넷(Robert W. Barnett)이 1951년 10월 말 타이완을 방문하였다. 그는 타이완의 발전을 중국 민족주의 상징으로 삼고, 미국이 국민정부의 모든 군사 사무를 관리하자고 제안하였다. 그는 미국이 장기적으로 타이완 보위 문제를 약속해야 한다고 생각했다. Memorandum, R. W. Barnett to Rusk, October 3, 1951, *FRUS 1951*, 7(2):1816; Memorandum, Barnett to Allison, February 11, 1952, 611.94a/2-1152, RG 59, NA를 보라. 군부 측 인사의 관찰에 대해서는 Memorandum, Perkins to Merchant on Progress in MDAP Program in Formosa, August 6, 1951, 794a.5-MAP/8-651m RG 59, NA; Memorandum, MAAG army Chief to MAAG Chief, September 17, 1951, 091 Formosa 1951(Sect.III Case 41-), RG 319, TS G-3 Records, NA; and Memorandum of Conversation, State, Defense, and MSA with Chase, February 19, 1952, 306.11 TS U. S. Policy toward Nationalist China 1952, RG 59, CA

정전회담이 여름부터 지연되어 가을까지 구체적인 성과를 내지 못하면서, 워싱턴은 중공에 대해 인내심을 잃기 시작하였다. 한국 문제가 만족스럽게 해결되지 않으면 동아시아 문제에 대한 회의를 별도로 소집하지 않을 것이라고 결정하면서 타이완의 귀속 문제도 불확실하게 되어버렸다. NSC 48/5 문서는 타이완이 중국의 일부분이어야 한다고 명확하게 표명하였다.[45] 그러나 베이징 정부를 전복시키거나 그와의 충돌을 평화적으로 해결하겠다는 계획이 모두 실패한 이상 타이완의 최종적 귀속에 대한 입장은 다시 고려되어야 했다. 11월 유엔총회에 이 문제를 다시 상정해야 했기 때문에 입장 정리는 상당히 긴박한 사안이었다.

서로 같은 입장이었으나, 입장에 변함이 없었던 국방부의 속도가 국무부보다 한걸음 앞섰다. 국방부는 10월 말 이후 타이완 정부의 정식 명칭을 '중화민국 국민정부(the National Goverment of the Republic of China, 약칭 NGRC)'로 하라고 소속기관에 지시하였다. 그전에 미국은 국민정부를 '중국의 정부'로 인정했다는 암시를 주지 않기 위해 타이완의 정부를 어떠한 정식 국호로도 호칭하려고 하지 않았다. 따라서 국방부의 이러한 지시는 매우 중대한 의미를 지니는 것이었다.[46]

....

Records, box 33, NA를 보라. 구웨이쥔과 옴스테드의 대화는 1952년 2월 18일에 있었다. Tel.612 to Yeh, February 19, 1952, folder L.7, Koo Papers, box 167, ML, and also *Koo Memoirs,* 7:E241 참조.

45 제90차 국가안전보장회의에서 NSC 48/5를 논의할 때, 애치슨은 타이완이 결코 중국의 일부분이 될 수 없다거나 미국이 타이완을 무기한 보호해야 한다는 생각을 좋아하지 않는다고 말했다. Summary of Discussion of the 90th NSC Meeting, May 3, 1951, NSC Meetings-Memoranda for the President, PSF, box 220, Truman Papers, HSTL을 보라. 바넷은 1951년 8, 9월에 17일간 타이완을 방문하고 귀국한 후, "중국의 일부가 되지 않는 한 타이완의 장기적인 미래는 보이지 않는다"고 말했다. Memorandum, Barnett to Rusk, October 3, 1951, *FRUS 1951,* 7(2):1817을 보라. 그밖에 본서 제6장에서 관련 의제를 참조.

46 Memorandum, P. C. Hains(OMA/OSD) to the Services on MDAP for the Nationalist

국무부는 유엔에서 타이완 문제를 논의하기 위해 미국의 입장을 정리한 자료를 준비하였다. 합동참모본부도 미국은 "타이완 현지에서 군사적인 지위를 유지하도록 일방적인 조치를 취해야 한다"는 의견을 첨부하여 타이완에 전에 없던 전략적 가치를 부여하였다. 참모수장들은 타이완 문제를 처리하면서 미국의 안전이익을 최우선시해야 하고, 미국은 "타이완이 미국과 동맹을 굳건히 맺은 정부"로서의 군사적 잠재력을 지지해야 하며, "**중국 인민**(저자 강조)의 복지와 바람을 적절히 중시"해야 한다고 강조하였다. 이러한 견해는 타이완 본성인의 의사만 강조했던 미국의 기존 생각과는 상당히 차이가 있다. 합동참모본부도 "중국이 소련과 동맹을 맺거나, 소련의 지배하에 있지 않는 정부"를 구성하기 전까지는(그러나 당분간 이렇게 될 가능성은 없어 보였다) 타이완의 귀속 문제를 국제회의에 상정해서는 안 된다고 생각했다. 군부는 타이완을 중국과 분리하는 이전 방안을 다시 제출하려고 준비했던 것으로 보인다.[47]

국방장관 러빗은 합동참모본부의 의견에 부합하여 새로운 평가가 나온 이상 참모수장들은 NSC 48/5가 결정한 방침들을 다시 검토해야 하는데, 이는 국무부에게는 매우 심각한 일이 될 수 있다고 지적했다. 그러나 국무부는 유엔에 제출할 수정한 입장문에서 타이완이 중국의 일부가 되면 미국의 안전 이익에는 불리할 수 있다고 주장하였다. 당시 실행 가능한 타이완 귀속 방안은 미국의 정책목표에 맞출 수 없으므로 국무부는 타이완의 최종 귀속 문제에 대한 입장을 명확히 정할 수 없다고 보았다. 따라서 워싱턴은 이 문제를 미뤄두는 것이 가장 좋고, 만일 이 문제가 제6차

....

Government of the Republic of China, October 31, 1951, 091.3-560 China 1951, RG 330, ISA/OMA, box 38, NA.

47 Letter, Lovett to Acheson, November 1, 1951, enclosed a Memorandum, JCS 새 Lovett. October 24, 1951, FRUS 1951, 7(2):1841~1845.

CIA국장 스미스는 미국의 이익을 위해 타이완은 반드시 반공기지가 되어야 한다고 생각했다.

유엔총회에 상정되는 것을 막을 수 없다면 위원회를 만들어 검토하고 본회의에 회부를 제안하는 낡은 방법을 동원하기로 하였다. 만일 참모수장들이 국가안전보장회의에서 대 타이완 정책을 다시 평가하기 원하면, 국무부도 반대하지 않기로 하였다. 국가안전보장회의는 이듬해 3월 대 타이완 정책을 다시 평가하였다.[48]

12월 중순 백악관에서 정전회담 문제를 논의할 때, 합동참모본부 의장 브래들리 장군은 미국은 논쟁이 끊이지 않는 어떤 의제를 양보할 것인가 아니면, 중공과 전력으로 전투를 할 것인가라는 양자택일의 상황에 직면했다고 보았다. 그는 전쟁을 멈추고 한반도에서 철수할 것을 주장하였고, 참석한 다수의 장교들도 이 의견에 동의하였다. 트루먼은 이같이 많은 양보를 할 필요는 없다고 보았으나, 중국 본토로까지 전쟁을 확대할 생각도 없었다. 당시 정전회담이 직면한 문제 중 하나는 상대방이 정전협의를 깨뜨리면, 미국은 어떻게 할 것인가라는 것이었다. 이 때 워싱턴은 정전 관리 체제와 관련된 교착상태를 해결하기 위해 이미 '제재 확대'라는 개념을 형성하였다. 베이징은 무제한의 사찰에 반대한 반면, 워싱턴은 중공이

---

48 Memorandum, Perkins to Connors, September 26, 1951m 312.3 Formosa in the U. N. 1951, RG 5, CA Records, box 28, NA; Letter, Acheson to Lovett, December 7, 1951, 포모사에 대해 수정된 국가입장보고서에 동봉된 서신, November 21, 1951, *FRUS 1951*, 7(2):1858~1864.

공격을 재개하지 않는다고 보장할 수 있는 검증장치는 없다고 보았다. 따라서 워싱턴은 중공이 정전합의를 어기면 미국과 그 동맹국이 중국 본토를 직접 공격할 것이라고 사전에 엄중히 경고하는 것이 유일한 억제책이라고 보았다. 영국은 1952년 1월의 워싱턴에서의 최고위급 회담에서 이러한 원칙에 동의하였다.[49]

중공을 포위하는 데 기여할 수 있으므로 이 '제재 확대' 개념으로 인해 타이완의 위상도 크게 높아졌다. 합동참모본부는 "타이완을 중공의 수중에 떨어지지 않게 하는 것은 미국의 안전 이익에 상당히 중요하며, 동아시아 지역에서 미국의 장기적인 지위에도 **매우**(저자 강조) 중요하다"고 밝혔다. 합동참모본부는 "미국 자신의 이익을 위해서 타이완이 군사적, 경제적, 정치적, 심리적으로 반공기지가 되도록 강화할 필요가 있다"는 CIA국장 스미스(W. Bedell Smith) 장군의 말에 동의를 표했다. 참모수장들은 이 목표를 달성하기 위해 "필요하면 미국은 일방적인 행동을 취하여 타이완이 계속해서 미국의 군사기지가 되게 해야 하고, 제7함대도 국민정부가 스스로 타이완 방어를 담당할 수 있을 때까지 순찰 경계를 지속해야 하며, 타이완 섬에서 워싱턴과 결맹을 공고히 할 수 있는 정부를 지지해야 한다"는 자신들이 10월에 제출했던 제안을 거듭 천명했다.

합동참모본부의 이러한 건의는 1년 전 군부의 입장과는 분명히 다르다. 국무부는 무기한으로 타이완을 방어하겠다는 약속과 암시를 확대하는 것은 이전의 구상과 바람을 초월하는 것이라고 생각했고, 따라서 이 문제를 철저히 연구하라고 요구하였다. 결국 트루먼 정부의 임기 만료 전까지

....

49 Memorandum for the President on a Meeting in the Cabinet Roon, December 10, 1951, *FRUS 1951,* 7(1):1290~1296. '제재 확대' 개념에 관해서, 그리고 미국의 정전 기제 양보에 대한 논의는 Kaufman, *The Korean War,* pp.224~236과 Schnabel and Watson, *History of the JCS,* 3(2):642~672를 보라.

이 정책은 검토만 될 뿐, 결론을 보지 못하였다.[50]

V. 결어

위싱턴은 몇 달 전 NSC 48/5 문서를 채택할 때까지만 해도 분명히 장제스 정부에 대한 지지를 달가워하지 않았으나, 1951년 말에는 이미 그러한 경향이 없어졌다. 정전회담이 지체되고 있는 데에 대한 실망감, 전쟁을 정리하기 바라는 마음, 공산주의를 포위하는 도서 방위선의 중요성은 국민정부에 대한 정책결정자들의 태도를 점차 변화시키고 있었다. 경제협력국 중국 지부 전임 지부장 모이어가 국민정부를 미국의 파트너로 삼자고 건의한 적이 있었으나 1952년 봄, 국민정부는 여전히 미국의 파트너로 그 지위를 끌어올리지는 못하였다.[51] 다만 적어도 더는 능력 없는 종속국가로 취급당하지 않게 되었다.

위싱턴은 국민정부에 대한 신뢰를 드러냈고, 미국에 대한 국민정부의 신뢰를 재건하기 바랐다. 심지어는 원조 집행을 미국이 전적으로 관리하겠다고 공공연히 요구하지 않았고 국민정부의 조직과 제도개혁에 협조하기 시작했다. 위싱턴은 국민정부의 능력과 청렴도에 대해 더는 부정적인 평가를 하지 않았을 뿐만 아니라, 국민정부가 정치적인 영향력을 높일 수 있게 측면에서 도왔다.[52] 비록 전심전력을 다한 것은 아니었지만, 아시아

---

50 Memorandum, JCS ro Secretaty of Defense on U. S. Policies on Support for Anti-communist Chinese Forces, March 4, 1952, *FRUS 1952-1954*, 14(1):15~18.
51 Memorandum, Moyer to Allison and Ambassador Cowen, February 6, 1952, 306. 11 U. S. Policy toward Nationalist China, 1952, RG 59, CA Records, box 33, NA.
52 란킨은 이 부분을 내내 조용히 추진하였던 반면, 당시 국무부는 오히려 물러서

에서 공산당의 확장을 봉쇄하는 데에 대한 타이완의 기여로 미국의 지지가 점차 적극적으로 변하고 있었다. 미국의 지원은 더는 제한적이고 언제든지 종료될 수 있는 위기 대응적인 조치로 여겨지지 않았다.[53]

다른 한편, '반공 대륙'에 대한 장제스의 맹세는 1951년 중반까지 줄곧 비현실적인 야심으로 매도되었으나, 이때에 이르러서는 겨우 받아들여졌다. 워싱턴은 국부군의 사기는 본토 반격에 대한 희망으로 유지된다는 타이완 주재 주요 책임자들의 의견을 묵인하였다. 그리고 성공하지는 못하였지만, 국민정부의 본토 반격 시도는 베이징 정권을 전복시키려는 미국의 목표에도 도움을 줄 수 있는 것이므로 중공을 압박하는데 사용될 수 있었다.[54] 요컨대, 1952년 봄까지 타이완 방위에 대한 워싱턴의 공약은 여전히 제한적이었지만, 이미 상당한 진전을 보였다.

....

고 있었다. Letter, Rankin to Jones, April 16, 1952, Republic of China 1952, RG 59, CA Records, box 33, NA.

[53] 란킨은 11월 초, 타이완에 대한 미국의 경제·군사원조계획은 이 시기에 이르러서야 제대로 시작되었다고 보았으나, 국민정부에 대한 미국의 경제원조는 줄곧 중단된 적이 없으며, 군사원조는 한국전쟁 발발직후 이미 전면적으로 회복된 상황이라는 입장이 다수를 이루고 있다. Letter, Rankin to Rusk, November 1, 1951, Republic of China 1951, Rankin Papers, box 16, ML을 보라.

[54] Tel.1362 from Taipei, April 7, 1951, *FRUS 1951,* 7(2):1621~1622; Memorandum by W. W. Stuart on Implementation of Paragraph 11.b of NSC 48/5(Change of Nationalist Government), July 12, 1951, 306.13 TS Policy-NSC Reports 1951, RG 59, Ca Records, box 28, NA; Memorandum of Conversation, R. W. Barnett with Chase, August 30, 1951, 611.94a/2-1152, RG 59, NA; Some Aspects of the China Problem by Stuart, Attached to Memorandum, Stuart to Allison, January 24, 1952, 306.11 TS U. S. Policy toward Nationalist China 1952, RG 59, CA Records, box 33, NA; Memorandum, JCS to Secretary of Defense, March 4, 1952, *FRUS 1952-1954,* 14(1):15~18; Memorandum, Perkins to Aliison on Background Information for Interview with General Chase, February 15, 1952, 794a.5-MSP/2-1552, RG 59, NA.

韓 戰 救 台 灣 ?

제8장

정치적 자산
(1952년 3월~1953년 1월)

한반도 전장(戰場)에서의 패배가 트루먼 정부 관원들에게는 삼키기 어려운 쓴 열매라면, 허송세월을 한 소모전과 정전회담은 더욱 견디기 어려운 것이었다. 1952년 5월 중공이 미결 의제들을 함께 협의하자는 유엔의 제안을 거절한 후, 조속한 협상 완료의 희망도 깨어졌다. 워싱턴은 중국 본토에 대한 집중적인 군사보복을 논의하였을 뿐만 아니라, 압록강 발전소를 포함한 북한에 대한 공습을 대폭 증가시켰다.[1]

이러한 격렬한 행동에 대해 일부 역사학자들은 미국이 이미 외교적인 타협을 포기하고 군사 수단으로 한국전쟁을 해결하기로 결의했다고 보았다. 포로 문제로 정전 회담이 교착상태에 빠지자, 워싱턴은 1949년의 「제네바공약」이 규정한 포로 강제 소환의 원칙 준수를 꺼리며 자진 송환을 고집하였다. 이는 중공에 대한 강렬한 적개심을 보여주는 확실한 증거이며, 워싱턴의 정책이 완전히 냉전의식을 따르고 있음을 분명히 보여준다. 1953년 2월 2일 타이완 해협 중립화 해제에 따른 '방장출롱(放蔣出籠)'은 비록 다음 대통령인 아이젠하워(Dwight D. Eisenhower)가 선포한 것이기는 하지만, 날로 고조되는 중공에 대한 미국의 적의를 나타내는 것이었다.[2]

---

1 당시의 미해결 의제로는 정전 후 북한 비행장의 재건, 정전위원회의 구성, 전쟁 포로 송환 문제들이 있었다. 5월 2일 공산군 측 협상 대표가 앞의 두 제안을 받아들이면서 전쟁포로 문제만이 미해결 의제로 남았다. Kaufman, *The Korean War,* chapter 8; Foot, *Wrong War,* pp.176~189; Schnabel and Watson, *History of JCS,* vol.3, chapter 14와 15를 보라.

2 Foot, *Wrong War,* chapter 6, "Military Forces as an Instrument of Policy" 참조. 일부 서방 매체는 중립화 해제를 'Unleashing Chiang Kai-shek'과 같은 것이라고 표현했는데 중국에서는 이를 '방장출롱(放蔣出籠, 장제스를 새장에서 풀어놓다)'이라고 번역하였다. 영문 어휘 자체는 장제스를 경시하는 의미를 담고

압록강 철교가 피폭된 정경

　관련 사료에 따르면 워싱턴의 정책결정자들은 중공이 협의를 받아들이지 않고 완전히 파멸되기를 바랐다. 그러나 트루먼의 잔여임기 동안 대중국 정책의 최고 지도원칙은 여전히 주도면밀하게 계산되었고 역사학자 번스타인(Barton Bernstein)이 말한 것과 같은 '환상(幻想)'은 아니었다.[3] 이

　있으며 중문 번역도 그러한 의미를 잘 반영하고 있어 본서에서도 그대로 차용했다. 이 정책의 의도와 함의에 대해서는 본서 제9장 참조.

3 트루먼은 1952년 1월 27일과 5월 18일 기록한 감상에서 자신은 정전회담의 지연에 매우 좌절감을 느꼈다고 분명하게 토로했다. 그는 소련에 최후통첩을 보내 전면전을 하려는 것이냐고 위협하는 환상을 품었다. 트루먼은 "당신들은 우리 측의 공평하고 정의로운 제안을 받아들이겠는가 아니면 완전히 파멸할 것인가"라는 발송용 문서의 문장을 직접 작성하였다. 그러나 트루먼의 전임 참모들은 전면전의 위협에 대해 트루먼이 자신들과 논의한 적이 없다고 말했다. 트루먼이 썼다고 하는 이 문장은 Barton Bernstein, "Truman's Secret Thoughts on Ending the Korean War", *Foreign Service Journal* (November 1980):33~34에 수록되어 있다. 1951년 5월, 마셜(C. B. Marshall)은 베이징 고위층과 소통할 수 있는 채널과 접촉하면서 미국의 정책결정자들이 중국을 공격하고 파괴함으로써 중국 공산당을 혼내주고 싶은 욕구와, 정책을 이성적으로 처리하고 감정적으로 처리하지 않기 위해 어떻게 노력했는지에 대해서도 언급했다. Memorandum

기간 정책결정자들은 전면전과 전면적인 양보라는 극단적인 정서와 사유의 제한에서 벗어나서 실현가능성이 있는 중간 노선을 찾으려고 노력하였다. 이 과정에서 대 타이완 정책도 이익 우선 원칙으로 다시 변경되었다.

Ⅰ. 정전회담의 지연

1952년 봄의 세계정세를 보면서 미국은 서방이 공산주의에 대한 봉쇄투쟁에서 진 것처럼 느꼈다. 한반도의 전황 보도는 공산군의 공중과 지상 역량이 증강되는 반면 유엔군은 쇠약해지는 추세라고 강조하였다. 중공은 유엔군이 전쟁포로를 야만적으로 다루고 있으며, 불법적인 세균전을 사용하고 있다는 선전공세로 정전협상에서 유엔군을 수세로 몰았다. 인도차이나 반도의 내전 상황은 프랑스에게 불리하게 전개되고 있었으며, 태국, 버마, 필리핀, 인도네시아 등 동남아시아 기타 지역의 내부 상황도 불안정했다. 아시아의 이러한 소요는 모두 국제 공산당, 특히 중공의 선동 탓으로 돌려졌다. 중동과 북아프리카 정치는 여전히 불안정하게 요동치고 있었고, 식민통치를 받은 경험으로 인해 그들은 계속해서 서방을 적대시하였다. 일부 미국인들은 정세 불안정이 산유지역에서 서방의 이익을 위협하려는 모스크바의 음모 때문이라고 생각했다.

유럽 동맹국의 상황도 낙관적이지 않았다. 재무장(再武裝)이 더디게 진행되는 것은 물론, 반미(反美)는 아니더라도 적어도 반전(反戰) 정서가 지속적으로 고조되었기 때문이다. 공산주의에게 패배하고 있다는 이러한 위기의식, 그리고 대선 기간의 정치 조작은 매커시즘이 다시 활개를 치게

---

of Conversation by Marshall in Hongkong, May 9, 1951, *FRUS 1951*, 7(2): 1655~1664를 보라.

포로가 된 중국과 북한의 군인

하였다. 그에 따라 민중은 공산세력에 강경한 태도를 취해야 한다고 워싱턴을 압박하였다.[4]

　"정전하지 않으려면 전쟁을 확대하고 중국을 공격하라"는 국내의 거센 압박에 직면해서도 트루먼 정부는 여전히 견딜만 해 보였다. 군사적인 승리가 이미 불가능해진 이상, 워싱턴도 "정전에 이를 수만 있으면 어떤 수단"(트루먼의 말)이라도 써서 정치적으로는 패하지 말자고 결심하였다. 당시 상황에서 자진 송환 원칙을 고수하는 것은 반공의 입장을 확고히 할 수 있는 이상적인 의제이고, 도덕과 인도적인 차원에서 매우 정의롭고 위엄이 있으며, 워싱턴의 좌절감을 위로할 뿐만 아니라 굉장한 선전효과를 줄 수 있다고 간주되었다. 다른 논쟁거리와 비교해 보면, 전쟁포로 문제는 투입되는 노력이 적으면서도 비교적 쉽게 제어할 수 있어 보였다. 워싱턴

....

4 Kaufman, *The Korean War,* pp.252~268.

은 정전선, 정전 준수, 비행장 건설 등의 의제에는 여러 차례 양보한 바 있다. 전쟁포로 문제에 대해서는 협상 결렬을 기꺼이 받아들이겠다고 하면서도 계속해서 정치, 경제, 군사적인 압박을 높여 중공이 결국에는 자진 송환 원칙을 받아들이기 바랐다.[5]

이 기간에 워싱턴은 계속해서 중국 본토의 군사행동, 중국 연해봉쇄, 그리고 국부군의 활용과 그에 대한 계획을 검토하고 평가하였다. 이러한 작전계획의 문서와 군사충돌 및 공습 회수의 증가는 "중국으로까지 전쟁을 확대한다"는 미국의 계획 실행이 곧 임박했다는 의미로 읽혔다. 그러나 이 주장은 다음의 몇 가지 사실을 간과하고 있다. ㉮이러한 작전계획의 목적은 한반도에서 전면전이 재개되거나 중국 공산당의 전쟁이 한국 밖으로 확대되는 상황에 대응하기 위한 것이지, 주동적으로 행동을 취하겠다는 것은 아니었다. ㉯국무부도 군사보복이 필요하면 신속하고 효과적으로 행동하기 위해 동맹국들과 협상하고 있었다. ㉰유엔군도 모든 공격행동이 북한지역을 벗어나지 않도록 조심스럽게 행동하고 있었다.[6]

....

5 Memorandum by the Executive Secretary of the NSC to the President on a Meeting in Cabinet Room, September 24, *FRUS 1952-1954*, 15(1):532~538. 이 회의에서 전체 참석자들은 모두 미국이 포로 문제를 고수해야 한다는 입장을 나타냈다. 회의는 유엔군 측 협상 대표가 공산군 측 대표에게 미국의 입장을 총괄하여 전달하고 그들에게 10일의 생각할 시간을 주되, 만약 그들이 미국 측의 제안을 거절하면, 무기한 휴회를 주장하고, 휴회기간 중공에 대한 압박 수위를 높여야 한다고 결론 내렸다. 10월 8일 중공이 제안을 거절함으로써 회담은 예상대로 중지되었고, 10월과 11월 전투는 점차 격렬해졌다. Kaufman, *The Korean War,* pp.280, 303을 보라. 그리고 본서 제8장의 관련 서술 참조.

6 1951년 5월 중 통과된 NSC 48/5 문서는 중국연해의 해상봉쇄, 중국 국경 내의 몇몇 목표물에 대한 군사행동, 그리고 국부군을 이러한 행동에 참여시키는 방안을 신속히 연구하고 계획을 수립하기로 결정하였다. 그러나 이러한 결정은 1년여의 시간이 지난 후에야 집행되기 시작하였다. JCS 2118/36, 2118/40, 2118/41 on Far Eastern Command Operation Plan for Military Action Against China, dated May 1, June 10, and July 10, 1952, in JCS Records, China(II):

9월 말, 워싱턴은 판문점에 제출할 미국의 정전에 관한 마지노선을 결정하였다. 트루먼은 패를 내보이면서 "만약 중공이 거부하면 필요한 행동을 취할 수 있게" 잘 준비해야 한다고 말했다. 학자들은 비록 이 말을 베이징의 양보를 얻기 위한 압박으로 해석하였지만 트루먼의 말은 다소 모호하여 극단적인 행동을 취하기로 한 것으로는 보기 어렵다. 애치슨은 트루먼 견해를 지지하였으나 이러한 입장이 최후통첩의 방식으로 제출되는 데는 반대하였다. 정책결정자들의 구상은 사실 중공에게 경제적인 압박을 증가하되 전면적인 봉쇄의 수준은 아니었고, 북한에는 군사적인 압박을 증가하되 원자폭탄 사용은 검토하지 않았다. 이러한 보복조치에 관한 논의는 집행의 어려움과 이것으로 중공의 양보를 이끌어낼 수 없을 것이라는 점을 예외없이 강조하였다.

워싱턴의 최종적인 목표는 예전처럼 전쟁을 종결짓고 미국이 전쟁에서 발을 빼는 것이지 중공을 응징하려는 것은 아니었다. 이와 동시에 애치슨은 인도 총리 네루(Jawaharlal Nehru)의 여동생 판디트 부인(Madam V. I. Pandit)을 통해 중공에 우호적인 메시지를 전달하여 가능하면 조속히 평화를 회복하자고 호소하였다. 그도 중국 연해지역으로 무력을 확대하거나 공개적으로 핵무기 사용의 위협 수단을 발표하는 것에는 반대하였다. 그해 여름, 국무부 관원 홀랜드(H. M. Holland)는 미국이 정전 후의 정치적 해결방안을 준비하지 않았다는 것을 갑자기 깨닫고 협상을 계속해야 한다고 주장했다. 그러나 국무부는 아시아에서 워싱턴과 베이징의 기본 목표가 협조될 수 있는지 검토해야 한다고 주장하였다.[7]

....

1112, 1143, 1176; Ca Policy Paper on U. S. Policy with Respect to China, November 12, 1952, 306.11 TS U. S. Policy toward Nationalist China 1952, RG 59, CA Records, box 33, NA.

7 본장(제8장) 각주 5와 Memorandum, Popper to McConaughy on Effect of Possible Embargo Measures against Communist China and North Korea, August 29,

유엔군 총사령부 제8-52호 작전계획(OPLAN 8-52)에 대한 반응은 워싱턴이 여전히 애써 자제하고 있음을 보여준다. 클라크(Mark Clark) 장군은 5월에 리지웨이의 유엔군 총사령관 직위를 계승하였다. 합동참모본부는 그에게 회담이 실패할 때에 사용할 수 있도록 동아시아에서의 작전계획 초안을 작성하라고 요구하였고, 중국 본토에 대한 군사보복을 포함하여 고려하고 있는 조치 중의 강경한 것들을 열거했다. 제8-52호 작전계획은 정전회담이 실패하면 해군과 공군이 중국 영토의 목표지점을 공격하고, 해상봉쇄를 실시한다는 내용을 담고 있었다. 10월 초, 정전회담이 중지된 후 클라크는 이 계획을 합동참모본부에 제출하였다. 몇 주 후, 육군참모장은 세계에 한 미국의 약속과 실제 병력 사이에 상당한 격차가 있기 때문에 당시 취해야 할 조치가 무엇인지 명확하게 알려줄 수 없다고 클라크에게 말했다.[8]

오랜 시간 지속된 정전협상은 이미 워싱턴의 인내심을 소진시키고 있었다. 당시 정책결정자들도 유엔군의 철수위기 때보다 더 강경한 조치를

....

1952; Posotion Papers on Problem in Determining Additional Economic Measures to be Imposed against Communist China, November 4, 1952; both in 312 U. N.-General Assembly 1952, RG 59, CA Records, box 33, NA; SE-27 Probable Effects of Various Possible Courses of Action with Respect to Communist China, June 5, 1952, *FRUS 1952-1954*, 14(1):59~62를 보라. 5월 문화방문단을 이끌고 베이징을 방문하는 판디트 부인을 통하여 메시지를 전달하려고 한 노력은 워싱턴과 뉴델리 사이에 주고받은 전문(1952년 4월 9일, 11일, 25일, 6월 12일, 7월 7일자)에서 볼 수 있다. 이들 전문은 *FRUS 1952-1954*, 14(1):29, 43, 47, 63, 73에 수록. 중공과 계속해서 협상을 해야 한다고 한 홀랜드의 주장은 그가 매커너기에게 보낸 비망록에 수록되어 있다. Thoughts on Negotiating with the Communists, August 13, 1952, 300 General 1942, RG 59, Ca Records, box 32, NA.

8 Schnabel and Watson, *History of JCS*, 3(2):926~934, "Military Operations and Plans". Kaufman과 Foot는 클라크 장군의 작전계획을 다르게 해석하였다. The Korean War, pp.280~282와 *Wrong War*, pp.183~185를 보라.

중공에게 취할 것을 고려하였다. 그들은 한국전쟁 발발 초기부터 소련의 의도와 반응을 세심하게 관찰하고 있었는데 이 시기에 이르면 유엔군이 더 압박을 가하더라도 소련은 병력을 투입하지 않을 것이라고 확신하였다.

국가정보평가의 한 가지 결론은 베이징과 모스크바의 연합은 미국이 양보한다고 해서 약화되지 않을 것이고 또한, 압박 수위를 높인다고 해서 더 강화되지 않을 것이라고 보았다.[9] 그러나, 서방이 중국에 물자공급을 차단함으로써 발생한 어려움은 심각한 정도를 넘어서 중공이 정전에 동의하기에 충분한 정도였다. 그밖에 정책기획자들은 전면적인 금수조치로서 소련에 대한 중공의 원조 수요를 증가시키고, 소련의 협조에 불만을 갖게 되면 중공도 정전을 더욱 바라게 될 수도 있다는 새로운 주장을 내놓았다. 요컨대 중공의 경제적 부담이 커지면 공산진영의 양대 정권 사이에는 분열의 틈이 생길 것이므로 여기에 쐐기를 박아야 한다고 보았다.[10]

미국의 정책결정자들은 점차 중공에 대한 정책 선택이 전면전과 전반적인 양보라는 양극단에만 한정되어 있지 않음을 느끼게 되었다. 당시 중

....

9 NIE-58 Relations Between the Chinese Communist Resime and the USSR: Their Present Character and Probable Future Courses, September 10, 1952, *FRUS 1952-1954*, 14(1):97~103. 한국전쟁 기간 소련의 의도에 대해서는 Foot, *Wrong War*의 각 장 관련부분 참조.

10 Working paper on Further Economic Measures against Communist China and North Korea, September 26, 1952, 312 U. N.-General Assembly 1952, RG 59, CA Records, box 33, NA; Revised Draft of Review of FE Program-NSC 135, pp.54~55, December 4, 1952, 306.13 TS NSC Reports and Correspondence 1952, *Ibid.;* Memorandum, Hope to McConaughy on Further Economic Pressure on Communist, August 27, 1952, 500 Economic Matters(General) 1952, Ibid., box 35. 그밖에 Foot, *Wrong War,* pp.194~195 참조. 중국을 압박하여 중·소 분열을 촉진하자는 이 방안은 이후 아이젠하워의 국무장관에 의해 역사가 개디스가 'wedge through pressure'라고 부른 방안으로 발전되었다. Gaddis, *The Long Peace: Inquiries Into the History of the Cold War* (New York: Oxford University Press, 1987), chapter 6. 또한 본서 제9장 제3절을 참조

국과 과장이었던 매커너기는 방법을 개선하고 확대하여 실시할 수 있으면 중공에 대한 경제·군사·심리적인 압박은 한반도의 정전을 촉진할 수 있을 것이라고 생각했다. 베이징과 모스크바가 가까운 시일 안에 분열하지 않는다고 해도 그들은 조만간에 분명히 분열할 것이다. 따라서 매커너기는 정책행동이 즉시 효과를 나타내지 않을 수 있으나 장기적인 목표를 두고 압박과 양보를 교묘하게 혼합하여 사용할 수 있으면 중·소 양국은 기대하는 것보다 더 빨리 심각한 갈등을 일으킬 것이라고 주장하였다.[11]

II. 중공에 대한 견제

트루먼 정부 말기가 되자 워싱턴의 정책결정자들은 한국전쟁과 다른 내부 문제의 간섭을 받았음에도 중공은 중국 본토에서 통치권을 공고히 하였다는, 이전에는 마주치기 꺼린 사실을 받아들이려는 것 같았다. 베이징과 모스크바를 분열시키겠다는 생각에는 변함이 없었고 중공 정권이 반공적인 중국인들의 연합에 의해 전복될 수도 있다는 미약한 희망은 포기하지 않았다. 그러나 워싱턴은 잠시 베이징 정권과 접촉하여 당시 상황에서의 최대 이익을 도모하려고 하였다. 거의 3년 동안의 무장충돌과 장기적인 표류를 거쳐 정책결정자들은 다시 1949년 말의 입장으로 돌아와 타협적이지는 않으나 더욱 구체적인 토대 위에서 대 중공 정책을 검토하

11 Memorandum, McConaughy to Fired(DRS) on NIE-58, August 21, 1952, 320. 2a Communist China-Soviet Relations 1952, RG 59, CA Records, box 32, NA; Memorandum, McConaughy to Allison, September 5, 1952, 312 U. N. -General Assembly 1952, *Ibid.,* box 33; Memorandum, McConaughy to Ogburn on Review of Far Eastern Program, NSC 135, November 24, 1952, 306.13 TS NSC Reports and Correspondence 1952, *Ibid.,* box 33.

기 시작했다.[12]

타이완을 이용하여 베이징이 타협을 하거나 실각하게 하는 방법은 이미 현실적이지 않다고 증명되었다. 국민정부에 원조를 제공하거나 그들과 손을 잡는 것도 피할 수 없게 되면서 정책기획자들은 국민정부에 투자해야 할 다른 가치를 빠르게 찾아냈다. 최초의 구상은 국민정부를 이용하여 한반도 전쟁에서 군사 압박을 높여 정전을 촉구하거나, 베이징이 동남아에서 벌일 가능성이 있는 불순한 움직임에 대응하는 것이었다. 후자에 대해서 미국은 동남아 현지의 반공적인 화교를 응집시키는 데 국민정부를 구심점으로 이용할 수 있음을 알았다.

합동참모본부가 한국전쟁 이전부터 취해 오던 타이완에 대한 수수방관 정책을 수정하려고 고려한 이유 중 하나는 중공의 동남아 침략 가능성 때문이었다. 한국전쟁으로 인해 동남아에 대한 워싱턴의 주의력이 잠시 옮겨졌으나, 1952년 초 이 지역의 상황은 다시 워싱턴의 관심을 불러일으키고 있었다. 미국은 공산당이 동남아의 어느 한 국가에서 집권하게 되면 연쇄반응을 일으켜 결국 서유럽과 서태평양의 도서 방위를 위태롭게 할 수 있다고 보았고, 또한 전복 수단을 통해 중공의 세력이 확대될 것을 우려했다. 따라서 워싱턴은 광대한 화교 사회의 정치 성향에 관심을 높이려

....

12 홍콩 주재 미국 영사관은 1952년 말, 3년간 중국을 통치한 중국 공산당의 주요한 성과는 정권을 공고히 한 것이라고 보고하였다. Tel.1649 from Hongkong, December 30, 1952, *FRUS 1952-1954*, 14(1):121~125를 보라. NSC 48/5는 1953년 11월에 가서야 국가안전보장회의가 통과시킨 NSC 166/1 문서로 대치되었다. 이 새로운 정책문서는 중공의 실력과 미국의 능력을 감안할 때 미국은 자력이나 국민정부의 협조로 중공을 무너뜨릴 수 없고, 다만 아시아에서 중공의 대국지위를 약화시키는 행동을 취할 수밖에 없음을 인정했다. 이러한 정책 목표는 트루먼이 임기 말기에 승인한 사실이고 실제 집행한 정책이었으나 아이젠하워가 집권한 후에야 국가의 정책으로 공식 채택되었다. NSC 166/1, November 6, 1953, *Ibid.* 14(1):280~281을 보라.

하였다.[13] 1951년 여름, 미국은 중국 본토 이외의 지역에서 중국의 제3세력을 조직하려는 계획을 포기하였다. 그 후의 정보는 장제스가 중국 본토에서 이미 중공 정권에 대항할 수 있는 상징이 되었으며, 동남아지역에서도 화교들을 응집할 수 있는 유일한 반공 인물이 되었다고 전하고 있었다. 동남아 지역의 화교는 약 1,000만 명에 달했다. 만약 그들이 공산 조국으로 기울어지면, 서방국가에게는 큰 부담이 될 것이고, 만약 그들이 국민정부를 지지하면 막대한 가치가 될 수 있다. 따라서 미국은 해외의 화교들과 연계하라고 국민정부에 촉구하였다.[14] 국가안전보장회의는 중공

....

13 NSC 124/2 United States Objectives and Courses of Action with Respect to South Asia, June 25, 1952, *FRUS 1952-1954*, 14(1):125~134. 중공이 한국전쟁에 참전한 이후의 보고서는 베이징의 중대한 다음 목표가 타이완이 아닌 동남아라고 보는 듯하다. Rankin, *China Assignment* (Seattle, WA: University of Washington Press, 1964), pp.90~91.

14 Memorandum, Allison to Matthews, Nitze, Bohlen, Perkins, and Allen Dulles, transmitting a letter from Howard Jones to Allison, April 11, 1952, 306.11 U. S. Policy toward Nationalist China 1952, RG 59, CA Records, box 33, NA; Report on Far Eastern Trip by Major General Olmsted(Director, OMA), February 19, 1953, 334 Far East, RG 330, CD 1953, box 24, NA; Position Paper by Martin on Statement of US Objectives and Courses of Action with Respect to the National Govenment of China on Formosa, December 11, 1952, 611.94a/9-252, RG 59, NA. 국민정부는 화교의 반공 통일전선을 조직하기 위해 노력하여 화교의 지지를 강화할 수 있었다. 화교세력과의 결합은 1952년 10월 21일부터 30일까지 타이베이에서 열린 화무회의(Chinese Overseas Affairs Conference)로 최고조에 달했다. 26개 지역에서 온 223명의 대표들은 「반공구국공약(反共救國公約)」에 서명하였고 1,250만 명의 화교들에게 국민정부에 대한 지지를 호소하였다. Memorandum, Allen Dulles to Allison, transmitting General Frank Merrill's Report on Conversation with Chiang Kai-shek, April 4, 1952, 611.94a/4-452, RG 59, NA; Far East: Formosa Assesses Its Future, August 27, 1952, #2P Formosa 1952, RG 59, CA Records, box 23, NA; Memorandum, McConaughy to Allison on Developments related to Chinese Affairs During the Period of Your Absence from the Department, November 21, 1952, 300 General 1952, RG 59, CA Records, box 32, NA. 그밖에 『聯合報』, 1952년 10월

이 공공연하게 무장 침략을 발동할 경우, 국민정부를 포함한 '모든' 반공 성향의 중국인을 동원하여 '동남아, 한반도, 혹은 중국 본토'에서 군사행동을 취하는 것이 "유리하고 또한 가능한 일"이라고 생각했다.[15]

워싱턴은 국부군을 이용하여 한반도에서 유엔군의 부담을 줄이자는 유혹을 줄곧 거절해 왔으나, 1952년 봄이 되어서는 오히려 가능한 모든 수단을 동원하여 중공이 정전협의를 받아들이도록 압박하려 하였다. 이러한 맥락에서 의회와 민중은 말할 것도 없고, 일부 정책결정자들은 국부군을 현재 가장 잘 이용할 수 있는 예비부대라고 인식하였다. 타이완 군사현황에 관련된 최신 보고서는 군사원조계획에 따라 무기장비를 획득하면 이들 부대는 몇 개월 내에 상당한 전투력을 보유할 수 있다고 예측하였다. 이러한 잠재력과 동남아시아의 상황이 더해져 워싱턴은 결국 타이완 바깥에서 국부군을 활용할 계획을 마련하기 시작하였다. 이는 1년 5개월 전 통과된 NSC 48/5 문서에서 구상한 적이 있으나 실행되지 못하였다. 계획 수립을 준비하기 위해 워싱턴은 태평양 지역 사령부에 만일 한반도와 동남아, 그리고 중국 본토에서 3~10개 사단을 운영할 경우 미국이 제공해야 하는 원조의 최저한도를 평가하라고 요구하였다.[16]

....

31일 제1면 관련보도 참조

15 NSC 124/2 United States Objectives and Courses of Action with Respect to Southeast Asia, June 25, 1952, *FRUS 1952-1954*, 14(1):125~134.

16 한국전쟁에 국부군 활용을 기술한 본서 각 장 내용 참조. JSPC는 지시에 따라 1952년 3월 4일 타이완 이외 지역에서 국부군을 활용하는 계획을 준비하였다. 이때는 NSC 48/5가 통과된 지 이미 10여 개월이 지난 시점이었다. Memorandum, G-3 to CS/USA, October 17, 1952, 091 Formosa 1952(Sect.1), RG 319, TS G-3 Records, box 10, NA를 보라. 국무부 일부 관원들은 정전에 합의하지 못하면 한국에서의 충돌은 더욱 격화될 수 있으므로 국부군을 한반도 전투에 투입하여 중공을 더욱 압박하고 또한, 국부군이 전투훈련의 기회를 가질 수 있게 해야 한다고 생각했다. Memorandum, Jenkins to Martin on Lifting the Ban on Chinese Nationalist Military Operations, October 23, 1952, 793.5/10-2352, RG

구상했어도 실제로 집행할 때는 더욱 신중하게 된다. 합동참모본부의 예측에 따르면, 국민정부의 2개 사단을 한반도에 투입하려면 적어도 3개월의 준비기간이 필요했다. 따라서 합동참모본부는 8월 초 우선 워싱턴과 타이베이 양측의 비준과 동맹국의 동의를 얻은 후 준비작업을 시작하라고 요구하였다. 우선 준비를 요청한 것이고 국부군을 한국에 실제로 배치하는 것이 아님에도 이 제안은 강한 반대를 불러왔다. 국무부와 백악관은 한반도에서 국부군을 사용할 경우의 정치적 폐해가 군사적 효율성보다는 더 크다고 생각했다. 그들은 기본적으로 이러한 방법이 정전의 기회를 날려버릴 수 있고, 동맹국과 남한은 분명히 반대할 것이며, 장제스는 그 기회를 이용하여 중공과 전면전을 일으키려 할 것이라고 우려하였다.

미국은 당시 동맹국의 협조를 얻어 중공에 대한 무역과 해상수송을 엄격하게 제한하고 있었기 때문에 동맹국의 반대를 더욱 우려하였다. 육군참모장 콜린스(Joseph Lawton Collins) 장군은 한국군 2개 사단을 별도로 무장시키는 것이 비용도 절감하고 전투력도 더 높을 것이라는 또 다른 반대이유를 제시하였다. 비록 합동참모본부와 CIA가 이유를 설명했음에도, 정책기획 사무국의 볼렌은 군부가 국부군 2개 사단을 한국에 파병하려는 이유가 군사적으로 이익이라는 것인지 심리적으로 이익이라는 것인지 명

59, NA; Memorandum to Ogburn on Summary of Problems relating to China Policy to the New Administration, November 20, 1952, Memorandum Circulating within CA, RG 59, CA Records, box 19, NA를 보라. 그 밖에, Memorandum Frank Merrill to Director of CIA on Interview with Chiang Kai-shek, April 11, 1952794a.5/4-1152, RG 59, NA; Letter, Chase to Olmsted, June 21, 1952 091.3 Formosa, RG 330, ISA/OMA, box 56, NA; Draft Message, the JCS to CINCPAC, May 2, 1952, CCS 381 FE(11-28-50)S.15, RG 218, NA; DA 90388, CSUSA to CHMAAG, Formosa, March 18, 1952, CCS 452 China (4-3-45)S.7 Pt.13, RG 218, NA를 보라. 또한 Schnabel and Watson, *History of JCS,* 3(2):857~863 참조.

확하게 설명하지 못하고 있다고 생각했다.[17]

8월 19일 국방부의 무장부대정책위원회(Armed Forces Policy Council) 는 가까운 장래에 한반도에서 국부군을 활용하는 것은 적절하지 않다고 재차 결정하였다. 합동참모본부도 지시에 따라 타이완의 2개 무장사단을 훈련하여 해외에서 활용할 수 있는 가능성과 필요, 그리고 다른 군사원조 계획에 미칠 영향을 다시 연구하였다. 그리고 워싱턴 내부에서 국부군의 해외활용에 합의를 보지 못할 경우 타이완에 대한 군사원조를 감소시켜야 할지에 대해서도 연구하였다.[18]

합동참모본부의 연구는 3개월 만에 완성되었다. 이 기간에 중공은 미

---

17 Memorandum, M. S. Carter to Secretary of Defense on Supply Priority for Formosa, July 17, 1952; Memorandum, the JCS to the Secretary of Defense on Employment of Chinese Nationalist Forces in Korea, August 5, 1952; Memorandum for the Record by Frank Nash, August 14, 1952; Memorandum, CS/USA to the Secretary of Defense on Comparative Cost of Preparing, Deploying and Maintaining in Korea Two NGRC Divisions and Two Newly Activated ROKA Division, August 25, 1952(이상은 092 Korea, CD 1952, box 318, RG 330, NA에 수록); Memorandum on a State-Defense Meeting, August 19, 1952, FRUS 1952-1954, 14(1):88~94; Memorandum to the President, September 24, 1952, FRUS 1952-1954, 15(1):532~538.

18 타이완에 대한 군사원조의 목표는 타이완 방위에 있었지만, 국방부는 당시 새로운 방안을 한 가지 제시하면서 국부군을 단지 방어에만 활용한다면 자원을 낭비하는 셈이고, 또한 이들 부대를 적극적으로 활용할 수 없다면, 그들보다는 남한의 몇 개 사단에 무기장비를 더 제공하는 것이 낫다고 생각했다. Memorandum of a State-Defense Meeting, August 19, 1952, FRUS 1952-1954, 14(1):88~94; Memorandum, G. V. Underwood, Jr. to Secretary of Defense, on the AFPC Meeting and the draft memorandum to the JCS, August 23, 1952, 092 Formosa, RG 330, CD 1952, box 318, NA; Memorandum to Ogburn on summary of Problem Relating to the China Policy to Confront the New Administration, Memorandum Circulating within CA, RG 59, CA Records, box 19, NA; Letter, Chase to Olmsted, December 24, 1952, 0913 Formosa, RG 330, ISA/OMA, box56, NA.

국의 평화적인 제안을 거절하여 정전회담은 중지되었으며 전쟁 상황은 다시 격화되었다. 국부군을 활용하자는 주장은 여전히 강렬하였으나 반대의 목소리는 이보다 더 컸다. 참모수장들은 동남아로 파견하든지 한반도로 파견하든지 간에 국부군은 모두 유엔군의 일부분일 뿐임에도 국무부가 이러한 가능성을 받아들이지 않을 것이라고 판단하였다. 다른 한편, 장제스는 미국이 타이완의 방공 능력을 강화하겠다고 약속하지 않으면 타이완 밖으로의 국부군 파병을 주저하게 될 것이라고 말했고, 이렇게 되자 국무부의 반대가 더욱 그럴 듯하게 되었다. 트루먼 정부의 임기는 결국이 상황에서 종료되었고 진일보한 행동의 선택은 신임 대통령에게 넘겨졌다.19

III. 중립화 취소에 대한 검토

타이완 섬 밖에서 국부군을 활용하는 문제는 중국 본토에 대한 국민정부의 군사행동 제한을 철회하는 것이다. 워싱턴은 제한을 취소하기만 하면 국부군이 즉시 바다를 건너 반격할 것이라고 판단하면서 중공군의 한국전쟁 개입 이후 내내 타이완 해협의 중립화 해제 가능성을 지속적으로

---

19 Memorandum, the JCS to the Secretary of Defense, November 21, 1952, 092 Korea, RG 330, CD 1952, boc 317, NA. 트루먼과 국무부의 다른 사람들은 국부군의 활용을 반대하였다. Memorandum to the President by Lay, September 24, 1952, *FRUS 1952-1954*, 15(1):532~538; Memorandum, Allison to J. F. Dulles, December 24, 1952, *Ibid. 1952-1954*, 14(1):118~120을 보라. 장제스의 파병에 대한 망설임은 Tel.436 from Taipei, October 27, 1952, *Ibid. 1952-1954*, 14(1):113; Tel. Hsu-tan, Koo to Chiang, November 13, 1952, folder L.8.1, Koo Papers, box 167, BL; Tel.596 from Taipei, December 7, 1952, 320 U. S. Formosa Policy 1950-1952, RG 84, Post Files(1), box 1, NA를 보라.

평가해 왔다. 전쟁을 중국으로까지 확대하는 것은 워싱턴 정책결정자들이 가장 금기시하는 것이었다. 따라서 워싱턴은 '방장출롱'이나 장제스의 부대가 본토로 진격하여 한반도에서 중공이 행사하고 있는 군사력을 분산시키자는 강한 유혹을 계속 거절하였다. 그러나 이 책략을 심사숙고하는 과정은 여전히 타이완 해협에서 '중립'을 엄수해야 하는 제7함대의 원래 계획을 약화시킬 수밖에 없었다. 따라서 아이젠하워는 함대가 "타이완이 본토 공격의 기지가 되지 못하게 하는" 임무를 해제하기로 하였다. 이는 전임 정부의 정책을 갑자기 뒤바꾼 것은 아니었다.[20]

사실 1951년 말 이전에 워싱턴은 제7함대 임무의 임시적 성격을 이미 수정하였으나, 아직 공개적으로 밝히지 않았을 뿐이었다.[21] 국무부는 타이완과 장제스 정부에 대한 장기적인 약속을 거절하면서도 1951년 중엽에는 미국의 안전 이익에 필요하면 제7함대의 임무를 지속할 수 있다는데 동의하였다. 일찍이 트루먼 대통령이 '한국에서의 그 일'이 끝나기만 하면 제7함대는 타이완 해협에서 철수할 것이라고 발표했다. 따라서 국무부

....

20 아이젠하워는 1953년 2월 2일 처음 의회에서 연설할 때, 이 결정을 선포하였고, 같은 날 태평양 총사령부에도 명령을 하달하였다. Eztra of Message From the President to the Congress, February 2, 1953, *FRUS 1952-1954*, 14(1):140; JCS 930324 to CINCPAC, February 2, 1953, Formosa Book, RG 59, FE Records, box 2 of 8, NA를 보라. 이 정책의 함의와 정책결정 과정에 관해서는 본서 제9장 제1절 참조.

21 국민정부는 미국이 자국의 안보 이익에 필요하다면 한국전쟁이 종결되어도 타이완 해협에서 철수하지 않고 계속 주둔할 것이라는 오래 전의 결정을 통보받지 못했다. 란킨은 미국이 가능하면 공개적으로 국민정부에 대한 지지를 보장하여 타이완에 대한 불량한 시도들을 억제해야 한다고 주장했다. 그러나 워싱턴은 이 결정의 공개를 피하여 국민정부에 약속을 하거나 동맹국의 심기를 건드리지 않으려고 하였다. Memorandum, Rankin to Perkins to Rusk on Formosa, June 23, 1952, #2P TS Formosa 1952, RG 59, CA Records, box 23, NA를 보라.

는 한국전쟁이 종식되는 즉시 미국에 약속 이행을 요구하는 동맹국과 중공의 압박이 더욱 거세질 것으로 예측했다. 이러한 상황에서 머천트는 한반도의 전쟁 종식이 태평양 지역의 평화를 보장할 수 없으므로 미국은 트루먼의 성명을 다시 정리하여 제7함대가 계속해서 타이완 해협에 주둔한다고 선포해야 한다고 주장했다.[22]

1951년 말, 정전회담이 교착상태에 빠짐으로 인해 의기소침해 있던 정책기획자들은 중립화 해제라는 의제에 주목하기 시작하였다. 합동참모본부는 중립 정책이 사실상 이미 중립적이지 않은데도 유엔 결의안을 통해 타이완 해협의 중립화를 채택하는 것은 미국이 상황에 따라 유연하게 대응하는 것을 제한할 수 있으므로 적절하지 않다고 주장하였다. 그들은 1951년 10월에 NSC 48/5에서 대 타이완 정책의 내용은 타이완 중립만을 포함하지 않으며, '타이완 해협 중립'이라는 용어와 개념도 당시 타이완에 대한 입장을 정리한 문서에 포함해서는 안 된다고 지적했다. 참모수장들은 한발 더 나아가, 타이완에 대한 미국의 행동지도원칙은 "중공군의 한국전쟁 개입 이전에 공개적으로 발표했던 담화와 선언으로 규정한 틀"이

....

22 제7함대 임무의 임시적인 성격과 NSC 48/5가 미국의 안전 이익에 따라 제7함대는 임무를 지속해야 한다는 결정에 관해서는, 본서 제3장과 제5장 참조. 정전 후 제7함대의 거취 문제에 관해서는 Memorandum, B. Conners to Merchant, July 2, 1951, #2P Formosa 1951, RG 59, CA Records, box 22, NA; Memorandum, Perkins to Rusk, July 9, 1951, 793.00/7-551, the U. N. 1951, Ibid., box28; Memorandum, Merchant to Rusk, July 5, 1951, 793.00/7-551, RG 59, NA를 보라. 머천트의 비망록에는 타이완에 관련하여 서로 충돌되는 성명들이 모두 열거되어 있다. 국무부는 정전 후도 제7함대가 타이완 해협에 머무를 필요가 있을 수 있다는데 동의하였다. 그러나 제7함대의 즉각 철수나 이후 철수 시간을 약속해야 하는 상황을 피하기 위해 미국은 유엔 제6차 총회에서 타이완 문제가 논의되는 것을 바라지 않았다. 즉각적인 철수도 철수 예정시간을 약속하는 것도 미국이 바라는 바가 아니었다. State Position Paper on Formosa, November 21, 1951, *FRUS 1951*, 7(2):1859~1864.

아닌 냉전 현실과 동아시아의 충격적인 정세가 되어야 한다고 주장했다.[23]

합동참모본부의 요구는 분명히 중립화 정책을 변화시켰으나, 진정한 목표는 본토로 진격하려는 국민정부의 행동에 대한 속박을 제거하는 것이 아닌 타이완 보위를 '더 확고하게' 약속하는 것이었다. 그들은 3월 초 다시 입장을 밝히면서 타이완은 "동아시아에서 미국의 장기적인 지위에 중요하다"고 강조하였다. 그리고 미국은 타이완이 중공의 수중에 떨어지게 두어서는 안 되며, 타이완의 군사력이 발전하고 유지될 수 있도록 타이완의 정부를 지지해야 한다고 건의하였다. 그들은 또한 "현재 제7함대가 타이완을 보위하는 임무를 타이완에 있는 국민정부가 그 섬의 방위 책임을 담당할 수 있을 때까지 지속"하기 바랬다.[24]

참모수장들의 논지와 제의는 NSC 128문서에 수록되었고, 각 부처에 의견 제공을 요청하였다. 국무부는 합동참모본부에 즉시 다음과 같이 질의하였다: *국민정부의 공격 금지를 해제하고 장제스가 본토에서 정권을 회복하는데 미군이 협조하자고 제안하는 것인가? 만일 그렇다면 미국은 국민정부의 능력, 중공과 적대관계가 되어 세계대전에까지도 치를 준비, 그리고 이러한 적대행위가 가져올 다른 동맹국에 대한 미국의 영향과 미*

---

23 Letter, Lovett to Acheson, November 1, 1951, enclosed a Memorandum, the JCS to Lovett on U. S. Position with Respect to Formosa, October 24, 1951, *FRUS 1951,* 7(2):1841~1845.

24 합동참모본부의 입장은 이후 채택되어 NSC 128로 작성되었고, 워싱턴 내부에서 일련의 정책으로 검토되었다. 본서 제7장 참조. 그밖에 Memorandum, the JCS to the Secretary of Defense, March 4, 1952; NSC 128, March 22, 1952; 이상의 두 편 자료는 *FRUS 1952-1954,* 14(1):15, 20에 수록. 육군의 3개 작전 부서는 NSC 48/5의 내용이 티토이즘을 지지하면서 다른 한편으로는 국민정부를 지지하는 자가당착을 보이고 있다고 생각하였다. NSC 128은 문장을 수정하여 중국의 티도이즘이 아닌 국민정부를 지지하였다. Memorandum, Major General R. E. Jenkins(Assistant Chief of Staff, G-3) to CS/USA, April 9, 1952, 091 Formosa 1952(Sect.I, Case I-), RG 330, TS Records, box 10을 보라.

국의 안전에 대한 충격까지도 고려해야 한다. 요컨대, 제7함대의 임무와 타이완 해협의 중립화를 연결시킨 국무부 관원은 이것이 중공에 전면전을 선포하는 것이나 마찬가지라고 직감하였다.[25]

4월 9일 국무부와 참모수장들은 회의를 개최하여 NSC 128을 검토하였다. 극동담당 차관보 앨리슨과 정책기획 사무국의 볼렌은 공격 금지를 철회하고 장제스가 본토로 돌아가게 하는 것이 현명한 일인지 강하게 의문을 제기하였다. 그들은 국무부는 이 제안을 지지할 준비가 되어 있지 않다고 명확하게 밝혔다. 합동참모본부 의장 브래들리 장군은 NSC 128문서의 초안을 작성할 때 자신은 출석하지 않았고, 국민정부가 중국 본토에서 자유롭게 행동하게 놔두자는 의견에 대해 국무부와 마찬가지로 자신도 여전히 우려하고 있으며, 국부군은 본토에서 군사적인 승리를 거둘만한 능력이 없다고 본다고 주장했다. 브래들리는 "장제스가 행동을 취하면, 반드시 힘써 그를 지지해야 하므로, 우리는 현실을 직시하는 것이 좋다"고 말했다. 바꾸어 말하면, 중공과 완전히 적이 되는 것을 피할 수 없다는 의미이다. 따라서 회의는 잠시 공격 금지를 철회하지 않기로 하면서 미국의 이익에 부합하는 상황에서 국부군의 활용을 탄력적으로 유지하기로 하였다.

....

25 국무부의 NSC 128에 대한 고려와 1952년 4월 2일 국가안전보장회의의 논의에 관해서는 Briefing Paper on U. S. Policy with Respect to China, March 28, 1952; 306.11 TS U. S. Policy toward Nationalist China 1952, RG 59, CA Records, box 33, NA; Memorandum, Nitze to Acheson on NSC 128-Formosa, Item #2 on NSC Agenda, April 1, 306.13 TS NSC Reports and Corespondence 1952, Ibid.,; Memorandum, Allison to Acheson on NSC 128-Formosa for the Discussion in NSC Meeting of April 2, 1952, April 2, 1952, Ibid.; Memorandum by W. J. McWiliiam, on the Account og the NSC Meeting on the JCS Formosa paper as given orally by Acheson, April 3, 1952, Ibid.; Memorandum for the President on the Discussion at the 114th NSC Meeting on April 2, 1952, *FRUS 1952-1954,* 14(1):25~28을 보라.

회의 참석자들은 모두 합동참모본부의 기타 제안은 NSC 48/5가 규정한 미국의 정책에는 위배되지 않으며, 제7함대에 관한 제안에 대해서도 미국이 함대의 현재 임무를 계속 지지해야 한다고 보았다. 다만 국민정부의 행동규제 철폐에 대해서는 끊임없이 평가해야 한다고 생각했다. 참석자들도 NSC 48/5은 단기적인 정책일 뿐이므로, 비교적 장기적인 정책을 계획하여 타이완을 미국의 정책 자산으로 지켜내야 한다는 데 동의하였다.[26]

규제 철폐와 충돌 확대를 공식화하는 것은 트루먼 정부의 정책결정자들이 뛰어넘기 어려운 사고 논리였다. 따라서 이를 끊임없이 재평가하면서 타이완 해협 중립을 해제하자는 유사한 반대를 만들어 낼 수밖에 없었다. 정책기획자들은 국부군의 무장과 훈련은 본토 반격과 같은 대규모 군사행동을 수행하기에는 부족하고, 그렇다고 해서 미국이 필요한 해·공군과 후방지원을 제공할 수는 없다고 강조하였다. 그들도 장제스가 그의 야심을 실현하기 위해 일부러 도발함으로써 미국이 중공과의 전쟁에 말려들게 하고 자신들이 필요로 하는 군사지원과 비행기를 포함한 물품지원 확대를 우선 요구하여 이미 긴박한 미국의 공급 문제를 더욱 심화시키며, 더 나아가 북대서양조약기구의 역량을 약화시킬 것을 우려하였다.

그밖에 아시아 중립국가와 영국과 프랑스의 부정적 반응은 미국이 유엔에서 취하고자 하는 중공에 대한 엄격한 경제제재에 불리한 영향을 초래할 수 있었다. 그럼에도 국무부 일부 관원은 국민정부의 행동제한을 취소할 경우 발생할 수 있는 장점을 확실히 인지하였다. 애치슨도 장래에 이를 시행할 가능성이 있음을 배제하지 않았으나, 트루먼의 임기만료가 도래한 시점에서 적어도 타이완 밖에서 국부군을 활용하는 것이 미국 이

....

26 Memorandum on a State-JCS Meeting, Aprol 9, 1952, *FRUS 1952-1954*, 14(1):31~42; Memorandum, Senior NSC Staff to NSC Executive Secretary, April 23, 1952, *Ibid.*, 14(1):45~46.

익에 부합한다고 확신하기 전까지는 제7함대의 중립화 훈령을 유지해야 한다고 건의하였다.[27]

IV. 연해지역에 대한 교란

국무부는 한반도나 중국 본토에서 국부군의 활용을 반대하기는 했으나, 동남아에서의 사용에는 확실히 비교적 유연한 태도를 보였다. 중공과 직접 전투하지 않는 한 미국을 대규모 전쟁에 휘말리지 않게 할 것이고 또한, 영국과 프랑스 양국은 동남아에서의 이익을 염두에 두어 그다지 반대하지 않을 것이다. 그러나 국민정부는 동남아에서는 동맹국의 용병이 될 수 있다고 하면서 본토 반격의 목표에는 접근할 수 없다는 미국의 주장이 어떤 의미인지 분간할 수 없었다. 미군은 국부군이 활동할 수 있는 지역은 한반도와 동남아라고 주장했다. 국무부는 동남아에서만 가능하다고 주장하였다. 그러나 국민정부는 줄곧 본토 반격을 염원하고 있었다. 이들 삼자가 서로 공감할 수 있는 유일한 방안은 중국의 동남연해 지역이나 도서에 대한 습격과 교란 행동뿐이었다.[28]

....

27 Memorandum. Holland to Martin on Lifting the Ban on Chinese Nationalist Military Operations against the mainland, October 8, 1952, 793.00/10-852, RG 59, NA; Memorandum, Jenkins to Martin on Lifting the Ban on Chinese Nationalist Military Operations, October 23, 1952, 793.5/10-2352, RG 59, NA; Memorandum to Ogburn on Summary of Problems Relating to China Policy to Confront the New Administration, November 20, 1952, Memorandum Circulating within CA, RG 59, CA Records, box 19, NA; Memorandum by W. O. Anderson on Some Thoughts on a Revocation on the 7th Fleet Neutralization Directive, undated, 306.11 U. S. Policy toward Nationalist China, Ibid., box33; Memorandum of Conversation by McConaughy with Allison, October 20, 1952, 793.00/10-2052, RG 59, NA.

트루먼 정부 말기 미국은 이미 국민정부가 타이완으로 패퇴한 초기부터 묵인해 왔던 소규모 기습 행동을 적극 지지하기 시작하였다. 1951년 봄부터, CIA는 군사원조계획의 예산을 사용하여 동남아 연해의 유격대를 비밀리에 훈련하기 시작하였고, 그해 말에는 미군 태평양 총사령부가 이에 대해 필요한 지원을 제공하였다. 이듬해 봄, 타이완을 시찰한 특사 머릴(Frank Merrill) 장군은 CIA 부국장 덜레스(Allen Dulles)에게 이들 유격대는 대대급 기습 임무를 수행할 능력이 있다고 말하면서 군부가 이들의 군사행동을 지휘, 배치하고, 기습 규모도 사단급으로 올려야 한다고 제안하였다. 1953년 초, 미군 고문단장 체이스 장군은 국부군 유격대는 이미 연대급과 사단급의 기습 행동, 그리고 일부 타이완 해협봉쇄의 임무를 수행하고 있다고 말하였다. 따라서 그는 이들 기습 행동의 규모와 빈도를 높이고 그들의 활동을 자신이 통솔할 수 있게 이관하여 협조와 행동의 효율을 증진하자고 건의하였다.[29]

....

28 국무부는 1951년 6월 이러한 기습의 장점에 주의하여 이러한 행동을 묵인해야 한다고 건의하였다. Memorandum, R. E. Johnson to Clubb on Nationalist Raids Against the Mainland, June 4, 1951, *FRUS 1951,* 7(2):1698~1701; Memorandum, Anderson to Perkins on Chinese Nationalist Attack on Offshore Islands, June 15, 1951, 410 Nationalist Military Forces 1951, RG 59, CA Records, box 29, NA; Memorandum on a State-Defense Meeting, August 19, 1952, *FRUS 1952-1954,* 14(1):88~94; Memorandum to the President by Lay, September 24, 1952, *Ibid.,* 15(1):531~538을 보라.

29 중공이 한국전쟁에 참전하기 전에 있었던 기습 행동은 중립화 명령으로 중지되었다. 국민정부는 1950년 11월 기습 활동 회복을 요구하였다. 란킨도 이에 동의하여 한국과 동남아에서의 부담을 줄이자고 미국 정부에 건의하였다. Rankin, *China Assignment,* p.69를 보라. CIA의 비밀공작에 관해서는 본서 제8장 참조 한국전쟁 기간의 기습 행동은 Frank Holober, *Raiders of the China Coast*를 참조 그 밖에 Message, CINCPAC to CNO on Military Support to Anti-Communist Groups in China, December 28, 1951, enclosure to JCS 2118/31, Memorandum, CNO to the JCS, February 5, 1952, *JCS Records,* China(II): 1081; Memorandum,

트루먼은 이러한 기습 행동이 진정한 국부군의 가치로서, 약 20만의 중공군을 견제할 수 있으며, 미국은 표면상 그들과 관련성을 부인할 수 있다고 생각하였다. 영국은 이러한 행동이 미칠 결과에 대해 매우 우려하였다. 그들은 중립화 정책이 약화되어서는 안 되며 자신들은 끝도 없고 결과도 없을 중국과의 충돌에 말려들 수 있다고 항의하였다. 워싱턴은 중국 본토 인근의 작은 도서를 기습하는 것은 중립화 정책에 저촉되는 것이라고 볼 수 없다고 답하였다.[30] 그러나 2개월이 못 되어서 이 중립적이지 않은 중립 정책은 새로운 정부에 의해 정식으로 폐기되었다.

V. 정치적 자산으로의 탈바꿈

군사적인 자산으로써 국민정부의 가치는 제한적인 것 같았지만, 1952년 봄 이후, 워싱턴의 정책결정자들의 눈에 정치적인 자산으로서 국민정부의 가치는 대폭 상승하였다. 타이완의 경제와 군사 잠재력에 대한 낙관

....

Frank Merrill to Allen Dulles, April 11, 1952, 794a.5/4-1152, RG 59, NA; Tel. CF329 from Taipei, USARMA to CSUSA, December 13, 1952, Formosa 1952, RG 319, TS G-2 Message, WNRG; MAAG Report on Brief Estimate of the Chinese Nationalist Armed Forces by Chase, February 7, 1953, CCS 381 Formosa(11-8-48) S.10, RG 218, NA를 보라.

30 『뉴욕타임즈』는 국민정부가 그해 6월 1일부터 10월 14일 사이에 모두 53차례의 기습 공격을 했다고 보도하였다. Foot, *Wrong War*, p.263n25; Memorandum to the President by Lay, September 24, 1952, *FRUS 1952-1954*, 15(1):537; Memorandum, Allison to Dulles. December 24, *FRUS 1952-1954*, 14(1):118~120; Memorandum, Allison to Dulles on U. K. Views on Possible Abandonment of Formosa Neutralization Policy, January 28, 1953, *FRUS 1952-1954*, 14(1): 128~130; Neutralization of Formosa, an undated policy paper attached to Letter, A. R. Ringwalt to Allison from London, Formosa Book, RG 59, FE Records, box 2 of 8, NA를 보라.

적인 보고, 그리고 타이완 정치상황의 개선은 국민정부의 이미지를 바꾸어 놓았다. '제3세력'은 이미 이용할 수 있는 역량으로 발전시킬 수 없었고, 장제스는 점차 본토 반공운동에서 상징적인 인물이 되어 해외 반공화교들의 지지를 도출해 낼 수 있게 되었다. 미국 정책기획자들의 관점에서 이러한 변화는 국민정부를 중공제어에 사용할 수 있는 정치역량으로 발전시키는 것을 의미하며, 베이징과 모스크바 사이의 분열을 가속시킬 가능성이기도 하였다. 그들은 점차 외국의 간섭이 중국 내부의 불만을 증폭시키기 어려울 경우, 중국인이 이끄는 반체제 세력만이 봉기를 폭발시키는 데 필요한 불씨를 제공하여 베이징 정부의 통치력을 무너뜨리거나 약화시킬 수 있다고 판단하였다.[31]

정전회담의 교착상태도 워싱턴의 태도를 점차 바꾸어 놓았다. 이 시기에 군사력을 이용하여 난국을 타개하기 바란 사람은 극소수였다. 따라서 극동 사무국 기획고문 애머슨은 한국과 타이완이 '현 상황'을 유지할 가능성이 있으며, 한국에 지속적인 무장 정전이 출현할 가능성과 '두 개의 중국을 통일할 수 있는' 새로운 정부가 출현할 수 있는 가능성은 이미 비현실적인 기대감이라는 것을 정책결정자들은 직시해야 한다고 건의했다.

그는 "중화민국정부는 **타이완에** 존재하고, 또한 **타이완에서** 이미 상당

---

31 장제스에 대한 찬양과 그가 타이완에서 이룬 성과에 대한 보고에 대해서는 Letter, Howard Jones to Allison on First Impression on Taiwan, April 3, 1952, transmitted to Matthews, Nitze, Bohlen, Perkins and Allen Dulles by Allison on April 11, 1952; Memorandum, Rankin to Perkins on Formosa, June 23, 1952, #2P TS Formosa 1952, RG 59, CA Records, box 23, NA; Political Developments Affecting Government of China on Formosa During Year Ending June 30, 1952, July 31, 1952, Ibid.; Memorandum of Conversation, Secretary of Defense Lovett with Ambassador Koo and Foreign Monister Yeh, November 14, 1952, 312 U. N.-General Assembly 1952, Ibid., box 33; Report on the Far Eastern Trip by Olmsted, February 19, 1953, 334 Far East, RG 330, CD 1953, box 24, Na 참조.

히 좋고 유력한 정부로 발전하고 있다"(원문에서 강조), "따라서 만약 소문처럼 타이완 섬에서 일부 중국인들이 타이완의 입장에서 문제를 고려한다면 우리는 그들의 입장을 지지해야 한다." 요컨대, 타이완의 지도자는 타이완 건설을 본토 반격보다 우선시 하는 견해를 받아들여야 한다고 강조하였다. 비록 이러한 견해는 NSC 48/5의 정책에서 약간 벗어나는 것이지만, 애머슨은 자신이 새로운 정책을 요구하는 것이 아니라, 상사와 동료들에게 타이완 문제를 생각하는 시각을 바꾸라고 제안하는 것일 뿐이라고 말했다.[32]

미국의 '격려'에서 비롯된 것인지, 아니면 자연적으로 발전한 것인지 알 수는 없으나, '중국 본토 광복'에 대해 국민정부도 새로운 태도를 보이기 시작하였다. 미국 대사관의 보고에 따르면, 장제스의 동의 아래 국민정부 고위층 관원들은 더는 제3차 세계대전이 본토 반격을 위한 최선의, 혹은 유일한 기회라고 공공연히 주장하지 않았다. 그러나 중국 본토 인민과 해외 화교의 지지를 호소하기 위해 타이완 인민의 마음을 얻으려고 더욱 신경을 썼다. 따라서 워싱턴도 장제스에 대한 이미지를 바꾸라는 란킨 공사의 건의를 받아들일 수 있게 되었고 더는 장제스를 부패한 정객과 무능한 장교들에 둘러싸여 있는 전제 폭군이라고 묘사하지 않았다. 그 전에 미국은 중공 정권을 제어하려고 노력했으나, 이제는 "타이완의 국민정부에 협조하는 쪽으로 점차 방향을 바꾸어……그 효과와 흡인력을 발전시키자"고 하였다.[33]

....

32 Memorandum, Emmerson to Allison, May 13, 1952, 306.1 U. S. Policy toward Far East, RG 59, Ca Records, box 33, NA. 군부 측 일부 인사는 타이완을 포함한 동아시아에 반공 동맹을 수립하여 한국의 교착국면을 해결하는데 도움이 될 수 있기 바랐다. Memorandum by Olmsted on Draft paper on Formosa, October 17, 1952, 091.3 Formosa, RG 330, ISA/OMA, box 56, NA참조.
33 D-567 from Taipei, June 4, 1952, 794a.00/6-452, RG 59, NA; Far East:

1952년 봄부터, 미국은 국민정부가 이룬 각 항목의 개혁성과를 강조하기 시작하였고, "그 효과와 흡인력을 증진시키기 위해" 국제적인 명망도 적극 향상시켰다. 이전에 미국의 정책기획자들은 원래 타이완의 전략적인 가치와 군사적인 잠재력만을 중시하여 국민정부는 치국(治國)을 할 수 있는 능력이 없고, 그 평판도 이미 돌이킬 수 없는 지경에 이르렀다고 확신했었다. 그러나 국민정부에 대한 태도가 변화하고 경제·군사원조 규모도 점차 확립되면서 국민정부의 개혁과 이미지 향상을 위한 조치도 갈수록 중시되었다.

1952년 4월, 국무부는 타이완에 대사관을 개설하여 중화민국 정부의 명망 제고를 고려하기 시작하였다. 이는 이전에 그들이 극도로 배제하였던 안건이다. 명목상으로는 주중대사 스튜어트가 여전히 건강이 좋지 않다는 이유와 그 해에 대선이 있다는 정치적인 고려로 인해 이러한 방안이 실행되지는 못하고 있었다. 그러나 미국은 오히려 호주 정부에 외교대표를 타이베이에 상주시키라고 부추기고 있었다.[34] 그리고 국방부 차관 포

....

Formosa Assesses Its Future, August 27, 1952, #2P Formosa 1952, RG 59, CA Records, 23, NA; Memorandum, Rankin to Perkins on Formosa, June 23, 1952, #2P TS Formosa 1952, Ibid.; U. S. Policy with Rankin to China, November 12, 1952, 306.11 TS U. S. Policy toward Nationalist China 1952, Ibid., box 33.

34 란킨 공사는 자신을 전권대사로 승진시켜 달라고 이미 여러 차례 요구하였으나, 국무부는 모두 부결하였다. 국민정부 외교부장 예궁차오는 그 전 해 11월 전임 국무장관에게 "미국은 여기에 대사도 파견하지 않는다!"고 원망을 표출한 적이 있다. Letter, Rankin to Howard Jones, April 16, 1952, Republic 1952, Rankin Papers, box 18, ML; Memorandum of Conversation by C. A. Buss, November 27, 1951, Enclosure to Letter, Rankin to Perkins, December 6, 1951, 793.00/12-651, RG 59, NA; Memorandum of Conversation, Acheson with Stuart, July 24, 1952, FRUS 1952-1954, 14(1):81~82, 82n. 앨리슨은 구웨이쥔 대사에게 대사 파견을 중지한 것은 워싱턴이 대선시기에 불필요한 비평을 불러올 것을 우려하기 때문이라고 말했다. Memorandum for Koo, May 10,

스터(William Foster), 육군 참모장 콜린스, 해군 군령부 부장 펙텔러(William Fechteler), 미군 태평양 총사령관 레드포드, 해군부 부장 킴벨(Dan Kimbell) 등 미국 고위 군사책임자들은 모두 타이완을 방문하여 현지 발전을 칭찬하는 대중 연설을 하였다.[35] 이러한 활동이 국민정부의 명성을 높이는 데 도움이 되었음에는 의심의 여지가 없다.

미국은 또한 국민정부와 평화조약을 체결하라고 일본을 압박하였다. 정책결정자들은 「중일강화조약」이 국민정부의 합법성을 어느 정도 보장할 수 있으며, 적어도 국민정부는 일본이 정식으로 외교관계를 맺으려는 중국 정부로 인정될 수 있다고 보았다.[36] 우방들 중에서 영국은 워싱턴의 주장에 따라 묵묵히 미국의 대 타이완 정책을 지지하였고, 프랑스도 국민정부와 외교관계 수립에 동의하였다.[37] 국무부는 여전히 타이완을 미국의 지역안보체계에 포함시키기 꺼리면서도 타이완이 태평양 지역 국가들과 관계를 개선하는데 협조하라고 제안하였다. 또한, 국무부는 국민정부가 유엔의 의석을 유지하도록 지지함으로써 중공이 국제사회에서 영향력을

1952, folder L.8.1, Koo Papers, box 167; Tel. Shen-chin to Chiang from Koo, September 26, 1952, *Ibid.;* Memorandum, W. P. McConaughy to Allison on Australian Attitude toward Chinese Government on Formosa, July 30, 1952, 794a.00/7-3052, RG 59, NA를 보라.

35 Memorandum of Conversation, Secretary of Defense with George Yeh and Ambassador Koo, November 14, 1952, 312 U. N.-General Assembly 1952, RG 59, Ca Records box 33, NA를 보라.

36 「중일평화조약」은 1952년 4월 28일 체결되었는데, 「샌프란시스코강화조약」 보다 7시간 빨리 효력이 발생하였다. 베이징과 타이베이는 모두 샌프란시스코 다자평화조약 참여를 거부하였고 일본은 어느 한 중국 정부와 쌍방 평화조약을 체결할 수 있는 권한을 부여받았다. 중일평화조약 체결 과정에 대해서는 張淑雅, 「杜勒斯與對日媾和中的臺灣問題, 一九五〇~一九五二」, 『抗戰建國暨臺灣光復: 第三屆中華民國史專題討論論文集』, 臺台: 國史館, 1996, p.1071~1092 참조.

37 Far East: Formosa Assess Its Future, August 27, 1952, #2P Formosa 1952, RG 59, CA Records, box 23, NA.

높이지 못하게 하였다.[38]

국민정부의 정치개혁에 관한 의제는 3월 중에 합동참모본부가 NSC 48/5의 중국 정책을 검토하면서 국무부 정책기획자들의 주목을 받았다. 홀랜드는 심지어 국민정부를 대신하여 정치개혁계획 초안을 작성하고 이를 집행할 위원회를 구성하자고 제안하였다. 그는 다수의 미국인이 이러한 방법을 혐오하고 어쩔 수 없이 이러한 방법을 채택할까봐 우려한다는 것을 알면서도 "우리가 중화민국 내정에 개입하는 것은 우리가 중공을 제어하고 본토에서 그들의 통제를 약화시키는 것으로 해석할 수 있을 뿐만 아니라, 이를 합리화할 수도 있다"고 생각했다.[39]

란킨 공사와 신임 국무부 극동 차관보 앨리슨의 토론, 그리고 란킨의 관련 비망록은 직접 간여하자는 제의를 약간 수정했다. 란킨은 첫 번째로 국민정부에 대한 공개적인 비난은 "그들의 명성을 훼손시킬 뿐이며 그들의 개혁 효율성을 높이는 효과는 얻지 못할 것이므로 중단해야" 하며, 만약 '개혁'이라는 두 글자를 '개선'으로 바꾸기만 하면 이 역시 도움이 될 것이라는 의견을 되풀이 했다. 그는 국민정부의 효율성, 청렴성과 협조적인 태도는 미국의 원조를 받는 국가들 중에 상위권에 속하므로 "이 부분에 대해 더는 압박할 필요가 없으며, 특히 미국의 원조를 가지고 협박하

....

38 Statement of U. S. Objectives and Courses of Action with Respect to the National Government of China on Formosa, second draft, by E. W. Martin, December 11, 1952, 611.94a/9-252, RG 59, NA.

39 Memorandum, Martin to Perkins on Suggestions for Carrying Out Political Reform Formosa, April 17, 1952, transmitting a Memorandum by Holland, 306.13 NSC Reports and Correspondence 1952, RG 59, CA Records box 33; Memorandum, Perkins to Allison on Topics for Discussion with Minister Rankin, June 5, 1952, 120.2 Taipei Administrative 1952, Ibid., box 32; Memorandum, Holland to Perkins on U. S. Intervention on Formosa, June 25, 1952, 300 General 1952, Ibid., box 32.

듯이 개혁을 요구해서는 안된다"고 주장했다. 란킨의 의견에 따라 국민정부는 자신들의 문관제도, 재정절차, 사법과 경찰제도 등에 관한 미국 전문가의 제안을 기꺼이 받아들였고 미국도 국제사회에서 국민정부의 이미지 개선에 협조할 수 있었다.[40]

란킨의 견해는 당시 국무부의 가장 긍정적인 구상보다도 더 앞선 것으로 대부분 워싱턴에서 채택되었다. 미국 관원들은 법치를 실행하되 개인의 자유를 심각하게 구속하지 않고, 출판의 자유를 부여하며, 계엄령 시행의 세부사항을 수정하고, 보다 안정된 경제와 재정 정책을 진지하게 추진하는 등 국민정부가 더 민주적이고 매력적인 정부가 되기 위해 취하는 여러 가지 조치에 대해 칭찬하기 시작하였다.[41] 이후 아이젠하워 정부가 수정한 국가안전보장회의의 정책문서 초고 중에, 중국과 정치사무관원 마틴(Edwin Martin)은 "경솔하고 숨김없이 중국의 내정에 개입하는 것은 장차 (미국이) 바라는 정치개혁을 실행할 기회를 심각하게 감소시킬 것이며, 억지로 집행한다고 해도 정치적인 가치를 떨어뜨릴 수밖에 없을 것"이라

....

40 Memorandum, Rankin to Perkins on Formosa, June 23, 1952, #2P TS Formosa 1952, RG 59, CA Records, box 23, NA. 이에 대한 란킨의 견해에 대해서는 張淑雅, 「藍欽大使與一九五〇年代的美國對台政策」, 『歐美研究』期28:1(1998年 3月), 193~262 참조.

41 예를 들면 고문단은 '고문위원회'를 설립하여 보안사령부와 협력하라고 요구하였는데, 장제스는 "국민정부가 일을 제대로 못한다고 보느냐"며 격노하였다. 사실 미국이 요구한 것은 란킨의 제안처럼, 타이완의 경찰과 사법체제에 영향을 미칠 방법을 강구하는 것이었다. 장제스는 이후 보안사령부 내에 고문위원회가 아닌 미국과 연락할 수 있는 조직 설립에 동의하였고, 란킨도 이러한 시스템이 위원회보다 더 효과가 있다고 생각하였다. D-345 from Taipei on Establishment of an Advisory Committee by MMAG to work with the Peace Preservation Corps, January 7, 1953, 794a.5/1-753, RG 59, NA; Letter, Rankin to Allison, January 22, 1953, 794a.5/1-2253, Ibid.를 보라. 타이완 정치 진보에 대한 칭찬은 Implementation of NSC 48/5: Courses of Action with Respect to Formosa, October 21, 1952, #2P TS Formosa 1952, RG 59, CA Records, box 23, NA.

고 지적했다. 그는 미국 원조라는 정치적인 히든카드의 기능을 간과해서는 안 되지만, 국민정부의 협력을 유도하기 위해 '자신의 이익'을 사용하는 것이 "미국의 말을 듣지 않으면 원조를 줄이겠다"는 식의 위협보다는 더 효과적이라고 생각했다. 그는 미국이 타이베이에 대사를 파견하여 상주시킴으로써 정치개혁(이는 란킨이 건의한 '개선'의 수준이 아니다)을 더욱 촉진시키라고 건의하였고, 또한 몇 가지 가능한 개혁방안을 열거하였다.[42]

국민정부가 미국의 원조를 계속 의존하게 되면 중국 인민의 진심어린 지지를 얻기 어렵게 될 것이므로, 마틴은 국민정부의 명망을 높일 정치방안 뿐만 아니라, 장래 군사경제원조 계획의 설계는 원조를 신속히 끝내는 것을 목표로 해야 한다고 건의하였다. 그는 타이완 이외의 지역에서 국부군을 사용하고 필요시 미군이 타이완의 기지를 사용할 수 있게 국민정부와 협조하고, 상호 지휘협조시스템을 구축하여 중공의 타이완 진공에 대비하는 것은 모두 미국의 이익에 부합한다고 하였다. 그는 또한 타이완

....

42 Statement of U. S. Objectives and Courses of Action with Respect to the National Government of China on Formosa, second draft, December 11, 1952, 611.94a/9-252. 문서의 초고는 9월 초 국무부 내에서 회람되었고, 대부분의 정책기획 담당자들에게 높은 평가를 받았다. 따라서 국무부 차관보 앨리슨은 이를 국가안전보장회의의 정식 문서로 채택할 것을 건의하였다. 두 번째 원고는 1953년 1월 초 타이베이의 대사관으로 보내져서 비공식적인 의견을 수렴하였다. Memorandum, Holland to Martin, September 11, 1952; Memorandum, Martin to McConaughy, September 22, 1952; Memorandum, Allison to McConaughy, same date, 이상은 #2P TS Formosa 1952, RG 59, CA Records, box 23, NA에 수록; D-22 to Taipei, January 6, 1953, 793.00/1-653, RG 59, NA. 이 초고는 이후 NSC 146/2 문서에 포함되었고, 1953년 11월 6일에 통과되어 NSC 48/5가 규정했던 대(對) 타이완 정책을 정식으로 대체하게 되었다. NSC 146/2, November 6, 1953, *FRUS, 1952-1954*, 14(1):307~330을 보라. 과정에 대해서는 본서 제9장 참조.

이외의 지역에서 국부군을 사용해야 하는 상황이면 국부군에게 적용한 공세작전 금지명령을 철회해야 한다고 주장했다. 국무부의 많은 관리들이 이 문서의 관점에 동의했기 때문에, 워싱턴의 정책기획자들은 타이완의 군사와 정치적 가치를 충분히 활용해서 미국의 원조를 대가로 돌려받아야 한다는 데 인식을 같이했다.[43]

정치적으로 뚜렷한 진보를 보였을 뿐만 아니라 국민정부의 경제와 군사실력도 크게 진보하였다. 경제원조품은 더는 이전처럼 불규칙하게 인도되지 않았고, 타이완의 경제도 더욱 안정적으로 성장하였으며 예산제도도 건실하게 운영되었다. 군사원조는 쌍방의 협조에서 여전히 차이를 보였다. 시설 장비의 인도는 여전히 느렸으나, 그해 말이 되어서야 점차 속도가 빨라지고 있었다. 체이스 장군은 "나는 정말 미국 공군에 지쳤다 ……… 나는 그들이 진심으로 물자를 인도하려 하는지 의심스럽다 ………"고 무심결에 말하였다. 그리고 나서 비행기 첫 번째 인도분은 1952년 10월 31일에 타이완에 도착하였다. 같은 기간에 타이완 연락센터가 설립되어 상호

....

43 본장 각주 41을 보라. 국무부는 1952년 여름까지 국부군이 공격을 위한 훈련을 받게 하자는 군부의 주장에 반대하였다. 군부는 미래의 행동 목표가 없으면 훈련은 효과적일 수 없고, 미국 원조를 낭비하는 것이며, 또한 방어물자의 전달은 우선순위가 낮아 군사 지원 물자 전달 속도를 높일 수 없는데, 이는 한국 전쟁 발발 이후 군사 지원에서 심각한 문제가 되고 있다고 생각하였다. Memorandum on a State-JCS Meeting, April 9, 1952; Report Submitted by the Senior Defense Member of the NSC Staff to the Steering Committee on NSC 128, June 13, 1952; 이상의 두 편은 *FRUS, 1952-1954,* 14(1):31, 66에 수록; Memorandum, Emmerson to Allison on NSC Senior Staff Discussion of Formosa, July, 1952, 306.13 TS NSC Reports and Correspondence 1952, RG 59, CA, Records, box 33, NA를 보라. 문서는 란킨이 국부군의 공격 훈련과 군사제한 철폐에 대해 군부와 유사한 견해를 가지고 있었음을 보여준다. Memorandum, Rankin to Perkins, June 23, 1952, #2P TS Formosa 1952m RG 59, CA Records, box 23, NA를 보라.

연락 업무도 개선되었다. 이 센터는 미군 고문단장 체이스가 지휘하여 양국 군부의 타이완 방어관련 계획에 대한 협조 업무를 맡았다.[44]

체이스 장군의 그해 말 보고서에 따르면, 국민정부의 육·해·공군은 이미 개편을 끝냈고, 연합작전센터와 전술공군관제센터도 설립하였다. 국부군의 사기는 매우 고양되었고, 3군의 작전 기동력도 이미 빠르게 증강되었다. 미군의 표준 전력과 비교해 볼 때 국부군의 효율은 육군 40%, 해군 40%, 공군 35% 수준에 이르렀다. 국부군 육·해·공군의 전년도 효율은 각각 15%, 10%, 25%정도 밖에 되지 않았다. 그러나 체이스는 훈련계획이 원래 국부군의 효율을 미군과 같은 수준으로 끌어올리려고 계획하지 않았고, 국부군 사병 1명을 훈련하는데 매년 드는 비용이 300달러인데 비해 미군 사병의 1년 훈련비용이 5,000달러라는 점을 지적하였다. 문제점은 그가 거듭 요구해도 워싱턴은 줄곧 필요한 재무관을 파견하지 않았기 때문에 국부군의 군사예산과 재정제도가 여전히 약한 상황이라는 것이다.[45]

....

44 1953년 초, 타이베이 주재 대사관은 군사원조의 인도는 1952년 4번째 계절에 이미 빨라졌다고 보고하였다. 1951년 회계연도와 1952년 회계연도의 군사원조 항목은 이미 30%를 인도되었고(불과 1년 전에는 10%만 인도되었다), 나머지의 45%도 이미 분배되어 1953년 5월 이전에 인도하기로 계획되어 있었다. Tel.701 from Taipei, January 10, 1953, *FRUS, 1952-1954*, 14(1):127~128을 보라. 체이스 장군은 군사원조처 처장 옴스테드 장군에게 군사원조 교부에 전혀 협조적이지 않으며, 비행기는 아직도 인도되지 않았다고 불만을 토로했다. 두 사람이 그해 5월부터 연말까지 주고받은 관련 내용의 편지는 091.3 Formosa, RG 330, ISA/OMA, box 56, NA에 수록. 군사연락시스템의 문제는 Tel.473 from Taipei, May 23, 1952; Letter, Allison to Foster, July 23, 1952; Summaries between CINCPAC and MAAG Formosa, in October, 1952을 보라. 이상 두 편은 *FRUS, 1952-1954*, 14(1):52, 77, 78n에 수록.

45 Memorandum, G-3 to CS/USA on MAAG Formosa Year-End Report 1952 to Chiang Kai-shek(January 1, 1953), March 10, 1953, 091 Formosa 1953(Sect.1, Case 1-), RG 319, G-3 Records, box 32, NA; Memorandum, G-3 to CS/USA on Report Progress by MAAG Formosa, February 7, 1952, 091 Formosa

트루먼 정부 임기 말기에 국민정부에 대한 미국 정책기획자들의 기본 입장에는 명확하게 변화가 생겼다. 그들은 비록 NSC 48/5에서 규정한 타이완 정책을 집행하려고 노력하였으나, 점차 방향이 조정되기 시작하였다. 미국의 주된 목표는 여전히 중공을 압박할 수 있는 반공 역량을 건립하는 것이었다. 국민정부도 군사와 정치적인 측면에서 그들이 가치 있는 자산임을 증명하였다. 따라서 워싱턴은 타이완이 중국의 일부분으로 남아 전 세계 반공적인 중국인의 지지를 흡수하여 중공을 압박할 수 있기를 바랐다.[46] 이러한 견해는 정책결정자들이 국민정부가 언젠가는 중국의 공산정권을 대체할 것이라는 환상을 가지고 있음을 의미하는 것이 아니다. 사실 그들은 국민정부의 그러한 의도를 조심스럽게 막아왔다. 미국은 이미 절대적인 중립의 입장을 포기했지만, 그렇다고 해서 국민정부가 구속을 받지 않고 본토로 진공하도록 타이완 해협의 중립화를 취소할 뜻은 없었다. 그들은 국민정부가 중공 정권을 전복시킬 능력이 없음을 인정하고 타이완 경영에 전력하도록 격려했다. 동시에 국민정부가 중국 본토로 돌아가는데 협조하겠다는 약속에는 적극 반대하였다. 전술한 마틴이 작성한 문서는 중공은 내부의 힘에 의해 전복될 수밖에 없으므로 미국이 국민정부에 공약하는 것은 경솔하다고 지적하였다.[47]

이전에 꺼려했던 약속은 국민정부와 미군 사이에 타이완 방어에 관한 연합계획, 심지어 일반적인 업무의 연락마저도 어렵게 만들었다. 따라서

1952(Sect.1, Book I), RG 319, G-3 Records, box 112, NA; Momorandum of Conversation, State, Defense, and MSA with General Chase, February 20, 1952, FRUS, 1952-1954, 14(1):10~15; Meomorandum, Rankin to Perkins, June 23, 1952, #2P TS Formosa 1952, RG 59, CA Records, box 23, NA.

46 본장 각주 41과 Memorandum, Holland to Martin on Your Formosa Policy Paper, September 11, 1952, 611.94a/9-252, RG 59, NA를 보라.

47 Far East: Formosa Assesses Its Future, August 27, 1952, #2p Formosa 1952, RG 59, CA Records, box 23, NA.

각자의 정치를 하느라 실력이 부족한 두 군대가 어떻게 타이완을 성공적으로 방어할 수 있을지 상상하기가 쉽지는 않다. 2년여의 반대와 망설임을 거친 후, 쌍방의 연락 부서가 조직되었고, 미군 고문단 단장은 타이완 방어계획에 협조할 수 있는 권한을 부여받았다. 그렇다고 해도 워싱턴은 여전히 태평양 총사령관의 심사와 비준을 거치지 않고 미국의 어떠한 계획도 노출해서는 안 되며, 가장 중요한 것은 미군이 미래의 어떠한 행동에 참여하겠다고 약속해서는 안 된다고 체이스에게 주지시켰다.

그밖에 워싱턴은 타이완이 아닌 지역에서 국부군을 활용하기 위해 타이베이와 수립하는 공동계획이 본토 반격을 승낙하는 것으로 보일 수 있다고 우려하였다. 이러한 우려는 태평양지역 총사령관의 훈령 개정이 미뤄지게 하였다. 아이젠하워 정부는 마침내 훈령을 개정하면서 군사작전을 공동으로 계획하기 전에, 국부군이 미국의 이익에 위배하는 것으로 간주되는 공격에는 가담하지 않겠다고 먼저 공식적으로 약속하라고 국민정부에 요구하였다.[48]

VI. 결어

비록 공식적으로 인정하지는 않았으나, 트루먼 정부는 정권 말기까지 NSC 48/5가 설정한 대 중국 목표를 사실상 포기하였고 더는 중국과 타이

---

48 미군 고문단과 태평양 미군 총사령부의 새로운 훈령에 대해서는 Letter, Allison to Foster, July 23, 1952, 및 JCS 935784 to CINCPAC, April 6, 1953의 첨부 문서, *FRUS, 1952-1954*, 14(1):78, 174 참조. 이 두 부의 명령을 작성하는 데에는 5~6개월의 시간이 소모되었다. 훈령에 관해서는 State Department Central Decimal File, CA Records(both RG 59), Army G-3 Records(RG 319)와 JCS Records(RG 218) 내의 문서들 참조.

완을 동시에 관할하는 비공산 정부를 만들려고 하지 않았다. 워싱턴은 타이완에 '독립적이지만 중국과 분리되지 않은' 하나의 정권을 지지하고 그 정권이 중국을 대표하게 하기로 결정하였다. 그러나 그 관할 범위는 「중일강화조약」이 표명한 것처럼 '실제 지배하는 영토'만을 포함하였다.[49] 국민정부가 어떠한 능력을 가지고 있든지 미국이 동의하지 않으면, 중국에 대한 주권을 주장할 수 없었다. 정책결정자들의 의견에 따라 이 정부의 생존은 대체로 미국의 지지를 얻을 수 있었다. 미국이 국민정부의 생존을 지지한 목적은 완전히 미국의 안전 이익에 부합한다는 데 있었다. 따라서 미국 관원의 눈에 타이완은 이전의 그 어떤 시기보다 더욱 중공에 대응하는 데 필요한 정치적인 졸개로 보일 뿐이었다.

1952년 봄, 합동참모본부는 타이완의 전략적 가치를 "동아시아에서 미국의 장기적인 지위에 지극히(저자 강조) 중요한" 수준으로 끌어올렸다. 그해 말까지 정책결정 문서 중에 나타나는 타이완과 국민정부의 정치적인 가치도 대폭 상승하였다. 워싱턴은 마침내 "중공이 타이완을 통제하지 못하게 저지"하는 구체적인 절차를 채택하였다. 이 정책목표는 일찍이 선포되었으나, 구체적으로 실행되지 못하였다. 트루먼의 연임 초기와 비교하면 국민정부에 대한 워싱턴 관방의 태도는 상당히 큰 변화를 보였다. 그러나 타이베이와 워싱턴은 여전히 서로 신뢰가 부족하였다. 미국 관원들 대부분은 아직도 통제하려는 입장에서 문제를 고찰하였고, 어떻게 하면 타이완과 정치적 협력을 이룰지는 거의 고려하지 않았다. 트루먼 정부는 실질적으로 이미 중립화 정책을 포기하였다. 그러나 장제스가 다시 내

----

49 미국 측의 지지로 국민정부와 일본은 강화조약의 각서에 조약의 '적용범위'를 정하였는데, 국민정부의 관할권(주권이 아님)은 그 실질적인 통치지역으로 한정하였다. 미국이 중일강화조약에 적용 범위를 명시하도록 요구한 것에 대해서는 張淑雅, 「杜勒斯與對日媾和中的台湾問題, 1950~1952」, pp.1077~1078 참조.

전을 일으킬 것을 우려하여 제7함대에게 내린 타이완 해협 중립의 명령을 바꾸려 하지 않았다. 이러한 조치는 새로운 정부가 수립될 때까지 기다려야 했다.

韓 戰 救 台 灣 ?

제9장

의도된 모호함

(1953년)

1952년 11월 공화당의 아이젠하워가 미국 대통령에 당선되었다. 국민 정부는 공산당에 대한 트루먼의 소극적인 '억제정책'에 변화가 생길 것이라는 기대 속에 공개적으로 환영을 표했다. 이전에 공화당은 민주당의 대중국 정책을 비판했으므로, 국민정부는 공화당이 백악관과 의회를 장악하기만 하면 미국은 공산당과의 투쟁 그리고 타이완에 대한 협력에 적극 노력할 것이라고 생각했다.[1] 아이젠하워는 경선 때 '한국전쟁 종결'을 주요 공약으로 삼았고 당선 후에는 약속을 실천하기 위해 직접 한국으로 가서 전선을 시찰하였다. 또한, 취임 후 의회에 제출한 첫 번째 교서에서 제7함대의 타이완 해협 중립을 해제한다는 명령을 선포하였다.

이 교서는 다음의 내용을 지적하였다: 타이완이 중국 본토를 공격하는

1 『中央日報』(臺灣) 1952년 11월 6일, 제2면의 사설과, 같은 날 국민정부 고위층의 성명, 그리고 아이젠하워의 경선기간에 중국 정책과 관련된 언론 논지를 보라. 11월부터 이듬 해 1월 아이젠하워가 정식으로 취임할 때까지 이 신문의 논점은 중국 연안봉쇄를 통한 한국전쟁의 종결이었다. 아이젠하워의 취임 당일, 『중앙일보』 사설은 중미의 전통적인 우호관계를 강조하며 아이젠하워 정부는 스탈린의 아시아 정복 음모를 무력화시킬 것이며, "전 세계의 문호를 개방하여 철의 장막은 절대로 존재하지 않게 될 것"이라고 주장하였다. 또한 미국이 본토 반격을 지지해 줄 것을 희망하였는데 미국의 우익 공화당 의원의 발언과 친국민당 매체의 보도가 이를 강조하고 있다고 지적하였다. 『중앙일보』1953년 1월 20일자 제2면을 보라. 『聯合報』 사설 또한 도덕적인 입장에서 아이젠하워 정부 출범과 한국전쟁과 냉전의 종식에 큰 기대감을 나타냈다. 같은 날짜 『聯合報』 제2면을 보라. 미국 의회와 매체의 반응에 대해서는 Morman A. Graebner, "Eisenhower and Communism: the Public Record of the 1950s", in Rechard A. Melanson and David Mayers eds., *Reevaluating Eisenhower: American Foreign Policy in the 1950s* (Urbana and Chicago, IL: University of Illinois Press, 1987), pp.67~69를 보라.

기지로 사용돼서는 안 된다는 점을 제7함대에 확인시키는 것은 미국 해군이 중공의 안전을 지키는 것과 같다. 그럼에도 중공은 한국을 침략하고, 유엔군을 공격하였으며, 최근에는 소련과 연합하여 인도가 유엔에 제출한 정전조건을 거절하였다. 따라서,

> 이러한 상황 하에서 미국 해군에게 중공 방어의 책임을 요구하고 그들 공산당이 한국에서 우리와 다른 동맹국 군대를 학살하게 손을 놓고 있는 것은 실로 불합리하고 논리적이지 않다. 따라서 우리는 이미 제7함대에 더는 공산 중국을 보호하지 말라고 명령하였다.

신임 정부는 마치 국민정부의 본토 공격을 막지 않겠다고 말하는 것처럼 보인다. 소수의 미국 매체는 미국이 장차 아시아의 대전에 말려들 것을 우려하였으나, 대부분의 매체는 이러한 미국의 결정이 냉전의 기선을 탈환하는 행동이라고 찬사를 보냈다.[2]

아이젠하워 정부가 진정으로 냉전의 기선을 탈환할 뜻이 있었는가? 그들의 대 중국 정책과 전임 정부의 정책에는 큰 차이가 있었는가? 타이완의 지위에 대한 그들의 생각과 국민정부에 대한 평가는 또한 어떠했는가?

Ⅰ. 장제스에 대한 방임과 제한

아이젠하워 취임시기에 동아시아의 전반적인 정세는 전혀 낙관적이지

---

2 아이젠하워 교서의 전문은 *New York Times*, February 3, 1953, p.14; "Excepts from Editorial Comment on President's State of the Union Message", February 3, 1953, p.17을 보라.

못했다. 한국전쟁은 이미 2년여 동안 38도선 부근에서 전진과 후퇴를 반복하고 있었고, 정전회담은 1952년 10월 이후 중단된 상황이었다. 중공은 계속해서 타이완을 해방할 것이라고 선전하고 있었으며, 인도차이나 반도의 위기는 점차 고조되고 있었다. 아이젠하워는 그의 대외정책이 '아시아 우선'으로 전환되었다고 말한 적이 없었다. 그러나 당시 미국 정부와 국민은 한반도의 충돌이 지연되는 것을 견디지 못하고 있었기 때문에, 전임 정권이 남긴 동아시아 문제를 해결하고 무엇보다 가능하면 조속히 한국전쟁을 끝내자는 유권자들의 바람은 아이젠하워가 당선될 수 있었던 요인의 하나가 되었다.

아이젠하워는 당선 직후 한국으로 가서 시찰하였다. 그는 강한 압박만이 공산세력을 위축시킬 수 있으며, "작은 언덕에 대한 소규모의 공격으로는 전쟁을 끝낼 수 없다"는 인상을 받았다.[3] 비록 그는 전쟁 종결에 대한 확실한 계획은 없었지만, 최대한 압박하면 상대방이 평화를 갈구하게 될 것이며,[4] 중공이 한국전쟁을 끝내게 하기 위해 미국은 동아시아와 다른

....

3 Dwight D. Eisenhower, *The White House Years: Mandate for Change, 1953-1956,* (New York: Doubleday & Company, Inc., 1963), p.95.

4 Robert J. Donovan, *Eisenhower: the Inside Story* (New York: Harper & Brother, 1956), p.116. 말은 유도라고 했지만, 그는 양보를 생각하지 않고 어떻게 압박할지 고민하였다. 이 "압박을 통한 유도"의 방법은 개디스가 강조한 "압박을 통한 쐐기 전략"으로 베이징과 모스크바의 동맹을 처리하는 방법과 매우 유사하다. 아이젠하워가 취임하기 전 한국전쟁에 대한 견해는 Burton I. Kaufman, *The Korean War: Challenges in Crisis, Credibility, and Command* (New York: A;fred A. Knopf, 1986), pp.287~302를 보라. "압박을 통한 쐐기" 개념은 Gaddis, "The American 'Wedge'Strategy, 1949-1955", in Harry Harding anf Ming Yuan, eds., *Sino-American Relations, 1945-1955: A Joint Reassessment of a Critical Decade* (Wilmington, DL: Scholarly Recources, 1989), chapter 10을 보라. 개디스는 이 개념을 확장하여 연구서를 발표하였다. *The Long Peace: Inquiries in to the History of the Cold War* (New York: Oxford University Press, 1987), chapter 6, "Dividing Adversaries: the United States

지역에서 군사·경제·정치·심리적으로 중공을 압박해야 한다고 믿었다.[5]

아이젠하워는 1953년 2월 2일 타이완 해협의 중립화 명령을 해제하였는데 이는 명백하게 이러한 사유의 산물이었다.[6] 반대자들은 이 명령이 '방장출롱(放蔣出籠)'이라고 하면서 비판하였다. 서방 동맹국들도 이러한 행위는 장제스의 본토 공격을 허락하는 것이고 장차 자유세계가 중공과의 대전에 말려들게 될 것이라며 우려하는 등 매우 부정적인 반응을 보였다.[7] 신임 국무장관 덜레스는 잘 알려진 핵무기 억제의 주장으로 이 정책

....

and International Communism, 1945-1958", 그리고 본장 제3절 참조.

5 아이젠하워의 공개 성명은 한국전쟁의 종결을 위해 전쟁을 중국 본토로까지 확대할 수 있다는 구상을 확고히 드러내고 있다. 국민정부도 동일하게 판단하고 있었는데 1952년 12월 16일자 『중앙일보』 사설을 보면, 아이젠하워의 한국 방문의 상황을 기술하고 있다. 많은 학자들도 유사한 견해를 보이고 있다. 예를 들면, Donovan, *Eisenhower*, pp.115~117; Rosemary Foot, *The Wrong War*, p.205; Foot, "Nuclear Coercion anf the Ending of the Korean Conflict", *International Security* 13:3 (winter 1988/1989):95~99; Foot, *A Substitute for Victory: the Politics of Peacemaking at the Korean Armistice Talks* (Ithaca and London: Cornell University Press, 1990), pp.159~161.

6 아이젠하워는 1953년 2월 2일의 제1차 국회 교서에서 이러한 결정을 선포하였고 같은 날 태평양함대 사령관에게 명령을 하달하였다. Extract of Message From the President to the Congress, February 2, 1953, *FRUS, 1952-1954,* 14(1): 140; JCS 930324 to CINCPAC, February 2, 1953, Formosa Book, RG 59, Records of the Bureau of Far Eastern Affairs, Lot55D388(이하 FE Records), box 2 of 8, NA.

7 이러한 결정에 대한 자유세계 관방의 반응은 온건한 반대와 강한 문제제기가 모두 존재했다. 다만 필리핀, 태국, 파키스탄, 그리스, 터키, 호주와 일부 라틴 아메리카 국가들이 이 새로운 대 타이완 정책에 제한적인 지지를 표했다. Memorandum, Allison to Dulles on Foreign Reaction to Lifting of Curb on Chinese Nationalists, February 11, 1953, 793.00/2-1153, RG 59, NA를 보라. 국민정부의 주미대사관은 이러한 반응을 면밀히 관찰하여 미국 대중은 대체로 이러한 결정에 찬성하였고, 일부 공화당원, *New York Times, The Washington Post* 등의 매체들은 입장을 유보했다고 보고하였다. 구웨이쥔이 1953년 2월에

1954년 제네바회담에서도 한국전쟁이 남긴 정치문제를 논의하였다.
저우언라이는 중공 대표로 출석하였다.

의 무게를 가중시켰다.[8] 이 정책이 선언된 지 2개월이 못 되어 중공은 정
전회담 재개를 원한다고 밝혔다. 중공 총리 저우언라이는 포로송환문제에
양보하겠다는 이야기를 라디오 방송을 통해 공개적으로 하기도 하였다.
포로 송환 문제는 정전회담을 가로막는 주요 의제였다. 중공이 약간의 반
응을 보이기는 하였으나 타이완 해협 중립 해제가 중공의 정전회담 재개
에 미친 영향은 정확하게 측정할 수 없다.[9] 소련의 우두머리 스탈린은 3

....

타이베이에 보낸 전문을 보라.(Folder B.13.1g, Koo Papers, box 145, BL에 수
록). 국민정부는 이 결정을 대체로 높이 평가하였다. 이는 미국의 극동정책이
확고함을 의미하지만, 다른 한편으로 이 정책은 국민정부의 본토 공격에 대해
보류의 입장을 내포하고 있다고 생각하였다. 1953년 2월 1일~4일 『中央日報』
의 보도를 보라.

8 아이젠하워는 회의록에서 자신은 이 선포가 한국전쟁을 종결하는데 도움이 될
것이라고 믿었다고 기록하였다. Eisenhower, *White House Years*, v.1, p.123.

9 아이젠하워와 덜레스는 모두 핵무기 위협은 중공이 결국 정접협정에 합의하게
된 주요 원인이나, 이 위협은 당시 그렇게 명확하게 나타나지 않았다고 생각하
였다. 이 의제에 관해서는 Edward C. Keefer, "President Dwight D. Eisenhower
and the End of the Korean War", *Diplomatic History* 10(Summer, 1986):267~
289; John Lewis Gaddis, *The Long Peace*, pp.124~129; Gorden H. Chang,

월 상순에 사망하였다. 그를 이은 말렌코프(Georgi Malenkov)는 서방과의 관계 개선을 희망하였다. 그가 소모전을 끝내자고 중공과 북한을 설득하는 것은 그리 어렵지 않았을 것이다.[10]

어쨌든 타이완 해협 중립 해제는 중공에게는 상당히 성공적인 심리전략이었다. 그러나 중립 해제로 미국이 절대로 '방장출롱'을 설계하지 않는다거나[11] 국민정부의 '본토 반격'을 지지 혹은 승낙하였다고도 볼 수 없다. 반대로 이는 새로운 정부가 국민정부와의 군사협력 개념에 대한 심리적 돌파구를 마련한 것을 의미하는 것으로, 국민정부의 군사행동을 통제하는 그들의 전략도 더욱 교묘해졌다.[12]

....

Friends and Enemies: the United States, China, and the Soviet Union, 1948-1872, (Stanford, CA: Stanford University Press, 1990), pp.88~89를 보라.

10 Kaufman, The Korean War, pp.304~307을 보라.

11 일부 역사학자는 여전히 '방장출롱'의 의미가 있다고 말하지만, 대부분의 사람은 아이젠하워에게는 이미 그러한 의도가 없었다고 인정하였다. Nancy B. Tucker, "John Foster Dulles and the Taiwan Roots of the 'Two chinas' Policy", in Richard H. Immerman, ed., John Forest Dulles anf the Diplomacy of the Cold War, (Princeton, NJ: Princeton University Press, 1990), p.239; Foster Rhea Dulles, American Policy toward Communist China, 1949-1969, (New York: Thomas Y. Crowell, 1972), p.131; Harry Harding, "The Legacy of the Decade for Later Years: An American Perspective", in Harding and Yuan eds., Sino-American Relations, p.321을 보라. 장제스에 대한 제한을 풀든지(放蔣) 풀지 않든지 상관없이, 이 논점은 모두 자세한 논증이 부족하다. 그 밖에 중국 대륙은 일반적으로 중립화 정책 해제를 속칭 'unleash'로 번역하여 '放蔣出籠'이라고 하였고, 장제스를 다시 속박한 행동을 묘사하는 'release'는 '限蔣出籠'이라고 칭하였다. 문장 서술의 편의를 위해서 본장은 unleash는 '放蔣'으로, 공격제한은 '限蔣'으로 묘사하였다.

12 아이젠하워의 주요 참모들은 중립화 해제가 중공에 대한 심리전의 일부분이면서 또한 "장제스를 제한(限蔣)"하는 도구라고 생각했다. John Foster Dulles and the Far East: a Meeting of the Advisory Committee of the Dulles Oral History Project, July 17, 1964, Dulles Oral History, Seeley Mudd Library, Princeton University(이하 ML)을 보라. 덜레스는 1952년 3월 31일의 비망록에서 중공이

아이젠하워와 덜레스는 트루먼과 그의 국무장관 애치슨보다 충돌이 확대되는 것을 더 원하지 않았다. 그러나 트루먼 정부는 타이완 해협 중립화 명령만 해제하면 국민정부가 즉시 중국 본토로 진격할 것으로 생각하여 1952년 4월 합동참모본부가 제출한 중립화 해제 건의를 거부하였다.[13] 아이젠하워 정부는 해군 군령부장 펙텔러가 합동참모본부와 국무부의 연석회의에서 "장제스의 능력에 대해 우리는 어느 정도 통제력이 있다고 생각한다"고 말한 것처럼, 타이완의 '제한된' 군사력이 가장 좋은 구속이라고 생각하였다.[14]

극동담당 차관보 앨리슨도 사전에 협상만 하면, 타이완 해협의 중립화를 선언할 때 국민정부가 자발적으로 군사행동을 제한하도록 설득하여 미국 및 유엔과의 협력 관계를 손상시키지 않을 수 있다고 믿었다.[15] 미국이 장제스에게 중립화 해제를 통보할 때, 그는 타이완의 방위력 증대를 위해 미국에 원조를 요청하는 것 외에는 지상군 파견을 요구하지 않겠다고 약속했다. 또한, 주미대사 구웨이쥔에게 중립화 해제를 칭송할 때에,

....

한국과 베트남에 더 많은 병력을 투입하지 못하도록 타이완 해협 중립화를 건의하였다. 그는 "장제스를 제한해야 하지만, 노골적으로 모욕을 주지 않도록 비공식적인 방법으로 진행해야 한다"고 생각했다. 비망록은 Formosa 1952 folder, Dulles Paper, box 60, ML에 수록되어 있다. 공식적으로 선포하기 전에 덜레스는 "장제스에 대한 제한 해제(放蔣)"는 상징적인 것으로 국내 정치에도 도움이 된다고 말했다. H. W. Brands, Jr., *Cold Warriors: Eisenhower's Generation and American Foreign Policy* (New York: Columbia University Press, 1988), pp.11~12를 보라.

13 트루먼 정부의 중립화 해제에 대해서는 본서 제8장 제3절 참조.

14 Memorandum of the Substance of Discussion at a State-JCS Mrrting st Pentagon, March 27, 1953, *FRUS 1952-1954*, 14(1):167.

15 Memorandum, Allison to Dulles on Check List of Items Connected with Change in Seventh Fleet Directive, January 26, 1953, Formosa Book, RG 59, FE Records, box 2 of 8, NA.

본토 진격이나 한국에 제2전선 개설 가능성에 대해서는 강조하지 말라고 지시하였다.[16]

워싱턴 관원들은 국민정부의 구두 약속으로는 보장할 수 없고, 반드시 다른 방법으로 장제스의 행동을 구속해야 한다고 생각했다. 왜냐하면 군사원조 계획에서 F-84와 F-86 제트전투기를 곧 인도할 예정이었기 때문에, 참모수장들은 중립화를 해제하고 나면 국민정부가 이들 전투기를 본토 공격에 사용하여 미국을 중공과의 충돌에 끌어들일 수 있다고 우려하였다. 따라서 덜레스는 미국이 허가하기 전에 이들 제트전투기로 중공을 공격해서는 안 된다는 약속을 국민정부에게 받아내라고 지시하였다. 그는 또한 국민정부가 정식으로 확답하기 전에 이들 비행기를 인도하지 말라고 국방부에 요구하였다. 당시 국가안전보장회의에서 이 문제를 논의할 때에 아이젠하워는 장제스가 미국의 게임 규칙을 완전히 따르겠다고 "아직 약속하지 않았다"는 사실을 의아하게 여겼다.[17]

국민정부는 수개월 안에 공격적인 제트기대대를 건립할 수 없으므로 태평양함대 사령관 레드포드와 공군 참모장 반덴버그(Hoyt S. Vandenberg)

....

16 Tel.515 and 520, Yeh to Koo, January 31 and February 6, 1953, folder B.13.1g, Koo Papers, box 145, BL. 중립화 해제에 대한 장제스의 공개적인 반응은 『中央日報』(臺灣) 1953년 2월 4일자, 제1면 참조. 국민정부는 미국 신임 정부가 본토 진격을 지지할 뜻이 없고, 제7함대는 진정으로 타이완 해협에 상주한 적이 없기 때문에 중립화 해제는 단지 허장성세임을 잘 알고 있었다. 그러나 그들은 이러한 선언이 타이완 인민의 사기진작에 미치는 영향을 중시하였다. *Koo Memoirs,* 7:F35, F47~51을 보라.

17 Memorandum, Charles C. Stelle to Matthews on JCS Views on Formosa, March 28, 1953; Memorandum, Matthews to Dulles, March 31, 1953; memorandum, Dulles to Matthews, April 4, 1953; 이상 세 편은 611.93/3-2853, RG 59, NA에 수록; Memorandum on a State-JCS Meeting, March 27, 1953; Memorandum of Discussion of the 139th NSC Meeting, April 8, 1953; 이상 두 편은 *FRUS 1952-1954,* 14(1):164~168, 180~182에 수록.

는 국민정부가 정식으로 약속하기를 기다리는 기간에는 제트전투기 인도를 중지할 필요가 없다고 주장하였다. 그러나 아이젠하워와 델레스는 여전히 장제스가 공식적으로 약속하기 전에는 전투기를 교부해서는 안 된다는 입장을 고수하였다. 국민정부는 결국 서면으로 "미국의 이익에 반하는" 공격적인 군사행동을 하지 않을 것이며, 대규모의 군사행동, 특히 공격적으로 제트기를 사용하기 전에는 미국과 협상을 하겠다고 보장하였다. 국가안전보장회의는 이 보장을 받아들일 수 있다고 생각하여 제트기를 인도하기로 결정하였다. 이어서 태평양함대 사령관의 지시 하에 고문단장 체이스 장군은 국민정부가 비정규부대의 유격 폭동을 포함하여 '어떠한' 공격적인 행동을 취하기 전에 반드시 고문단에 먼저 고지해야 한다고 참모총장 저우즈러우에게 요구하였다.[18]

이어서 앨리슨은 국민정부의 행동을 제약할 또 다른 방법을 생각해 냈다. 타이완 방어와 관련이 있든 혹은 타이완 이외의 지역에서 국부군을 활용하는 것이든 간에 그는 국민정부와의 연합 군사계획을 지적하여 미국이 국부군의 군사행동을 제약할 수 있는 기회를 늘리겠다고 하였다. 그에 앞서, 트루먼 정부는 국민정부에게 미국의 군사행동을 알게 하거나 국민정부의 행동을 지지하겠다는 약속으로 해석될 수 있다고 우려하였다. 따라서 그들은 유사한 군사행동 조정 제안을 거부하였고, 국민정부와의

....

18 중립화를 해제하기 전에 국민정부는 CIA의 협조 하에 중국 연안에서의 유격활동으로 소요를 일으켰다. 워싱턴은 고문단에 이러한 행동을 고지하지 않아도 된다는데 동의하였다. 본서 제7장 제1절을 보라. 국가안전보장회의, 합동참모본부, 국무부, 그리고 타이베이 주재 각 부서 책임자들이 국민정부는 제트기 인도 문제를 논의한 내용에 대해서는 *FRUS 1952-1954*, 14(1):184~187, 187n, 190~194, 192n, 193n을 보라. 또한 Msg.062321Z, CINCPAC TO CHMAAG FORMOSA, May 7, 1953, 381 Formosa(11-8-48) sec.10, Geographic Files(1951-1953), RG 218, JCS Records, box 17, NA를 보라.

군사행동에 협조할 수 없다는 지시를 수정하려는 태평양함대의 요구도
거부하였다. 그러나 아이젠하워 정부는 앨리슨의 논리가 매우 합리적이라
고 보고 1953년 4월 6일 국민정부와 협조하여 국부군을 활용하는 계획을
세울 수 있다는 새로운 지시를 태평양함대에 하달하였다.[19] 바꾸어 말하
면, 그전에는 약속을 피하기 위해 지령 개정 요청을 거절했던 반면, 이제
는 그것을 국부군의 군사행동을 제약하는 도구로 간주하였다. 국민정부는
군사계획의 권한과 행동의 자유를 포기하도록 강요받았다, 이는 새장을
벗어나게 하는 '출롱'이 아니라 오히려 중립화 해제 전보다 더 큰 제약이
된 셈이다.

II. 승낙 회피

중립화 해제로 국민정부 행동의 자율성이 증가하지 못하고 축소된다
면, 공화당 정부가 국민정부를 지지하는 정책 쪽으로 기울어졌다는 논리
가 과연 맞는 것인가? 아이젠하워가 경선할 때에 내놓은 성명은 이러한
기대를 지지하는 것 같았으나, 어떠한 약속을 하는데 있어서 미국의 신임

....

19 Memorandum of Conversation, McConaughy, Jenkins, Holland, and Pittard, on
Proposed JCS Directive to CINCPAC Concerning Formosa, March 31, 1953,
793.00/3-3153, RG 59, NA. 태평양 함대 사령관의 훈령은 1952년 10월에 수정을
시작하였다. Memorandum, G-3 to CS/USA, October 17, 1952, 091 Formosa
1952, RG 319, TS G-3 Records, NA; Memorandum, McConaughy to Allison,
March 13, 1953, 611.93/3-1353, RG 59, NA; Memorandum of Conversation:
McConaughy, jenkins, Holland, and Pittard on Proposed JCS Directive to
CINCPAC Concerning Formosa, March 31, 1953, 793.00/3-3153, RG 59, NA;
Memorandum, Allison to Dulles, March 25, 1953; Memorandum of a JCS-
State Meeting, March 27, 1953; JCS 935782 to CINCPAC, April 6, 1953; 이
상 세 편은 *FRUS 1952-1954*, 14(1):162~163, 164~168, 172~174에 수록.

정부가 전임 정부보다도 더 꺼려한다고 국민정부는 생각하게 되었다. 선거가 끝난 지 몇 주 후, 덜레스는 국민정부의 구웨이쥔 대사, 그리고 예궁차오 외교부장과 면담할 때에 새로운 정부는 중공에게 관용을 베풀지 않기로 결심했다고 강조하였다. 그러나 그는 미국이 중공 정권 승인 거절, 동아시아 집단방위계획과 같은 좀 더 적극적인 정책을 취해 달라는 예궁차오와 구웨이쥔 두 사람의 요구에 긍정적인 회답을 피했다. 구웨이쥔과 중립화해제 성명에 관해 논의할 때에 앨리슨도 교묘하게 모든 약속을 회피하였다.[20]

아이젠하워 정부는 이전 정부와 마찬가지로 국민정부에 군사조율을 통한 어떠한 약속도 피하고 싶었다. 한국전쟁이 발발한 이후 장제스는 타이완방위계획에 협조하기 위한 중미연합참모기구를 설치하자고 내내 호소하였다. 태평양함대 사령관 레드포드와 미군사 고문단장 체이스, 그리고 국방장관을 역임한 마셜 등은 이러한 기구 설립에 어느 정도 동의했다. 덜레스도 이러한 군사협조가 합리적이라고 생각했다. 국방장관 윌슨(Charles E. Wilson)도 이 견해에 동의하였으나, 1953년 3월 말까지, 워싱턴은 구체적인 실행을 꺼려하고 있었다.[21]

4월이 되어 결국 쌍방의 방위협조계획을 비준할 때, 워싱턴은 미국의

....

20 Tel.405, Yeh to Premier, November 24, 1952, folder L. 11, Koo Papers, box 168, BL; Tel.163, Koo to Yeh, February 2, 1953, folder B.13.1g, *Ibid.,* box 145.

21 *Koo Memoirs,* 7: F267~268, F270, F272~274, F296~297; Memorandum of Conversation btween Dulles, Koo, and Allison, March 19, 1953; Memorandum, Allison to Dulles, March 25, 1953; 이상 두 편은 *FRUS 1952-1954,* 14(1):157, 162~163에 수록; Memorandum of Conversation, Robertson, McConaughy, and Yu Ta-wei, April 8, 1953, Nationalist Chinese, RG 59, FE Records, box 4 of 8, NA. 워싱턴은 1952년 10월 타이완 연락센터를 건립하기 전까지 줄곧 쌍방의 군사조율과 연락을 거부하고 있었다. 본서 제8장 제5절을 보라.

이익을 증진하지 못하고 또한 다른 지역에서 미국의 책임을 위태롭게 할 수 있는 약속을 해서는 안 된다고 태평양함대 사령관에게 지시하였다. 명령을 받은 후 그는 비록 공동방위에 협조하지만, 미국은 사전에 동의하지 않은 국부군의 공격행동이 초래한 중공의 공격에 저항하겠다는 약속을 "절대하지 않겠다"고 국민정부에 전했다.[22] 장제스가 제안한 연합참모기구는 그 해 말까지도 설립될 수 없었다. 그 원인은 기본적으로 국민정부와 태평양함대 사령부 사이에 의견차가 다소 있었기 때문이지만, 더 주요한 원인은 미국 육군부과 해군부가 연합참모기구와 정보의 통제권을 서로 가지려고 한 것에 있었다.[23]

국민정부는 아이젠하워 정부가 자신들의 공격행동을 통제하면서도 승낙을 꺼려하는 것에 실망하고 있었다. 이러한 상황으로 인해 그들은 본토반격에 대한 워싱턴의 지지 열의가 부족한 것을 그다지 이상하게 받아들이지 않았다. 당시 워싱턴의 고위 관리들은 세계대전으로 공산집단이 패배하지 않으면 국민정부가 본토를 회복할 가능성은 아주 드물다고 보았다.[24] 그러나 트루먼 정부 말기가 되면 중공을 압박하면서 국민정부의 사

....

22 Memorandum on a State-JCS Meeting, March 27, 1953; Memorandum of a State-JCS Meeting, April 3, 1953; 이상 두 편은 FRUS 1952-1954, 14(1): 164~168, 170~172에 수록.

23 D-657 from Taipei on Admiral Radford's Conversation with President Chiang Kaishek, June 19, 1953; D-660 from Taipei on Sino-American Military Discussion of Problems Related to the Joint Defense of Formosa, June 19, 1953; 이상 두 편은 FRUS 1952-1954, 14(1):207~208, 210~212에 수록. 태평양함대 사령관 레드포드는 고문단 외에도 연락 소조를 조직하여 타이완이 공격받을 때의 방어와 지휘계획에 협조할 수 있게 해야 한다고 제안하였다. Memorandum, MBR to SGS, August 23, 1953; Memoranda, G-3 to CSA(Chief of Staff, Army), 두 문서의 날짜는 모두 September 14, 1953; Memorandum for the Record by Major Queenin, September 22, 1953; 이상은 모두 091 Formosa 1953, sec.I (case I), RG 319, G-3 Records, box 32, NA에 수록.

기를 유지하려는 의도에서 미국은 국민정부의 '중공에 대한 공격 임박'이라는 선전에 대한 공개적인 비난을 대체로 자제하였다. 그러나 워싱턴은 이후 국민정부의 '반공 대륙' 구호에 대한 묵인과 연해지역 유격활동에 대한 장려를 미국의 승낙과 지지라고 오해하지 않겠다는 확실히 약속을 국민정부에게서 받아야 했다.[25]

....

24 국민정부가 주장하는 본토 반격의 필요와 그 불가능성에 대한 분석으로는 attachment D-91 from Taipei on Prerequisities to a Return to the China Mainland, August 20, 1953, China 1952-1953, Country and Area Files; RG 59, Records of the Policy Planning Staff 1947-1953(이하 PPS Records), box 14, NA를 보라. 그러나 일부 열정적인 미국인은 국민정부의 본토 반격을 지지해야 한다고 적극 호소하였다. 예를 들면 국가안전보장회의 행동협조위원회 (Operations Coordinating Board, OCB)의 대령 J. W. Gleene은 1953년 10월 당시 미국을 방문한 장징궈에게 자신은 항일전쟁시기에 셰놀트(Claire L. Chennault)가 이끈 비호대(Flying Tigers)와 같은 미국 지원군을 추진하여 국민정부의 '반공 대륙'을 지원하려고 한다고 말하였다. *Koo Memoirs*, 7:G149를 보라. 란킨 대사는 '반공 대륙'이라는 목표에 매우 공감하였다. 그는 트루먼 집권 시기에 국민정부가 이러한 구호로 국부군의 사기를 진작하려는 것을 비난하지 말라고 내내 호소했다. 그는 비록 당시 국민정부의 본토 반격 구상을 지지하지는 않았으나, 장래에 미국의 이익에 부합할 수 있는 상황에서 국민정부의 본토 반격을 지지할 가능성을 완전히 배제해서는 안 된다고 생각하였다. 대사관 참사 존스(Howard P. Jones)도 란킨의 관점에 동의하였다. 란킨의 '반공 대륙'에 대한 견해에 관해서는 張淑雅, 「藍欽大使與一九五〇年代的美國對臺政策」, 『歐美研究』, pp.193~194 참조. 레드포드를 포함한 미국 해군과 CIA 일부 인사들은 중국본토의 일부 지역으로 상륙하여 점령함으로써 중공을 압박할 수 있다고 보고 1952년 하이난(海南)을 공격해야 한다고 했다. *Koo Memoirs* 7:F310~ 311, F355~356; 秦孝儀主編, 『總統蔣公大事長編初稿』卷11(台北: 中國國民黨黨史會, 2004), pp.169, 217, 251, 257, 258을 보라.

25 U. S. Tactics toward Communist China in the Event of an Armistice, May 29, 1953, 306.13 TS NSC Reports and Correspondences 1953, RG 59, Records of the Office of Chinese Affairs(이하 CA Records), box 39, NA; Memorandum, McConaughy to Johnson on Changes in Attached Airgram to Taipei, June 26, 1953, Nationalist Chinese, RG 59, FE Records, box 4 of 8, NA; Tel.416 from

이 같은 애매모호한 태도는 미국 원조계획과 협조를 곤란하게 할 수밖에 없었고, 그에 따라 국민정부는 여전히 어려움을 느꼈다. 국민정부의 정치·경제·군사정책은 모두 본토 반격을 최종목표로 하여 정해졌다. 그러나 타이베이에 주재하는 미국 관원들은 이 문제에 관해 국민정부와 논의하지 말라고 지시받았다. 따라서 양측의 목표는 협조를 이룰 수가 없었으며, 미국의 원조 운용도 당연히 최선의 결과를 만들어낼 수 없었다. 중립화를 해제한 후, 장제스는 언론과의 인터뷰에서 국부군이 전면적인 공격행동을 취할 완전한 준비를 갖추지 못했다고 인정하면서도 준비가 완료될 때까지 공격을 미룰 수는 없다고 강조하였다. 그러면서도 그는 중립화가 해소된 이상 국민정부가 즉각 행동에 나서야 한다고 생각하는 중외 인사들을 달래야 했다.[26]

아이젠하워가 취임한 후, 란킨 대사는 이미 국민정부에 제한적으로 승낙한 셈이지만, 정식으로 승낙을 하면 양국의 신뢰를 높여 협력을 증진할 수 있고, 타이완에 민간투자를 장려할 수 있으며, 미래의 계획도 비교적 실제적으로 운영할 수 있다고 건의하였다. 그러나 워싱턴은 그의 건의를 완전히 무시하였다. 덜레스는 1952년 봄에 중국 본토를 공격하는 것은 불

....

Seoul, Nixon to Dulles, November 12, 1953; Memorandum of Discussion at the 177th NSC Meeting, December 23, 1953; 이상 두 편은 *FRUS 1952-1954*, 14(1):331~332, 345~349에 수록.

26 *Koo Memoirs* 7:F40~41, F58, Appendix 1. 국민정부의 예산은 본토 반격에 필요한 무기장비로 인해 상당히 심각한 적자를 보이고 있었으므로, 국무부는 본토 공격에 대한 지지 여부를 국민정부에 명확히 알려야 한다고 워싱턴에 요구하였다. Memorandum, Jenkins to McConaughy on Embassy Taipei's Dispatch Concerning the Chinese National Government's Military Budget for 1953, May 14, 1953, 430.2 U. S. Aid to Nationalist China 1953, RG 59, CA Records, box 42, NA; Memorandum, McConaughy to Robertson on 1953 Military Budget of the National Government of China, May 22, 1953, Nationalist Chinese, RG 59, FE Records, box 4 of 8, NA.

가능하다고 말한 적이 있다. 1953년 말 워싱턴은 국민정부의 본토 반격을 지지하는 어떠한 '암시'도 피하겠다고 정식으로 결정하였다.[27] 일부 국무부 관원들은 국민정부의 목표를 불가능한 것이라고 확정했지만, 국민정부에게 이러한 사실을 확실히 인식시키지 않았다고 비판하였다. 동아시아지역계획위원 오그번(Charles Ogburn)은 자신을 우롱하는 것보다 더 바람직하지 못한 것은 "우리의 중국 친구를 우롱하고 있다는 것"이라고 말했다. 그는 국민정부가 누구를 따라야 할지 알 수 없게 하는 것은 "명예스럽지 못한 것"이라고 생각했다.[28] 그러나 국민정부는 아이젠하워 정부의 약속이 갖는 한계를 그 누구보다도 잘 알고 있었을 것이다.[29]

....

27 Memorandum on Formosa, March 31, 1952, Formosa 1952, Dulles Papers, box 60, ML; NSC 146/2, United States Objectives and Courses of Action with respect to Formosa and the Chinese National Government, November 6, 1953, *FRUS 1952-1954,* 14(1):309를 보라.

28 D-399 from Taipei on U. S. Objectives and Courses of Action with Respect to the Government of the Republic of China on Formosa, February 3, 1953, China 1952-1953, Country anf Area Files, RG 59, PPS Records, box 14, NA; Memorandum, Ogburn to Robertson anf Johnson on Contradictions in Our Far Eastern Policies, April 17, 1953, 306.1 TS US Policy toward Far East, RG 59, CA Records, box 39, NA; Memorandum, Ogburn to Drumright on Policy on Formosa, November 3, 1953, Nationalist Chinese, RG 59, FE Records, box 4 of 8, NA. 물론, 오그번은 그 '명예'가 미국의 정책입안자들에게는 최소의 관심사라는 것을 깨닫지 못했다.

29 『중앙일보』(타이완)의 타이완 해협 중립화 해제에 관한 보도는 국민정부가 그 정책과 '반공 대륙'의 연관성을 명확하게 하지 못했다고 밝혔다. 이 신문의 톱기사 제목은 일반적으로 중립화 해제를 "국부군의 반격행동에 대한 제한을 해제하다"라고 묘사하였으나, 보도 내용은 이것이 미국의 의도라는 것을 지적하지는 못했고, 또한 국민정부가 곧 중국 본토를 공격할 것이라거나 또는 공격을 성공할 확률을 제시하지 못하였다. 예를 들면, 2월 3일의 톱기사 제목은 "아이젠하워는 어제 의회에 제7함대가 우리의 본토 공격을 저지하지 말라고 지시했으며 미국은 전 세계적인 반공(反共)의 신전략을 확정하였다"였다. 이러한 의도적인 곡해는 아마도 사기진작을 위한 것이었으며, 대다수 민중이 표제만 보고

기본적으로 합동참모본부와 국무부의 동아시아 전문가들은 신임 내각에서도 유임되었다. 따라서 타이완에 대한 정책도 현저한 변화를 보이지 않았다. 1953년 4월 드디어 대사로 승진한 란킨은 전임과 신임 두 미국 정부가 국민정부를 대하는 태도에는 그리 차이가 크지 않다고 보았다. 그는 일찍이 덜레스에게 워싱턴이 국민정부와 소통할 때의 말투가 너무 무례하다고 지적한 적이 있다. 또한 아이젠하워 정부가 계속해서 '한수 위에 있다는 우월한 태도'와 '한수 가르친다는 역겨운 자세'로 국민정부를 대하는 것에 좌절감을 느꼈다고 말했다.[30]

그러나 국민정부를 대하는 워싱턴의 오만하고 우호적이지 못한 태도는 란킨 대사가 예상한 것보다 훨씬 더 뿌리 깊은 것이었다. 워싱턴은 그들이 반공 파트너로 여기는 일본보다도 국민정부를 더 식민지처럼 간주하였으며 북대서양조약기구의 동맹국가와는 더 비교할 필요도 없었다. 비록 정책결정자들은 미국의 기준과 제도에 맞게 국민정부를 개조하라고 장제스를 압박하지 않았지만, 언제든지 미국의 원조를 중단할 수 있다는 위협으로 타이베이에게 자신들의 의지를 관철시킬 수 있다고 믿었으며, '미국화(美國化)'가 타이완이 선택할 수 있는 최선의 활로라고 생각했다.[31]

....

상세한 보도내용을 보지 않고 또한, 보더라도 워싱턴의 진정한 의도가 무엇인지 깊이 고민하지 않기 때문이었을 것이다. 2월 2일~4일자 『중앙일보』의 관련 보도 참조.

30 Letter, Rankin to Dulles, April 2, 1953, 611.94a/4-253, RG 59, NA; Letter, Rankin to McConaughy, April 10, 1953, 410 TS Chinese Nationalist Armed Forces 1953, RG 59, CA Records, box 35, NA.

31 국민정부는 미국에 끊임없이 정식으로 승낙해 줄 것을 요청함으로써 미국에 대한 신뢰가 부족하다는 것을 드러냈기 때문에 란킨 대사는 어려움을 느꼈다. 그밖에 이승만 대통령이 한국전쟁 정전협정의 서명을 방해하려고 할 때에 덜레스는 만약 이승만이 미국의 정책을 거부하는 것에 장제스가 지지를 하면, 워싱턴은 타이완에 대한 정책을 수정할 수 있다고 하였다. 이러한 방식은 장제스를 몹시 화나게 하였다. Tel.1077 to Taipei from Dulles to Rankin, June 24, 1953;

따라서 아이젠하워의 새로운 타이완 정책은 사실상 전임 정권의 정책과 큰 차이가 없었다. 타이완 해협 중립화를 해제했지만, 공화당 정부에게 중립화 해제는 장제스를 속박(限蔣)하는 것이지, 장제스가 마음대로 하게 풀어 주는 정책(放蔣)이 아니었다. 그들은 국민정부에게 비교적 실질적이고 장기적인 약속을 할 생각이 없었고, 결국 본토 반격의 약속을 지지하면서도 여전히 우월하고 오만한 태도로 국민정부를 대할 뿐이었다. 당시 국민정부 부통령 천청(陳誠)은 회고록에 다음과 같이 기록하였다. "아이젠하워 시대가 아마도 트루먼 시대보다는 조금 나아졌다고 하더라도 그것은 단지 50보와 100보의 차이였을 뿐이다."[32]

III. 압박을 통한 쐐기 전략

아이젠하워 정부가 장제스를 자유롭게 할 뜻이 없고 국민정부의 주요 정책목표를 지지하겠다는 승낙도 꺼렸다면, 그들은 타이완이 세계무대에서 어떠한 역할을 하게 하려는 것이었을까? 한국전쟁이 점차 막바지로 치닫고 있을 때, 아이젠하워의 대 타이완 정책은 한국전쟁의 상황에 따라

Memorandum of Conversation, Rankin, Chiang, and Yeh, July 1, 1953; 이상 두 편은 FRUS 1952-1954, 14(1):214~222에 수록; Koo Memoirs, 7:F209를 보라. 국민정부의 미국화를 바란 가장 좋은 사례는 1953년 9~10월에 장징궈를 미국으로 초청한 일이다. 아이젠하워를 포함한 많은 미국 관원은 작은 장(저자는 장제스를 '큰 장'으로 그의 아들 장징궈를 '작은 장'으로 지칭 - 역자.)이 미국에서 몇 년 거주하며 미국의 민주와 생활방식을 배우기 바랐다. 즉 작은 장이 미국의 '세례'를 받게 하자는 구상으로 그의 방미 초청에 대한 저항을 극복할 수 있다는 것이었다. 장징궈의 방미 경과에 대해서는 國防部總政治部軍聞社編印, 『蔣經國主任訪美輯要』(1953年); Koo Memoirs, vol.7, part G, section 2-a를 보라.
32 薛月順編輯, 『陳誠先生回憶錄: 建設台灣』(上)(新店: 國史館, 2005), p.131.

변해 간 지난 2년과는 달리 동아시아에서 세력을 확대하려는 중공의 야망을 더욱 고려하고 있었다. 따라서 타이완에 대한 미국의 생각을 이해하려면 우선 동아시아 지역에 대한, 특히 중공에 대한 아이젠하워의 정책을 이해해야만 한다.

중공이 한국전쟁 정전회담을 재개할 뜻을 보이기 전에 국무부와 국가안전보장회의 소속의 국가안전계획위원회(National Security Planning Board)[33]는 이미 동아시아에 관한 정책계획 초안을 수립한 후, 4월에 국가안전보장회의가 논의할 수 있도록 준비하고 있었다. 계획위원들은 공산집단이 장차 소련, 중국 그리고 각국의 현지 공산분자와 협력하여 아시아 자원의 통제를 확대함으로써 미국의 경제와 전략 이익을 손상할 것이라고 생각하였다.

미국의 종국적인 목표는 자조(自助)와 호조(互助)의 방식으로 동아시아 국가들이 자급자족하고 비공산적이며 우호적인 정부로 발전할 수 있도록 돕는 것이라고 그들은 주장하였다. 이 기간에 미국은 소련의 확장도구인 중공을 직접 약화시키는 방식으로 소련의 영향력 확대를 줄여야 했다. 무엇보다 시급한 목표는 미국이 받아들일 수 있는 한국전쟁 정전을 달성하는 것이었다. 이 목표를 달성하기 위해서 계획위원회는 대전 발발의 위협을 무릅쓰고라도 타이완을 포함한 도서 방어선을 유지하고 중공과 소련의 통제를 받지 않는 현지 경제와 무력을 발전시켜 미국과 자유세계가 장악할 수 있는 동아시아 자원을 확대해야 한다고 주장하였다.[34]

....

33 국가안전보장회의의 국가안전계획위원회는 대통령의 국가안전 특별고문들로, 주로 국무부, 재정부, 국방부, 국가동원부의 대표로 구성되었다. 그들은 정책제안의 초안을 세운 후, 국가안전보장회의로 넘겨 논의하고 의결하게 하였다. 또한 국가안전보장회의 내에 행동협조위원회(Operations Coordinating Board)를 설립하여 각부서가 국가안전보장회의가 결정한 정책의 집행을 담당하게 하였다.

34 United States Objectives, Policies anf Courses of Action in Asia, Transmitted

정책계획 중 또한 중공과 소련을 분열시키고 중국 안팎에서 비공산 지도자를 육성하여 베이징 정권 재편(reorientation of the Peking regime)이라는 궁극적인 목표 달성을 위한 대책을 강구하였다. 트루먼 정부는 중공과 소련을 분열시키기 위해 회유와 협박이라는 방법을 모두 사용하여 그들 사이에 쐐기를 박는 전략을 구상한 적이 있으나, 적극적으로 실행하지는 못했다.[35]

덜레스는 국무장관에 취임한 후 "압박을 통한 쐐기" 전략을 적극 주창하였다.[36] 그는 중공을 강하게 압박하면 소련에 대한 중공의 요구가 증가하게 될 것이고 소련이 그 요구에 소극적으로 응하면 중공의 불만이 고조되어 둘 사이의 동맹관계를 깨뜨린다는 목적을 달성할 수 있을 것이라고 생각했다.[37] 중공을 국제적으로 고립시키기 위해 중공 정권을 인정하지

....

for NSC discussion on February 10, 1953, February 7, 1953, 306.13 TS NSC Reports and Correspondences 1953, RG 59, CA Records, box 39, NA; NSC 148, United States Policy in the Far East, April 6, 1953, *FRUS 1952-1954*, 12:285~289. 아이젠하워는 개인적으로 국민의 역량과 안전은 전 세계 시장과 자원의 취득과 통제에 의존해야 한다고 믿었다. 따라서 이 문서의 관점과 대통령의 사고 방향은 매우 접근해 있다고 할 수 있다. 아이젠하워의 관념에 대해서는 Eisenhower Letter to Dulles dated June 20, 1952, Prior Inauguration folder, Dulles-Herter Series, box 1, Whiteman File(이하 WF), Eisenhower Library(DDEL)에 수록; Richard H. Immerman, "Confession of an Eisenhower Revisionist: An Agonizing Reappraisal", *Diplomatic History* 14:3(Summer 1990):339을 보라.

35 '쐐기 책략'에 관해서는 David Allen Mayers, *Cracking the Monolith: U. S. Policy Against Sino-Soviet Alliance, 1949-1955* (Baton Rouge, LA: Lousiana State University Press, 1986), chapter 2, 3, and 4, 그리고 Gaddis, *Long Peace,* chapter 6을 보라.

36 '압박을 통한 쐐기 책략'이라는 용어는 개디스가 가장 먼저 사용하였다. 이 책략의 개념에 관해서는 Gaddis, *Long Peace,* chapter 6을 보라.

37 Memorandum of Luncheon Meeting with George Yeh, Chinese Nationalist Minister of Foreign Affairs, and Dr. Wellington Koo, Chinese Ambassador to Washington,

않고, 중국 공산당에 대한 금수(禁輸)를 강화해 경제를 파괴하겠다는 것이 그의 구상이었다. 효과적으로 압박하기 위해서, 만약 중공의 행동이 미국의 허용범위를 넘어서면 소련과 중공은 핵공격을 받을 수 있다는, 즉 이른바 "핵으로 억제하는" 전략도 암시하였다.[38]

정책계획위원들은 그로 인해 트루먼 시대의 '쐐기 전략'의 개념을 다시 들고 나왔다. 다만 '회유'라는 부분을 삭제했을 뿐이었다. 그들의 논리는 "소련에 대한 끝없는 요구는 둘의 관계를 깨뜨리고, 중공이 소련으로부터 벗어나고 싶게 하는" 것이었다. 그들은 중공과 소련을 분열시키는 시도와 중국 내에 베이징 정권을 대체할 비공산 정부를 육성하는 계획은 충돌을 일으킬 만한 요소가 전혀 없다고 생각했다. 그들은 다만 중공이 소련 이외의 다른 친구를 찾을 의지를 표명했을 때, '압박을 통한 쐐기 전략'을 다시 검토할 필요가 있다고 강조하였다.[39]

스탈린 사후 그의 후임자는 평화공세를 발동하였고, 3월말 중공은 정전회담에서 양보할 뜻이 있다고 밝혔다. 그에 따라 국가안전보장회의는 동아시아 정책과 기타 관련 계획서에 대한 토론을 잠시 멈추었다. 새로운

....

November 19, 1952, PRC 1952, box 58, Dulles Papers, ML. 덜레스는 1년여 후 개최된 버뮤다 회의에서 이러한 견해를 밝혔다. Memorandum of Eisenhower-Churchill-Bidault Meeting, December 7, 1953, *FRUS 1952-1954*, 5:1808~1818 을 보라.

38 Mayers, *Cracking the Monolith*, pp.119~121; Gaddis, *Long Peace*, pp.174~182.
39 정책목표가 모순적이라는 비평은 트루먼 시기에 이미 출현했다. 이러한 모순은 아이젠하워가 취임한 후에도 존재하였다. 그러나 국가안전계획위원회의 구성원들은 모순이 단지 잠재적인 것으로 당시에 해결을 해야 하거나 해결할 수 있는 것은 아니라고 생각했다. Memorandum, Ogburn to Johnson on NSC Paper on Formosa, March 10, 1953, 306.13 TS NSC Reports and Correspondences 1953, RG 59, CA Records, box 39, NA; NSC Staff Study on Basic U. S. Objective toward Communist China, annex to NSC 148, April 6, 1953, *FRUS 1952-1954*, 14(1):175~179를 보라.

상황에 대처하기 위한 새로운 정책
을 세우기 위해, 국가안전보장회의
내부에 고위층으로 구성된 실무위
원회를 조직하여 대통령 국가안전
특별보좌관 커틀러(Robert Cutler)
가 전체 국가안전정책을 재검토하
는 책임을 맡았는데, 이 재검토의
총칭은 '솔라리엄 프로젝트(Solarium
project)'였다. 아이젠하워가 최종

핵무기 위협은 한국전쟁 중 모호한 전략이었다.

비준한 국가안전사고의 핵심은 여전히 공산당에 대한 봉쇄를 유지하지만,
약간의 '억제' 논리를 더한다는 것이었다. 이러한 의미에 근거하여 아이
젠하워는 「기본국가안전정책」이라는 표제의 NSC 162/2를 받아들였다. 이
문서가 강조하는 주요 원칙은 '예산 균형'과 '핵무기를 통한 억제'였다.[40]

정책기획자들은 기본적으로 공산진영의 평화공세가 단지 일시적으로
전략을 바꾼 것일 뿐이지 목표를 바꾼 것은 아니며, 그 목적은 군비확충
의 시간을 버는 것과 동시에 자유세계의 단결을 약화시키려는데 있다고
생각하였다. 이러한 관점은 1953년 7월 27일 한국전쟁 정전협정이 체결
된 후에도 변하지 않았다. 따라서 그들도 압박을 통해 쐐기를 박는 전략
을 포기하지 않고 고수하였다.[41] 국가안전보장회의가 그해 말 채택한 중

....

40 1953년 여름의 '솔라리엄 작전(Operation Solarium)'에 관해서는 Gaddis, *Strategy
of Containment,* 145; H. W. Brands, "The Age of Vulnerability: Eisenhower
and the Nation Insecurity State", *American HIstorical Review* 99:4(October
1989):966~968; Immerman, "Confession of an Eisenhower Revisionist",
pp.335~340을 보라. 솔라리엄 프로젝트의 보고에 관해서는 *FRUS 1952-1954,*
2:399~431을 보라. NSC 162 시리즈에 관해서는 *FRUS 1952-1954,* 2:491~514,
577~597을 보라.
41 정책기획자들의 평화에 대한 관점은 Memorandum, Anderson to Jenkins, Martin,

공에 대한 정책지도원칙은 전혀 타협의 의미를 내포하지 않았다. NSC 166/1은 중공에 대한 아이젠하워 정부의 첫 번째 문서로, "동아시아 정책에 있어 미국의 기본문제는 강하고 적의가 충만한 공산중국에 대응하는 것이고 중소 동맹이 야기한 권력구조를 변화시키는 것"이라고 지적하고 있다. 이 문서는 또한 설사 어떤 동아시아 문제의 해결이 중공의 뜻에 부합한다고 하더라도 중공은 서방, 특히 미국에 대한 적개심을 바꾸지 않을 것이라고 강조하였다.[42] 이러한 견해를 합동참모본부가 고수하고 대부분의 관원들이 동의하는 상황에서, 이 문서는 제대로 된 절차를 밟지 못하더라도 최소한 미국에 적대적이지 않는 정권으로 대체하겠다는 것이 궁극적인 목표라고 기록하고 있다.[43] 비록 이것이 궁극적인 목표였다고 할지라도, 국가안전보장회의는 단독으로 무기를 사용하거나 국민정부와 협력하여 중국을 공략함으로써 중공 정권을 교체할 목표를 이루려고 하지 않았다. 또한, 적의를 줄이기 위해 중공에게 양보하는 것도 반대하였다. 다른 한편 그들은 만약 중국과 소련이 분열하면 그 주요한 요인은 둘의

....

and McConaughy on Current Chinese Communist Foreign Policy Developments, April 1, 1953, 320.2 Communist Chinese Relations with Others 1953, RG 59, CA Records, box 40, NA; Memorandum for NSC meeting, April 8, 1953, Miscellaneous(1), NSC Series, Subject Subseries, box 5, White House, Offensive and Its Effects upon U. S. Policy, May 11, 1953, 320 International Political Relations(General) 1953, RG 59, CA Records, box 40, NA; NSC 154, United States Tactics Immediately Following an Armistice in Korea, June 15, 1953, *FRUS 1952-1954*, 15(1):1170~1176.

42 NSC 166/1, U. S. Policy toward Communist China, November 6, 1953, *FRUS 1952-1954*, 14(1):278~280.

43 Memorandum, Martin to Ogburn on Further Comments on Far Eastern Section of the Solarium Paper, September 21, 1953, 306.13 TS NSC Reports and Correspondences 1953, RG 59, CA Records, box 39, NA; Memorandum, the JCS to the Secretary of Defense, November 3, 1953, *FRUS 1952-1954*, 14(1): 260을 보라.

내부에서 먼저 발생하고, 그 다음에 외재적인 압력 혹은 회유를 통해 조성될 것이라고 강조하였다.[44] 상호 모순되는 이 두 가지 논조는 워싱턴의 정책결정자들이 '쐐기 전략'을 그다지 신뢰하지 못하고 있었음을 보여준다.

사실 '압박을 통한 쐐기' 전략의 집행, 특히 금수조치는 NSC 166/1에 정식으로 채택되기 전에 이미 점차 이완되고 있었다. 그 주요 원인의 하나는 서방 동맹국들이 중공과의 관계 정상화를 위해 금수조치에 동참하기를 꺼려했기 때문이다. 그리고 문자상으로는 중공에게 적의가 충만하였다고 할지라도, 아이젠하워와 그의 고문들은 중공과 소통하여 '순수한 이익'(net advantage)을 확보할 수 있다고 강조하였다. 심지어 국가안전보장회의의 제1차 회의에서 아이젠하워는 미국에 "순수하게 이익이 된다"면 중공에 제트전투기까지도 팔 수 있다고 말하였다.[45]

따라서 공개적인 성명은 "철의 장막으로 되돌리려는" 것처럼 들리지만, 실제로 아이젠하워 정부는 냉전 초기부터 시작된 '봉쇄'정책을 채택하였다. 봉쇄하는 방법은 타이완을 포함한 연해 도서지역과 다른 아시아 동맹들의 방어능력을 강화하는 것과, 동아시아 문제에 대해 미국이 수용할 수 있는 해결책을 찾기 전에 정치와 경제적으로 중공을 압박하는 것, 그리고 가능한 모든 방법으로 중공과 소련의 관계를 깨뜨리는 것이었다.[46]

....

44 NSC 166/1, November 6, 1953, *FRUS 1952-1954*, 14(1):278~280.

45 아이젠하워는 11월 5일 국가안전보장회의에서 중공과의 무역정책은 '순익'을 주요한 고려의 기준으로 삼아야 한다고 말했다. Memorandum of Discussion at the 169th NSC Meeting, November 5, 1953, *FRUS 1952-1954*, 14(1):267~269 를 보라. 중공에 대한 압박 완화, 특히 금수조치에 관해서는 Memorandum, Hope to Drumright on Comment on Hinke Letter on U. S. Attitude on Trade Controls, December 1, 1953, Trade with Communist China, RG 59, FE Records, box 4 of 8, NA; Qing Simei, "The Eisenhower Administration and Changes in Western Embargo Policy against China, 1954-1958", in Warren I. Cohen and Akira Iriye, eds., *The Great Powers in East Asia, 1953-1960* (New York: Columbia University Press, 1990)을 보라.

아이젠하워 정부의 대 중국 정책에 대한 사유에는 실리주의와 이상주의의 요소가 분명하게 존재하였고, 이는 어쩔 수 없이 정책을 모호하게 하여 정책은 명료해야 한다고 생각하는 일부 관원들을 곤혹스럽게 하였다. 그들은 중공을 압박하는 것은 중소 관계를 더 밀접하게 만들 뿐, 그 둘의 분열을 초래하지 않는다는 영국의 논리에 비교적 동조하였다. '압박을 통한 쐐기' 개념은 짧은 기간 안에 중공 문제를 해결하는 명확한 방안을 도출할 수 없었다. 그럼에도, 아이젠하워 정부는 이 원칙을 채택하기로 결정하였고, 트루먼 시대의 정책결정 방식처럼 워싱턴은 정세 변화 속에서의 끊임없는 정책 검토를 통해 이후에 가능한 해결방안을 채택할 수 있게 남겨두었다.[47] 많은 정책기획자들에게 있어서 당시 '압박을 통한 쐐기' 전략은 여전히 미국이 동아시아에서 이익을 확대하는 가장 좋은 방법이었다. 그러나 그들도 서방국가의 어떠한 조치도 모두 두 개의 공산 거인을 분열시키지 못할 것이라고 믿었다. 따라서 그들은 불승인 정책과 날로 느슨해지는 금수조치 외에는 '압박을 통한 쐐기' 전략을 실행할 수 있는 구체적인 방법을 제안하지 않았다. 적극적으로 실행되지 않는 상황에서 '압박을 통한 쐐기'로 중공과 소련을 분열시키는 것은 실질적인 목표라고 하기 보다는 정책결정자들의 '기대'였다. 과연 아이젠하워의 대 중국 정

....

46 NSC 166/1, November 6, 1953, *FRUS 1952-1954*, 14(1):281~282. 그러나 정책 기획자들은 그들이 구상한 '방법'을 명확하게 밝히지 않았다.

47 오그번은 미국의 대 중국 정책에 대한 가장 극렬한 비판자였다. 그의 비판 사례는 Memorandum to Robertson on Decision on China, June 6, 1953, Communist Chinese, RG 59, FE Records, box 4 of 8, NA; Memorandum to Stelle on Draft Paper on U. S. Policy toward Communist China, August 14, 1953, Ibid.; Memorandum, Peake to Robertson and Johnson on Considerations Affecting U. S. Policy with respect to the Two Chinas, Nationalist Chinese, Ibid.; Draft Policy Paper on china by Stelle, September 28, 1953, 306.12 TS U. S. Policy to Communist China 1953, RG 59, CA Records, box 39, NA 참조.

책이 중공과 소련의 분열을 초래할 수 있을지는 가늠하기 어려웠다.[48]

IV. 의도적으로 모호했던 대 타이완 정책

아이젠하워가 취임하기 전에 워싱턴은 이미 대 타이완 정책을 전체적으로 검토하기 시작하였고, 검토는 중립화가 해제된 후에도 지속되었다. 검토히는 과정 중에, 타이완에 대해 더욱 적극적인 정책을 채택해야 한다고 호소한 란킨은 군사·경제원조계획에 매우 중요한 몇 가지 질문을 했다. 첫째, 그는 미국이 타이완 방위 이외의 상황에도 국부군을 사용할 계획이 있는가? 만약 그렇다면, 언제까지 이 부대가 전투에 참가할 수 있는 수준에 이르게 할 계획인가? 둘째, 미국은 타이완이 4년 내에 군비를 제외하고 경제적으로 자급자족할 수 있게 도울 예정인가? 셋째, 미국은 타이완의 법률적인 지위문제를 정식으로 해결하려고 하는가, 아니면 국민정부의 본토 반격을 지지하려고 하는가?[49] 그러나 트루먼 정부는 문제에 줄

....

48 쐐기 전략에 관한 기술과 기본적인 긍정평가에 관해서는 Mayers, *Cracking the Monolith;* Mayers, "Eisenhower and Communism: Later Findings", in Richard A. Melanson and Mayers eds., *Reevaluating Eisenhower: American Foreign Policy in 1950s,* (Urbana and Chicago, IL: University of Illinois Press, 1987), pp.88~119; Gaddis, *Long Peace,* chapter 6를 보라. '압박을 통한 쐐기' 전략에 대한 중국 학자들의 견해는 宋曉芹·李莉,「試論 1949-1959年 中蘇關系中的美國因素」,『當代中國史研究』(2008年 第4期), pp.66~73, 126 참조. 중국 학자들은 중소 분열의 요인에 대해서 비교적 많은데 대표적으로 沈志華,「中蘇同盟破裂的原因和結果」,『中共黨史研究』(2007年 第2期), pp.30~42가 참고할 만하다. 양국관계를 비교적 상세하게 검토한 연구는 楊奎松,『毛澤東與莫斯科的恩恩怨怨』(南昌: 江西人民出版社, 1999)를, 직접 경험한 인사의 회고로는 吳冷西,『十年論戰: 1956-1966 中蘇關系回憶錄』(北京: 中央文獻出版社, 1999)를 참고할 만하다.
49 타이완 정책에 대한 검토는 Statement of U. S. Objectives and Courses of

곧 회답하지 않았다.

토론이 진행된 지 거의 1년 가까이 된 후, 아이젠하워 정부도 마찬가지로 위에 열거한 문제에 대해 명확하게 답하지 않음으로써 랜킨과 국민정부 모두를 실망시켰다.[50] 당연히 대 타이완 정책 중에는 상당히 명확한 요소도 포함되어 있었다. 예를 들면, ㉮중공과 소통해야 한다고 적극 찬성하는 사람이라고 해도 동아시아 문제를 해결하는 대가로 타이완을 중공에게 내어주자고 제안하지는 않을 것이다. ㉯거의 모든 사람들은 장제스의 '반공 대륙'이 매우 현실적이지 않다고 생각한다. 사람들 모두가 경제원조에 대해 더 많이 논의하고 있고, 미국은 국민정부가 가능한 한 빨리 경제적으로 독립할 수 있기 바라고 있으므로 타이완의 제1차 4개년 경제계획을 지지한다. 비록 경제원조의 요구물량에 대해서, 특히 대량의 군사원조 물자를 인도한 후 경제적 영향에 어떻게 대응할 것인지에 대해서는 다소 논쟁이 있었다. 그러나 타이완이 조속히 경제적으로 자급자족을 달성하도록 지원하는데 아무도 반대하지 않았다.[51] 이러한 공감대 외에, 정치와 군사적인 범주에서는 여전히 많은 추상적이고 모호한 부분이 존재하였다.

정치문제에서 매우 중요한 점은 타이완의 법률적인 지위와 관련된다.

....

Action with respect to the National Government of China on Formosa, second draft, December 11, 1952, 611.94a/9-252, RG 59, NA를 보라. 트루먼 임기 최후의 토론 과정에 대해서는 본서 제8장 제5절 참조.

50 타이완 정책에 대한 검토는 기타 동아시아와 중국에 대한 정책 검토와 마찬가지로, 우선 스탈린의 사망(바로 앞 절에서 언급한 솔라리엄 프로젝트)으로 시작되어 7월 27일 한국전쟁 정전으로 잠시 중단되었다가, 가을에 재개되었다. 결과는 1953년 11월 초에 비준된 NSC 166/1(대 중국 정책)과 NSC 166/2(대 타이완 정책)이었다.

51 미국 원조계획 논의에 관련한 세부 내용은 *Koo Memoirs,* vol.7, part F, section 3-b와 part G, section 2-b 참조.

한국전쟁이 막바지에 이르렀을 때에, 이 문제의 중요성이 천천히 드러나기 시작했다. 많은 사람들은 유엔이 타이완을 신탁통치해야 한국전쟁이 끝난 후 미국이 계속해서 이 섬을 합리적으로 통제할 수 있다고 생각했다. 그러나 이 문제는 한국전쟁 정전을 전후로 하여 충분히 논의되지 못했다. 정책결정자들은 한국과 인도차이나반도 문제를 포함하여 동아시아의 주요한 문제가 해결되기 전에 미국은 타이완에 대한 통제를 포기해서는 안 되고, 이 섬의 법률적 지위가 확정되면 미국이 장악력을 잃을 수 있다는 데 대략적으로 동의하였다.[52]

위싱턴도 중공 승인을 결정하기 전에 중공이 국제사회에서 받아들여지고 승인되는 것을 꺼렸다. 따라서 유엔(혹은 다른 국제기구)에서 중공이 국민정부의 위치를 대체하게 할 생각은 없었다. 그러나 일부 정책결정자들은 국민정부와 중공의 유엔 공동가입 가능성을 고려하기도 하였다.[53]

....

52 1953년 4월 9일의 『뉴욕타임즈』는 위싱턴이 타이완 신탁통치 문제를 고려하고 있는 것 같다고 보도하였다. 이는 덜레스의 기자회견을 과도하게 해석한 결과였음에도 의회를 소란스럽게 했고, 국민정부를 노심초사하게 만들었다. 백악관은 즉시 성명을 발표하여 당시에는 이러한 가능성에 대해 전혀 고려하고 있지 않다고 밝혔다. 그러나 국민정부의 안전에 대한 결핍은 한국전쟁의 정전으로도 해소되지 않았다. *Koo Memoirs,* 7:F114~126, F130~133, F137, F138; Minutes of Telephone Conversation of Dulles, April 9, 1953, (Microfilm, University Publication of America, 1980), Reel 1:0026~0027; Tel.1093 from Taipei, April 15, 1953, 794a.022/4-1553, RG 59, NA; Memorandum, FPL to EWM, AJ, WOA, HMH, on Trusteeship for Formosa, April 23, 1953, #2P Formosa, RG 59, CA Records, box 23, NA.

53 러스크는 덜레스에게 유엔 공동 대표권의 가능성을 고려하라고 제안한 적이 있다. Rusk's Letter of June 16, as printed in William P. Snyder, "Dean Rusk to John Foster Dulles, May-June 1953: the Office, the First 100 Days, and Red China", *Diplomatic History* 7:1(Winter 1986):79~86을 보라. 덜레스는 1953년 11월 9일의 기자회견에서 이 점을 언급하였고 국민정부도 미국 인사들의 이러한 생각을 알고 있었다. *Koo Memoirs,* 7:027, G30~31을 보라.

1953년 6월, 의회는 예산관련 법안 심의 중 1개의 수정 조례 항목을 첨가하여 중공을 유엔에 진입시켜서는 안 된다고 강조하였다.[54] 한국전쟁 정전 후 국제사회에서는 중공의 유엔 가입을 요구하는 압박이 점차 증가하고 있었고, 미국은 그 회기에는 이 문제를 잠시 논의하지 말자고 제안하였다. 국민정부는 실질적으로 투표하기 바랐으나 덜레스는 대부분의 국가가 중공의 가입에 동의할 수 있다고 말하였고, 영국은 중공 가입 논의를 잠시 지연하자는 제안에만 동의하였을 뿐이다. 1953년 말, 미국은 국민정부가 유엔의 의석을 계속 유지하게 하고 적어도 동아시아 문제가 합리적으로 해결되기 전에는 국제사회에서 중공을 계속 고립시키기로 결정하였다.[55]

국제기구에서 국민정부가 중국을 대표하게 하고 중공을 고립시키는 것을 제외하고, 국민정부의 주요한 정치적 가치는 타이완과 중국 본토 이외 지역의 반공적인 중국인을 영도하는 데에 존재한다고 정책결정자들은 생각하였다. 그들은 국민정부가 해외지역 중국인들의 충절을 흡수할 수 있다고 믿었다. 1,000만 명이 넘는 중국인이 거주하는 동남아지역에서는

....

54 하원 예산위원회의 원래 수정안은 유엔이 중공의 가입을 거절해야 한다고 요구하면서, 그렇게 하지 않으면 미국은 유엔 각 기구에 대한 지원을 거부하겠다고 하였다. 그러나 아이젠하워는 이 수정안을 삭제하는 대신 자신은 한국전쟁 정전을 평계로 동맹들에게 중공의 유엔가입을 촉구하지 않겠다는 약속을 받아내겠다고 하원의 원로들을 설득하였다. 따라서 의회는 중공의 유엔 가입을 반대한다는 공통인식을 표출한 1953년 6월 3일 수정안을 통과시켰다. *Koo Memoirs*, 7:F171~178; Memorandum, Eisenhower to Dulles on Meeting with Congressional Leaders, June 2, 1953, DDE Diaries Series, box 3, WF, DDEL; Draft Letter, Eisenhower to Nixon, June 2, 1953, International series, box 9, WF, DDEL을 보라.

55 Draft Paper on Chinese Representation for the Bermuda Conference, June 10, 1953, Confenrence, June 10, 1953, Communist China, RG 59, FE Records, box 4 of 8, NA; Memorandum, Bacon to Johnson and Robertson on Draft Paper on Chinese Representation for the Mermuda Conference, June 12, 1953, Ibid.; *Koo Memoirs*, 7:G1~16, G31~42; NSC 166/1, November 6, 1953; 이상 두 편은 *FRUS 1952-1954*, 14(1):280, 307에 수록.

이 점이 특히 중요한데, 만약 이 지역의 중국인들이 중공을 지지하게 되면 동남아 국가들이 적화될 수도 있다고 보았던 것이다. 이러한 결과를 피하기 위해 워싱턴은 국민정부의 국제화를 돕고 다른 동맹국들도 동일한 타이완 정책을 취하도록 장려하기로 하였다.[56] 결국, 아이젠하워 정부는 국민정부를 '중국의 정부'로 승인하였다. 국방장관 윌슨이 워싱턴은 "중국의 가능한 지도자로서" 장제스를 '상상'하거나 대우하는 '곤경'에서 벗어날 방법을 찾아야 한다고 주장할 때, 국무부 차관 스미스(W. Bedell Smith)는 불행히도 미국은 "빠져나올 수 없게 되었다"고 답했다. 아이젠하워는 매우 고민스러워하며 이 견해에 동의하였고, 장제스를 단지 '타이완'만의 지도자로 삼는데 대가를 지불할 수는 없다고 말하였다.[57]

그러나 타이완의 법률적인 지위 문제는 여전히 원만한 해결을 볼 수 없었다. 워싱턴은 이 미묘한 문제에 답하기 어려웠기 때문에 가능하면 회피하는 태도를 보였다. 아이젠하워 정부는 정책결정 과정에서 점차 "타이완은 중국의 일부분"이라는 것과 타이베이와 베이징에 대한 정책은 제로섬게임이라는 전제를 포기하였다.[58] 요컨대, 그들은 타이베이의 '득(得)'이 베이징의 '실(失)'이라고 더는 생각하지 않았다. 따라서 타이베이가 공산 중국에 병합되거나 독립하는 것 중 양자택일을 할 필요는 없다. 그리고 미국의 이익에 부합하기만 하면 타이완은 법률적 지위가 분명하지 않은

56 NSC 146, March 27, 1953, RG 273, NSC 146 Series, Civil Reference Branch, NA; NSC Staff Study on United States Objectives and Courses of Action with respect to Formosa and the Chinese National Government, Enclosure of NSC 146/2, November, 1953, *FRUS 1952-1954*, 14(1):311~318.

57 Memorandum of Discussion at the 169th NSC Meeting, November 3, 1953, *FRUS 1952-1954*, 14(1):274.

58 1951년 봄부터 워싱턴은 타이완이 중국의 일부분이어야 중공을 위협하거나 유인할 수 있다고 생각하였고, 이는 이후 트루먼 정부의 대 중국 정책 수립의 전제가 되었다. 본서 제7장 제4절 참조.

회색지대에 존재할 수 있게 된다. 특히 한국전쟁 정전 후, 타이완의 법률적 지위는 중대하거나 반드시 해결해야 할 문제로 간주되지 않았다.

국무부의 중국과 부과장 마틴은 과거에는 전체 중국 문제를 해결하는 데 있어서 타이완 정책이 갖는 중요성을 지나치게 강조했을 수도 있지만, 장기적으로 미국에 대한 중공의 태도에 결정적인 영향을 미치는 것은 미국의 극동 정책이지 타이완 정책이 아니라고 지적하였다.[59] 미국 정책결정자들은 친국민정부 혹은 친중공이라는 양극단은 피하고 싶었고, 정책을 기획할 때마다 늘 타이완을 미국이 중공을 포위할 때 사용할 하나의 졸개쯤으로 간주하고 있었다. 국민정부는 이러한 미국의 생각을 인지하고 있었으므로 미국이 언젠가 유엔이 타이완을 신탁관리하게 하거나 중공에게 타이완을 넘겨주기로 합의하지 않을까 늘 우려하였다. 국민정부의 주미대사 구웨이쥔이 1953년 말 "모두들 시도 때도 없이 마음을 졸이고 있다"고 말한 것과 같다.[60]

타이완의 군사적인 가치에 대해서 국가안전보장회의는 다음과 같이 결론을 내렸다: 국부군은 중공에게 잠재적인 위협이며, 동아시아 지역에서 자유세계의 전략적인 예비부대이다.[61] 미국의 정책결정자들은 국부군을 언제든지 미국의 이익을 위해 출정할 수 있는 전략적 예비 역량으로 간주한다는 데는 이의가 없었다. 그러나 이들 부대의 규모와 어떠한 상황

....

59 Staff Study on Communist China by Martin, April 2, 1953, 306.13 TS NSC Reports and Correspondences 1953, RG 59, CA Records, box 39, NA.

60 트루먼의 임기 내의 고려사항에 대해서는 본서 앞의 몇 장을 참고할 수 있다. 국민정부의 우려에 대해서는 *Koo Memoirs,* 7:F66, F312, G64; Memorandum of Conversation, July 31, 1953, #2P Formosa, RG 59, Ca Records, box 23, NA를 보라.

61 NSC 166/1, November 6, 1953, *FRUS 1952-1954,* 14(1):300; NSC 146/2, November, 1953, *FRUS 1952-1954,* 14(1):318.

에서 이 예비부대를 사용할 수 있을지에 대해서는 명확한 입장이 없었다.[62] 이로 인해 란킨은 워싱턴이 조속히 결단해야 한다고 상기시키면서 당시 이들 부대의 계획과 훈련, 장비가 방위의 최소 수요를 초과한 만큼 워싱턴이 이 부대의 사용조건을 명확히 정의해야 한다고 지적하였다.[63] 워싱턴은 최종적으로 국부군의 총 규모를 결정하였으나, 여전히 '전략적 예비부대'라는 개괄적인 개념을 적용하여 그 사용의 범위와 조건을 명확히 정의하려고 하지 않았다.[64]

그러나 국부군이 야기할 수 있는 위협작용에 대해서 워싱턴의 관원들은 여전히 많은 관점의 차이를 보이고 있었다. 중국과 부과장 마틴은 양

....

62 연합전략심사위원회(Joint Strategic Survey Committee, JSSC)는 국부군가 동아시아 방위에 참여하도록 국민정부의 동의를 정식으로 얻어야 한다고 제안하였으나, 최종적인 합의에는 이르지 못하였다. 그 이유는 정책기획자들이 국부군이 미국의 원조를 받아 무장하고 훈련하는 이상 국민정부는 워싱턴이 국부군을 활용하겠다는 요구를 거절할 수 없을 것이라고 생각했기 때문일 것이다. JCS 1966/67, Draft Memorandum, JSSC to the JCS on NSC 146, April 3, 1953, 381 Formosa(11-8-49) sec, 10, Geographic Files, RG 218, Records of the Joint Chief of Staff(이하 JCS Records), box 17, NA.

63 D-513 from Taopei, Rankin to State on Poroposed MDAP Equipment Program and Country Statement for Formosa, Fiscal Year 1954, March 23, 1953; Memorandum of Conversation, State and Defense Representatives with Rankin, June 1, 1953; 이상 두 편은 FRUS 1952-1954, 14(1):161, 199~201에 수록. D-91 from Taipei on Prerequisites to a Return to the China Mainland, August 20, 1953, China 1952-1953, Country and Area Files, RG 59, PPS Records, box 14, NA.

64 NSC 146과 NSC 146/2의 내용을 비교해 보면 후자는 군사원조에서 국민정부 육군의 범위와 해·공군의 임무를 비교적 상세하게 규정하였다. 그러나 해·공군의 규모는 여전히 결정하지 않았다. NSC 146/2, November 6, 1953, FRUS 1952-1954, 14(1):308을 보라. '전략적 예비'에 관한 지속적인 모호성의 정의에 대해서는 Memorandum, McConaughy to Drumright on An Evaluation of the Military Situation in Formosa, December 8, 1953, 794a.56/12-853, RG 59, NA를 보라.

안 군사력의 차이가 현저하고 중공이 중국 본토를 확고히 장악하고 있는 한 국부군의 군사력은 심각한 위협으로 간주될 수 없다고 말했다. 아이젠하워는 이러한 위협이 발휘할 수 있는 기능과 효과에 대해서 유보하는 입장을 취하였다.

당시 재정부 장관 험프리(George M. Humphrey)는 국가안전보장회의에서 장제스가 단지 중국 본토에 하나의 '모호한 위협(vague threat)'일 뿐인지 물었고, 아이젠하워는 기껏 해도 그 정도라고 답했다. 그러나 덜레스, 국가안전보장회의 고문 커틀러, 그리고 국무부 차관 스미스 등은 국민정부의 군사역량은 중공군 견제에 적지 않은 역할을 할 수 있고, 다른 지역을 침공하려는 베이징의 역량을 감소시킬 수 있다고 믿었다.[65] 정책결정 과정 중에서 후자의 개념이 점차 우위를 차지하게 되었다. 다만 1953년 12월 국무부는 타이완의 육·해·공군은 여전히 중공의 전면적인 공세를 막아낼 수 없다고 평가하였다.[66] 국부군이 독자적으로 타이완을 방어할 수 없는 부대이기를 바라면서 다른 한편으로는 중공을 견제하거나 위협할 수 있기 바라는 것은 사실상 워싱턴의 너무 지나친 기대였다.

국부군 사용의 정확한 목표가 없음으로 인해 워싱턴 내부에서는 군사

---

65 Staff Study on Communist China by Martin, April 2, 1953, 306.13 TS NSC Reports and Correspondences 1953, RG 59, CA Records, box 39, NA; Memorandum of Discussion at the 169th NSC Meeting, November 5, 1953, *FRUS 1952-1954,* 14(1):275.

66 Memorandum, McConaughy to Drumright on An Evaluation of the Military Situation in Formosa, December 8, 1953, 794a.56/12-853, RG 59, NA; Memorandum, McConaughy to Robertson on the Military Situation on Formosa, December 18, 1953, 794a.5/12-1853, RG 59, NA를 보라. 국무부는 국민정부에 대한 군사원조에 대해 줄곧 의구심을 가지고 있었다. 따라서 평가를 있는 그대로 받아들일 수는 없으나, 국민정부의 군사력은 분명히 원조계획의 달성목표에는 상당히 못 미치고 있었다. Staff Study of NSC 146/2, November 6, 1953, *FRUS 1952-1954,* 14(1):320.

원조를 어느 정도할 것인지 논쟁이 끊이지 않았다. 국방장관 윌슨은 11월에 두더지 굴에 돈을 던져 넣는 것처럼 이 군사원조금은 회수될 수 없으므로 군사원조 수량을 줄여야 한다고 건의하였다. 아이젠하워는 군사원조계획의 지도원칙에 동의하면서 어느 시점에, 어느 지점에 이들 부대를 사용하도록 의도해서는 안 된다고 말했다. 아이젠하워는 지출계획을 확정하기 전에 군사원조의 실제 숫자는 '모호하고 부정확(haze and indefeinite)'한 것이 가장 좋다고 말했는데, 이는 정책결정에 주저하고 회피하는 경향을 잘 표현하는 말이었다. 따라서 트루먼 시대와 마찬가지로 확실한 군사원조 목표와 규모의 결정은 국방부가 좀 더 시간을 가지고 조사 검토할 수 있게 다시 지연되었다.[67]

국부군의 군사력을 통제하려는 워싱턴의 바람도 이 정책을 더욱 혼란하게 하였는데, 스미스의 관점이 가장 좋은 사례이다. 맥아더처럼 스미스는 타이완을 강한 예비 전투부대를 갖춘 침몰하지 않는 항공모함으로 간주하며, 동아시아에서 미국과 동맹국들의 군사력에 상승작용을 할 것이라고 생각했다. 그러나 그도 워싱턴이 충분한 통제력을 가져야 한다고 믿었고, 국민정부는 충분한 수송 장비와 해·공군이 없어서 중국 본토에 대한 대규모의 모험을 감행할 수 없다고 확신했다.[68] 많은 관원들은 모두 스미스의 관점에 동의하였다. 따라서 국민정부의 행동을 통제하는 것에 대한 아이젠하워 정부의 관심은 계속해서 군사원조계획과 집행의 성과에 대한 관심을 뛰어넘고 있었으며, 이는 군사원조계획의 효율성을 떨어뜨리는 결과를 피할 수 없게 하였다.

....

67 Memorandum of Discussion at the 169th NSC Meeting, November 5, 1953, *FRUS 1952-1954*, 14(1):274~277.
68 Memorandum, McConaughy to Robertson on Briefing of General Smith on NSC 166 and NSC 146/1, November 4, 1953, *FRUS 1952-1954*, 14(1):264.

이러한 모순을 가지고 있으면서도 타이완에 대한 군사원조를 중단할 수 없었으므로 아이젠하워 정부는 쌍방 모두의 염원을 피하기 어려웠으나, 어려운 선택을 피하고려는 경향도 있었다. 예를 들면, 워싱턴은 아직 '전략적 예비부대'의 의미를 명확하게 정의하지 않았기 때문에 계획과 집행에 관련된 다음의 몇 가지 문제는 답을 할 수 없었다: 도대체 언제, 어디, 어떤 상황에서 이들 부대를 사용할 수 있는가? 그 부대 사용에 대해 국민정부의 동의를 얻어야 하는가? 이들 부대를 전투에 투입시키려면 어떻게 준비시켜야 하는가? 군사원조와 경제원조계획은 이들 목표에 어떻게 부합시킬 것인가 등등.[69]

각 방면의 비평은 한국전쟁의 상황 변화나 여름부터 가을 사이에 있었던 국가안전정책에 대한 전체적인 검토가 대 타이완 정책에 큰 영향을 미치지는 않을 것으로 보았다. 1953년 3월, 아이젠하워 정부는 기업인 블리스(Harry A. Bullis)가 이끄는 공동안전총서(共同安全總署, The Mutual Security Agency)의 특별시찰단을 타이완에 파견하였다. 시찰단은 보고서에서 미국은 타이완 정책의 목표를 '분명히 하여' 국부군이 공격능력을 마음껏 발전시킬 수 있도록 허용하고 또한 군사원조를 즉시 증가하라고 제안하였다. 그러나 워싱턴은 이 보고서의 제안을 대부분 무시하였다.

란킨은 미국이 국부군의 임무를 설정하고 국민정부가 균형 잡힌 부대 발전을 실현할 수 있게 협조해야 한다고 건의하였으나, 이도 역시 무시되었다. 국가안전보장회의의 결정은 아이젠하워 자신의 실제적인 고려와 국부군의 가치에 대한 의구심마저도 무시하였다.[70] 요컨대 미국의 타이완

....

69 D-399 from Taipei on U. S. Objectives and Courses of Action with respect to the Government of the Republic of China on Formosa, February 3, 1953, China 1952-1953, Country and Area Files, RG 59, PPS Records, box 14, NA.
70 Memorandum by Hope and Jenkins on Current Programs with respect to China, March 30, 1953, 005 Briefing Papers 1953, RG 59, CA Records, box

원조정책은 줄곧 분명한 목표없이 진행된 타협의 산물이었다. 따라서 1953년 말까지 군사원조계획의 성과가 유한하다는 미국 스스로의 평가도 그리 놀라운 것은 아니었다.[71]

아이젠하워 정부는 한국전쟁 정전 후, 타이완 정책에 관해 몇 가지 가능한 선택을 부결했을 뿐만 아니라, 오히려 일부 가장 곤란한 문제도 명확히 규명하지 않았다. 정치적으로 워싱턴은 타이완을 미국의 위임통치지역으로 만들지 않고, 국민정부를 중국의 대표정부라고 계속 인정하며, 중공이 유엔과 다른 국제기구에 가입하는 것을 반대하기로 결정하였다. 워

....

38, NA; Bullis Mission Report Special Military Report on Formosa by Major General W. A. Worton, May 22, 1953, 091 Formosa 1953, Sec.1(Case 1-), RG 319, G-3 Records, box 32, NA; Memorandum of Conversation, State and Defense Representatives with Rankin, June 1, 1953; NSC 146/2, November 6, 1953; 이상 두 편은 *FRUS 1952-1954,* 14(1):199~201, 308에 수록. 타이완 정책에 관한 주목할 만한 비평은 동아시아 지역 계획 고문인 오거번의 것인데 양안 정책에 대한 그의 비평은 NSC 146/2와 NSC 166/1의 최후 결정에서 영향력이 크지 않았던 것으로 보인다. 다음 사례를 보라. Memorandum, Ogburn to Johnson on NSC Paper on Formosa, March 10, 1953, 306.13 TS NSC Reports and Correspondences, RG 59, CA Records, box 39, NA; Memorandum, Ogburn to Johnson and Mc Conaughy on NSC 146, April 3, 1953, Ibid.; Memorandum, Ogburn to Robertson and Johnson on Cotradiction in Our Far Eastern Policies, April 17, 1953, 306.1 TS US Policy toward Far East, Ibid.; Memorandum, Ogburn to Johnson and Robertson on Decision on China, June 6, 1953, China, Ibid.; Memorandum, Ogburn to Stelle on Draft Paper on U. S. Policy toward Communist China August 14, 1953, Communist Chinese, Ibid.; Memorandum, Ogburn to McConaughy on NSC 146/1, October 30, 1953, *FRUS 1952-1954,* 14(1):257~259; Memorandum, Ogburn to Drumright on Policy on Formosa, November 3, 1953, Nationalist Chinese, RG 59, FE Records, box 4 of 8, NA.

71 The Mutual Security Program, Status of December 31, 1953, Status of National Security Programs, Key Data Book(1), NSC Series, Status of Projects Subseries, box 10, WHO-NSA, DDEL을 보라. 이 문서는 국민정부의 능력에 대한 평가를 포함하고 있다.

싱턴은 또한 타이완이 중국에 "속하지도 않고, 속하지 않지도 않기" 때문에 타이완이 중국의 일부라는 양안 정부의 주장과 타이완의 법률적 지위 문제를 무시하기로 결정하였다. 이러한 입장은 실질적인 두 개의 중국정책이라고 할 수 있지만, 양안 정부의 반발로 현 상황의 균형이 깨어지는 것을 피하기 위하여 명확하게 말할 수 없었다.[72]

군사적으로 워싱턴은 국민정부가 중국 본토를 공격할 수 있는 수준의 군사원조 증액을 원하지 않았다. 비록 베이징 정권교체를 바랐으나, 공식적으로든 암암리든 국부군을 이용하여 중공을 전복시키기 꺼려했다. 그뿐만 아니라 미국의 이익을 증진할 수 있는 상황에서만 국민정부가 자신의 부대를 사용할 수 있게 하기 위하여 워싱턴은 국부군의 행동에 대한 제재도 강화하였다. 따라서 워싱턴의 관원들은 국부군을 미국이 대가를 지불하는 용병(미국 관방은 '전략적 예비부대'라는 용어로 묘사하였다)쯤으로 생각하는 경향도 다소 있었다. 그러나 그들은 이들 용병이 제 역할을 할 수 있는 방법은 강구하지 않았다. 오히려 그들의 변론은 이들 '용병'의 '공격력'을 어떻게 제한할 것인지, 그리고 그 방위력을 어떻게 유지할 것인지에 집중되었다. 그들은 공격과 방어력을 구분하는 것이 쉽지 않고, 전투능력은 쌍방으로 사용할 수 있기 때문에 부대의 공격력을 제약하면 그들의 방어능력도 상실될 수 있다는 점을 생각하지 못했다. 공동안전계획의 평가에 따르면, 1953년 말 국부군은 공격력이 전혀 없었고 대규모의 공세를 막아낼 수 있는 능력은 약 5일 정도뿐이었다.[73] 많은 사람들은 이

....

72 Norman A. Graebner, "Eisenhower and Communism: the Public Record of the 1950s", in Melanson and Mayers eds., *Reevaluating Eisenhower,* p.70을 보라.
73 The Mutual Security Program, Sttus of December 31, 1953, Status of National Security Programs, Key Data Book(1), NSC Series, box 10, WHO-NSA, DDEL. 그전의 국민정부 능력에 대한 다소 다른 평가는 Memorandum, Holland to McConaughy to Drumright on An Military Situation in Formosa, October

러한 성과가 미국의 원조 규모와 너무 크게 균형을 이루지 못한다고 비판할 수 있었다. 물론 이것은 정부가 계획하거나 기대한 결과는 아니었다.

V. 결어

예전에는 아이젠하워와 그의 주요 참모들의 냉전의식이 강한 것으로 인식되었다. 그러나 정책결정에 관련된 자료들은 오히려 대량의 냉전 어휘를 포함한 정책 성명과 실제적인 정책 행동의 신중함 사이에는 상당히 큰 괴리가 있음을 나타냈다.[74] 그의 취임 초기 대 타이완 정책은 확실히 반공 이데올로기와 국가이익에 대한 실제적 배려가 융합되어 있었으나, 정치평론가 로스토(Walt W. Rostow)가 아이젠하워 임기 후반기를 비판하며 묘사했던 소심, 무능, 지연(timidity, inaction, and drift)도 반영되어 있었다.[75] 아이젠하워 정부는 한국전쟁에 핵무기를 사용할지 결정하지 못했고,[76] 타이완 정책에 대한 어려운 결정도 꺼렸다. 예를 들면, 타이완의 법

....

29, 1953, 410 Chinese Nationalist Armed Forces, RG 59, Ca Records, box 40, NA; Memorandum, McConaughy to Drumright on An Evaluation of the Military Situation in Formosa, December 8, 1953, 794a.56/12-853, RG 59, NA; Memorandum, McConaughy to Robertson on the Military Situation in Formosa, December 18, 1953, 794a.5/12-1853, RG 59, NA를 보라. 한국전쟁 기간 미국의 타이완 군사원조에 대한 정책결정과 집행은 張淑雅, 「韓戰期間美國對臺軍援政策初探」을 참조.

74 만약 심리전과 선전전의 관점에서 보면 이러한 차이를 이해할 수 있다. Shawn J. ParryGiles, *Rhetorical Presidency, Propaganda and the Cold War* (Westport, Conn: Preger, 2002) 참조.

75 Rostow, *The United States in the World Area: An Essay in Recent History* (New York: Harper & Brother, 1960), p.395.

76 Gaddis, *Long Peace*, pp.124~129.

률적 지위 문제는 선택하지 않았고, 타이완만을 장악한 국민정부를 중국의 대표정부로 인정하면서 파생되는 갈등도 정리하지 않았다. 국민정부는 유엔에서 중국을 대표하고 있었으나 중국 본토를 다시 통제할 수 있게 허가되지 않았고, 그것은 불가능한 것으로 간주되었다.[77]

그 밖에, 아이젠하워 정부는 달성하기 어려운 '기대'를 계속해서 정책 목표로 세웠다. 예를 들면, NSC 166/1이 설정한 최종 목표는 여전히 중공정권을 대체하는 것으로, 한국전쟁 정전회담이 시작되기 전 트루먼 정부의 이상(NSC 48/5)이었음에도 실행할 수 없다고 증명되었다. 아마도 어느 역사학자가 말한 것처럼, 아이젠하워 정부는 구두로는 국민정부를 승인함으로써 제한적인 군사·경제 원조 외에 더 큰 대가를 지불할 필요가 없었고, 또한 중공 정권을 승인하지 않음으로써 구상하기에 어려움이 많은 중국 정책을 '회피'할 수 있었다.[78]

역사학자들은 장제스와 그의 참모들이 지나치게 자기중심적이어서 중국문제를 세계 문제의 근원으로 생각하다고 비판했고, 또한 그들의 '반공 대륙' 몽상이 너무 현실적이지 못하다고 비웃었다. 다만 아이젠하워와 많은 워싱턴의 고위층 인사들은 표면적으로는 국민정부의 논점에 코웃음을 쳤지만, 실제로는 그들과 상당히 유사한 관점을 가지고 있었다. 장제스와 워싱턴의 정책결정자들은 모두 중국이 '해방'되기만 하면, 동아시아 문제

....

77 오거번은 만약 미국이 국민정부가 언젠가 '반공 대륙'을 성공할 수 있다고 상상한다면, 그것은 일종의 '자기기만'일 것이라고 생각했다. 정전회담의 주요 협상대표였던 딘(Arthur Dean)도 이 관점에 동의했다. Memorandum, Ogburn to Drumright on Policy on Formosa, November 3, 1953, Nationalist Chinese, RG 59, FE Records, box 4 of 8, NA; *Koo Memoirs,* vol.7, part G, section I, appendix II, "The Text of the Article in 'the Province Sunday Journal'of January 3, 1954 on Mr. Arthur Dean's Advocacy of a New Look at China Policy" by Frederick W. Collins를 보라.

78 Graebner, "Eisenhower and Communism", p.70.

는 "철저히 해결"될 것으로 보았다.[79] 양자는 모두 국민정부의 '반공 대륙' 가능성을 매우 낮게 보았으나 이러한 환상이 지속하기 바랐다. 만약 국민정부가 불가능한 본토 반격의 큰 꿈을 가진다고 비판하려면, 워싱턴 도 비슷한 꿈을 꾸었다는 것은 말할 필요도 없고 알게 모르게 그 꿈을 지지했다는 책임을 져야 했다.[80]

....

79 장제스의 '불가능한 몽상'에 대한 학자들의 비평에 대해서는 Gorden H. Chang, "Friends and Enermies", pp.106~107; Keiji Nakatsuji, "The Straits in Crisis: America and the Long-term Disposition of Taiwan, 1950-1958", p.58 참조. 장제 스의 중국 중심적인 관점은 Tel.1226 from Taipei, May 27, 1953; memorandum of Conversation, Rankin, Chiang, and Yeh, July 1, 1953; D-320 from Taipei on Views of President Chiang Kai-shek as Expressed to Official American Visitors in October-November 1953, November 30, 1953(이상 세 편은 FRUS 1952-1954, 14(1):197, 222, 355~356에 수록); D-657 from Taipei on Admiral Radford's Conversation with President Chiang Kai-shek, June 18, 1953, China 1952-1953, Country and Area Files, RG 59, PPS Records, box 14, NA를 보라. 중국 중심적인 관점에서 동아시아 문제를 보는 미국 정책기획자들의 관점에 대 해서는 United States Objectives, Policies and Courses of Action in Asia, February 7, 1953, 306.13 TS NSC Reports and Correspondences, 1953, RG 59, CA Records, box 39, NA; NSC 148, April 6, 1953, FRUS 1952-1954, 12: 285; NSC 166/1, November 6, 1953, Ibid., 14(1):278을 보라.

80 국무부 중국과 부과장 마틴은 "현재 미국과 국민정부의 공동목표는 압박을 통 해 중국의 현 상황을 변화시키는 것"이라고 말했다. Staff Study on Communist China, April 2, 1953, 306.13 TS U. S. Policy toward Communist China 1953, RG 59, Ca Records, box 39, NA를 보라. 미국의 동아시아와 타이완 정책에 관 한 『중앙일보』의 보도와 평론을 자세히 읽어보면, 국민정부는 아이젠하워 정부 가 자신의 '반공 대륙' 꿈을 지지할 것이라고 공개적으로 기대감을 드러냈음을 알 수 있다. 이들 언론보도는 통상적으로 미국이 본토 반격을 지지하고 있다고 암시하였다. 예를 들면, 1953년 8월 23일 신문의 헤드라인은 "만약 우리가 본 토 반격을 결정하면 미국과 먼저 상의할 필요가 없다. 미 7함대 사령관 클라크 는 홍콩에서 성명을 발표하기를, 중국 해안 진격을 방해하지 말라는 명을 받았 다"고 하였다. 그 해 9월 8일 제1면에는 "미국 하원의장 마틴이 국민정부의 '반공 대륙'에 협조하고 중·일·한의 역량을 동시에 강화해야 한다고 호소했다"

미국 정책결정자들은 자신들이 국민정부에 명확한 입장을 밝히지 않는 것에 그리 마음을 쓰지 않았다. 따라서 국민정부에게는 입맛만 다시게 하고, 자신들은 완전한 행동의 자유를 유지하면서 미국의 최대 이익만을 얻으려고 할 뿐이었다. 학자들은 점차 미국의 대 타이완 정책에 내포된 실질성과 유연성을 찬양하기 시작하였다. 반면 적어도 본서가 다루는 시간 범위 속에서 워싱턴과 국민정부가 실제로는 '중공 제거'에 대해 유사한 기대를 가지고 있었다는 점을 간과하였다. 그러나 많은 학자들은 장제스가 미국의 이익 증진에 충분히 협조하지 않았고, 심지어 미국의 정책을 '제어'하려 함으로써 워싱턴이 자국의 이익에 반하는 결정을 내리게 했다고 서슴없이 비판하였다.[81]

비록 국민정부는 '자유중국'의 친구라고 간주했으나 아이젠하워 정부는 사실 국민정부에 대한 지지를 여전히 보류하고 있었으며, 그 태도는

....

는 제목의 기사가 실렸다. 그러나 국민정부 고위층은 미국에 그리 큰 기대를 걸 수 없다고 비공식적으로 말했다.

[81] Nancy Bernkopf Tucker, "John Foster Dulles anf the Taiwan Roots of the 'Two chinas' Policy", in Immerman, ed., *John Foster Dulles and the Diplomacy of the Cold War*, chapter 9. 많은 학자와 당시 워싱턴의 정책결정자들은 유사한 관점을 가지고 있었다. 그들은 국민정부가 완전히 미국의 의지해야 생존할 수 있으므로 워싱턴의 뜻에 따라 행동해야 한다고 생각했다. 따라서 '제어'라는 말은 국민정부가 "감사할 줄 모른다"고 비판하고 논단한 것과 같다. 터커는 『不確定的友情』(원제: *Taiwan, Hong Kong, and the United States, 1945-1992: Uncertain Friendships*)에서 워싱턴에 대한 국민정부의 제어를 강조하였다. John Garver는 *The Sino-American Alliance: Nationalist China and American Cold War Strategy in Asia*에서 이러한 관점에 동의하였다. 터커는 다른 저서 *Strait Talk: United States-Taiwan Relations and the Crisis with China*(Cambridge, Mass: Harvard University Press, 2009)에서도 이러한 논점을 유지하였다. Jay Tayler도 『蔣介石與現代中國的奮鬪』(臺北: 時報出版社, 2010) (원제: *The Generalissimo: Chiang Kai-shek and the Struggle for Modern China*)에서 마찬가지로 장제스가 미국의 정책을 제어했다는 관점을 받아들였다.

장제스가 깊은 적의를 가지고 있었던 트루먼 정부와 크게 다르지 않았다. 아이젠하워는 한국전쟁 정전을 전후하여 국민정부와 중공에 대한 정책에서 매우 조심스럽게 중간노선을 선택하였다. 그는 전임 정부와 마찬가지로 대 타이완 정책의 출발점을 타이완의 이용가치를 확대하는 것으로 잡았으며, 냉전의식에 기초하여 국민정부에 대한 지지를 고수할 뜻이 없었다. 그 밖에 두 정부는 결정할 수 없는 어려운 문제에 대해서는 "혼란이 잠잠해지기를 기다리며" 속단하지 않는 입장을 취했다. 한국전쟁이 종결된 후 미국은 타이완의 전도에 대해 더 이상 '수수방관'의 입장을 되풀이할 가능성은 분명히 없어졌으나, 정책은 여전히 불확실성이 충만했다.

韓 戰 救 台 灣 ?

제10장

결론

1949년 중국 본토의 정권이 교체된 후부터 1953년 한국전쟁이 종결되기까지 몇 년간은 타이완 역사상 가장 중요한 시기였다고 할 수 있다. 중공은 1948년 국공 내전 중에 우세한 지위를 차지하였고, 미국 군사정보기관은 공산당이 전면적으로 승리할 수도 있다고 판단하였다. 이어진 한 해동안 중공은 파죽지세로 신속하게 중국 각지를 휩쓸었고, 국민정부는 중국과 해협을 사이에 둔 외딴 섬 타이완을 최후의 보루로 삼았다. 중국 내전에 가장 깊이 간여했던 미국은 이 섬의 앞날에 큰 관심을 갖게 되었다. 대일강화조약의 지연으로 타이완의 법률적 지위를 유연하게 해석할 여지가 생겼기 때문에, 미국도 이 섬에 개입할 구실을 갖게 되었다. 이 기간 워싱턴의 대 타이완 정책은 몇 단계에 걸친 변화가 있었으나, 단계별 정책결정에 영향을 미친 주요한 요소는 결코 완전히 일치하지는 않았다.

Ⅰ. 타이완에 대한 미국의 정책 변화

1949년 중국 본토가 적화될 상황에 직면하였을 때 워싱턴은 각종 가능한 경로를 통하여 공산당이 타이완을 점령하지 못하도록 이 섬과 중국 본토를 분리하려고 하였으나, 여기에는 갖가지 어려움이 있음을 발견하였다. 중공이 정권을 수립한 후, 국무부는 중공과의 접촉 거부가 현실성이 없고 타이완과 중국의 분리를 고수하는 데도 정치·경제·군사적 대가도 너무 크다고 생각했다. 따라서 1949년 말, 중국 내전에서 발을 빼고 중공이 본토와 타이완을 완전히 점령하기를 기다렸다가 국민정부가 더 이상 존재하지 않게 되면 중공과 정상적인 관계를 수립하기로 결정하였다. 애치슨은 또한 기다리면 중공과 소련이 분화하게 되고 소련이 타이완을 기지로 삼아 미국과 서방의 방어선을 위협할 가능성도 피할 수 있게 된다고 생각하였다. 이 시기 정책결정에 큰 영향을 미친 요소는 『중국백서』가 비판한 국민정부에 대한 편견, 미국의 제한적인 국력, 그리고 '선유럽 후아시아'라는 냉전 전략상의 사고였다.

1950년 1월 트루먼이 '수수방관 정책' 성명을 발표하였음에도 군부, 의회 그리고 여론은 타이완과 중국을 분리하자는 입장을 완전히 포기하지 않았다. 중공의 비우호적인 행동과 중소조약으로 미국은 중국 티토이즘에 대한 희망을 잠시 버렸고, 주중 외교관들을 소환하여 중국의 태도변화를 기다렸다. 이 기간 동안 소련은 핵무기 개발에 성공하였고, 체코 공산당은 정변을 일으켰으며, 중국 본토도 공산화되었다. 여기에 더하여 매카시즘이 일으킨 파란은 미국 국내에서 반공주의 정서를 고조시켰고, 트루먼 정부는 강경한 조치를 취하여 공산당진영이 확장되는 것을 방지해야 한다고 생각하였다. 국무부의 극동정책을 담당하게 된 신임 인사 러스크와 덜레스는 모두 타이완이 중공의 수중에 떨어지지 않게 해야 하고, 또한 미국의 강경한 입장을 보여주어야 한다고 생각하였다. 따라서 한국전쟁이 발발하기 전에 트루먼 정부는 이미 타이완과 중국 본토의 분리 방안을 모색하기 시작하였다. 이 기간 공산진영도 세력과 능력이 발전하였고, 이는 미국 정책기획자들의 사고에 상당한 영향을 미쳤다.

한국전쟁이 발발하자 충돌 확대를 우려한 워싱턴은 제7함대를 이동하여 타이완 해협 중립화를 선언하였다. 이러한 조치는 트루먼 정부와 애치슨이 반년 전 공개적으로 몰아붙인 '타이완 지위 미정론'에 그 근거를 두고 있다. 미국은 한국전쟁 기간에 타이완의 현 상황을 동결하였고, 그에 따라 타이완과 중국의 분리에 관한 논의는 잠시 미뤄두고 중립을 유지하는데 힘을 쏟았다. 그러나 중공은 미국이 타이완을 침략했다고 주장하며 소련을 통하여 미국을 유엔에 제소하였다. 국무부는 유엔이 위원회를 조직하여 미국의 타이완 침략 제소를 조사하게 하자고 하였다. 이로써 중공의 타이완 공격을 지연시키고 그 사이에 타이완 중립에 유엔 회원국들의 지지를 끌어내려는 것이었다. 그러나 중공이 한국전쟁에 개입한 후, 상황은 크게 변화하여 미국은 유엔에 이 안건 처리를 잠시 보류해 달라고 요청하였다. 이 시기에 국민정부에 대한 편견과 소련의 의도에 대한 우려는 미국의 대 타이완 정책에 가장 큰 영향을 미친 요소였다.

1950년 11월 말부터 이듬해 1월까지 중공 지원군은 유엔군을 한반도에서 거의 몰아낼 정도로 압박하였다. 당시 유엔 회원국들은 한국전쟁을 중지시키기 위해 중공이 요구하는 유엔 의석, 정권 승인, 그리고 타이완 통치권 등의 문제에서 양보하자고 주장하였다. 가장 위급한 상황에 직면하여 미국은 이러한 정치적인 문제를 한국전쟁 정전협정에 공개적으로 포함하지 않는다면 받아들일 용의가 있다고 밝힌 적이 있다.

그러나 양보는 최하책이므로 정책결정자들은 중국 본토에 대한 보복성 공격을 취할지 고려하고 있었고, 국부군도 가장 현실적인 도구로 인식되었다. 따라서 워싱턴도 타이완에 대한 정책을 다시 평가하였고 타이완 방어공작에 대한 원조 증가에도 동의하였다. 전쟁 상황이 호전된 후, 워싱턴은 정전을 위해 지나게 양보할 필요가 없고 중공에 맞서 위협과 회유를 동시에 진행해야 한다고 생각하였다. 그에 따라 타이완은 미국의 대 중국 정책에서 유연성 있는 도구가 되었고, 이전에는 부담이었던 것이 자산으로 바뀌게 되었다. 이때가 되면 워싱턴은 독립이든지 유엔의 신탁통치든지 간에 타이완을 이용하여 중국 정권을 위협할 수 없다고 보았고 타이완을 중국에서 분리하겠다는 생각도 접었다.

한국전쟁이 발발하고 중공까지 개입한 상황은 하루 빨리 중공과 소통하겠다는 미국 정책결정자들의 생각을 흔들어 놓지는 못했다. 그러나 한국전쟁 정전은 합의에 이르지 못하고 2년간 지연되었다. 쓸데없이 오래 지속된 협상으로 미국은 중공에 대해 점차 인내심을 잃어갔으며, 오랜 시간의 관찰을 거쳐 소련이 한국전쟁에 무력으로 개입하거나 세계대전을 일으키지 않을 것이라고 판단하게 되었다. 그에 따라 중공에 대한 미국의 태도는 점차 강경하게 바뀌었다. 미국은 동남아시아 지역에서 공산당의 세력 확대를 방지하는 방향으로 주의력을 돌렸으며 아시아 도서 방어선의 중요성도 강조하였다.

이러한 봉쇄개념 아래 타이완의 전략적 지위에 대한 평가는 자연스럽게 제고(提高)되었고, 국부군도 공산당의 무력 공격에 대응할 수 있는 최적의 예비부대로 인식되었으며, 타이완의 군사 이용 가치도 상승하였다. 한편, 미국은 공산당이 동남아시아의 광대한 화교사회에 침투하여 적화시킬 것을 우려하여 화교들의 지지를 이끌어 낼 수 있는 또 다른 중국 정권을 육성함으로써 동남아 각국이 중공에게 전복되지 않게 하려 하였다. 장제스는 중국인이 만든 반공세력 중에서 가장 강하였다. 따라서 미국은 장제스를 벗어날 수 없다고 생각하여, 결국 장제스를 중국인의 반공 영수로 세우기로 하였으며 타이완에도 정치적 이용 가치를 더하였다.

트루먼의 임기 마지막 1년 동안, 타이완은 날로 안정을 회복하여 너무 큰 대가를 치르지 않고도 보위(保衛)될 수 있을 것 같았다. 따라서 워싱턴은 타이완을 '자유중국'으로 육성하여 미국이 아시아에서 공산당의 확장을 봉쇄하고 중공에 대항하는 도구로 삼기로 계획하기 시작하였다. 전 세계의 반공적인 중국인들을 흡수하기 위해 미국은 국민정부가 중국의 정부라고 승인하였고, 타이완은 중국의 일부분이 되었다. 그렇다고 해서 미국이 중공을 대체할 수 있는 세력으로 국민정부를 간주했다고는 볼 수 없다. 반대로, 워싱턴은 때때로 타이베이가 자신의 능력을 분명히 인지하여 경거망동해서는 안 된다고 일깨웠다.

그리고 1952년 「중일강화조약」을 거
쳐 국민정부의 권력을 당시 실제로 관할
하고 있는 몇 개의 도서지역으로 제한하
였다. 요컨대, 미국은 타이완을 중국 본
토와 분리하였으나 독립되지 않은, 중국
외부의 정치체제로 육성하려 하였다. 미
국 정책결정자들의 눈에 이 정치체제의
생존은 전적으로 미국의 지지에 달린 것
이며 그 존재의 목적도 순전히 미국의
이익 유지를 위한 것이었다.

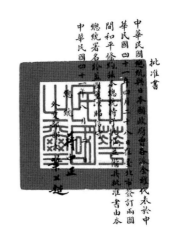

국민정부와 일본이 체결한 「중일강화조약」
은 국민정부의 주권범위를 규정하였다.

아이젠하워가 취임한 후, 타이완에
대한 정책이 표면적으로는 개선된 것 같았으나, 국민정부에 대한 입장은
트루먼 정부와 차이가 크지 않았다. 타이완 해협 중립화 취소는 주로 중
공을 압박하여 한국전쟁을 종결하려는 것이었다. 따라서 이 조치는 타이
완의 법적 지위 문제를 해결하지 못했을 뿐만 아니라, 타이완만 장악한
국민정부를 중국의 대표 정부로 인정하는 데서 파생된 갈등도 처리하지
못했다. 워싱턴은 그들이 승인한 '중국 정부'가 중국 본토지역을 통제하
려는 시도도 허락하지 않았다. 한국전쟁 정전을 전후로 아이젠하워는 양
안에 대해 신중하게 중간노선을 선택하였고, 대 타이완 정책의 출발점도
타이완의 이용가치를 확대하려는 데 두었다. 그들은 결코 냉전이념에 따
라 국민정부를 지지해야 한다고 보지 않았다. 한국전쟁이 끝난 후 미국은
이미 타이완의 미래에 수수방관하려 하지 않았으나, 타이완에 대한 정책
은 여전히 불확실성을 가지고 있었다. 중공이 한국전쟁에 개입한 후, 중공
의 행동에 따른 고려는 국민정부의 편견을 대체하면서 미국의 대 타이완

정책에 영향을 미치는 가장 큰 요인이 되었다. 대 타이완 정책의 주요 목표는 타이완을 미국의 이익을 위한, 아시아에서 미국 정책의 도구와 전략적 예비부대가 되게 하는 것이었다.[1]

II. 미국의 정책결정에 영향을 미친 요소

본서의 연구는 미국이 한국전쟁의 발발이나 중공의 개입으로 인해 국민정부를 구하거나 타이완을 보위하기로 '결의'하지 않았다고 밝히고 있다. 그 전의 수수방관 정책과 그 후의 '중립 해제'도 그다지 깔끔하지 못했다. 이렇게 정책이 완전히 뒤집혔다는 인상을 주거나 그렇게 해석한 것은 워싱턴이 고의적으로 유도한 것과 어느 정도 관련이 있다. 애치슨도 회고록에서 말한 것처럼, 대중에게 중대한 정책을 설명하거나 여론의 지지를 쟁취하는 것은 박사논문을 쓰는 것이 아니어서 각종 사항과 정책결정의 조건을 세부적으로 묘사할 수 없으며, "간단한 언어로써 단도직입적으로 중점을 말해야 한다."[2]

냉전은 본래 적과 나의 대립, 흑과 백의 구분이 충만한 분위기였다. 따라서 냉전을 관찰하거나 연구하는 사람은 그 가운데 있으면서도 묘사나 비판을 용이하게 하기 위해, 작품 중에 종종 직접 정책 성명을 채용하거

---

1 코헨은 중공이 한국전쟁에 개입한 후, "미국이 국력을 펼친 도구로써 장제스와 그의 잔여 정권은 구사일생하였고, 중화민국은 여전히 존재한다는 신화를 이어가며 포모사에 잠시 기숙하게 되었다"고 묘사하였다. 포모사는 중국인들이 타이완이라고 부르는 중국의 한 개의 성이다. Warren I. cohen, *America's Response to China*, p.194.

2 Dean Acheson, *Present at the Creation: My Years in the State Department* (New York: 1969), pp.374~375.

나 정책의 개념을 간소화하여 그 논단을 강화시킨다. 과거 이 시기 미국의 대 중국 정책에 관한 연구는 대부분 정책결정 중 워싱턴의 냉전전략이나 세력 범위에 대한 고려에 편중되었다. 사실 정책결정에 영향을 미친 요소는 많이 있다. 러스크가 어느 강연에서 지적한 것처럼 "정책결정 과정은 평온해 보이는 표면 아래, 항상 논의되거나 승인되지 않은 소용돌이와 숨겨진 함정들로 가득했다. 변덕스러운 인성, 관료기구의 관행 등 여러 측면을 모두 주의해야 할 부분이었다."[3]

본서는 당연히 대 타이완 정책에 관한 모든 소용돌이와 함정을 묘사할 수 없으며 정책결정에 영향을 미친 모든 요소를 토론할 수도 없다. 그러나 정책결정자 개인이 가진 입장과 편견, 미국의 명망에 대한 관심, '선유럽 후아시아'의 전통, 국가자원과 실행의 대가, 전세 변화와 중공의 대응과 같은 요소는 확실히 주의하였다. 워싱턴의 대 타이완 정책결정에는 '좁은 의미'의 냉전의식이나 전략적 사고의 영향이 적지 않았던 것 같다.[4] 워싱턴이 취한 행동은 정책결정자들이 관련 요소들을 통합한 것으로, 행동목표와 대가(자각한 것이든 아니든)를 순서에 따라 나열한 후 채택한 것이다. 순서 배열에 영향을 준 것은 순수하게 이지적이고 냉정한 판단의

---

3 "The Formulation of Foreign Policy", (1950년 10월 3일 러스크가 the National War College의 학생들에게 행한 연설), Finkelstein, *Washington's Taiwan Dilemma, 1949-1950*, p.207에서 재인용.

4 여기서 말하는 '좁은 의미'의 냉전의식이나 전략적인 사고는 소련의 세력 범위 확대에 대한 고려를 지칭하는 것이다. 미국의 입장에서 중공은 비록 공산 정권이었으나, 당시 정권이 아직 공고하지 않고 군사력도 상대적으로 약소했다. 따라서 맥아더는 감히 한국전쟁에 개입하면 중공은 파멸에 직면하게 될 것이라고 하였고, 트루먼도 설득되었다. 그러나 중공은 과감하게 도전하였고 심지어 미국을 거의 섬멸시킬 뻔하였다. 미국에 대한 이러한 타격은 대등한 수준의 강한 정권에게 받은 타격보다 큰 것이어서 미국의 대응은 이성적인 타협과 마오쩌둥 정권의 교체 사이에서 오락가락하였다.

산물이거나 객관적 대가의 결과가 아니었다. 오히려 어떤 경우에는 이성적인 계산보다 편견적인 정서나 혹은 명망에서 비롯된 고려 등 비교적 객관적으로 평가하기 어려운 잠재요소의 영향력이 더 컸다.

비교적 명확한 사례를 살펴보자. 미국이 국민정부와의 상호협력하는 과정에서 야기된 부정적인 평가는 『중국백서』로 폭로된 후, "국민정부는 이미 부패하여 어떤 약으로도 구할 수 없는 지경에 이르렀다"는 깊은 '신념'으로 자리 잡았다.[5] 트루먼의 생각은 이러한 신념을 분명하게 반영하였다. 그는 어쩔 수 없이 타이완 해협에 중립을 선포하면서 어떠한 큰 이유든 간에 국민정부에게는 '한 명의 아들'도 주지 않겠다고 선언하였고, 또한 장제스를 퇴진시킬 방법 모색을 요구하였다.[6]

1952년 9월 11일, 트루먼은 칼럼작가 크록(Arthur Krock)에게 보낸 편지 중에 "장제스가 중국 본토를 상실한 것은 완전히 자업자득이다. 그의 장교들은 그를 배반하여 우리가 원조한 무기와 탄약을 모두 공산당에게 넘겼다. 돌이켜 보면 그들은 이 무기와 탄약들에 스스로 궤멸되었다. 우리 미군 20만 대군이 중국 본토로 출동하지 않으면 진정으로 그들을 도울 수 없는 상황이다. 그렇게 되면 다시 제3차 세계대전이 발생할 위험이 있다"고 기록하였다.[7]

심지어 퇴임한 지 7년이 지난 후인 1960년 인터뷰에서 트루먼은 "그들(아시아를 중시한 인사들)은 내가 약 500만 미군을 파견해서 그(장제스)

---

5 이는 머천트가 1951년 여름에 평가한 것으로, "Eatimate of a Princeton Graduate interested in the Far East", July 18, 1951을 보라. Finkelstein, *Washington's Taiwan Dilemma, 1949-1950,* p.343에서 재인용. 이는 거의 모든 국무부 관원들의 공통된 인식이 되었다.

6 Memorandum of Cinversation by Jessup, June 26, 1950, FRUS 1950, 7:180.

7 馬德五, 「評價杜魯門的一生--杜魯門發表白皮書後又下令艦隊保護台灣的前因後果」, 『傳記文學』 97:5(2010. 11), p.34 재인용.

를 구해야 한다고 하였으나, 나는 응하지 않았다.……나는 단 한 명의 미국인의 생명도 그를 구하기 위해 낭비하기 원치 않았다.……나는 장제스와 그의 하수인에 대한 생각을 한 번도 바꾼 적이 없다. 개망나니 같은 그들 한 사람 한 사람 모두는 감옥에 들어가야 하며 나는 살아있는 동안 그들의 이러한 말로를 볼 수 있기 바란다"고 분개해서 말했다.[8]

『중국백서』 출간을 주장한 애치슨의 국민정부에 대한 반감은 더 말할 것도 없었다. 구웨이쥔 대사는 국민정부에 대한 애치슨의 적의를 매우 분명하게 느끼고 있었다. 미국 측으로부터 구대사가 개인적으로 얻은 정보에 따르면, 애치슨은 임직하고 있는 동안에 단 하루도 장제스 개인에 대해 좋은 태도를 보이지 않았다.[9]

이러한 신념은 1949년 이후 국민정부와 타이완에 대한 미국의 정책적인 사유를 주도하였다. 따라서 1951년 봄 미국의 정책결정자들은 타이완을 정책 자산으로 보위해야 한다고 생각하면서도 "국민당 정권과의 재결합"에 대해서는 여전히 우려를 나타냈다. 그들은 장제스를 대체할 수 있는 누군가가 나오거나 적어도 그의 권력을 박탈할 수 있기 바랐다. 이러한 바람이 이루어질 수 없음을 알았을 때, 미국은 원조를 이용하여 국민정부에 '정치개혁'을 실행토록 압박하였고 원조의 사용과 국방예산 통제 권한을 요구하였다. 그러나 당시 급선무였던 원조의 조속한 인도나 국부군과의 군사협력 등 타이완 건설과 타이완 해협 방어를 강화하기 위한 조치는 계속 지연되고 적극 실행되지 못하였다.

국민정부에 대한 편견은 트루먼이 퇴임할 때까지도 타이완에 대해 건

---

8 Merle Miller, *Plain Speaking: An Oral Biography of Harry S. Truman,* (Berkley, CA: Berkley Publishing, 1974), p.283.

9 顧維鈞著, 中國社會科學院近代史研究所譯, 『顧維鈞回憶錄』(北京: 中華書局, 1989), 8:10, 25.

설적인 사고를 전혀 할 수 없게 하였다. 한국전쟁이 발발하고 2년여가 지난 이후 워싱턴은 비로소 타이완 보위에 비교적 적극적인 조처를 하기 시작하였고, 걸핏하면 하던 국민정부의 부패와 무능함에 대한 공개적인 비판도 더는 하지 않았다. 아이젠하워가 취임한 후에도, 국민정부에 대한 태도는 개선되지 않았다. 란킨은 1953년 4월, 워싱턴은 여전히 '남보다 우월하다는 태도'와 '한수 가르친다는 혐오적인 태도', 그리고 '약소국을 응대하는 방식'으로 국민정부를 대하면서[10] 타이완 통제만을 생각해 왔다고 지적하였다. 워싱턴이 국민정부를 '구제불능'으로 인정한 이상, '자유중국'을 대등한 반공맹방으로 볼 수는 없었다.

III. 정책결정의 유연성과 이해득실

A. 정책결정의 유연성

학자들은 자주 트루먼과 아이젠하워 정부가 모두 강한 냉전 이데올로기로 인해 공산당과 회담의 가능성을 배제해 버렸다고 비판하였다. 요컨대 냉전정책은 논의의 여지를 주지 않는 '강성'을 나타냈다고 강조하였다. 예를 들면 개디스는 미국의 한국전쟁·중공·타이완에 대한 정책이 모두 NSC 68이 보여주는 강한 냉전 이데올로기에 지배되어 크렘린궁을 타격할 음모는 더 큰 목표를 달성하기 위한 수단이 아니라 정책목표가 되어버렸다고 믿었다.[11] 학자들도 트루먼의 타이완 해협 중립 정책과 아이젠하

---

10 Letter, Rankin to Dulles, April 2, 1953, 611.94a/4-253, RG 59 NA; Letter, Rankin to McConaughy, April 10, 1953, 410 TS Chinese Nationalist Armed Forces 1953, RG 59, CA Records, box 35, NA.

위의 중립화 해제는 모두 아시아의 냉전을 강화했다고 생각하면서 이 시기 미국의 정책은 유연성이 부족했다고 비판하였다.

이와 반대로 본서는 '유연성'은 타이완과 중공에 대한 미국의 정책 중에서 가장 두드러진 점이라고 보았다. 가장 근본적인 유연성의 발현은 타이완의 최종적인 귀속에 대해 미국은 확정된 계획을 가지고 있지 않았고, 미국의 이익에 따라 중국의 일부분이 되거나 또는 중국으로부터 분리될 수도 있었다는 점이다. 마찬가지로 미국의 대 중국 정책도 베이징 정권과의 타협과 베이징 정권 전복이라는 양극단 사이에서 요동하는 상당히 큰 유연성을 보였다.

주미 영국 대사 프랭크(Sir Oliver Franks)는 미국의 타이완 정책은 '편의주의와 기회주의'라고 생동적으로 묘사하였다.[12] 워싱턴도 정책목표의 모순에 대해 유연성을 유지해야 한다고 합리화하면서 어떤 움직임도 "미국의 주도권과 미래 행동의 자유를 훼손하지 말아야 한다"는 점을 누차 지적하였다.[13] 따라서 타이완에 대한 워싱턴의 정책은 기본적으로 모두 단기적이었으며 각기 다른 상황에서 확인된 미국의 이익에 따라 조정되었다. 미국은 국민정부에 어떠한 약속을 하지 않으려고 애썼다. 트루먼 정부의 임기가 끝날 무렵까지, 정책기획자들은 중국 본토의 어떠한 반공단체든지 지지할 수 있다는 가능성을 열어두었고, 단지 국민정부와만 연계할 의도는 없었다. 그들은 또한 마찬가지로 타이완을 보호하기 위한 어떠한 특정 조치도 약속하려 하지 않았다.[14]

....

11 Gaddis, *Strategies of Containment,* p.95.

12 Memorandum of Conversation by Jessup, between Acheson and Franks, December 7, 1950, *FRUS 1950,* 7:1438.

13 NSC 37/10, Immediate United States Courses of Action with Respect to Formosa, August 3, 1950, *FRUS 1950,* 6:414. 타이완에 대한 거의 모든 미국의 정책문서는 모드 이러한 태도를 보이고 있다.

B. 유연한 정책결정의 폐단

국민정부에 대한 부정적인 영향을 무시하고 정책의 유연성을 유지하는 원칙을 극단적으로 밀어붙이면, 미국의 정책목표도 손상되거나 파괴될 수도 있었다. 행동의 유연성에 가장 관심을 두었기 때문에 워싱턴 관원들은 어떻게 정책목표를 달성할 것인지가 아니라 어떻게 약속을 제한할 것인지에 더 관심을 두었다. 제7함대의 타이완 보호 임무에 관한 조율이 좋은 예였다. 국민정부와의 조율을 방어에 대한 약속이라고 인식한 워싱턴은 처음부터 함대와 국부군의 효과적인 소통통로 건립을 거절하였기 때문에 함대 초계기로 인해 타이완의 항공경보가 종종 울리는 일이 발생하였다. 그리고 제7함대에 비해 국부군의 실력은 상대적으로 쇠약하였으므로 양측이 조율하지 않으면 타이완 안전을 효과적으로 보호하는 방법을 상상하기는 쉽지 않았다. 함대가 타이완 해협에 파견된 지 2년이 지난 후에야 쌍방은 적당한 연락 소통채널을 마련하였다. 오인한 국민정부가 초계기를 공격하거나 중공이 공격을 발동하였더라면 쌍방의 연락조직이 좀 더 일찍 건립될 수 있었을 것이다.[15]

군사원조계획을 전체적으로 집행하는 과정에서 워싱턴도 유연성을 유

....

14 Statement of U. S. Objectives and Courses of Action with Respect to the National Government of China on Formosa, second draft, by E. W. Martin, December 11, 1952, 611.94a/9-252, RG 59, NA; Draft Directive to MAAG, enclosure to letter, Allison to Foster, July 23, 1952; JCS 93578 to CINCPAC, April 6, 1953; 이상 두 편은 *FRUS 1952-1954*, 14(1):78, 174에 수록. 그에 따라 베이징 정권과 소통창구도 당연히 막히지는 않았다.

15 Tel.143 from Taipei, May 23, 1952; NIE-27/1 Chinese Communist Capabilities and Intentions with Respect to Taiwan Through 1952, April 1, 1952, *FRUS 1952-1954*, 14(1):52, 23. 란킨은 타이베이에 도착한 후 이러한 연락상의 결함을 끊임없이 지적하였다. 본서 제7장 참조.

지하기 위해 사사건건 스스로 한계를 설정하였다. 이는 자신도 모르게 타이완 보호와 국부군 전력 강화라는 정책목표를 약화시켰다. 따라서 1953년 말 미국공동안전총서는 군사원조 성과를 평가하면서 국부군은 공격력이 전혀 없고, 장기적인 강한 공격에는 겨우 5일 정도만 막아낼 수 있을 뿐이라고 지적하였다.[16] 유연성을 유지하겠다는 결심은 워싱턴이 행동지침 안에 모든 우발적 사건 가능성도 포함하게 함으로써 정책 자체의 모호함이나 갈등을 초래하였다. 예를 들면, NSC 48/5의 중국 정책은 한편으로는 베이징이 모스크바와 분리하기 바라면서 다른 한편으로는 국민정부와 다른 반공단체를 지지하여 중공 정권을 약화하려고 하여 두 목표 사이의 모순을 명백히 드러냈다. 합동참모본부와 중앙정보국은 모두 이 모순을 지적하였고, 국무부도 이후 두 목표 사이에 하나를 선택해야 한다고 인정했다. 그러나 모든 가능성을 포괄하려는 경향을 포기할 수 없었기 때문에 트루먼 정부는 임기가 종료될 때까지 서로 모순되는 이 두 가지 정책목표를 내내 유지하였다.[17]

　제7함대의 임무를 명확히 하는 것은 돌발적인 위기 발생 시에 타이완을 성공적으로 보호하기 위해 필요한 것이었다. 그럼에도 군부는 유연성을 유지하기 위해 제7함대의 임무를 명확히 하기 꺼렸다. NSC 48/5가 가진 모순에 대해 질의를 받았을 때, 국무부 관원은 차라리 고의적으로라도 모호함을 선택하여 행동의 유연성을 유지하기 바라며 국민정부에게 명확히 약속하기 원하지 않는다고 성심성의껏 답변하였다.

　이러한 경향은 미국의 해외공관 대표들이 정책을 집행하는 데 무엇을

16　한국전쟁 기간 미국의 타이완에 대한 군사원조 집행은 張淑雅, 「韓戰期間美國對臺軍援政策初探」 참조.

17　본서 제7장에서 NSC 128에 관해 기술한 부분과 Revised Draft of Review of Far Eastern Program-NSC 135, December 4, 1952, 306.13 TS NSC Reports and Correspondence 1952, RG 59, CA Records, box 33, NA 참조.

따라야 할지 혼동을 주었고, 워싱턴의 정책과 해석도 자주 상황에 따라 변동하게 하였다. 해외공관원들은 워싱턴의 의도를 명확하게 하달받지 못해서 종종 받은 지시를 집행하기 어렵다고 느꼈다. 이러한 유연성 유지의 욕망은 또한 많은 군사 지휘관들로 하여금 좌절을 느끼게 하였다. 행동지시의 모순으로 인해 맥아더와 워싱턴이 충돌했음은 알려진 바이다. 그러나 맥아더의 후임자인 리지웨이와 클라크도 같은 좌절감을 느꼈다는 사실은 잘 알려져 있지 않다. 그들은 정전회담 중에도 전투를 지휘하고 있었지만, 워싱턴은 여전히 기회주의적인 입장을 유지하면서 명확한 전투목표를 지시하지 않았다.

태평양 지역 사령관 레드포드는 그의 회고록에서, 제7함대의 타이완 보호에 관해 자신과 극동 지역 사령관에 내려진 명령을 예로 들어 모든 가능성을 망라한 합동참모본부의 지시에 시달렸다고 하였다. 그는 "합동참모본부의 지시가 너무 많은 제한을 포함할 때에는, 차라리 자신의 손에 맡겨두는 것이 낫다"고 말했다. 유엔군이 맡은 정전 협상단이라고 할지라도 워싱턴이 도대체 어떤 결과를 원하는 지 명확히 할지 못하였으므로 공산군 측 협상단과 마주했을 때 확고한 입장을 취하기 어려웠다.[18]

....

18 제7함대 임무의 모호한 부분에 대해서는 본서 제7장 참조. 국무부는 사실 일찍부터 자신들의 대 중국 정책에 모순이 있음을 발견하였다. 제6장 참조. 그들이 이러한 모호함을 유지하기로 선택한 것에 대해서는 Memorandum on a State-JCS Meeting, April 9, 1952, *FRUS 1952-1954*, 14(1):34~39 참조. 국무부 중국과 관원 퍼킨스(Troy L. Perkins)는 1952년 초에 타이완에 대한 정책이 줄곧 한국전쟁에 관한 고려와 동맹국의 입장에 예속되어 있었음을 인정하였다. Memorandum, Perkins to Allison, February 1, 1952, 611.93/2-152, RG 59, NA를 보라. Rankin, China Assignment, pp.6, 84, 92; Stephen Jurike, Jr. ed., *From Pearl Harbor to Vietnam: Memoirs of Admiral Arthur W. Radford* (Sranford, CA: Hoover Institution Press, 1980), p.278 참조. 한국전쟁 정전협상 기간 유연성을 유지하여 가장 큰 이익을 취하려는 워싱턴의 습관으로 인해 3명의 유엔군 사령관과 유엔군 정전협상 대표들이 느껴야 했던 어려움에 대해서는 Kaufman,

명령 집행의 어려움 외에도, 명확하게 약속하지 않으려는 것은 정책평가를 회피하는 구실이 되었고 종종 정책결정과 집행 사이의 간극을 빚기도 하였다. 정책기획자들은 정책은 반드시 자주 재평가되어 행동의 유연성을 유지해야 한다고 주장하였다. 그러나 이는 오히려 정책이 재평가된 후 변경될 수 있으며, 먼저 집행된 성과가 쓸모없어짐으로써 기존 정책의 집행을 소홀히 할 수도 있다는 우려를 낳았다. 정책 재평가는 매번 조직 연구와 재평가위원회를 포함한 대량의 참모업무와 연관되어 토론을 주고받을 필요가 있었고, 지루한 관료 시스템의 운영을 통해서야만 각 기관의 각종 비망록과 입장 분석보고서에 대한 관점을 확인할 수 있었다. 이러한 정책 재평가는 쓸모없이 시간을 낭비할 뿐만 아니라 논의는 하지만 결정을 내리지 못하는 상황을 자주 연출하였고, 아예 흐지부지되기도 하였다.[19]

예를 들면, 국무부는 1951년 1월 정책평가를 제안하였고 그에 따라 국부군을 사용하여 유엔군이 받는 압박을 해소할지 여부를 잠시 결정하지 않기로 하였다. 이러한 평가는 위기의 필요에 따라 제기된 것이었으나 평가의 과정에는 5개월의 시간이 소모되었다. 5월 중에 국가안전보장회의는 미국의 군사·경제원조로 타이완의 실력을 충실히 증강하기로 결정하였고 타이완 이외의 지역에도 국부군을 사용하도록 계획하였다. 그러나 그해 말까지 워싱턴은 원조하기로 한 물자를 속히 인도하는 문제가 아닌 원조물자의 운영에 대한 통제권을 얻는 문제에 힘을 쏟았다. 결국 원조의 효과를 위해 가장 중요하게 생각하는 예산 통제 절차를 국민정부의 수중에서 확보한 후, 예산 편성을 도울 재무관을 타이완에 파견하였는데 이

the Korean War의 제6장~제8장 참조.
19 NSC 48/5와 NSC 128의 집행에 관한 세부적인 내용은 국가안전보장회의 내의 소위원회에서 상당히 열띤 토론을 거친 적이 있으나, 몇 개월 후에는 토론도 느슨해지고 말았다.

과정에 지체된 기간이 거의 1년이었다.

1952년 4월, 국가정보평가서 한 부는 거의 1년 전 NSC 48/5가 통과되었을 때와 비교했을 때, 타이완이 스스로 방어할 수 있는 능력은 아직 제고되지 못했다고 밝혔다.[20] 국부군 사용에 관한 계획업무는 정책이 비준될 때까지 지연된 후 10월에 가서야 시작되었다. 그러나 부대 사용의 준비작업이 아직 시작되지 않았을 때, 합동참모본부는 NSC 48/5의 미흡한 부분을 발견하였고 집행하기 전에 다시 평가하라고 건의하였다. 이 평가는 트루먼 정부의 임기가 만료될 때까지 비교적 확실한 새로운 정책을 결정하지 못하였다. 논의는 있으나 결정하지 못하는, 결정은 하였으나 집행하지 못하는, 이러한 상황은 결코 특별한 사례가 아니었다. 관원들은 정책평가에 바빴고 그들은 거의 정책을 집행할 여유가 없거나 흥미와 관심이 없었다.

정책결정과 집행 사이의 간극이 생긴 부분적인 이유 중 하나는 정책수립 과정에서 정책결정자들이 '타당성'이라는 요소를 무시했기 때문이다. 비공식적인 중국위원회를 설립하여 대 중국 정책 문제를 논의하는데 동의할 때, 극동담당 부차관보 머천트는, 위원회는 유연성을 가져야 하고 정책기획부서의 한 분과로 간주해야 하며 "세부 운영에 개입하는 것은 피해야 한다"고 강조하였다.[21] 정책의 세부 운영을 언급하지 않으려면 정책설계 자체가 어쩔 수 없이 실행 가능한 것이 아니라 희망의 수준으로 기우는 것을 피할 수 없게 된다.

1951년 마오쩌둥과 장제스의 통치가 거의 안정되어간다는 정보가 있

----

20 NIE-27/1 Chinese Capabilities and Intentions with Respect to Taiwan Through 1952, April 1, 1952, *FRUS 1952-1954*, 14(1):23~25.
21 Memorandum, Merchant to Emmerson, June 22, 1951, 306.11 U. S. Policy toward Nationalist China, 1951, RG 59, CA Records, box 28, NA.

었음에도 관원들은 미국에 우호적인 '새로운' 중국 정부를 찾아 양안 정부를 대체할 가능성 모색에만 열중하였다. 그들은 또한 베이징의 타이완 중립에 대한 불만과 유엔군의 동북 침공에 대한 두려움은 모두 구두 성명과 보증을 통해서만 안심시킬 수 있다고 오인하였다. 이후 진심으로 베이징 정권을 약화시키려고 하면서도 이들 관원들은 여전히 미국 측의 평화에 대한 성의가 베이징을 설득할 수 있을 것이라고 믿었다.[22] 워싱턴은 정책의 유연성에 집착하면서 오히려 자신의 정책목표를 약화시킨 것으로 보였다.

미국 주간지 『LIFE』는 1952년 3월 다음과 같은 평론을 실었다. "우리의 정책은 도처에서 동맹과 중립적인 세력들을 현혹하고 두려움을 느끼게 한다. 정책은 이미 확고하지도 타협적이지도 않다. 따라서 양측에 이익이 되지 못할 뿐만 아니라 오히려 나쁜 결과를 남기고 있다"[23] 정책이 극단적이고 중대한 이익에 관련된 의제이거나 지역이 아닌 이상, 정책 관찰자와 비판자가 바라는 분명한 정책결정이 이루어질 가능성은 그다지 없어 보였다. 모호한 정책이 양측 모두에게 좋은 결과를 줄 가능성은 없다. 그러나 통상적으로 정책결정자들은 대가와 목표가 모두 내키지 않음에도 받아들일 수는 있다고 생각했다.

....

22 란킨은 러스크에게 보낸 서신에서 다음과 같이 주장하였다. 만약 미국이 진심으로 장제스를 제거하고 싶다면 결심하여 철저하게 실행하고 그 후과를 준비해야 한다. 그러나 워싱턴은 제국주의자라는 지적을 꺼려 대 타이완 정책을 전력으로 지지하거나 유엔이 타이완을 위탁 관리하게 하는 것도 원치 않았다. 실제 결과물은 단지 장제스 정권을 약화시켜 타이완을 더 곤경에 처하게 한 것뿐이었다. Letter, Rankin to Rusk, September 4, 1950, Republic of China 1950, Rankin Papers, box 14, ML을 보라.

23 Kaufman, *the Korean War*, p.256을 보라.

C. 유연한 정책결정의 이로움

유연성을 고수하려는 원칙에는 폐단이 따랐으나, 이로 인해 워싱턴은 확실히 많은 속박에서 벗어날 수 있었다. 명확하게 이러한 원칙 하에서 국내의 압박, 도덕적 원칙, 국제사회의 협의, 동맹국의 관점, 심지어 자신의 정책성명 등의 요소는 모두 워싱턴의 정책을 속박할 수 없었다. 국내의 압박은 적당한 선전으로 해소할 수 있었다. 정책결정자들은 정책이란 집행한 후 인민들에게 설명하는 것이지 여론이 만들고 주도하게 해서는 안 된다고 보았다.[24] 국제규범이나 도덕적 인식도 참고하는 정도였다. 따라서 타이완의 독립이 미국에 유리하다고 생각했다면 정책결정자들은 즉시 민족자결주의 원칙을 인용하여 이 섬과 중국을 분리할 의도를 합리화하였을 것이다. 그들도 유엔의 공민투표 방식으로 목표를 실현하는 것을 좋아했다. 그러나 결국 타이완이 중국의 일부분으로 남는 것이 미국에 비교적 유리하다고 인식하게 되었을 때 워싱턴은 동맹국, 의회, 그리고 여론에 자결과 유엔의 공민투표에 관해 적극적으로 반박하였다.

마찬가지로 미국의 정책목표에 부합하도록 정책결정자들은 타이완의 법률적 지위와 카이로선언을 자의적으로 인용하였다. 한국전쟁이 발발한 첫 해 동안 워싱턴은 카이로선언을 타이완 귀속 문제의 기초로 삼자는 영

---

24 대중을 향한 합리적 정책에 대한 국무부 관원들의 개념은 Memorandum, Strong to Clubb on Support of China Mainland Resistance and Use of Nationalist forces on Formosa, January 24, 1951, 793.00/1-2451, RG 59, CA Records, box 33, NA; Memorandum, Emmerson to Allison, May 13, 1952, 306.1 U. S. Policy toward Far East 1952, RG 59, CA Records, box 33, NA; Memorandum, Holland to Perkins on U. S. Intervention on Formosa, June 25, 1952, 300 General 1952, Ibid., box 32를 보라. Russell Buhite도 워싱턴이 여론을 따르기 보다는 의도적으로 이끌었다고 보았다. Buhite, "Missed Opportunities?", p.181을 보라.

국의 주장을 거부하였다. 그러나 트루먼이 퇴임하기 전에 워싱턴의 관원들은 카이로선언을 다시 언급하였다. 중국과 관원 홀랜드가 말한 것처럼, 통상적으로 외교정책결정에서는 국가이익에 대한 고려가 국제협의의 의무를 이행하는 책임보다 우선시 된다.[25]

타이완의 귀속이나 법률적 지위에 관해 정책결정자들은 순수한 법률적 문제가 아니라 미국의 당시 정책에 부합하여 해석하려고 하였다. 따라서 한국전쟁 발발 전 타이완은 확실하게 중국의 일부분이었으나, 전쟁 발발 후 지위가 미정으로 바뀌었다. 그 후 정전협상이 좌절되었을 때, 트루먼 정부는 중공을 압박하려고 하였기 때문에 타이완은 다시 중국의 일부분이 되었다. 전쟁이 종결된 후 타이완과 중공의 제로섬 개념은 해제되었고 타이완은 또다시 중국으로부터 독립할 수 있게 되었다.

미국의 이익을 증진하기 위해 워싱턴은 중국 내전의 연장이나 양안 내부에서 반대운동을 고취시키는 방식으로 내부 혼란 조장을 주저하지 않았다. 관원들도 미국의 원조를 효과적으로 사용하기 위해 국민정부가 정부 시스템을 어떻게 관리하고 운영해야 할지 때때로 주의를 주었다. 대부분의 경우 이러한 '조언'에는 따르지 않으면 원조를 줄이겠다는 위협이 수반되었다. 다른 나라의 영토주권을 존중하고 그 내정에 개입하지 않는다는 원칙은 완전히 무시되었다.

워싱턴의 정책에 대해 동맹국은 구속력을 갖고 있지 않았다. 워싱턴은

....

25 Memorandum, Lovett to the President, January 14, 1949, *FRUS 1949*, 9:267; State Paper Commenting H. RES.245, June 6, 1951, 794a.00/7-1651, RG 59, NA; Letter, Lovett to Acheson, enclosed Memorandum, JCS to Secretary of Defense, November 1, 1951, *FRUS 1951*, 7(2):1841~1845; Nakatsuji, "The Short Life of Official 'Two China' Policy", p.41; Memorandum, Holland to McConaughy on Thoughts on Negotiating with the Communists, August 13, 1952, 300 General 1952, RG, CA Records, box 32, NA.

통상적으로 유엔을 통하여 동맹국이 그 정책 집행을 분담하게 하였으나, 정책을 결정하기 전에는 그들과 논의하는 모습을 보이지 않았다. 동맹국들이 미국의 원조를 얻어 군사·경제적으로 재건해야 한다는 사실은 미국의 히든카드를 증가시켰다. 비록 국무부는 동맹국의 동의를 정책결정에 대한 지지 혹은 반대 근거로 내세우는 경우가 있기는 했으나, 사실 워싱턴은 대 타이완 정책을 이행하는데 있어서 상당히 자유로울 수 있었다.[26] 그 밖에 공개적인 성명도 미국의 행동자유를 제한할 수 없었다. 타이완 해협 중립을 선언할 때, 트루먼은 자신이 관여하지 않은 성명은 무시하였기에 워싱턴은 중립을 선언하였지만 행동에서는 중립을 엄수하지 않았다. 게다가 워싱턴은 이후 중립화 성명의 관점에 관계없이 대일강화조약을 통하여 타이완 문제를 처리하지 않기로 결정하였고, 유엔 차원의 논의도 방지하려 하였다.

미국의 대 타이완 정책의 지도원칙은 명확하게 "공개적인 성명이나 선언이 규정한 틀"을 따르지 않았다. 명백하게 말하지는 않았으나, 참모수장들이 호소했던 것처럼 미국의 이익은 가장 중요한 평가기준이었다.[27] 트루먼은 제2차 세계대전 기간에 연합군이 협의했던 것을 소련이 깨뜨렸으므로 소련은 도덕성도 명예감도 없다고 비판하였다. 그러나 그 스스로

---

26 미국의 극동정책에 대한 동맹국의 영향이 제한적이었다는 역사학자들의 견해에 대해서는 Stueck, "The Korean War as International History"; Stueck, "The Limits of Influence: British Policy and American Expansion of the War in Korea"; Foot, "Anglo-American Realtions in the Korean Crisis: British Effort to Avert an Wxpanded War, December 1950-January 1951"; Schonberger, "Peacemaking in Asia: the United State, Great Britain, and the Japanese Decision to Recognize Nationalist China, 1951-1952"; Kaufman, *The Korean War,* p.300; 張淑雅, 「杜勒斯與對日媾和中的臺灣問題」를 보라.

27 Letter, Lovett to Acheson, enclosed Memorandum, JCS to Secretary of Defense, November 1, 1951, FRUS, 1951, 7(2):1841~1845.

는 '상황의 변화'가 국제적인 협의와 정책 선언, 그리고 도덕적 원칙을 무시할 수 있는 정당한 이유가 된다는 것을 잘 알고 있었다.[28]

D. 워싱턴의 행동제약 요소

워싱턴이 상술한 요소들을 무시할 수 있었다고 하더라도 행동의 자유를 100% 누릴 수 있었다고 할 수는 없다. 국민정부에 대한 멸시와 불신임, 미국의 '위상'에 대한 관심(혹은 '체면', 왜냐하면 관심의 형식이 실제적인 것보다 많기 때문), 특히 모스크바와 베이징의 의도와 반응의 해석 등은 정책의 유연성을 어느 정도 제약했다. 이들 요소는 정책결정자들이 완전한 유연성을 유지하기 바랐음에도 그들 자신의 관념이나 인식은 오히려 자신들의 행동을 제약하는 가장 주요한 요소가 되었다. 앞에서 언급한 것처럼, 국민당과 장제스에 대한 미국 정책결정자들의 편견은 한국전쟁 시기의 대 타이완 정책에 매우 큰 제약으로 작용했다. 중공과 교전한 첫 2년 동안, 정책기획자들이 고려한 대책은 전쟁 확대, 완전한 타협 혹은 중공 정권 척결 등과 같은 극단적인 것에 한정되어 있었고, 그들의 선택은 전적으로 중공에게 달려 있었다. 따라서 워싱턴은 미국의 가장 큰 이익에 부합하여 행동하기 위해 동맹국과 국민정부를 조종하려고 노력하였으나, 오히려 적이 기선을 장악하고 정책을 주도하는 결과를 가져왔다.[29]

....

28 Bernatein, "Truman's Secret Through on Ending the Korean War", p.33.

29 한국전쟁의 위기가 최고조에 달했을 때, 맥아더는 미국의 위기 대처방식이 적에게 기선을 잡게 하는 것이라고 불만을 토로한 적이 있다. 주드(Walter Judd)도 "우리는 충성스러운 동맹국을 당연시 하면서도 오히려 적에게는 환심을 사려고 노력하고 있다"고 말하였다. C-53167, CINCFE to JCS, January 10, 1951, *FRUS, 1951,* 7(1):56; Dulles Oral History Project, Interview with Water Judd, p.59를 보라. 「중일강화조약」 체결 과정에 대한 필자의 연구도 워싱턴이 영국

아시아를 변방의 이익으로 규정하는 것도 정책기획자들이 이 지역에 대해 비교적 적극적인 행동을 취하지 못하게 하였다. 다른 한편, 아시아에 대한 미국의 영향력 포기를 꺼린 것도 워싱턴이 수수방관 정책을 취할 수 없게 하였다. 장기적으로 보면, 현상 유지를 위해 취하는 제한적인 조치는 미국이 발을 뺄 수 없게 하였다. 게다가 아시아 국가의 내전을 연장하게 함으로써 양측이 부담해야 하는 대가가 미국이 전심으로 결단해야 하는 행동보다 컸다.[30] 앞에서 논의한 것처럼, 행동의 유연성을 유지하는 것에 집중하다보면 필연적으로 정책 집행의 효율성, 심지어 어떤 정책목표의 희생을 피할 수 없다. 상응하는 대가의 지불을 꺼리다 보면 어떤 특정한 정책의 설계를 어렵게 하여 실리적 관점에서 출발한 정책계획을 오히려 매우 비현실적인 것으로 바꾸어 버리게 된다.

중공이 한국전쟁에 개입한 후, 타이완에 대한 미국의 정책은 베이징과 타협할 것인가 아니면 베이징에 강경한 입장을 취할 것인가에 대한 고려사항에 포함되었다. 트루먼 정부는 타이완 보호에 적극적인 행동을 꺼렸고, 또한 취하지도 않았다. 비록 트루먼이 퇴임하기 전 워싱턴은 타이완 보호에 비교적 높은 대가를 치르려고 하였음에도 여전히 국민정부에 대한 확실한 약속을 피하고 있었다.[31] 정책결정자들이 가장 관심을 가진 것

과 국민정부에 가한 압박이 일본에 대한 압박보다 컸다고 지적한다. 張淑雅, 「杜勒斯與對日媾和中的臺灣問題」를 보라.

30 코헨은 미국이 한국전쟁과 베트남전쟁에 개입함으로써 현지 주민의 재난이 증가하였다고 생각했다. Warren I. Cohen, *East Asia at the Center: Four Thousand Years of Engagement with the World* (New York: Columbia University Press, 2000), pp.389~390.

31 트루먼 정부는 타이완에 매우 실리주의적인 입장을 취하여 국민정부를 친구로 보는 미국인들로서는 이점을 이해하기 어려웠고, 심지어 비난받아야 한다는 생각마저 들게 하였다. 예를 들면, 하원의원 주드는 1950년 12월 트루먼에게 "대통령님, 그곳의 동맹에게 '우리는 가느다란 실로 당신들을 매달아 놓고 하나님

은 정의가 모호한 미국의 이익이었지, 이념이나 신념이 아니었다.

NSC 68의 냉전 이데올로기는 비록 한국전쟁의 초보적 대응행동에 큰 영향을 미쳤으나 유엔군 철수 위기나 정전회담에 대응하는 결정을 완전히 주도하지 못했다. 트루먼이 퇴임하기 전 정책결정자들은 중공의 행동이 모스크바의 지휘를 전적으로 받는 것은 아니라고 해석하였지만, 중공이 서방의 이익과 미국의 명망에 감히 도전하는 것도 견디기 어려웠다. 또한 워싱턴은 이성적으로 중공을 압박하는데 있어서 전제조건이 소련의 개입으로 이어질리 없다고 판단했다. 다른 한편, 타이완 보호에 미군을 이용할 필요가 없다는 새로운 평가는 워싱턴이 국민정부를 공개적으로 지지하게 하였다.

IV. 한국전쟁이 타이완을 구했는가?

만약 한국전쟁 기간에 미국이 진정으로 국민정부를 '구원'할 뜻이 있고 이를 행동으로 옮겼다면, 국민정부는 매우 기뻐하며 안심했을 것이다. 그러나 미국의 정책에 대한 국민정부 고위층의 해석은 미국의 행동에 불만과 불안을 가지고 있었으며, 미국이 실리주의적으로 정책을 결정하고

이 당신들을 사용하지 않으면서 우리를 보호하시고 우리가 이 선을 끊고 당신들이 바다에 가라앉게 할 수 있기 바란다. 그렇다고 해도 일단 당신들을 잘 붙들어주어 정말 문제가 있을 때에는 당신들을 이용하여 우리를 구원하시라고 청한다'고 말씀하십시오. 이것은 참으로 빌어먹을 정책입니다"라고 말했다. Dulles Oral History Project, Interviews with Walter Judd, pp.86~87을 보라. 1953년 초, 국민정부는 미국이 어느 날 타이완을 신탁통치하기로 결정하거나 아니면 그들이 협력하기로 한 중국 본토의 어느 정권에게 넘겨주지 않을까 우려하였다. Rankin, *China Assignment,* p.152를 보라.

있음을 아주 잘 이해하고 있는 것으로 나타났다. 장제스는 원래 북한의 침략행동이 소련의 '지시'에 따른 것이라면,[32] 이를 계기로 자유세계가 단결하고 국민정부도 순조롭게 반공전쟁에서 '동맹국'의 일원으로 이름을 올릴 수 있다고 생각하였다. 그러나 결과는 매우 실망스러운 것이었다. 장제스는 국민정부가 반공진영에 평등하게 진입할 수 없을 뿐만 아니라, 언제든지 한국전쟁의 정전을 이루는 희생물이 될 수 있음을 깨달았다. 장제스가 가장 신경 쓴 것은 국민정부가 국제 지위에 관해서 미국으로부터 상처를 받았다는 점이다. 장제스는 타이완 해협의 중립 성명이 "우리 타이완의 주권 지위를 무시하고 우리의 해·공군이 도둑들에게 점령당한 우리의 영토로 진공하지 못하게 하였다. 이는 우리를 식민지로 여기는 것과 다름없으니, 매우 통탄스럽고 치욕스러운 일"이라고 생각했다.[33] 더욱이 유엔을 통해 타이완 문제를 해결하려는 것은 '국가의 수치'라고 보았다.[34] 1950년 12월, 유엔은 놀랍게도 유엔의 중국 대표권을 중공에 넘겨 한국정전을 실현하려고 하였다. 총회가 7인의 소위원회를 구성하여 중국 대표권 문제를 조사하도록 결의하자 장제스는 이는 국민정부 '생존의 열쇠'라고 느끼며 국제 지위를 유지하기 위해 몇 개월간 분투하였다. 다행히도 중공이 유엔의 '평화적인 제안'를 거절함으로써 국민정부의 국제 지위 문제도 전환기를 맞았다.[35]

....

32 장제스는 북한이 침략을 발동했다는 소식을 들은 당일 일기에 다음과 같이 기록하였다. "미국이 아직도 북한의 배후로 소련을 지목하지 않은 것은 실로 애석한 일이다. 마땅히 소련에게 그 모든 책임을 물어야 한다", 秦孝儀主編, 『總統蔣公大事長編初稿』(臺北: 中國國民黨黨史委員會, 2002), 1950年 6月 28日, 9:181를 보라.

33 『總統蔣公大事長編初稿』, 1950年 6月 28日, 9:181. 구웨이쥔 대사는 중립 성명의 "구실이 난폭하고 매우 야만적이다. 공식 성명에 이러한 구실로 우방을 대하는 것은 실로 보기 드문 일이다"라고 주장하였다. 『顧維鈞回憶錄』, 8:7을 보라.

34 『總統蔣公大事長編初稿』, 1950年 9月 2, 7, 12日, 9:238, 244, 247.

한국전쟁 지원을 위한 국부군 파견 문제의 우여곡절도 유엔에서 국민정부의 지위가 온전하지 않았음을 잘 보여준다.[36] 그리고 미국이 8년간의 항일전쟁을 영도한 국민정부를 대일강화조약을 체결하는 동맹국에서 제외시키자, 장제스는 격분하여 "미국은 정의롭지 못한 나라"라고 통렬히 비판하였다.[37]

국민정부의 지위를 손상한 것뿐만 아니라 미국 원조의 '실질적 인도'도 늦어졌다. 비록 일반적으로는 미국이 개입한 후 타이완에 대한 군사원조는 끊이지 않고 도착했다고 생각하나, 실제로 첫 번째 원조물자는 한국전쟁이 발발한 지 5개월이 지나서야 타이완에 도착하였다. 장제스는 1951년 말 "한국전쟁 정전회담이 시작된 이후 군사물자는 총 한 자루, 탄약 한 알도 인도하지 않으면서, 우리의 경제·군사의 통제에 대한 요구는 끝이 없다"고 하면서 한탄하였다.

장제스는 예산 통제와 정치공작제도 취소에 대한 미국의 요구에 극도로 반감을 가졌다.[38] 특히 미국은 군사원조 교부문제를 가지고 매번 국민정부의 복종을 강요하여 그를 더욱 고심하게 하였다. 예를 들면 1953년 말, 고문단이 "정치공작인원의 직권개혁을 강요하면서 차량, 휘발유 등 정치공작과 관련된 군수물자 원조를 즉시 중단"하자 장제스는 분노하여 거의 잠을 이루지 못하였으며, "이 달에 받은 가장 큰 치욕이었다"고 기록하였다.

....

35 『總統蔣公大事長編初稿』, 1950年 12月 31日, 9:325~326.
36 예궁차오(葉公超)가 행정원 회의에서 행한 한국전쟁 파병 문제에 관한 보고는 第280次 行政院會速記錄(1953年 2月 18日), 行政院檔案을 보라. 국민정부의 한국전쟁 참전에 관한 우여곡절과 장제스의 한국전쟁에 대한 기대는 劉維開, 「蔣中正對韓戰的認知與因應」, 『輔仁歷史學報』21(2008. 7.), pp.253~282 참조.
37 『總統蔣公大事長編初稿』, 1951年 7月 10日, 10:190.
38 『總統蔣公大事長編初稿』, 1951年 12月 31日, 10:397.

그러나 제2차 세계대전 때 스틸웰과의 경험을 반복하지 않기 위해 그는 '반박하여 처리'하기로 결정하였다.[39] 한국전쟁 정전 전에 있었던 행정원 회의에서 예궁차오는 "미국이 부담하는 임무가 어떠한지, 이후 우리와 협조하는 방법, 해상과 공중에서의 협조" 등 고문단이 타이완에 도착한 후 지난 2년간 제기해 왔던 타이완 방위와 관련된 문제는 이미 확실하고 유효하게 결정되었으므로, 당시 "타이완의 방위는 이미 중미 협력의 토대 위에 있다"고 보고하였다.[40] 그는 또한 불과 일주일 전까지만 해도 감히 이렇게 말하지 못했다고 강조하였다. 국민정부의 입장에서 보면, 한국전쟁 기간에 경비와 제도에 대한 미국의 통제 요구가 증가한 것 외에 국민정부의 군사에 대해 실질적인 도움은 별로 없었던 것 같다.

아이젠하워가 당선된 후 장제스는 새로운 정부가 반공에 더 적극적이고 타이완에 비교적 우호적일 것이라고 낙관하며 기대하였다. 그러나 그는 얼마 지나지 않아 "미국의 타이완 중립화에 대한 금령(禁令)이 2월에 철폐되었지만 사실 우리의 해안 습격과 본토 공격은 더욱 엄격하게 제한되었으니 통탄스럽기 그지없다!"고 실망하였다.[41] 아이젠하워가 타이베이에 대사를 파견하였음에도 덜레스는 제3세력과 티토주의를 육성하려는 환상을 취소하지 않고 여전히 중공을 유엔에 가입시켜 정전을 실현하려고 하였다. 따라서 장제스는 덜레스의 정책이 중화민국을 무시했던 애치슨의 정책과 다르지 않다고 생각하였다.

---

39 『總統蔣公大事長編初稿』, 1950年 11月 24日, 1953년 12월 31일, 9:302~303, 12:264. 스틸웰(Joseph Stilwell)은 제2차 세계대전 시기 미국이 중국에 파견한 최고위급 군사대표로 장제스와 잦은 충돌을 일으켰다. 결국 장제스의 요구로 미국은 그를 소환하였는데 전시 중미 관계에서 가장 심각한 충돌로 흔히 '스틸웰사건'으로 일컬어진다. 상세한 내용은 齊錫生, 『劍拔弩張的盟友』를 참조.

40 葉公超外交報告, 1953年 6月 4日, 第294次行政院會速記錄, 行政院檔案.

41 『總統蔣公大事長編初稿』, 1953年 12月 31日, 12:265.

"1949년 미국의 애치슨은 우리를 무시하는 백서를 발표한 이후부터 우리의 자멸을 재촉하기 시작하였다. 이어서 영국, 소련과 결탁하여 타이완을 신탁통치하려고 하였으며 우리를 유엔에서 축출시키고 공비(共匪)에게 그 자리를 내어주려고 하고 있다. 올해까지는 공비를 유엔에 가입시켜 우리와 병존하게 하자고 주장하였다. 이것이 바로 두 개의 중국 병존설이다. 우리를 유엔에서 축출하고 타이완을 신탁통치하자는 궤변은 점차 사그라지고 있다. 그러나 금년도 유엔 총회는 우리의 회원국 자격문제를 이번 회기에는 상정하지 않겠다고 말하고 있다. 이 또한 이전과 마찬가지로 우리를 모욕하는 것이다."42

장제스의 기대와 실망 외에, 한국전쟁 기간 행정원장과 부총통을 겸임한 천청도 미국을 믿을 수 없다고 느꼈다. 다음은 천청의 회고록을 인용하여 정리한 것이다: 미국은 『백서』와 수수방관 정책을 발표한 후, 이미 국민정부의 지위를 "완전히 말소하였고", 중공에 대해서는 중공과 소련을 분리시키기 위해 "온갖 말로 회유하고" 있다. 미국은 원래 "타이완의 희생을 꺼리지" 않았다. 그러나 중립화 성명은 "미국이 타이완에 애착이 없으면서도 타이완의 전략적 가치를 중시하게 되었음"을 의미한다.

워싱턴이 공사(公使)와 군사 고문단을 타이베이에 파견한 것은 표면적으로 보면 중미 친선관계가 회복되었다고 생각할 수 있다. 그러나 "그 내용은 그다지 낙관적이지 않았다." 1952년 초, 천청은 미국의 '진정한 바람'은 소련과 그다지 친밀하지 않은 공산주의자를 찾아내 마오쩌둥을 대체하는 것이었지, 국민정부를 중국 본토로 돌아가게 하려는 것이 아니었다. 트루먼이 퇴임하기 전 국민정부에 대한 표면적인 태도는 "우호적으로 바뀌지 않았다고 말할 수는 없으나, 이익에 도움이 된다는 조건 하에 언

....

42 『總統蔣公大事長編初稿』, 1953年 12月 31日, 12:265~267.

천청은 대 타이완 정책에서는 아이젠하워와 트루먼의 차이는 50보, 100보일 뿐이라고 생각했다.

제든지 국민정부를 희생시킬 가능성이 존재하였다.

아이젠하워가 취임한 후, 중미관계는 비교적 나아졌으나 견고해졌다거나 낙관적이라고 말할 수도 없었다. 중립화 해제는 한국전쟁을 해결하기 위한 것이었지 비교적 큰 문제를 해결하려는 것은 아니었다. 자유세계는 여전히 전쟁을 두려워하고 있었다. 중공의 비위를 맞추기 위해 국민정부를 바치려는 미국의 의도도 상당히 퇴색되어졌을지도 모른다. "중미관계에 관해서 아이젠하워 시대는 아마도 트루먼 시대보다 조금 나았을 수 있으나, 그것은 50보와 100보의 차이일 뿐이었다." 한국전쟁 기간, "미국 정부는 동떨어진 모순을 보여 종종 사람을 갑갑하게 하거나 상처를 주었다 …… 우리는 이것이 기선제압을 위해 미국 정부와 인민 사이에 특별히 설정된 모종 계획이 아닐까 의구심을 갖는다."43

천청은 유엔 대표권, 중공 승인, 신탁통치, 두 개의 중국 등 어떤 주제이든지 간에 유엔에서 타이완 문제를 논의하는 것은 모두 국민정부에게 '치욕'을 주는 것으로 생각하였다. 그는 "미국의 동기가 타이완 문제을 활용하여 일을 순조롭게 만들 수 있고, 중공을 설득하는 미끼나 채찍으로 삼을 수 있으며, 더 나아가서는 국제무대에서 조건을 교환하는 매개로 쓰는데 있다"고 추측하면서 "타이완을 문제로 삼는 것은 그야말로 일종의

---

43 薛月順 編輯, 『陳誠先生回憶錄: 建設臺灣』(上冊), (新店: 國史館, 2005), pp.111~131, 146~147.

총명한 미국의 외교정책으로 그것을 어떻게 사용하든지 다 적절할 것"이라고 보았다.[44] 이러한 관찰은 타이완에 대한 미국적 사고의 핵심을 직접적으로 지적한 것이다.

구웨이쥔 대사는 한국전쟁 기간에 미국 정책을 최일선에서 접촉한 외교관이었다. 그는 국민정부에 대한 미국의 정책을 상당히 세밀하게 관찰하였다. 그는 미국이 비록 반공을 주장하고 있으나, '선유럽 후아시아' 정책을 고수하면서 최소한의 경비로 아시아에서 공산세력의 확산을 저지하려고 했다고 생각하였다. 또한, 다음은 그의 주장을 정리한 것이다.

한국전쟁이 발발한 후, "그들(미국)은 한반도에서 활동하고 있으나 마음은 유고슬라비아나 이란에 가 있었으며, 공산주의에 대항하는 역량을 아시아 이외의 지역에 사용하려고 하였다. 한국에서의 전투는 단지 우연한 것일 뿐이었다." 또한, 타이완 해협 중립은 미국의 대 중국 정책을 바꾸지 못하였다. "그들은 국민정부보다 중공을 중시하였고, 타이완을 국민당 정권보다 중시하였는데 국민정부를 보전하는 것은 부수적인 일일 뿐이었다." ······ "만약 중공이 조금이라도 미국에 우호적인 태도를 보이면 미국은 즉시 중공을 승인하려고 하였고, 만약 중공이 티토처럼 될 수 없다면 미국은 중공 지도층에 이간책을 쓰고, 타이완을 보호하여 중국 본토 반공 인사들의 전망대로 삼거나, 중국 본토와 흥정하는 도구로 삼으려고 할 뿐이었다. 미국은 타이완에서 '선봉대'를 배치하여 장래 중공을 승인한 후 협력을 용이하게 하고, 만약 중공이 따르지 않으면 미국도 타이완을 공산주의를 방어하는 보루로 삼고 유엔의 감독 하에 타이완 인민이 독립을 원하는지 공민 투표를 실시하려고 하였다."[45]

---

44 『陳誠先生回憶錄: 建設臺灣』(上冊), pp.144~145.
45 Koo Diary, June 25 & August 31, 1950.

비록 천청과 구웨이쥔이 미국 내부의 정책결정 문서를 본 것은 아니지만, 워싱턴 정책의 함의에 대한 그들의 추정은 미국 측 문서들의 논지에 상당히 근접해 있었다. 따라서 한국전쟁 기간 국민정부는 고하를 막론하고 미국의 지지에 감히 큰 환상을 품지 못하였고, 타이완은 단지 미국의 대 중공 전략에서 하나의 도구임을 잘 알고 있었다. 이러한 인지 하에 국민정부가 어찌 감히 자신의 운명을 미국에 완전히 맡길 수 있었겠는가? 장제스는 아이젠하워가 취임한지 얼마 후 일기 중에 다음과 같이 기록하였다.

> *"미국의 대 중국 정책은 그 내용이 이전과 다르지 않고, 제3세력을 양성하는 것과, 주모(저우언라이·마오쩌둥)가 티토가 되게 해야 한다는 환상은 오늘날 더욱 강렬해지고 있으니, 스스로 강해지지 않으면 어떻게 국가를 회복할 수 있겠는가?"*[46] 미국의 원조를 쟁취하려는 국민정부의 노력은 멈춘 적이 없다. 그러나 일찍이 한국전쟁의 위기가 최고조에 달했을 때, 장제스는 국민정부가 '기사회생'하는 길은 *"자립 자강하고, 스스로 운명을 부여잡는 것"*이며, *"힘써 노력하여 군대를 정비하고 정치를 혁신하며 경제를 번영시켜 민생을 개선하는 것"*이라고 굳게 믿었다.[47]

앞에 기술한 현상을 종합해 보면 미국은 국민정부를 구제불능의 대상으로 보았고, 국민정부는 미국이 "장제스를 무너뜨리고 중국을 멸망시키려 한다"고 생각하였다.[48] 쌍방의 극단적으로 강한 불신의 정서 속에 '타

---

46 『總統蔣公大事長編初稿』, 1953年 4月 18日, 12:90~91.
47 『總統蔣公大事長編初稿』, 1950年 9月 15日, 9:252.
48 『總統蔣公大事長編初稿』, 1950年 8月 10日, 9:224를 보라. 장제스는 일기에 자신은 애치슨과 국무부에 불만을 가지고 있으며 그들은 공산당에 동조하는 사람들로 자신과 중국을 훼멸하려고 음모를 꾸민다고 토로했다. 사용하는 형용

이완 보호'를 위해 혼신을 다하는 협력의 수준은 매우 제한적이었을 것으로 짐작된다.

V. 한국전쟁이 타이완을 구했다!

간단히 말해서 필자는 한국전쟁이 발발하거나 중공이 개입한 것으로 인해 미국이 국민정부를 구하기로 했다거나 혹은 중공을 적으로 삼았다고 생각하지 않는다. 반공 이데올로기가 워싱턴과 국민정부의 관계를 더욱 밀접하게 연결하는 주요 원인이 되었던 것도 아니며, 군사·경제원조 또한 타이완 해협의 중립이나 군사 고문단이 타이완으로 온 이후 시작된 것이 아니었다. 제7함대는 당시 타이완에 대한 전면적인 공격을 격퇴할 능력이 없었다. 아마도 중공의 타이완 공격 계획을 저지하는 효과는 있었을 것으로 볼 수도 있으나, 제7함대가 없었으면 중공이 타이완을 성공적으로 해방시켰을 것이라는 주장도 확실한 것은 아니다.[49]

....

사는 달랐으나 1950년부터 1952년 사이에 많은 부분에서 타이베이와 워싱턴 쌍방이 서로를 극도로 불신했음을 보여주는 표현이 중복해서 나타나고 있다.

49 미국에서 유학한 중국 학자 첸지엔(陳兼)은 다음과 같이 주장했다: 한국전쟁이 없었으면 중공이 타이완을 해방할 수 있었는가의 문제는 명확하지 않다. 왜냐하면 1950년 6월 한국전쟁이외에도 우스(吳石)가 체포되어 총살당함으로써 타이완에서 중공의 비밀정보계통은 모두 궤멸되었다. 마오쩌둥은 타이완을 해방하려면 해군과 공군의 협조가 있어야 하는데 중공은 당시 해·공군과 내부 전력이 완전하게 갖추어져 있지 않았을 뿐만 아니라, 내부 전력도 상당부분 상실해 있었다. 한국전쟁이 발발하기 전 중공은 이미 타이완 전투를 연기하고 있었다. 한국전쟁은 타이완 문제를 국제화, 복잡화시켰다. 그러나 비록 한국전쟁이 없었다고 하더라도 타이완 문제의 해결은 여전히 많은 요소를 염두에 두고 결정해야 하는 부분이었다. 陳兼, 「六十年後的再思考: 朝鮮戰爭的起源與歷史影響」, 『文史參考』, 2010年 第12期, p.127.

중공과 소련 내부의 자료를 이용한 연구들은 베이징과 모스크바는 이미 한반도를 먼저 통일하고 난 후 타이완을 해방하자고 합의하였으며 그로 인해 한국전쟁이 발발하기 전에 중공은 이미 타이완에 대한 공격 준비를 늦추고 있었고, 일부 부대를 중국 동북지역으로 이동하여 김일성의 통일대업을 지원할 준비를 하고 있었다고 주장한다.[50] 바꾸어 말하면, 제7함대가 중공의 타이완 공격을 제어했다는 효과는 미국이 예상한 것보다 실제로 그리 크지 않았다는 것이다.

미국의 평가에 따르면 한국전쟁이 끝날 때까지 국부군은 이미 공격능력이 없었고 충분히 방어할 능력도 없었다. 그러나 이는 미국이 군사원조 계획과 집행을 제한한 결과였다.[51] 따라서 타이완 보위의 실질적인 부분에 대해서 미국 군사원조의 효과도 상당히 제한적이었다. 미국의 개입은 분명 국민정부가 생존하게 된 '유일한' 원인은 아니었다.

그럼에도 필자는 "한국전쟁이 타이완을 구했다"는 것을 완전히 부정하지 않는다. 또한, 워싱턴의 자기중심적인 정책평가를 비판할 뜻도 없다. 사실 타국의 이익을 고려하여 자국의 정책을 결정하는 나라는 거의 없다. 어떤 학자는 "정권이 위급한 시기에 외국 원조를 얻는 것은 정치적인 중요성에서 실제로 그 수량의 많고 적음을 초월하는 것"이라고 말했다.[52] 한국전쟁이 발발하기 전, 타이완의 민심은 흉흉하였고 국민정부의 미래에 대해서는 의구심이 가득했다. 그러므로 국민정부는 미국의 제7함대 파견과 기타 군사·경제원조에 대해 성명을 발표하여 선전하였고 심지어 약간

---

50 沈志華, 「中共進攻臺灣戰役的決策變化及其制約因素(1949-1950)」, 『社會科學研究』, 2009年 第3期, pp.34~35.
51 張淑雅, 「韓戰期間美國對臺軍援政策初探」, p.469.
52 Howard Wriggings著, 「外援與政治發展」, 『經濟發展論文集』, 臺北: 國際經濟合作發展委員會, 1972, p.156, 文馨瑩, 『經濟奇蹟的背後-臺灣美援經驗的政經分析(1951-1965)』, 臺北, 自立晚報社文化出版部, 1990, p.232에서 재인용.

왜곡되기도 하였다.[53]

미국의 개입은 민심을 안정시키고, 사기를 진작하며, 타이완 내부의 정세를 안정시키는 것에 상당히 큰 역할을 하였고, 국민정부도 한층 노력하게 되는 기반이 되었다.[54] 따라서 비교적 사실에 근접한 주장은 한국전쟁이 국민정부에게 스스로를 구해낼 수 있는 기회를 주었다는 것이다. 국민정부가 점차 입지를 굳혀가면서 중공과 타협하지 않고, 타이완이 중공에 접수되지 않을 기회가 주어졌다. 중증 환자가 훌륭한 의사를 만나 의료 기술을 진보시켜도 스스로 몸을 만들 의지가 없다면 중병을 극복하고 살 확률은 매우 낮은 것과 마찬가지이다. 훌륭한 의약은 매우 큰 도움이 될 수 있으나 불치의 병을 극복하는 가장 중요한 요소는 살려고 하는 자신의 의지와 노력인 것이다.

국민정부가 불치병에 걸려 살 수 있는 날짜가 얼마 남지 않았다고 진

....

53 예를 들어, 트루먼이 중립화 성명을 발표한 후, 6월 28일의 『중앙일보』는 "미국 대통령은 어제 제7함대에 타이완 공격 기도를 저지하라고 지시"라는 제목의 헤드라인 기사를 실었는데, 그 중 "타이완 공격 기도를 저지"라는 몇 글자를 4배 크게 작성하였다. 같은 면에는 "미 제7함대의 실력"이라는 제목의 기사도 실었는데, 이러한 일련의 보도기사는 선전과 민심 안정의 의도를 매우 명확히 나타내고 있다. 6월 29일의 『중앙일보』는 "태평양 민주진영의 형성은 태평양 전체안전을 위해 분투"라는 제목으로 트루먼의 중립 명령에 대해 사설을 실었다. 사설은 미국이 '동방 민주 방어선'을 구축하였고 타이완은 이 방어선의 일부분이 되었다고 해석하였다. 그 후 몇 개월의 보도는 제7함대의 활동을 끊임없이 강조하였다.

54 타이완 중앙연구원 근대사연구소 소장을 지낸 뤼스창(呂實强)은 한국전쟁이 타이완을 구했다는 데 찬성한다고 하면서 한국전쟁 당시 그는 국립타이완사범대학에 재학 중이었는데 미국의 제트기가 공중으로 날아오르는 것을 보았고, 동학들은 모두 "만세!"를 불렀다고 주장하였다. 그러나 그도 미국의 원조는 즉시 인도되지 못하였고, "한국전쟁이 타이완을 곤경에서 구해냈다고 하는 것은 결국 큰 난관에 맞서 하나가 된 타이완 자신의 노력 덕분이었다"고 말하였다. 「韓戰五十年學術座談會記錄」, 『近代中國』137(2000. 6), pp.127~128을 보라.

단 받은 1950년에, 미국은 수수방관 정책을 바꾸어 타이완 해협에 개입하였다. 궈팅이(郭廷以)가 말한 것처럼 한국전쟁은 국민당(국민정부)의 시안사변(西安事變)이었다. 즉 시안사변은 중공이 장제스의 토벌작전으로 섬멸될 위기에 놓였을 때 숨을 돌릴 수 있는 기회를 얻고 자신의 노력과 점차 증가하는 미국의 협조로 입지를 다지고 생존할 수 있게 되었다는 것과 같은 의미이다.[55] 당연히 이러한 노력은 국민정부가 타이완에서의 정치·경제·군사·사회·문화 등 각 방면의 전략과 성과에 근거한 것이다. 그리고 '타이완 해방'에 대한 중공의 정책 변화, 즉 국민정부가 생존한 것과 타이완이 해방되지 않고 오늘날의 상태로 발전한 것을 이 작은 책에서는 분명하게 논할 수 없으나, 필자는 타이완의 과거 역사와 미래의 발전에 대해 흥미를 불러일으킬 수 있기 바란다.

....

55 郭廷以, 『近代中國史綱』, p.769. 양징춘은 "1950년 타이완의 상황에 대해 한국
    전쟁은 중공에게 있어서의 시안사변과 같은데 그 이유는 돌고 도는 역사의 무
    게감이 같기 때문"이라고 하였다. 梁敬錞, 『中美關係論文集』, p.263을 보라.

주요 사건 대조 연표

	한국전쟁		타이완문제
1950			
		1. 5	트루먼은 타이완 방위에 불개입 선포. (수수방관 정책)
6. 25	한국전쟁 발발.		
		6. 27	트루먼은 타이완 해협 중립 선언.
6. 28	북한군은 한국 수도 서울 점령.		
		6. 29	국민정부는 3만 3천 명 국부군의 한국 파병의사를 표명, 7. 1 미 국무부가 거절.
7. 8	유엔군총사령관에 맥아더를 임명.		
		7. 31	맥아더는 이틀간 타이완 방문.
		8월 초	극동군사령부 군사 조사단이 3주간 타이완을 방문, 타이완 방어의 필요성 조사.
		8. 25	중공은 미국에 타이완을 침공했다고 유엔에 제소.
9. 15	유엔군의 인천 상륙 성공.		
10. 7	미군은 38선을 넘음.		
10. 19	미군은 평양에 진입, 중공군은 압록강을 건넘.		
10. 25	남한 군대는 중공군 사병 1명을 체포, 중국의 한국전쟁 개입설이 난무.		
11. 1	운산(雲山)전투 미중이 처음으로 교전, 미군 대패.		
		11. 15	유엔총회는 타이완 문제에 관한 변론을 보류하기로 결정.
		11. 23	미국은 타이완에 제1차 원조물자 인도.
11. 24	맥아더는 전쟁 종결 공세를 발동.		
11. 28	유엔군은 평양에서 철수, 38선 이남으로 후퇴.		
		12월 말	맥아더는 국부군의 한국전 투입을 희망, 워싱턴은 거절.

	한국전쟁		타이완문제
1951			
1. 13	유엔은 미국이 주도하는 정전을 결의.	1월	중공은 미국의 타이완과 타이완 해협 철수 문제를 정전회담에 포함하자고 요구.
1. 24	유엔군 반격		
2. 1	유엔총회는 중공을 침략자라고 결의.		
		2. 9	미국과 국민정부는 군사원조 협정 체결.
3. 14	유엔군은 서울을 수복.		
3월 말	유엔군은 다시 38선 부근에 접근.	3월 말	CIA는 타이완에 서방공사를 설립, 중공 정권을 적극 교란.
4. 11	맥아더는 강경한 성명을 발표하여 해직됨.	4월	국무부는 「포모사」라는 제목의 보고서를 통해 타이완이 중국의 일부분이라는 전제하에 미국의 중국에 대한 중요하고 유연한 도구가 되었다고 보고.
4. 22	중공군은 춘계 대공세 발동.		
		5. 1	미군 고문단이 타이완에 도착.
5. 3	맥아더는 상원 청문회에 출석.		
		5. 17	NSC 48/5는 미국의 부담이었던 타이완이 자산으로 바뀌었다는 내용 수록.
5. 18	유엔총회는 중공과 북한에 대한 금수 조치 결의.		
7. 10	정전회담 시작.		
		9. 8	샌프란시스코강화조약 체결. 모두 48개국이 서명. 중국은 초청받지 못함. 일본은 타이완, 펑후를 포기, 그러나 귀속 문제는 언급하지 않음.
1952			
		2. 27	국민정부 외교부장 예궁차오는 타이완 행을 선택한 중공 포로를 받아들이겠다고 선포
		3. 15	타이완 국방 책임부서가 극동지역 사령부에서 태평양지역 사령부로 전환.

	한국전쟁		타이완문제
		4. 28	「중일강화조약」 체결. 조약의 적용범위는 국민정부가 실제로 주권을 행사하는 영토로 한정. 「샌프란시스코강화조약」 효력발생.
10월	정전회담 중단	10월	레드포드 타이완 방문, 국민정부의 한국파병과 하이난다오(海南島) 공격 의향을 질의.
		10월 말	타이완 연락센터 설립. 미국의 군사원조물자 중 비행기 제1차분 인도.
		연말	타이완의 전략가치 중시, 정치적 가치도 상승.
1953			
		2. 2	아이젠하워는 타이완 해협 중립화 해제
3월 말	중공은 정전회담 재개 표명		
		4. 6	태평양함대와 국민정부의 국부군 사용계획 조율을 비준.
		4. 23	국민정부는 본토 반격을 취하기 전에 미국과 협의하기로 약속.
		6월	장제스는 정전에 관한 남한과 미국의 의견 대립에 개입.
7. 27	한국전쟁 정전협정 체결		
		11. 6	NSC146/2가 NSC48/5를 대신하여 타이완에 대한 미국의 정식 정책이 됨. 국민정부가 중공 문제 해결을 위한 정치도구가 될 수 있다고 명시하고 있으나, 타이완의 법률적 지위는 여전히 모호.

저
자

후
기

    냉전이 시작된 후, 그 결과가 오랜 시간의 평화로 나타나게 될 줄 아무도 예측하지 못했다.[1] 좁은 의미의 냉전(미·소 대립)이 종결된 지 20년이 지난 현재, 남·북한의 충돌 가능성은 여전히 존재하고 타이완 해협은 '위험한 해협'으로 간주되고 있는 등, 냉전이 초래한 국가 분열 문제도 아직 완전히 해결되지 못한 상태에 있다. 그러나 양한(兩韓, 남한과 북한), 양안(兩岸, 타이완과 중국)과 국제사회는 분열 문제를 긴급하게 해결하려고 하지 않는다. 해결할 뜻이 없는 것이 아니라 현재 상황을 바꾸면 치러야할 대가가 너무 크기 때문이다.

    냉전 이전에는 국제적인 충돌이 종종 전쟁을 통해 깨끗이 처리할 수 있었던 것과는 달리, 현재는 모호한 정책을 취하여 난해하지만 시급하지 않은 문제는 해결하지 않을 수 있게 되었다. 충돌에 대한 이같은 모호한

....

1 이것은 개디스의 표현을 빌려온 것이다. 제1차 세계대전과 제2차 세계대전은 20년의 간격을 두고 발발하였기 때문에 미·소 양강의 대결과 이데올로기의 극심한 대결이 아직 이루어지지 않은 상황에서도 미·소 쌍방은 모두 제3차 대전이 곧 발발할 것이라고 예측하였다. 물론 냉전기간 중에 작은 무력 충돌은 끊이지 않았다. 그 중 비교적 큰 규모로 발생한 첫 번째 충돌이 바로 한국전쟁이었고, 워싱턴의 조심스러움으로 인해 '제한적인 전쟁'이라는 무력충돌의 모델로 발전하였으며, 대전의 발발은 피하게 되었다. John Lewis Gaddis, *The Long Peace: Inquiries Into the History of the Cold War* (New York: Oxford University Press, 1987)을 보라.

해결의 모델은 한국전쟁이 가져온 영향의 하나이다. 한국전쟁 기간 미국의 대 타이완 정책은 양안 문제를 '즉시 해결하려고 하지 않는' 하나의 모델이 되었다.

비록 역사를 되돌릴 수는 없지만, 만약 미국이 타이완에 대한 수수방관 정책을 고수했다면, 양안 문제는 벌써 '해결'되었을 것이라고 상상해 볼 수 있다. 한국전쟁이 미국에게 개입할 기회를 주고 워싱턴의 정책이 국민정부가 '중국을 대표하는' 정부가 되게 한 것은 오히려 국민정부가 자유롭게 중국 본토를 공격하여 '진정한' 중국 정부가 되지 못하게 하였다.

당시 미국은 단지 타이완 문제를 잠시 동결할 생각이었으나, 1950년대에 두 차례 타이완 해협의 충돌 위기가 있은 후, 장기적으로 '타이완 해협의 현 상황'을 유지하기로 정책을 확립하였다. 다만 타이완의 법률적 지위에 대해서는 계속해서 모호한 입장을 취하면서 일부러 '두개의 중국'을 만들어 낸 것은 아니었다. 워싱턴 정책결정자들의 눈에 타이완은 "중국이 아니었으나", 또한 "중국이 아닌 것이 아닌" 특수한 지역이 되었다.

20세기 말까지 양안은 "하나의 중국을 각자 표현"하는 "특수한 국가와 국가"의 관계로 발전하였다. 한국전쟁 전후 타이완의 독립, 중공으로의 이양, 혹은 현 상황 유지 중 미국이 고려했던 선택에 관해서 타이완에서는 여전히 의견이 분분하다. 모호한 법률적 지위와 양안 관계는 모종의 방식으로 문제를 '해결'하자고 주장하는 많은 이상주의자들이 여전히 받아들이기 어려운 것이다. 그러나 대부분의 정책은 방관자가 바라는 결단과 명료함이 부족하였고, 정책결정자의 선택은 언제나 최고의 이상과 현실적인 고려 사이에서 모호하기 일쑤였다. 타이완 문제의 발전과 지속은 처음부터 미국, 중국, 타이완 삼자 지도자의 이상적인 선택이 절대 아니었다. 그러나 역사의 발전은 단일한 역량이나 요소에 의해 지배되는 경우는 극히 드물고, 각종 요소가 서로 작용한 결과이다.

중화민국 정부는 여전히 생존하고 있으나, 통용되는 국제법의 개념에서 보면, 타이완에 대한 주권을 가지고 있지 않다. 타이완은 적화되지 않았으나 오히려 시류의 변천 속에 국가정체성이 점차 나뉘어 오늘날처럼 대립하거나 무시하는 상황이 조성되었다. 국민정부가 존속하고 타이완이 중공에 지배되지 않은 결과가 찬양을 받든지 비판을 받든지 간에, 한국전쟁 기간에 미국의 대 타이완 정책이 그러한 결과를 낳은 중요한 요인이 되었다는 점에는 의심의 여지가 없다. 워싱턴이 유연성을 유지했던 모호한 정책이 타이완 인민의 운명에 영향을 미친 지 이미 60년이 넘었다. 그것은 타이완이 경제발전, 정치민주의 기회를 갖게는 하였으나, 오히려 국가정체성에서는 공감대를 형성하지 못하고 조그만 섬 내부의 분열현상을 초래하였다. 이는 간단하게 옳고 그름을 판단하기 어려운 문제이다.

필자는 연구를 통해 국민정부가 '충성스러운 맹우'라고 선전하는 미국이 중화민국을 단칼에 포기할 수 있는 원인은 정책결정의 주도적인 역량이 절대로 '맹우'의 '전통적인 우의'나 이익이 아니고, 냉전 어휘 중 묘사되는 노예화에 반대하고 자유를 쟁취하자는 '도덕적 이상'도 아니며, 스스로의 이익계산과 정책결정자가 집착하는 편견 때문이었다고 본다. 이러한 정책결정 모델은 비록 유감스럽기는 하나 완전히 이해할 수 있는 부분으로 가혹하게 질책할 필요가 없다.

다른 한편, 워싱턴과 국민정부 지도자가 피차 서로 혐오하고 불신하였다는 점도 주목해 볼 수 있다. 워싱턴이 원조를 제공할 때, 공여자의 기고만장한 태도도 자주 국민정부를 견디기 어렵게 하였다. 그러나 국민정부는 최대한 생존의 기회를 쟁취하기 위해 결코 악담을 퍼붓거나 똑같이 대응하지 않았다. 가장 명확한 사례는 『중국백서』에 대한 반응이었다.

장제스는『중국백서』의 발표로 "우리 국내정치에 미치는 악랄한 영향은 소련의 스탈린이 우리나라를 침략하는 것보다 더욱 치명적이고 악독하다"고 생각하였다. 그러나 그러한 강렬한 반감을 공개적으로 표출하지 않았다.

국민정부 외교부의 공식 대응도 상당히 온화하였다. 특정 문제에 대한 '의견과 논거'에 '심각한 이의'가 있음을 지적하고 적절한 시기에 다시 상세하게 성명을 발표하였을 뿐만 아니라, 백서의 이전 관점을 바꾸어 중공이 진정한 마르크스주의 신도이고, 소련은 1945년의 「중소조약」을 위반했다고 인정했다는 점 등을 칭찬하기도 하였다.

미국의 원조를 쟁취하기 위해 고통을 참고 견디지 않을 수 없었다. 이러한 실용주의적인 태도로 인해 쌍방은 장래에 교류할 수 있는 여지를 남길 수 있었다.[2] 게다가 국민정부는 타이완 내부에서 미국이 자유세계의 반공을 영도하고 국민정부를 굳건히 지지하고 있다고 크게 선전하기도 하였다. 또한 비굴하지도 거만하지도 않은 태도로 미국의 요구에 응하면서 자신의 생존 가능성과 이상을 달성할 수 있는 기회를 증가시켰다. 따라서 타이완은 냉전기간에 미국의 원조를 받은 나라 중 반미정서가 가장 낮은 나라에 속하였다.[3] 이러한 결과는 우리에게 어떠한 역사를 남기고

2 梁敬錞,「美國對華白皮書之經緯與反映」,『中美關系論文集』, pp.175~187; 段瑞聰, 「蔣介石與'中美關系白皮書'」, 世界新聞網 2011年 2月 6日, http://www.worldjournal. com/chiang(2011년 3월 7일 다운로드). 란킨은 미국의『중국백서』에 국민정부가 눈에는 눈, 이에는 이로 대응하지 않았기 때문에 후일 미국의 원조를 받고 쌍방의 관계를 개선할 수 있었다고 주장하였다. Letter, Rankin to Jones April 16, 1952, f:ROC 1952, box 18(old ystem), Rankin Papers, ML.
3 1957년 5월 24일 류쯔란(劉自然)사건으로 촉발된 반미 폭동과 미국이 타이완과 단교하고 중공과 수교를 맺을 때 협상 대표단의 무례함에 항의한 것 외에, 반미사건은 거의 일어나지 않았다. 현재까지 타이완 민중은 기본적으로 친미 성향을 유지하고 있다. 반미에 관한 연구는 다음을 참조. Paul Hollander,

있는가?

상대적으로 거시적인 역사 서술과 상대적으로, 필자는 이 책의 미시적 연구가 간단한 논단을 다소나마 채워줄 수 있기를 바랐지만, 오히려 신화적이며 불충분한 부분을 크게 남겼다. 그렇다고 하더라도 책이 전하는 메시지가 현재 양안 상황의 근원에 대한 타이완 인민의 이해를 증진하는데 도움이 되고, 이를 바탕으로 엇갈린 역사적 해석으로 인한 충돌과 대립을 줄일 수 있기 바란다.

예전에 한국 대통령 노무현이 말한 것처럼 "국내문제이든지 국제문제이든지 역사적 진실을 통해서만 진정으로 화해할 수 있다."[4] 화해는 과거에 대한 철저한 이해를 통해서만 가능하다. 타이완 내부도 그러하고, 양안 관계 또한 그러하다. 미국 역사학자 바준(Jacques Barzun)은 "나는 역사가의 초연한 입장과 동정적인 심정을 추구하기로 결심하였다. 따라서 자기 위주의 관념에 대처하는 것만으로도 정신없이 바쁘다. 랑케가 말한 것처럼 모든 시대는 하나님께서 보시기에 정당하며, 그것은 적어도 인간의 눈에는 동정을 받을 가치가 있다"고 말했다.[5]

필자도 역사 연구는 선대를 비판하는 것에 있는 것이 아니라 이해를 증진하는 것이 가장 좋으며, 불필요한 충돌과 고통을 줄이는 것 외에, 자신의 이상을 고수하면서 다른 사람의 이상을 포용하는 것을 목적으로 하

....

Anti-Americanism: Critiques at Home and Abroad, 1965-1990, (New York: Oxford University Press, 1992); Kim Duk-Hwan, Anti-Americanism in South Korea, 1945-1992: A Struggle for Positive National Identity, (American Unversity, 1992); Peter J. Katzenstein & Robert O. Keohane, eds., Anti-Americanisms in World Politics, (Ithaca: Cornell University Press, 2007).

4 Moo-hyun Roh, "On History, Nationalism and a Northeast Asian Community", Global Asia, April 16, 2007; Cummings, The Korean War, p.236 재인용.

5 巴森著, 鄭明萱譯, 『從黎明到衰頹: 五百年來的西方文化生活』, (臺北: 貓頭鷹出版社, 2007), p.22.

는 것도 무방하다고 본다. 과거에 대한 깊은 이해와 서로 포용이 있어야
만 타이완 인민이 함께 손을 잡고 나아갈 수 있다.

2011년 9월 19일
장수야

한국전쟁은 타이완을 구했는가?
: 미국의 대 타이완 정책을 풀어내다

초판 인쇄 | 2022년 02월 09일
초판 발행 | 2022년 02월 21일

지 은 이 장수야(張淑雅)
옮 긴 이 정형아
발 행 인 한정희
발 행 처 경인문화사
편   집 한주연 김지선 유지혜 박지현 이다빈 김윤진
마 케 팅 전병관 하재일 유인순
출판번호 406-1973-000003호
주   소 경기도 파주시 회동길 445-1 경인빌딩 B동 4층
전   화 031-955-9300 팩 스 031-955-9310
홈페이지 www.kyunginp.co.kr
이 메 일 kyungin@kyunginp.co.kr

ISBN 978-89-499-6615-1(93910)

값 28,000원